생명정치의 사회과학

21세기 생명정치 총서 ①

Social Science of
Biopolitics

생명정치의 사회과학

경계넘기의 사회과학을 위한
탐색과 제언

김환석 편저

알렙

'생물학적인 것'과 '사회적인 것'의 혼합체를
어떻게 연구할 것인가?

19세기 후반에 생물학이 사회과학과는 분리된 과학적 학문 분야로 부상한 이래, 인간의 몸을 비롯한 생물들의 물질적 특징과 현상 즉 '생물학적인 것'은 오로지 생물학의 연구 대상으로 맡겨졌다. 반면에 사회학을 포함한 사회과학은 이것과 무관하게 인간의 정신과 그 산물이라고 여겨진 문화와 사회 현상 즉 '사회적인 것'만을 연구하는 학문이라고 여겨졌다. 때문에 자연과 문화, 몸과 마음, 정신과 물질을 구분하는 근대주의의 이분법은 학문적 경계로 강화되고 고착이 되었다. 그 결과, '생물학적인 것' 또는 더 나아가 물질적 현상 일반은 사회과학의 대상에서 배제되고 이론 속에 적절한 자리를 잡지 못하게 되었던 것이다.

그러나 20세기 말 생명과학기술——분자생물학, 유전학, 유전체학, 생명공학, 약리유전체학, 영상의료기술 등——의 비약적 발전과 그 광범위한 응용(의료, 농업, 환경 등)은 인간의 사고와 행위 그리고 인간 정체성 자체에 심대한 변화를 가져오는 것으로 판단되면서 학문적 이분법에 기초한 기존 사회과학의 토대에 커다란 도전을 제기하고 있다. 또한 학문 바깥에서는 환경 운동과 동물권 운동이 전개되면서 자연/문화, 동물/인간의 근본적 분할에 대해서 강력한 의문이 제기되고 있는 실정이다. 따라서 이제는 지난 100년 이상 지속되어 온 생물학과 사회과학의 학문적 이분법에 대해 재검토와 성찰을 해볼 필요가 있다. 이른바 '생물학적인 것'과 '사회적인 것'이 별개로 존재하는 것이 아니라 원래 혼합체로 존재하는 것이 분명하고 GMO와 배아줄기세포 등 새로운 혼합체가 점점 더 많아지는 오늘날 더 이상 그런 이분법의 경계는 그 정당성과 효용성이 의심스럽기 때문이다.

다만 이때 주의해야 할 것은 사회과학을 생물학으로 환원하거나, 그 반대로 생물학을 사회과학으로 환원하는 것은 올바른 방향이 결코 아니란 점이다. 왜냐면 그러한 환원주의적 접근은 생물학적인 것/사회적인 것의 이분법을 진정으로 넘어서는 것이 아니라, 양대 극단 중 어느 한 쪽에 기반하여 다른 쪽을 설명하고 해체하려는 것이기 때문이다. 우리에게 필요한 것은 그러한 양대 환원주의를 넘어서서 '생물학적인 것'과 '사회적인 것'의 혼합체들을 있는 그대로 이해하고 설명하려는 비환원주의적 접근이다. 이 책은 생명에 대한 기술과학적 개입이 점점 더 커짐으로써 이러한 혼합체들이 증대하고 있는 시대적 변화를 맞아, 근대주의적 이분법에 기반한 기존의 사회과학이나 양대 환원주의로는 이러한 현상을 제대로 파악할 수 없다고 보고, 비환원주의에 입각한 새로운 사회과학적 접근을 모색하려는 시도로서 기획되었다.

생명에 대한 기술과학적 개입을 연구하는 새로운 사회과학적 접근은 2000년대 이후 주로 사회학과 인류학 분야의 여러 사회과학자들이 개발을 시도해 오고 있는데, 이들은 공통적으로 미셸 푸코의 '생명정치' 개념에서 커다란 영감을 얻고 있다. 푸코가 1970년대 후반에 여러 저작과 강의에서 단편적으로 제시한 '생명정치'의 아이디어는 그가 생전에 하나의 이론으로 완성시키지는 못했지만, 이에서 영감을 얻은 여러 사회과학자들이 이를 '생물-사회적' 혼합체를 경험적으로 연구하기 위한 이론과 연구 프로그램으로 발전시킨 것이다. 사회학자인 니콜라스 로즈와 아델 클라크, 인류학자인 폴 래비노우와 카우시크 순데르 라잔 등이 그 대표적 인물들이다. 따라서 이 책의 제1부에서는 이러한 이론을 살펴보려고 하는데, 특히 이 중에서 로즈와 클라크의 이론에 초점을 두어 생명정치의 사회과학 이론이 지닌 특징을 검토하고자 한다.

제2부에서는 여기서 한 걸음 더 나아가서 이러한 생명정치의 사회과학 이론들이 진정으로 비환원주의 접근이 되기 위해서는, 1980년대 중반 과학기술학에서 나타나 이후 사회과학 전반으로 확산되어 영향력을 넓히고 있는 '행위자-연결망 이론'의 통찰을 수용해야 할 필요성을 부각시키고자 한다. 왜냐하면 '행위자-연결망 이론'에서는 일찌감치 기술과학에 의해 만들어진 혼합체들이 자연/문화, 비인간/인간의 근대주의적 이분법으로는 결코 그 존재론적 위치를 정할 수 없는 비근대주의적 사물이라고 보기 때문이다. '행위자-연결망 이론'의 대표자 중 하나인 브뤼노 라투르는 이러한 사물들이 근대주의적 이분법에 의해 결코 파악되지 않지만 기술과학에 의해 아무 성찰이나 규제 없이 무제한 증식되어 왔기 때문에 오늘날의 생태적 위기가 초래된 것이라고 주장

한다. 따라서 이러한 사물들에 올바른 존재론적 위치를 부여하고 적절히 규제하여 지구의 생태적 위기를 해결하기 위해서는 '사물의 정치'가 필요하다고 그는 역설한다. 이런 면에서 생명정치 역시 독자적으로 존재하는 것이라기보다는 이러한 '사물의 정치'의 일부로 간주하는 것이 적절하다고 생각된다. '행위자-연결망 이론'의 관점에서 생명정치의 문제가 어떻게 분석될 수 있는가를 보여주는 한 예로서 미셸 칼롱과 볼로로나 라베하리소아가 공저한 논문을 수록하였다.

이 책은 국민대학교 사회학과를 중심으로 모인 연구자들이 2011년도 정부재원(교육과학기술부 사회과학연구지원사업비)으로 한국연구재단의 지원을 받아 3년 동안 "생명공학의 새로운 정치와 윤리"(NRF-2011-330-B00129)라는 제목으로 연구한 결과의 일부이다. 아직 진행 중인 이 연구 결과의 일부를 책의 제3부에 실어 놓았다. 채오병과 배태섭의 논문은 생명정치 이론 중 하나인 폴 래비노우의 생명사회성 이론에 대한 비판적 검토를 시도한 것이다. 강양구와 채오병의 논문은 2000년대 초에 우리나라에서 치열하게 전개된, 글리벡을 둘러싼 백혈병 환자 단체의 운동을 생명정치의 관점에서 분석한 것이다. 하대청의 논문은 2008년에 미국산 쇠고기 수입을 둘러싸고 국내에서 벌어졌던 광우병 논쟁을 지구적 생명정치라는 관점에서 분석한 것이다. 한광희와 김병수의 논문은 비만 치료의 표준적 방법으로 부상한 랩밴드 수술에 대해 역시 생명정치의 관점에서 분석한 것이다. 이 연구들은 1~2차년도의 결과 중 일부를 수록한 것이기 때문에 더 많은 사례 연구가 수행된 3차년도의 결과는 차후에 후속 단행본으로 출간될 예정이다.

국내에서는 생명정치에 대한 사회과학적 연구를 처음으로 소개하는 것이어서 이 책이 갖는 학문적 의미는 크지만, 첫 시도이기 때문에 아직 미숙하거나 뜻하지 않은 오류를 저지른 점도 있지 않을까 염려된다. 하지만 이 책의 목적은 어떤 완성된 결과를 발표하는 데 있다기보다는 생명정치 연구를 통해 기존의 사회과학을 재구성해 보려는 우리의 문제의식을 보이고, 이를 국내의 사회과학자들과 기타 관심 있는 연구자 및 일반인들과 함께 소통하고 토론하며 배움을 나누는 데 있다는 점을 강조하고 싶다. 따라서 이 책을 읽은 독자들이 어떤 의문이나 이견 또는 논평을 우리에게 제시해 준다면 더없는 배움의 기회로 알고 감사를 드리고자 한다. 끝으로 이 연구가 수행될 수 있도록 3년 동안을 지원해 준 한국연구재단에 대해 연구자들을 대신하여 진심으로 감사의 뜻을 전하고 싶다.

2014년 5월
필자들을 대표하여
김환석

차례

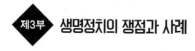

제3부 생명정치의 쟁점과 사례

제1부

생명정치란 무엇인가

‡ 니콜라스 로즈는 이 강연에서 생명공학과 그것에 기반을 둔 생의학의 발전이 촉발한 다섯 가지 변화──분자화, 최적화, 주체화, 전문성, 생명경제──에 주목한다. 로즈는 이런 변화를 통해서 생명공학과 사회의 상호작용을 다각도로 검토하면서, 근대성의 토대인 자연('생물학적인 것')과 사회('사회적인 것')의 이분법에 의문을 던진다. 그렇다면, 자연과 사회의 이분법에 기반을 둔 기존의 사회과학은 이런 성찰에 어떻게 답해야 할까? 바로 이 질문에 답하는 것이 바로 이 책의 과제다.

이 강연은 로즈가 자신의 저서 『생명 자체의 정치』를 바탕으로 한국연구재단 사회과학연구지원사업비의 지원을 받아 2012년 8월 21일 국민대학교에서 열린 국제 워크숍에서 발표한 것이다. 번역은 김명진(한양대학교 강사)이 맡았다.

제1장 생명 자체의 정치를 위하여
——21세기의 생명정치

니콜라스 로즈

미셸 푸코가 생명정치(biopolitics)라는 용어를 써서 말하고 싶었던 것이 무엇인지에 관해 그간 수많은 논평들이 개진돼 왔습니다. 그중 많은 논평들은 시사하는 바가 많지만, 개중에는 내가 보기에 별로 도움이 안 되는 방식으로 이 용어를 확장한 것도 있습니다. 나는 가능한 한 논평은 피하고자 합니다. 내가 미셸 푸코의 작업에서 가장 흥미롭게 여기는 것은 그가 철학에서 '현장 연구(field work)'를 하는 방식입니다. 우리의 개인적, 집단적 존재를 관리하고 규정하는 핵심 실천들로부터 그것들이 입각해 있는 인간이라는 내재적 개념——인간은 무엇이고, 무엇이 되어야 하고, 무엇이 될 수 있는지, 권위란 무엇이며, 어떻게 관리되고 정당화되어야 하는지 등등——을 이끌어내는 방식 말입니다. 그래서 생명정치에 관해서는 충분히 많은 저작들이 나온 점을 감안해, 여기서는 내 책『생명 자체의 정치(The Politics of Life Itself)』에서 주장했던 바에 초점을 맞추려 합니다.

내가 이 책을 쓴 것은 사회과학이 생물학의 문제를 다루는 방식에 대해서 반성하기 위해서였습니다. 특히 생물학적 설명이 사회 세계로 들어올 때 사회과학이 생물학의 문제를 다루는 방식에 대해서 말입니다. 나는 오래전에 생물학자로 훈련을 받았고, 기나긴 과정을 거쳐 사회학으로 전공을 바꾸었습니다. 하지만 내가 생물학자로 훈련을 받았기 때문인지는 몰라도, 나는 오늘날의 생물학에 대해 약간 다른 견해를 갖고 있습니다. 생물학적 설명이 사회생활에 들어오는 방식을 다룬 대부분의 사회학 연구는 그러한 생물학적 설명에 대해 대단히 비판적입니다. 그들은 생물학이 들어와 우리 사회에서 역할을 할 때 생물학은 곧 운명이라는 관념과 연결된다고 주장해 왔습니다. 인간은 생물학에 의해 특정한 성격, 특정한 지적 수준, 작업이나 위계 체계 속에서 특정한 지위로 운명지어진다는 관념이 그것입니다. 생물학은 덜 적격인 사람들을 배제하는 것과 연관돼 있고, 여기에는 일종의 개인주의와 본질주의, 결정론 등이 개입한다고 합니다.

사회학자들은 인간의 행동과 성격에 대한 생물학적 설명을 학문적으로 연구하면서 19세기의 인종과학으로 되돌아가, 유전설(hereditarianism)이라는 관념이 19세기를 거치며 발전하는 과정을 들여다보았습니다. 그들은 인간의 퇴화에 대한 생물학적 설명이 19세기 내내 발전하는 것을 보았고, 인간을 생물학적 성질에 따라 고정된 위계하에 나눌 수 있다는 논증도 보았습니다. 그리고 19세기 말에 유럽 전역에서 퇴화 이론이 부상하고, 20세기 들어 우생학이 등장해 나치 독일에서 참극이 일어날

때까지의 과정을 추적했습니다. 이는 종종 마치 이러한 사고방식의 필연적인 논리적 귀결을 드러낸 것처럼 해석되곤 합니다. 내가 이 책을 쓰기 시작했을 때, 대다수의 사회학자들은 그런 배경 위에서 인간의 본성에 대한 생물학적 설명을 이해하려 했습니다. 이러한 설명은 본질주의적, 결정론적, 운명론적, 개인주의적인 것이었고, 덜 적격인 사람들을 배제한다는 관념, 위계, 그리고 그러한 종류의 권력 체계와 연결돼 있었습니다. 그리고 사회학자들이 오늘날의 발전, 즉 출산 보조 기술, 선별 낙태, 생명의 끝에 관한 결정 같은 오늘날 생의학의 그 모든 발전들을 바라볼 때면, 그들은 생명과학이 사회생활에 침입하는 것을 들여다볼 때와 동일한 비판적 비평 장치를 끌고 들어오는 경향이 있습니다.

퇴화 이론의 부상, 우생학의 부상, 나치 치하 의학의 부상 등에 대한 훌륭한 설명들이 대단한 통찰력을 보여주었다는 데는 의문의 여지가 없습니다. 그러나 이 책을 쓰기 시작했을 때, 나는 그러한 설명들이 오늘날 일어나고 있는 사건들을 비판적으로 잘 이해할 수 있게 해주었다는 느낌을 받지 못했습니다. 내가 보기에는 이전 시기에서 나온 이러한 비판적 주장들을 재생산해 오늘날에 적용하는 과정에서, 오늘날의 삶에 내포된 권력 관계의 구체적 성격이나 윤리적 질문들이 제대로 다루어지지 못했거나, 수년 전에는 적합했을지 모르지만 지금은 더 이상 그렇지 못한 틀에 맞추어 다루어진 것처럼 보였습니다. 내가 이 책의 제목을 『생명 자체의 정치』라고 붙인 이유는 두 가지였습니다. 첫째는 물론 미셸 푸코의 유명한 인용구를 가리키는 것입니다. 푸코는 말하길, 여러 세기 동안, 가령 아리스토텔레스를 예로 들자면, 인간은 정치적 삶을 영위하는 생물이었지만, 이제 정치는 인간의 생명 그 자체를 문제 삼고 있다고 했습니다. 생명 그 자체가 정치의 주제가 된 것입니다. 책의 제목은 그 인용구를 가리킨 것이었습니다. 그러나 이는 또한 오늘날 우리의 생명정치에서 중요한 것이 생명의 제조, 생명의 형성, 생명의 최적화라는 주장을 가리키는 것이기도 합니다. 다시 말해 오늘날 우리의 생명정치는 타나토 정치(thanato politics), 죽음의 생명정치가 아니라 본질적으로 생명의 정치라는 것입니다. 이것이 내가 책에서 개진했던 주장입니다.

생명정치에는 수많은 다른 방식으로 접근할 수 있습니다. 여기서 나는 의학을 출발점으로 삼았습니다. 사회학자들은 생명과학이 우리의 일상생활에 침입하는 것을 바라볼 때 또하나의 핵심적인 방식에 의지해 왔습니다. 의료화(medicalization)라는 오래되고 낯익은 사회학적 개념이 그것입니다. 그들은 생명과학과 생의학이 우리가 사는 세상 전체로 퍼져나감에 따라 우리의 삶이 의료화되고 있다고 주장합니다. 그러나 나는 의료화에 관한 주장이 진정으로 사람들을 오도하고 있다고 느꼈습니다. 이러한 주장은 의학이 무엇이고 어떤 일을 하는지 알고 있다고 가정하기 때문입니다. 내가 생각하기에 이는 오늘날의 의학에서 나타나고 있는 대단히 근본적인 일단의 변화들을 놓치고 있습니다. 오늘날 의학에서 핵심을 이루는 첫 번째 사항은 의학이 생의학으로 변모했다는 사실입니다. 우리는 생의학 얘기를 쉽게 하는 경향이 있으며, 우리가 생의학이라는 용어를 써서 말하려는 바가 무엇인지 알고 있다고 생각합니다. 생의학은 의학적 실천이 효과를 거두려면 인간의 몸의 생물학에 대한 이해에 기반을 두어야 한다는 믿음이라는 것이죠. 이는 일견 자명해 보이지만, 의학 그 자체, 치료의 실천이 기초 생물학에 대한 이해에 기반을 두어야 한다는 믿음이 항상 자명했던 것은 아니었습니다. 그리고 그것이 어느 정도까지 의학의 핵심으로 자리 잡았는지를 보면 그러한 기초 생물학에서의 변화가 의학 그 자체에 근본적인 영향을 미쳤음을 알 수 있습니다. 인간 생물학——그리고 사실상 모든 생물학——에 대한 분자 수준의 이해, 즉 생물학에서 생명 그 자체에 대한 분자 수준의 이해가 부상하면서 의료과학에도 변화가 생겨났습니다. 우리는 대다수의 산업사회들에서——유럽과 북미뿐 아니라 남미, 중국, 인도에서도——생명과학에 대대적인 투자가 이뤄졌음을 알고 있습니다. 이는 부분적으로 우리가 기초 생물학에 대해 더 많이 알면 알수록 우리 자신을 더 잘 치료할 수 있을 거라는 믿음에 근거한 것입니다. 그러나 불행하게도 많은 영역들에서 이는 사실로 입증되지 못했습니다. 기초 생물학을 치료법으로 번역하는 일은 대단히 어려웠습니다. 그럼에도 불구하고 그러한 번역이 일어날 것이고, 일어날 수 있으며, 또 일어나야 한다는 믿음은 새로운 문제 공간을 정의했습니다. 두 번째의 핵심적인 변화는 내가 "모든 사람을 위한 건강"이라고 부르는 것입니다. 이 표현을 써서 내가 의미하는 바는 의학이 담당하는 영역이 질병 치료에서 건강관리로 확장되었다는 것입니다. 요컨대 개인들 자신의 활동을 통해 건강을 관리하고, 개인들이 자신의 건강을 책임지게 하며, 그들이 자신의 건강에 대해 책임을 맡도록 의무를 지우는 것입니다. 이러한 건강 윤리는 종종 우리가 가진 유일한 공통 언어인 것처럼 보입니다. 우리가 가능한 한 건강을 유지하고 생명을 연장하려는 욕망을 갖고 있다는 믿음 말입니다. 이것이 바로 두 번째의 커다란 변화입니다.

세 번째 변화는 의학이 거대 사업이 되었고 생의학 연구에 엄청난 투자가 이뤄지고 있다는 것입니다. 우리는 공공과 민간 회사들의 투자에 의해 형성된 전 지구적 생명경제를 목도해 왔습니다. 만약 여러분이 나처럼 진리의 경로의존성 이론을 믿는다면, 이는 중요한 문제입니다. 말하자면 이 세상의 많은 것들이 진리가 될 수 있는데, 어떤 것들이 진리가 되는지를 형성하는 요인은 어떤 것들을 연구하고 조사하는가에 달려 있다는 것이죠. 오늘날 어떤 것들을 연구하고 조사할지에 대한 결정은 공공기관, 벤처 자본가, 자선기관, 그 외 다른 곳들에서 어디에 자원을 투입하는가 하는 결정에 의해 형성됩니다. 따라서 생명과학에서 어떤 영역이 투자 가치가 있는가에 관한 결정과 믿음은 생명과학의 발전 경로 그 자체를 형성합니다. 앞으로 보겠지만, 이는 또한 우리가 자신에 대해 알 수 있는 것과 자신에 대해 할 수 있는 일도 형성합니다.

그리고 마지막 큰 변화는 의학과 치료 실천과 여기 관련된 모든 것들이 거대한 규제 장치의 적용을 받게 됐다는 것입니다. 의학은 고도의 관리와 규제를 받는 분야입니다. 건강보험회사와 건강관리기구(HMO)가 있고, 사람들이 어떤 약을 얼마나 처방받을 수 있는지 결정하는 규제기관들이 있으며, 의학 분야에서 일어나는 일들을 평가하는 온갖 사회과학 분야들이 있습니다. 지난 수세기 동안 의학 윤리는 바로 의사 자신의 인격(persona)에 체현돼 있는 것이 보통이었습니다. 만약 여러분이 푸코가 의학에 관해 쓴 책 『임상의학의 탄생(The Birth of the Clinical Gaze)』이나 정신의학에 관해 쓴 책 『광기의 역사(History of Madness)』를 읽었다면, 치료 실천을 관리할 책임을 맡은 사람은 현인(賢人)으로서의 의사였고, 윤리는 어떤 의미에서 의사 개인에게 녹아들어 있었음을 알 수 있을 겁니다. 어떤 일을 해야 할 것인지 결정하는 사람은 의사였습니다. 그 이유는 의사의 훈련 과정이 기술적 훈련임과 동시에 윤리적 훈련이었기 때문입니다. 그러한 상황은 이제 완전히 바뀌었습니다.

그래서 나는 책을 쓰면서 의학과 거기서 나타난 이러한 변화들을 출발점으로 삼았습니다. 오늘 발표에서는 다섯 가지 변화라는 틀에 따라 내 책의 수장을 논해 보고 그 각각에 대해 조금 설명을 해보려 합니다. 다섯 가지란 분자화(molecularization), 최적화(optimization), 주체화(subjectification), 전문성(expertise), 생명경제학(bioeconomics)입니다. 그런 다음에 몇 가지 윤리적 반성과 함께 발표를 마치도록 하겠습니다.

나는 우리가 생명력(vitality)을 상상하는 규모에서 근본적인 변화가 있었다고 생각합니다. 생명이란 무엇이고, 생명의 과정이란 어떤 것이며, 우리는 그것을 어떻게 상상해야 하는 것일까요? 18세기와 19세기 의학의 그림들을 보면, 인간의 몸——밀랍으로 굳힌 몸——에 대한 묘사에서 장기, 근육, 혈관, 신경, 뼈, 도관 체계를 보여주기 위해 연속적으로 층을 벗겨내어 맨눈으로 볼 수 있는 규모로 그려 놓은 것을 볼 수 있습니다. 그래서 오랜 기간 동안 의학적 시선은 몸을 본질적으로 가시적인 체계로 간주해 개방했습니다. 비록 죽은 후에만 볼 수 있는 것이긴 하지만요. 그것은 가시적인 것이었고, 맨눈으로 볼 수 있는 규모에서 이해할 수 있는 것이었습니다. 그러나 생명이 어디에 깃드는가에 대한 오늘날의 이미지들을 찾아보면, 여러분은 가령 염색체를 따라 이중나선으로 배열된 DNA 염기의 이미지나 접혀 있는 단백질의 이미지나 이온 채널의 분자(내지 원자) 구조의 이미지를 발견하게 될 겁니다. 우리는 생명을 그려내는 하나의 규모에서 다른 규모로, 즉 몰(mole) 수준에서 생명을 바라보는 것으로부터 분자 수준에서 생명을 바라보는 것으로 이동했습니다. 그것이 왜 중요할까요? 루드빅 플렉의 책이 나온 이후로 우리가 분자적 사고방식(molecular style of thought)이라고 이름붙일 수 있게 된 것의 출현이 중요한 이유는 뭘까요? 그것이 중요한 이유는 일단 생명체를 분자적 구성요소들——화학, 물리, 전하에 의해 결정되는 물질적, 기계적 성질을 갖는——로 이뤄진 것으로 시각화하기 시작하면 생명의 신비는 사라지기 때문입니다. 이러한 시각에 따르면 생명은 기계 장치로 변모합니다. 이제 세포의 활동에 관한 모든 것을 적어도 원리상으로는 이러한 기계적 수준에서 설명할 수 있게 됩니다. 이는 단지 이러한 사고방식이 스스로 생기론에, 다시 말해 생의 약동(élan vital)에 관한 온갖 얘기들에 종지부를 찍었다고 본다는 것도 아니고, 우리가 그러한 종류의 생기론에서 멀어졌다는 것도 아닙니다. 이는 우리가 적어도 원리상으로는 어떤 생명 과정을 설명하기 위해 그것을 이루는 요소들의 물리적 성질과 상호작용에 대한 이해 이상을 필요로 한다는 믿음에서 멀어졌다는 것입니다. 원리상으로는 살아 있는 인간의 몸을 분해해서 분자 수준에서 해부한 후 그것이 부품들 간의 일단의 기계적 상호관계라는 것을 볼 수 있습니다. 원리상으로는 자동차나 텔레비전과 다르지 않은 것이죠. 일단 생명의 성질을 그런 수준에서 분해할 수 있게 된다면, 아울러 적어도 상상 속에서는 그것을 다른 방식으로 재조립할 수도 있게 됩니다. 생명은 특정한 유형의 엔지니어링에 개방됩니다. 우리는 이런 일을 재생산 기술에서 봐 왔습니다. 원리상으로는 생식체(난자나 정자)에 들어 있는 DNA 서열 전체를 들여다볼 수 있고, 단지 이를 다시 착상할지 말지를 결정하는 것뿐 아니라 이를 다시 착상하기 전에 어떻게 바꿀지를 결정할 수 있습니다. 이러한 사고방식 내에서 원리상으로는——아직 현실이 된 것은 아니지만——사람들이 원하는 것과 그것을 성취하는 방법을 정확히 알고 있습니다. 제약 분야에서는 분자 목표물에 정확히 달라붙도록 설계되어 효과를 발휘하는 새로운 세대의 약물을 꿈꾸고 있습니다. 이는 약물이 그 분자 목표물에 달라붙어 신경세포——혹은 그것이 목표로 하는 것이면 어떤 세포든——의 성질을 변화시킬 거라는 믿음에 근거한 것입니다. 나는 '원리상으로는'이라고 말했는데, 실제 현실은 상당히 다르기 때문입니다. 정신의학 분야로 들어가면 분명히 그렇습니다.

그러나 이러한 사고방식이 작동하는 다른 분야도 찾아볼 수 있습니다. 나는 지금 임페리얼 칼리지에서 일군의 합성생물학자들과 함께 연구를 하고 있습니다. 합성생물학은 우리가 유전자를 읽는 것에서 쓰는 것으로 넘어갈 수 있다는 믿음에 근거하고 있습니다. 우리는 어떤 유기체의 DNA 서열을 읽는 법을 알고 있습니다. 하지만 우리가 DNA 서열을 쓸 수 있고 다른 종류의 유기체를 구성할 수 있다고 가정해 봅시다. 우리가 DNA 서열을 수많은 부분들로 나눌 수 있다고 가정해 볼까요? 예컨대 섭씨 200도에서 살 수 있고, 어떤 종류의 오염물질이 있으면 붉은빛을 낸 후에 그 오염물질을 소화해 무해한 물질로 바꾸는 유기체를 만들고 싶다고 상상해 보지요. 이것을 만드는 방법은 유기체가 섭씨 200도에서 살 수 있게 하는 유전자 서열을 찾고, 뭔가가 스위치를 켰을 때 붉은 형광을 내는 단백질을 생산하는 유전자 서열을 찾고, 그 스위치가 해당 오염물질에 민감하게 만드는 방법을 찾고, 박테리아가 오염물질을 소화할 수 있게 해주는 유전자 서열을 찾는 것이 될 겁니다. 그 다음 단계는 이러한 서열들을, 다시 말해 DNA 염기의 부호 서열을 블루

헤론(Blue Heron)이나 DNA 2.0으로 보내는 것입니다. 이는 'DNA 주조 공장'으로 알려진 곳들의 사례들입니다. 몇 백 달러만 내면 그들이 여러분이 보낸 부호 서열을 박테리아 DNA 서열로 바꾸어 이를 며칠 내로 여러분에게 우편으로 보내줄 것입니다. 그러면 이 DNA를 가령 이스트 같은 '뼈대'에 삽입해 섭씨 200도에서 살면서 특정 오염물질이 존재하면 붉은빛을 낸 후 이를 먹어 버리는 박테리아를 만들 수 있습니다. 이것이 합성생물학의 꿈입니다. 신비도, 생기론도 없고, 오직 기계 장치뿐이죠.

이처럼 생물학을 조작할 수 있는 새로운 힘이 생기면서 일각에서는 우리가 근본적으로 새로운 시대로 접어들고 있다는 주장도 나오고 있습니다. 몇 년 전에 복제양 돌리를 만든 장본인인 이언 윌머트가 『돌리와 제2의 창조(Dolly and the Second Creation)』라는 제목의 자서전을 출간했습니다. 누가 혹은 무엇이 제1의 창조를 이뤄냈는지는 논란이 있지만, 제2의 창조는 윌머트가 이뤄낸 것으로 보입니다. 크레이그 벤터의 사진을 실은 《사이언스》지 표지를 혹시 보셨는지 모르겠군요. 벤터는 합성생물학의 기법을 이용해 최초의 인공 세포를 만들어냈는데요, 그 사진에서 벤터는 마치 신처럼 손을 뻗어 손가락에서 불꽃을 일으켜서 새로운 피조물에 생명을 불어넣는 모습으로 그려졌습니다. 이러한 생물학자들은 오늘날 언론에서 신과 같은 형상으로 등장하고 있습니다. 이언 윌머트는 자서전에서 이제 '생물학적으로 불가능한'이라는 문구는 의미를 잃었다고 했습니다. 생물학적으로 불가능한 것은 존재하지 않는다는 것이죠. 원리상으로 우리는 생물학을 가지고 우리가 원하는 것이면 뭐든 할 수 있습니다. 우리가 생물학을 가지고 할 수 있는 일의 한계는 자연에 의해서가 아니라 우리 자신에 의해 정해집니다. 그의 말에 따르면 우리는 생물학적 통제의 시대로 접어들었습니다. 우리는 이것이 환상이라는 것을 알고 있습니다. 자연은 과학자와 기술자들이 수행하는 실험들에 대해 '예스'라고 말할 때보다 '노'라고 말할 때가 더 많으니까요. 하지만 이러한 꿈, 생명과학의 조작 능력에 대한 이러한 믿음은 오늘날의 생명정치에서 중심이 되는 것으로 자리를 잡았습니다.

두 번째 주제는 최적화입니다. 미셸 푸코는 『말과 사물(The Order of Things)』에서 일련의 서로 다른 근본적 인식론적 구성체들——르네상스, 고전 시대, 근대——을 제시했습니다. 그가 보기에 근대의 에피스테메, 즉 그가 저술 활동을 하던 시대에 사물을 설명하는 방식은 특정한 형태를 띠었습니다. 그 아래에 깔려 있는 근본적인 법칙을 가리킴으로써 일단의 표면적인 사건들을 설명하는 방식이 그것입니다. 행성의 운동을 설명하는 것은 그 밑에 깔린 중력의 법칙을 찾아내는 것이었고, 종의 다양성을 설명하는 것은 그 밑에 깔린 진화의 법칙을 가리키는 것이었다는 식으로 이 목록은 더 확장할 수 있습니다. 설명한다는 것은 표면을 뚫고 들어가 눈에 보이는 수준에서 일어나는 일을 형성하는 그 밑에 깔린 법칙을 찾아내는 것이었습니다. 카를 마르크스가 사람들을 오도하는 자본주의 사회의 표면을 뚫고 들어가 그 밑에 깔린 자본주의 경제의 운동 법칙을 드러내야 한다고 생각했던 것은 잘 알려진 사실입니다. 생명과학과 생의학에서의 새로운 사고방식은 이러한 방식으로 작동하지 않습니다. 우리는 모든 것이 다른 모든 것과 연결될 수 있는 일종의 평면화된 생물학을 갖게 되었습니다. 그 밑에 깔린 법칙 따위는 존재하지 않으며, 오직 결과를 만들어내기 위해 하나의 요소를 다른 요소와 연결시키는 방식들이 존재할 뿐입니다. 생명의 과정을 일련의 구성요소들로 분해해서 이를 다양한 방식으로 연결해 결과를 관리하고 통제하려 애쓰는 것이지요. 사실 나는 의학과 생의학에서 우리가 치료의 실천으로부터 통제의 실천으로 이동했다고 생각합니다. 병리적 현상을 치료하는 것에서 생명 과정을 통제해서 이를 최적화하고 관리하는 쪽으로 이동했다고 말입니다. 오늘날의 생물학은 미래에 대한 관심으로 가득 차 있습니다. 우리는 미래를 상상하고, 그것을 현재로 끌어와서 현재 속에서 관리함으로써 더 나은 미래를 만들어내려 합니다. 우리는 혈액 속의 지질과 지방 수준이 미래에 질병을 일으킬 가능성이 있는지 여부를 평가합니다. 우리는 그러한 미래를 현재 속으로 끌어온 후, 지질 수준을 통제하는 약을 복용함으로써 현재 속에서 그것을 관리하려 애씁니다. 우리는 온갖 종류의 질환들에 대해 우리가 가진 감수성(susceptibility)을 예측하고, 이를 현재로 끌어와서 현재 속에서 관리함으로써 더 나은 미래를 만들어내려 합니다. 내가 이를 최적화라고 부르는 이유는 이것이 미래를 예측해서 나빠지는 요소들을 제거하려 애쓰는 것이 아니기 때문입니다. 우생학은 미래 예측에 관한 학문이었다고 할 수 있습니다. 우생학은 이런저런 방식으로 능력이 떨어지거나, 가치가 떨어지거나, 정신이 박약한 사람들을 찾아내어, 인구 집단 전체에 짐이 될 그들의 미래를 예측한 후, 그들을 제거하거나 통제하거나 재생산을 제약하는 식으로 그것을 관리하려 애썼던 활동이었습니다. 그러나 이제는 미래를 생산해 냅니다. 미래를 현재로 끌어오는 것은 제거를 하거나 운명론에 빠지는 것이 아니며, 미래는 정해져 있다고 말하는 것도 아닙니다. 미래는 관리 가능하고 최적화 가능하다고 말하는 것이며, 나는 이러한 최적화의 관념이 오늘날의 생명정치에서 절대적으로 중요한 것이 되었다고 생각합니다. 분명 여러분은 내가 생명정치에 관해 사고하는 특별한 방식이 생물체의 정치에 관해 사고하는 것임을 이해하셨을 것입니다. 이는 생명정치에 관해 가령 마이클 하트나 안토니오 네그리의 저작에서 발견할 수 있는 것과는 대단히 다른 사고방식입니다.

내가 책에서 설명한 사고방식의 중심에는 감수성이라는 관념이 있습니다. 내가 감수성이라는 용어를 어떤 의미로 사용했는지 설명하는 가장 좋은 방법은 유전학의 관점에서 보는 것입니다. 유전학은 항상 결정론, 운명론과 연관돼 있었습니다. 사람들은 특정한 종류의 질환에 대해 유전적 소인을 갖고 있었고, 그것에 대해 사람들이 할 수 있는 일은 아무것도 없었습니다. 그런 일이 일어날 가능성을 미연에 방지하거나 최소화하기 위해 자신의 삶을 관리하는 것이 고작이었죠. 그래서 여러분이 특정한 종류의 광기에 감수성을 갖고 있는 경우에는 대단히 평온한 삶을 살아야 했습니다. 술을 너무 많이 마시지 말고, 도박이나 흡연도 삼가며, 성적 욕구에 탐닉하지 않는 것처럼요. 유전체학에서의 변화는 우리가 미래와 맺는 관계를 사고하는 방식을 완전히 바꿔 놓았습니다. 우리는 유전자 결정론이라는 관념에서 일종의 확률론으로 이동했습니다. 이제 어떤 형질'에 대한 유전자'라는 것은 존재하지 않습니다. 대중 언론에서 이런 형질에 대한 유전자, 저런 형질에 대한 유전자가 발견되었다는 주장과 함께 그러한 표현이 쓰이는 것을 종종 볼 수 있긴 하지만 말입니다. 대다수의 유전학자들은 주장하기를, 몇몇 희귀한 증상들을 예외로 하면, 질병은 단일 유전자 혹은 단일 돌연변이의 산물이 아니라 인간 게놈 전체에 퍼져 있는 온갖 다양한 장소들에서 나타나는 변이들의 복잡한 조합의 산물이며, 다시 그 모든 것이 환경과의 부단한 상호작용에 의해 형성된 결과라고 말합니다. 이것이 내가 감수성이라고 부른 삶의 형태입니다. 다시 말해 우리는 온갖 서로 다른 방식으로 특정한 종류의 질환들에 감수성을 갖고 있다는 것이죠. 우리 모두는 증상전 질환을 앓고 있고, 우리 모두는 증상 없이 앓고 있는데, 그 이유는 우리 모두가 미래에 질환에 걸릴 일정한 확률을 갖고 있기 때문입니다. 그 확률은 높을 수도 있고 낮을 수도 있지만, 우리 모두는 어떤 의미에서 앞으로 언젠가 닥칠 그러한 질환에 대한 감수성의 그늘 아래서 살아가고 있습니다. 우리 모두는 위험에 처해 있고, 일단 우리 모두가 어떤 의미에서 위험에 처해 있음을 알게 되면, 노력을 통해 그러한 위험을 예측하고 관리하려 애쓸 의무가 우리와 정부 당국에 부과됩니다. 사람들이 처한 위험을 검사해서 파악해 내는 데 그토록 높은 강조점을 두는 이유도 바로 여기에 있습니다. 높은 위험, 중간 위험, 낮은 위험, 매우 드물거나 아예 존재하지 않는 위험 등을 증상전 검사로 가려내지요. 몇 년 전에 우리는 23앤드미(23andme)와 디코드미닷컴(decodeme.com) 같은 회사들이 부상하는 것을 보았습니다. 작은 튜브에 검체를 넣고 몇 백 달러를 동봉해 우편으로 회사(보통 캘리포니아에 있습니다)에 보내면, 14일 이내로 암호화된 비밀번호를 이용해 회사 웹사이트에 접속해 하지불안에서 알츠하이머병까지 40~50가지 서로 다른 질환들에 걸릴 감수성, 즉 확률을 알아볼 수 있습니다. 이러한 정보 대부분, 아니 거의 전부가 의학적으로는 전혀 쓸모가 없는 것들입니다. 다시 말해 그 정보를 가지고 할 수 있는 일은 거의 아무것도 없다는 말입니다. 여러분이 알게 되는 것은 단지 여러분이 평생 동안 특정한 질병에 걸릴 확률이 평균보다 약간 높거나 약간 낮은 인구집단에 속해 있다는 것뿐입니다. 그러나 그러한 웹사이트를 이용하는 사람들, 그리고 그러한 웹사이트를 선전하는 사람들이 문제를 어떻게 틀짓는지를 보면 흥미롭습니다. 그들은 모두 만약 미래에 관해 아는 것이 가능하다면, 그러한 미래에 대해 아는 것은 좋은 일임이 분명하다고 믿고 있는 것처럼 보입니다. 우리는 우리가 맞이할 종류의 미래에 대해 알고 싶어 하고, 우리 아이들은 우리가 맞이할 종류의 미래에 대해 알 필요가 있습니다. 우리는 미래가 무엇을 담고 있는지, 우리가 미래에 걸릴 질병은 어떤 것이 될 것인지 하는 지식에 맞추어 인생을 살아가고 싶어 합니다.

이는 우리 문화에 널리 퍼진 훨씬 더 일반적인 요소인 조심, 배제, 예방에 대한 강조와 부합하는 상당히 특이한 삶의 형태입니다. 우리는 미래를 현재로 끌어와서 불운한 사건들을 예측하고 그것을 피하기 위해 지금 행동에 나서는 시도로 가득 찬 세상에서 살고 있습니다. 위험 예측에 근거해 지금 행동에 나서는 경우, 결코 일어나지 않을지도 모를 어떤 일에 대해 행동하는 것이 되는데도 말입니다. 예를 들어 완전히 다른 분야이긴 하지만, 영국에서는 위험한 것으로 간주되는 범죄자에 대해 새로운 선고를 내리고 있습니다. 공공의 보호를 위한 부정기형 선고 (indeterminate sentence for public protection)라는 것인데요. 상당히 경미한 규칙위반을 저질렀지만 위험한 것으로 간주되는, 즉 미래에 폭력적, 공격적인 행동을 할 위험이 있는 사람들은 단지 이러한 위험 예측에 근거해 거의 평생 동안 격리해 둘 수 있습니다. 지금은 미래에 있을 한 건의 불쾌한 사건을 방지하기 위해서 그러한 위험 예측에 근거해 가둬 놓는 사람들, 다시 말해 잘못된 위험 긍정(false positive)의 사례들이 얼마나 되는지에 관해 상당한 증거가 나와 있습니다. 아울러 우리는 잘못된 위험 부정(false negative)의 사례, 다시 말해 높은 위험을 제기하지 않는다고 생각되었음에도 미래에 사건을 저지르는 사람들도 많이 있을 것임을 알고 있습니다. 그러나 미래에 일어날 일을 예방하기 위해 현재 시점에서 당장 행동해야 한다——설사 지나치게 많은 사람들을 희생시키더라도——는 생각은 핵심적인 사고방식으로 자리를 잡았습니다. 예를 들어 미국에서 입국자들에 대해 위험 여부를 검사하는 시스템에 들어가는 어마어마한 비용을 생각해 보십시오. 그건 엄청나게 비효율적인 시스템이지만, 아마도 그것이 갖는 중요성은 도구적인 것보다는 상징적인 것에 있는지도 모릅니다.

내가 다룰 세 번째 주제는 주체화입니다. 적어도 18세기부터 유럽에서는 ——아마도 다른 지역들에서도——어떤 국가의 시민이 된다는 것이 어떤 것인가 하는 관념에 일종의 생물학적 채색의 요소가 깃들어 있었습니다. 다시 말해 특정 국가의 시민들은 특정한 부류의 체격, 체질, 성격을 갖는 것으로 생각되었고, 종종 이는 인종이라는 측면에서 논의되었습니다. 여기서 인종은 어떤 사람의 성격, 성향, 윤리적 가치, 지적 능력, 삶의 방식, 풍습과 습관 등에 대한 묘사이기도 했습니다. 다시 말해 수 세기 동안 시민권은 적어도 어떤 의미에서는 생물학적인 것이었습니다. 두말할 나위 없이 시민이 어떤 존재인지에 대한 견해를 일단 갖게 되면, 시민들을 분류하고 나누는 방법도 갖게 됩니다. 어떤 시민들은 실제로도 시민이고, 어떤 시민들은 시민이 될 수 있으며(올바른 방식을 훈련받았을 때만 가능하지만), 어떤 사람들은 그들이 가진 생물학적 체질 때문에 결코 시민이 될 수 없습니다. 그들은 반(反)시민들이며, 그들이 인구집단 속에 섞여 있다면 찾아내어 가능하다면 격리하거나 추방해야 합니다. 그들이 인구집단이나 국가 바깥에 있다면 들어오는 것을 막아야 하지요. 우리는 그러한 종류의 생물학적 시민권에 매우 익숙해져 있습니다. 따라서 어떻게 보면 시민들은 오랫동안 생물학적 측면에서 스스로를 정의하고 다른 이들에 의해 정의되어 왔습니다. 그러나 나는 생물학적 시민권에 대한 이러한 관념들이 이제 변화를 겪기 시작했다고 생각합니다. 최근 생물학적 시민권에 대한 논의를 시작한 아드리아나 페트리나는 아주 구체적인 맥락에서 문제를 제기했습니다. 그녀는 핵발전소의 노심용해 사고가 있었던 우크라이나의 체르노빌 인근 지역에서 연구를 하고 있었습니다. 이후 우크라이나는 민주 국가로 변모했고, 우크라이나 국민들은 그러한 민주 국가의 시민으로 재구성되었습니다. 이제 그러한 민주 국가의 시민으로서, 체르노빌 지역에 거주하는 사람들은 자신들에게 가해진 생물학적 피해에 대해 권리를 요구하기 시작했습니다. 그들은 누군가가 책임을 져야 하며 그들은 자신들에게 가해진 피해에 대한 보상을 받아야 한다는 주장을 폈습니다. 그들은 이를 정부 당국에 맞서는 정치 캠페인의 근거로 삼았고, 국가는 국민들의 생물학적 안녕을 보호할 의무가 있다는 근거에서 보상을 요구했습니다. 아드리아나 페트리나는 여기에 생물학적 시민권(biological citizenship)이라는 이름을 붙였습니다. 국가에 속한 시민들이 생물학적으로 피해를 입었고, 그들은 국가로부터 특정한 종류의 보상을 요구하고 있습니다. 나는 동료 중 한 사람인 카를로스 노바스와 함께 이러한 수동적 형태의 생물학적 시민권이 좀 더 능동적인 형태의 생물학적 시민권에 의해 전복되었다고 주장했습니다. 능동적 형태의 생물학적 시민권이란 개인들이 자신들의 생물학적, 생의학적 권리를 중심으로 조직하고, 결집하고, 운동을 펼치는 것을 말합니다. 그들은 자신들이 걸린 특정한 질환에 대해 투자, 자원, 연구, 치료법을 요구했습니다. 우리는 자신들이 걸린 특정한 질환을 중심으로 운동을 펼치는 다양한 집단들로 구성된 적극적 운동의 세계를 목도하기 시작했습니다.

1974년에 보스턴여성건강공동체(Boston Women's Health Collective)에서 출간한 『우리 몸, 우리 자신(Our Bodies, Ourselves)』이라는 고전적인 책이 있습니다. 보스턴여성건강공동체가 우리 몸, 우리 자신이라는 표현을 빌려 책의 틀을 정했을 때, 그들의 주장은 여성들이 자신의 몸에 대한 지식을 다시 소유하고, 자신의 몸에 대한 통제권을 적극적으로 장악하며, 그들을 관리하려 드는 모든 권위자들로부터 자신의 몸에 대한 통제권을 빼앗아 와야 한다는 것이었습니다. 보스턴여성건강공동체가 상상할 수 없었던 다분히 역설적인 방식으로, 우리 몸이 곧 우리 자신이라는 관념은 일종의 현실이 되어 버렸습니다. 우리가 우리 자신과 맺는 관계를 조직하는 중심이 되는 특징이 생물학적인 것이 되었다는 점에서 그렇습니다. 우리는 스스로를 생물학적 존재이자 적어도 부분적으로는 물질적이고 육체적인 존재라고 생각합니다. 우리의 육체, 몸 그 자체가 우리의 주체성을 조직하는 특징이 된 것입니다. 푸코는 『성의 역사(The History of Sexuality)』에서 주장하기를, 정신분석학에 따르면 욕망과 욕망의 조직은 일련의 온갖 다른 문제들이 그 위에서 쟁투를 벌이는, 중심이 되는 윤리적 영역이 되었다고 말하고 있습니다. 내가 보기에 오늘날에는 바로 인간의 몸의 성질과 구조가 윤리적 탐구의 대상이 되었고, 우리가 자신을 판단하는 방식이 되었으며, 우리가 자신에게 영향을 미치고 자신과 관련해 당국에 요구를 하는 방식을 평가하는 방식이 된 것 같습니다. 그런 의미에서 우리의 몸은 우리 자신이 되었습니다. 내가 육체적 개인(somatic individual)이라는 어구를 사용할 때 담은 의미도 그런 것입니다.

우리 자신에 대해 생물학적인 것, 체현된 것, 물질적인 것으로 생각하는 것은 더 이상 운명적인 것, 예정된 것, 본질적인 것을 의미하지 않습니다. 우리의 생물학은 기회이고, 희망이며, 우리가 영향을 미칠 수 있는 어떤 것입니다. 설사 우리가 유전질환이나 우울증, 혹은 22번 염색체의 돌연변이 때문에 고통을 겪고 있다고 하더라도 말입니다. 그것은 우리가 운명을 수동적으로 받아들여야 함을 의미하는 것이 아닙니다. 오히려 정반대지요. 우리가 더 많이 알면 알수록 더 많이 행동할 수 있고, 또 더 많이 행동해야 합니다. 내 동료 카를로스 노바스는 이를 일컬어 희망의 정치경제학이라고 했습니다. 우리는 최선의 것을 희망합니다. 이때 희망은 일반적인 제스처로서의 의미가 아니라 행동으로 변화될 수 있는 것으로서의 의미를 갖습니다. 각각의 개인은 자신을 위해 또 가족을 위해 최선을 희망합니다. 그리고 우리가 최선을 희망하는 것은 의사와 연구자들이 가진 희망, 즉 그들이 우리를 치료해 줄 것들을 찾아낼 수 있을 거라는 희망과 연결돼 있습니다. 아울러 이는 기업들이 가진 희망과도 연결돼 있습니다. 우리에게 자신을 치료하고, 유지하고, 통제하고, 조절하고, 관리할 수 있는 것들을 제공해 줌으로써 시장 가치를 실현할 수 있으리라는 희망 말입니다. 이러한 희망은 말하자면 심리학적, 생물사회학적, 상업적, 문화적인 것입니다. 어떤 의미에서 생명경제 전체는 그러한 서로 다른 종류의 희망에 의해 추동됩니다. 이는 상업화에 대한 몇몇 질문들과 다시 연결되는 지점이기도 합니다.

우리는 스스로를 생물학적 존재로 생각합니다. 하지만 이 말의 의미를 어떻게 이해해야 할까요? 오래된 격언들 중에 너 자신을 알라라는 말이 있습니다. 하지만 자기 자신에 대해 어떻게 알 수 있을까요? 순진한 자기 성찰의 행위를 통해서 그렇게 할 수는 없습니다. 자기 자신을 알 수 있는 것은 자신에 대해 생각할 수 있는 언어와 자신을 판단할 수 있는 가치와 자신에 대해 개입할 수 있는 기법들이 주어지기 때문입니다. 이러한 언어, 규범, 가치를 제공하는 사람은 누구인가요? 내가 이 책에서 주장한 바는, 우리의 몸이 바로 우리의 주체화 형태에 결정적으로 중요한 것이 되면서, 생의학 전문가들이 우리에게 그러한 언어와 지식 형태를 제공하고 우리 자신을 판단하는 그러한 규범을 제공하는 사람이 되고 있다는 것입니다. 그들은 우리가 스스로에게 영향을 미칠 수 있는 기법들도 제공합니다. 예를 하나 들어 보죠. 근자에 비만이 역병처럼 떠돌고 있다고들 합니다. 우리는 모두 우리 몸의 비만 정도에 따라 자신을 채찍질하고 있습니다. 하지만 비만이 대체 뭔가요? 비만이 역병처럼 떠돈다는 것은 또 어떤 뜻인가요? 무엇이 정상 체중이고 무엇이 비정상 체중인가요? 우리는 그런 것을 어떻게 알 수 있나요? 과체중과 질병 사이의 관계가 어떤 것인지는 또 어떻게 알 수 있나요? 혹은 저체중과 질병 사이의 관계는요? 요즘은 어느 호텔 객실에 가도 욕실의 표준 설비와 비품의 일부로 매일 아침저녁으로, 또 매주의 시작과 끝에 체중을 잴 수 있는 저울을 비치해 두고 있습니다. 이는 우리의 물질 세계 속으로 자신의 몸무게를 저울을 보며 관리하는 의례를 깊숙이 집어넣고 있습니다. 무엇이 건강하고 무엇이 건강하지 않은 것인지, 무엇이 비만이고 무엇이 비만이 아닌지 하는 규범에 따라서 말입니다. 이와 같은 실천들은 단지 몸의 물리적 형태하고만 관련된 것이 아니라——이것이 매우 중요하다는 데는 의심의 여지가 없지만——이러한 건강의 규범과도 관련이 있고, 이제 우리 자신의 존재를 관리하는 방식들에서 중심을 이루게 되었습니다. 물론 모든 사람들이 그렇게 한다는 것은 아닙니다. 그것이 규범이 갖는 중요성이죠. 다른 영역에서 그렇듯 여기서도 비정상이 먼저 등장하고 규범은 그러한 비정상성을 정의하고 관리하는 실천의 일부를 이룹니다. 그러한 규범들이 우리의 존재를 관리하는 데서 중심이 된 이유는 단지 다른 사람들이 그렇게 하라고 해서가 아니라, 우리자신이 스스로를 그러한 건강의 규범에 맞추어 왔거나 그러한 규범에서 빗어났을 때 자신이 실패하고 있다고 판단하게 되었기 때문입니다. 비만을 관리하거나 혹은 다른 모든 종류의 질병을 관리함에 있어, 우리에게는 책임 있는 생물학적 시민이 될 의무가 부과되고 있습니다. 우리의 본성과 현재 상태를 알 수 있고, 그것이 미래에 갖는 함의를 이해할수 있으며, 우리 자신과 가족들의 미래의 삶을 관리하기 위해 현재 우리자신에게 영향을 미칠 수 있는 생물학적 시민 말입니다.

이러한 형태의 윤리적 규제를 우리 자신의 존재에 가하는 것은 결정적으로 중요한 것이 되었습니다. 단지 우리 삶의 중심적인 일부로서뿐아니라 살아 있는 생물학적 존재로서 우리 자신을 조직하고 유지하는데서도 중심이 된 것이죠. 우리는 생물학적 책임의 시대를 살아가고 있습니다. 어떤 의미에서 보면 그런 책임은 양날의 칼과 같습니다. 한편으로 우리는 우리의 몸과 살아 있는 존재로서 우리의 특성에 대한 통제권을 권위자들로부터 되찾았습니다. 우리는 우리의 몸을, 우리의 삶을 수중에 넣었습니다. 오래전에 BBC TV에서 지금은 고전이 된 다큐멘터리 시리즈를 방영한 적이 있었는데요, 의사들이 당연한 듯 영웅으로 등장하는 이 시리즈의 제목은 「당신의 생명이 그들 손에(Your Life in Their Hands)」였습니다. 요즘 만약에 TV 시리즈를 제작한다면, 제목은 「당신의 생명이 당신 손에(Your Life in Your Hands)」가 되어야 할 겁니다. 당신의 삶과 존재를 관리하는 것은 당신의 책임이 되었고, 적어도 어느 정도는 당신의 건강이 매우 나빠졌을 때도——술을 너무 마셔서 병에 걸렸거나 육류를 너무 많이 섭취해 심장마비를 일으킨 것처럼——그것은 당신의 책임이 되었습니다. 변화는 이제 겨우 막 시작되었을 뿐입니다. 영국에서는 당신이 이식할 간을 기다리는 대기자 명단에 올라 있는데 술을 끊지 않는다면 간 이식을 받지 못합니다. 비극적으로 최후를 마친 탁월한 축구선수였던 조지 베스트는 과도한 음주로 젊었을 때 간에 이상이 생겨 간 이식 수술을 받았으나 나중에 파파라치에 의해 주점에서 술을 마시는 모습이 폭로되었고 이는 영국 전체를 뒤흔든 추문이 됐습니다. 물론 우리는 그가 자신에 대해 책임을 졌어야 했다는 것을 알고 있습니다. 비만인 환자는 대기자 명단에서 우선순위가 낮은데, 이는 비만이 나쁘다는 이유에서, 혹은 비만이 환자의 도덕적 성격에 관해 뭔가를 말해 준다는 이유에서 정당화되는 것이 아니라, 환자가 이식 거부반응을 보일 위험이 크다는 주장 때문에 정당화되고 있습니다. 여기서 우리 몸의 관리를 둘러싼 완전히 새로운 일단의 의무들이 등장하기 시작했음을 볼 수 있습니다. 한편으로 우리는 의사들로부터 일정하게 권력을 빼앗아 우리 몫으로 가져왔습니다. 그러나 다른 한편으로 의사의 권력은 온갖 종류의 다른 방식으로 널리 퍼져 있습니다. 좀 전에 말했듯이 의사는 한때 카리스마 넘치고 현명하며 단지 지식뿐 아니라 윤리도 그 속에 체현하고 있는 인물이었습니다. 의사는 올바른 일을 할 것으로 믿을 수 있는 사람이었습니다. 의사가 성적으로 혹은 상업적으로 환자들을 해치는 사례를 빼면 말입니다. 의학은 자기 규제를 따르는 전문직이었습니다. 그러나 요즘에는 스스로를 규제할 수 있는 의학이라는 관념이 거의 완전히 사라져 버렸습니다. 의학은 규제 장치에 둘러싸이게 되었고, 윤리학자들의 감독을 받고 온갖 관료적 절차들에 의해 지탱되고 있습니다. 의학과 생의학이 우리 존재에 결정적으로 중요한 것이 된 것과 동일한 시점에 의사의 윤리적 권위는 파편화되었고, 이제 모든 것을 푸코가 『임상의학의 탄생』에서 그토록 설득력 있게 주장했던 임상적 시선으로 요약할 수는 없게 되었습니다. 이제 의사는 임상적 시선을 독점하고 있지도 않습니다. 진단은 방사선 촬영 기사, MRI 전문가, 병리학 실험실에 있는 테크니션 등에 의해 내려집니다. 요즈음 임상을 담당하는 의사의 역할은 확실히 불분명해졌습니다.

자본주의가 우리 삶에 일정한 영향을 미친다는 사실은 자본주의에 대한 급진적 비판자가 아니라도 충분히 인식할 수 있습니다. 특히 우리가 논의하고 있는 분야에서는 실험실과 기업 간의 밀접한 관계가 절대적으로 중심을 이루게 되었습니다. 과학사가인 스티븐 섀핀은 최근 『과학자의 삶(The Scientific Life)』이라는 흥미로운 책을 한 권 써냈는데요, 이 책에서 저자는 과학 연구에 실제로 종사하는 사람들의 삶에 나타난 변화를 추적하고 있습니다. 섀핀이 자신의 책에서 이를 언급했는지는 확실치 않지만, 1950년대에 폴리오 백신을 발견한 조나스 소크가 남긴 유명한 말이 있습니다. 그는 자신이 발견한 백신이 효과가 있고 안전하다는 사실이 입증되어 앞으로 수억 명의 사람들의 삶을 바꿔놓을 것이 분명해진 바로 그 다음날, 미국에서 에드 머로우가 진행하는 유명한 TV 쇼에 출연했습니다. 진행자인 에드 머로우가 소크 박사에게 묻기를, 백신에 대한 특허는 누가 갖게 되나요? 하고 묻자 그는 이렇게 답했습니다. 특허요? 백신에 대해 어떻게 특허를 낼 수 있나요? 차라리 태양을 특허 낸다면 몰라도요. 이 문구는 소크의 전기 중 하나인 『태양을 특허

내다(*Patenting the Sun*)』의 제목이 되기도 했습니다. 스티븐 섀핀은 자신의 책에서 1950년대와 1960년대에 과학에 대해 얘기한 다양한 사람들의 말을 인용하고 있습니다. 그들은 입을 모아 말하기를, 온 지구를 뒤져도 연구 과학자만큼 돈에 관심이 없는 사람은 찾기 힘들 거라고 했습니다. 그러나 과학자의 삶은 총체적이고 완전한 변화를 겪었습니다. 오늘날에는 내가 아는 현장 과학자들 중에서 '지적 재산'을 갖고 있지 않은 사람은 아무도 없습니다. 내가 아는 한 기술이전 부서를 갖고 있지 않은 대학도 없고, 교수가 수행하고 있는 연구로부터 금전적 이득을 얻으려는 노력을 하지 않는 대학도 없습니다. 그리고 재정 투자를 받지 않고 수행될 수 있는 연구도 없습니다. 투자는 특히 생명과학에서 연구 수행의 가능성을 창출합니다. 이는 반드시 좋은 일도 아니고 반드시 나쁜 일도 아닙니다. 그러나 여러분이 만약 지식의 경로의존성 이론을 갖고 있고, 뭔가가 진리가 되는 것은 단지 연구가 이뤄졌기 때문이며 다른 뭔가도 연구가 이뤄졌다면 진리가 될 수 있었다고 믿는다면, 앞으로 연구가 이뤄질 분야들은 사람들이 지적 재산을 얻을 수 있을 거라는 기대를 품고 있거나 가치가 생산될 거라고 믿는 영역이 될 것임이 분명합니다. 이것이 앞으로 생겨날 사실이고, 아마도 앞으로 생겨날 치료법입니다. 이와 동시에 이러한 결정들은 진리가 되지 못하고 현실이 되지 못할 것들도 형성하게 됩니다.

유럽과 북미에 있는 많은 국가 경제를 관장하는 책임을 맡은 사람들은 생명경제가 세 번째 산업혁명을 위한 잠재적 기반을 제공해 줄 거라는 견해를 갖고 있습니다. 많은 이들은 유럽이 정보통신기술에서 일어난 두 번째 산업혁명이라는 기회를 놓쳤다고 주장합니다. 그들에 따르면 세 번째 혁명은 생명경제에 기반을 두고 있습니다. 경제협력개발기구(OECD)는 생명경제가 생물학적 과정 안에 숨은 잠재적 가치를 포착해 건강의 개선과 지속가능한 성장 및 개발을 이뤄낼 경제활동의 일부라고 주장합니다. 이는 생명을 일종의 잉여가치를 포함한 것으로, 또 기술화를 통해 추출할 수 있는 잠재적 가치를 가진 것으로 보는 사고방식입니다. 잠재적 가치를 추출할 수 있는 이유는 그것을 자본화하고, 교역하고, 저장할 수 있기 때문이며, 전 지구적 생명경제에서 그것을 상품으로 사고 팔 수 있기 때문입니다. 우리는 이러한 전 지구적 생명경제의 탄생과 함께, 적어도 유럽에서는 지식 기반 생명경제가 유럽을 구해 줄 거라는 믿음이 나타나는 것을 목도해 왔습니다. 중국, 인도, 브라질에 의해 생산, 수행 능력, 자원 측면에서 추월당해 밀려날 운명으로부터 유럽을 구해 줄 거라는 생각인데요. 나는 사실 이것이 완전한 환상이라고 생각합니다. 쇠락한 유럽이 이러한 생명경제를 관리할 기술을 갖고 있기 때문에 스스로를 구해 낼 거라는 믿음 말입니다. 그럼에도 불구하고 생명 그 자체에서, 치료법 그 자체에서, 생명의 과정에 대한 관리——이것은 우리 사회에서 인간 존재에 너무나도 중심적인 것이 되어버렸죠——에서 추출할 수 있는 가치에 대한 일단의 기대가 있는 것도 사실입니다. 그러한 기대는 오늘날 생명과학이 발전하고 있는 방식에 대해 결정적 중요성을 갖습니다. 결국 우리가 가진 진리, 그리고 우리가 자신에 대해, 또 자신을 위해 할 수 있는 일들은 이러한 기대의 경제, 즉 오늘날의 생명경제에 의해 형성되고 있습니다.

이제 책을 끝맺었던 대목에서 윤리와 경제학에 관해 몇 가지 얘기하면서 강연을 마치고자 합니다. 사회학을 전공 분야로 선택한 사람으로서, 내가 해온 종류의 작업과 막스 베버의 고전『프로테스탄트 윤리와 자본주의 정신(The Protestant Ethic and the Spirit of Capitalism)』사이에 연결고리를 만들어 보는 것은 무척이나 흥미롭게 느껴지는 일이었습니다. 그 책에서 베버는 이후 많은 비판을 받았지만 내 생각에는 여전히 흥미로운 주장을 제기했습니다. 초기 칼뱅주의와 초기의 축적 자본주의 사이에는 그가 "선택적 친화성"이라고 부른 것이 존재했다는 것입니다. 칼뱅주의는 현세에서 부를 축적하는 합리적이고 착실한 삶에서 노동 그 자체가 갖는 가치를 믿었고, 그러한 삶을 사는 것은 비록 구원받을 가능성에 영향을 미치지는 못하지만 어떤 사람이 가진 덕성, 또 그 사람이 내세에서 구원받을 자격을 나타내는 징표가 된다고 믿었습니다. 경제생활을 조직하는 이러한 방식과 일단의 윤리적 가치 사이에는 친화성이 있었습니다. 추출의 한 형태, 이 경우에는 초기 자본주의와 베버가 생활방식(Lebensführung)——우리가 사는 현세에서 자신을 이끌어 가는 방식——라고 불렀던 것 사이의 친화성이 그것입니다. 내가 이 책에서 주장한 것은 동일한 선택적 친화성이 우리가 지금 살고 있는 세상을 이해하는 데 단서가 될 수 있다는 것입니다. 임마누엘 칸트가 제기한 세 가지 유명한 질문을 아마 알고 계실 겁니다. 나는 어떻게 알 수 있는가? 나는 무엇을 해야 하는가? 나는 무엇을 희망할 수 있는가?라는 세 가지 질문을 이제 적어도 부분적으로는 육체와 관련지어 던져볼 수 있습니다. 다시 말해 현재 부각되고 있는 것은 우리의 육체, 우리의 게놈, 우리의 신경전달물질, 우리의 몸, 우리의 생물학이며, 우리가 그에 맞춰 살 수 있는 규칙을 정하는 사람은 육체 전문가, 몸 전문가, 생명 그 자체의 전문가라는 것입니다. 우리는 우리 자신을 부분적으로 이러한 생물학적 측면에서 이해하며, 우리의 기대와 희망은 적어도 부분적으로 건강 유지와 우리가 현세에 가진 존재의 연장에 관한 그러한 믿음의 측면에서 형성됩니다. 그 이유는 이러한 새로운 형태의 생명자본주의가 마치 윤리적 덕성을 갖춘 것처럼 보일 수 있는 그러한 관계 때문입니다. 이처럼 육체적이고 윤리적인 경제는 생명자본과 베버가 말했던 것과 같은 부류의 선택적 친화성을 갖는 것처럼 보입니다. 생명자본은 생명 그 자체가 그러한 윤리적 중요성을 성취한 곳이며, 생명을 유지하고 향상시키는 기술이 그러한 윤리에 봉사하도록 자리를 잡을 수 있는 곳입니다. 내가 이 글에서 설명하려 애쓴 것처럼, 생명자본이 우리가 지닌 희망의 경제, 우리의 상상력, 덕성을 갖춘 이윤에 관한 우리의 믿음을 그토록 강하게 사로잡을 수 있는 것은 바로 그 때문입니다. 그래서 내가 지금까지 제기한 모든 주장들을 떠받치는 요소로, 나는 이러한 육체의 윤리가 생물자본의 정신과 내재적으로 연결되어 있고 내가 책에서 개관하려 애쓴 그 모든 변화들에 스며들어 있다고 생각합니다.

지금까지 경청해 주셔서 고맙습니다.

✝ 제2차 세계대전 이후 현대 의학이 사회에 어떤 영향을 주었는지를 놓고서 기존의 사회과학은 일찌감치 다양한 설명을 내놓았다. 사회학, 인류학, 역사학 등 다양한 영역에서 진행된 이런 연구는 흔히 '의료화' 이론으로 불린다. 아델 클라크는 이 글에서 기존의 의료화 이론이 생명공학에 기반을 둔 생의학의 발전이 낳은 여러 가지 변화를 설명하는 데 한계가 있음을 지적하면서, '생의료화' 이론을 새롭게 주장한다. 그는 장소와 시간에 따라 다양한 모습으로 나타날 생의료화에 대한 경험 연구의 필요성을 강조하고 있는데, 이 책의 3부는 그에 대한 우리의 답변이다.

클라크가 직접 생의료화의 핵심을 간명하게 요약한 이 글은 2014년에 나온 *The Wiley Blackwell Encyclopedia of Health, Illness, Behavior, and Society*에 수록된 것이다. 클라크가 이 책을 위해서 직접 이 글의 원고를 보내왔으며, 번역은 배태섭, 김환석이 맡았다.

제2장 생의료화의 개념

아델 클라크

의료화(medicalization) 이론은 서구 의학이 제2차 세계대전 이후 인간의 생명과 관련된 새로운 영역들(예컨대 알코올 중독, 약물 중독, 비만)을 의료적 영역(법적 또는 종교적/도덕적 영역보다는)으로 재정의 혹은 재구성함으로써 자신의 합법적인 관할권을 확장하기 시작했다고 주장한다(Conrad, 2007). 의료화 이론은 지난 40년 동안 의료사회학과 보건사회학에 심대한 영향을 미쳤다(Zola, 1972). 그밖에도 의료인류학(Lock, 2004), 의료사(Nye, 2003), 생명윤리(Murray and Holmes, 2009), 의학 그 자체를 비롯해 여러 분야에 영향을 미쳤다.

그러나 1990년대 후반, 일군의 의료사회학자들은 의료화 이론이 점점 더 기술과학적인 생의학을 통해 틀지어지는 건강, 질병, 위험, 정체성에 대한 새로운 "가능성 조건"을 설명하기에 불충분하다는 점을 깨달았다. 그래서 우리는 생의료화(biomedicalization) 이론을 개념화하였는데, 이는 비록 의료화가 계속되기는 하지만 주된 초점은 기술과학적인 (재)조직화, 개입, 변형 양식으로 이행하고 있다고 주장했다(Clarke et al., 2003; 2010). 이론적 측면에서 보자면 생의료화는 18세기 이래 지배적이었던 "임상의학적 시선"(Foucault, 1975)으로부터 21세기에 "생기 정치(vital politics)"와 "생명 자체"를 개조하는 "분자적 시선"(Rose, 2007)으로의 폭넓은 이행의 일부를 이룬다. 과거 의료화 이론이 그랬듯 지금 생의료화 이론은 의료사회학, 의료인류학, 과학기술학과 기타 분야에서 점점 중요해지고 있다(예컨대 Burri and Dumit, 2007).

생의료화 개념에서 "생"이란 접두사는 생의학에서 생명과학의 중요성이 점점 커지고 있음을 의미한다. 또한 생명권력과 생명정치에 관한 푸코식 접근의 중심성을 가리키기도 한다(예컨대 Rose, 2007). 생명권력은 개인과 인구 전체의 신체와 행동(생명정치를 구성하는)에 대해 광범위하고 항상적인 감시와 통제를 행사하는 새로운 지식과 기술의 형태로 나타나는 새로운 "권력의 미시 물리학"에 관심을 둔다. 따라서 과학기술학은, 특히 생명자본(기술과학을 통해 생산된 자본)에 관한 최근 저술에서 보듯이, 생의료화 이론에서 중요한 위치를 차지해 왔다(Sunder Rajan, 2012).

생의료화 이론은 넓은 의미의 생의학이 정교한 기술과학적 개입 및 그것의 실행을 가능케 할 새로운 사회적 배치에 의해 그 내부에서부터 변형되고 있다고 주장한다. 이러한 기술과학적 개입에는 분자생물학, 유전학, 유전체학, 생명공학, 약리유전체학, 나노기술, 영상의료기술 등 모든 생명과학기술뿐만 아니라 컴퓨터 및 정보과학도 포함된다. 특히 약물화(pharmaceuticalization)——즉 약물 사용이 점점 증가하면서 다른 치료 방법을 대체하는 것——가 강력하게 전개되어 왔다(Lakoff, 2008). 생물학적/신체적 시민권에 대한 책임이 성장하고 대체로 개인화되는 추세(예컨대 Petryna, 2002; Rose, 2007)와 더불어 이러한 기술과학은 새로운 종류의 개입을 가능케 하고 자극하여 궁극적으로는 우리가 "생명 자체"를 사고하고 살아가는 방식을 변화시킬 것이다.

클라크와 그의 동료들은 생의료화는 "다섯 가지의 핵심적인(중첩되는) 과정을 통해 나타나고 공동구성(co-constituted)된다"고 주장한 바 있다(Clarke et al., 2003: 166쪽). 그 다섯 가지란, (1) 주요 정치경제적 이행, (2) 건강 자체와 위험·감시 생의학에 대한 새로운 강조, (3) 생의학의 기술과학화, (4) 생의학 지식의 변형, (5) 몸과 정체성의 변형이다.

첫째, 생의학의 정치경제적 재조직화는 건강, 질병, 생명, 죽음의 "생명정치적 경제"가 새로이 부상하는 것의 일환이다(Sunder Rajan, 2012). 생명정치적 경제란 개념은 생의료화를 촉진하는 기술과학적 혁신 덕분에 가능해진 기업화되고 사유화된(정부 보조가 아닌) 연구, 제품, 용역에 있다. 보건의료 분야에서 생의료화를 보여주는 동시에 촉진하는 핵심 사회경제적 변화는 기업화와 상품화, 용역의 집중화·합리화·권한 이양, 그리고 계층화다. 중요한 점은 생명자본의 창출이 "공공재"로서의 의료화 및 생의료화의 정당성에 크게 달려 있다는 것이다.

둘째 과정은 (질병보다는) 건강 자체에 초점이 강화되는 것과 예방 및 조기 개입을 목적으로 하는 위험·감시 생의학의 정교화다. 미국이나 여타 서구 국가와 같은 상업문화에서 건강은 또 다른 상품이 되며 생의학적으로 (재)조작된 신체는 소중한 소유물이 된다. 건강은 점차 도덕적인 의무로 여겨진다.

셋째, 공중보건을 포함해서 생의학의 실천과 혁신이 점차 기술과학화된다. 이는 컴퓨터화, 데이터 뱅킹, eHealth 진단, 모니터링, 생의학과 약품 설계의 분자화·유전화, 의료 기술의 설계·개발·유통 등에서 가장 현저하게 모습을 드러낸다.

넷째, 생의료화는 생의학 지식의 생산, 정보 관리, 유통, 소비의 변형에 관심을 둔다. 건강과 질병에 관한 정보는 온갖 종류의 미디어, 특히 신문, 인터넷, 잡지를 통해, 미국 등지에서는 소비자 직접 광고(direct-to-consumer advertising)를 통해 확산된다. 생의학은 미국 대중문화의 근본적인 요소이기 때문에 건강과 질병에 관한 정보의 확산은 곧 사회의 의료화를 나타내는 신호이다(Conrad, 2007). 건강·의료 지식의 생산과 유통은 그 지식을 공공재, 사적 미덕, 개인적 목표로 만들어냄으로써 생의료화를 야기하는 수단이 된다.

다섯째 과정은 통제에서 변형으로의 이행이다. 전통적인 의료화 실천은 의료적 현상, 예컨대 질병, 질환, 상해에 대해 통제를 행사하는 데 중점을 둔다. 반면에 생의료화 실천은 치료뿐만 아니라 향상을 위해 기술과학적 수단으로 의료적 현상을 변혁하는 데 중점을 둔다. 하지만 이러한 수단들은 그 이용 가능성이 계층화되어 있다. 즉 상이한 인구 집단에 따라 차별적으로 부과되고 접근 가능하며 촉진된다. 새로운 기술 과학적 정체성, 즉 기술과학의 적용을 통해서만 알 수 있는 정체성(예컨대 DNA, BRCA 위험)은 개인이 택할 수 있지만 종종 가족을 통해 퍼져 나간다(Sulik, 2009). 새로운 정체성은 또한 "환자 집단"을 통해 생명사회성, 즉 생의학적 현상에 기초한 집합적 정체성을 낳기도 한다(예컨대 Gibbon and Novas, 2008; Epstein, 2008).

생의료화 이론의 이러한 다섯 가지 핵심 과정은 새로운 생의학 현상을 연구하는 데 분석틀로서 이용될 수 있다. 특정 사례에 따라 각각 다른 과정이 중심이 되거나 주변화되기도 하고 젠더, 인종, 계층에 따라 차별적으로 일어나기도 한다. 생의료화 사례 연구를 묶어 낸 연구서는 이 핵심 과정을 강조하고 있다(Clarke et al., 2010). 이 책에서 상이한 생의료화를 다룬 여러 논문들은 분자의 해부 정치에서부터 인구의 살균 대상(bioburden)[1]에 이르기까지 생의료화의 작동을 잘 보여준다. 분자적 역학(epidemiology)의 출현과 그것이 환경 보건 연구에 미친 결과에 관한 쇼스탁(Shostak)의 연구는, 이 분야가 외부 환경(공기, 물, 흙)의 평가에서 개별 신체의 내부 분자 수준의 평가로 이행하고 있음을 보여준다. 이는 직접적으로 환경 보건과 질환을 생의료화한다. 기술과학적 수단으로 임신을 하는 레즈비언들에 관한 마모(Mamo)의 연구는 생의료화

---

1) (역자 주) bioburden은 원래 의약품 등의 제조 시 살균 공정 전 제품이나 환경에 있는 총 생균수를 가리키는 용어로, 생균수를 측정하여 최종 살균 처리를 할 때 적합한 미생물 허용 한도를 결정한다. 여기서는 인구를 대상으로 허용 가능한 수치 내에서 살균 처리할 대상을 파악한다는 의미로 사용되었다.

가 "선택"의 생산을 포함할 수도 있음을 강조한다(Mamo, 2007도 참조).
조이스(Joyce)는 개인적·집합적인 기술과학적 정체성을 구성하고 재
정의하는 데 어떻게 영상 기술이 이용되는가를 탐구한다. 심(Shim)은
차별적인 방식으로 인종화, 젠더화된 집단을 대상으로 하는 심장 질
병의 계층화된 생의료화에서 불평등을 다루고 있다(Shim, 2012도 참
조). 칸(Kahn)은 미 식약청(FDA)이 최초로 (아프리카계 미국인을 대상으
로 한) "민족-인종" 약으로 승인한 바이딜(BiDil)을 추적하면서 생의료
화 과정에서 규제 레짐의 권력을 밝혀내고 있다.

연구서의 다른 논문들은 향상과 최적화를 다루고 있다. 피시맨
(Fishman)은 비아그라 및 성기능 장애 약물을 다루고 있는데, 이는 아
마도 생의료화의 전형적인 사례일 것이다(Fishman, 2004도 참조). 보에
로(Boero)는 비만의 생의료화 사례로서 체중 감량 수술을 연구하였는
데, 더 많이 가지려는 욕망으로부터 더 적게 가지려는 욕망으로의 이
행이 일어나고 있음을 보여준다. 포스켓(Fosket)의 연구는 흔히 암 치
료에 쓰이는 약물을 미리 사용하여 유방암을 예방하려는 것에 초점을
맞추고 있다. 그러한 "화학 예방"은 건강, 위험, 예방의 생의료화를 잘
보여준다(Fosket, 2004도 참조). 오르(Orr)는 컴퓨터 정보 기술에 초점을
맞춰 생물정신의학(biopsychiatry)이라는 신생 분야에서 진단의 정보학
(informatics)과 정신장애의 마케팅에 대해 연구하였다. 이에 따르면 이
제는 온라인에 접속하여 "간단한 테스트를 받고 어떤 정신질환에 걸렸
는지"를 알아보면 된다. 이 사례들은 신자유주의 시대 생의료화의 개인
화 경향을 잘 보여준다.

중요한 점은 생의료화 이론은 생의학을 오로지 비판하기 위한 것도 본래 그런 것도 아니란 점이다. 나 자신을 포함해서 많은 사람들이 생의료화를 성공적으로 고통을 덜어주고 삶을 극적으로 개선시켜 주는 "현대 의학의 기적"을 제공해 주는 것이라고 여긴다. 또한 생의학을 향상의 원천으로 강조하는 경향도 커지고 있다. 향상에 대해 로즈(Rose, 2007: 7쪽)는 좀 더 큰 개념으로 최적화, 즉 "최선의 가능한 미래"를 보장하는 것에 대한 정당성이 점점 증대하는 것으로 제시한 바 있다. 생의료화에 대한 평가는 복잡하고 어려운 일이다.

의료화와 생의료화에 반대되는 경향도 다양하게 나타난다. 무엇보다 의료 다원주의——즉 다양한 종류의 의료가 동시에 이용가능하다는 사실——가 너무 쉽게 무시되곤 해왔다. 서구 의료에 대한 대안들은 언제나 있어 왔으며 지금은 점차 국경을 넘어 유통되고 활용되고 있다. 여러 종류의 의료를 섞어서 활용하는 하이브리드 실천은 흔한 일이다. 의료 다원주의는 "의료 부분주의(partialisms)" 덕분에 한층 더 복잡해진다. 이는 여러 장소에서 다양한 종류의 의료를 오직 부분적으로, 상황에 따라 이용 가능하게 되는 것을 의미한다(Clarke, 2010). 계층화된 의료화(과학적 의학의 개발, 분배, 접근에서의 불평등) 및 계층화된 생의료화(첨단 기술 생의학의 분배와 접근에서의 불평등)도 진행 중이다. 이러한 경향에 저항하고 복잡하게 만드는 것은 일부 임상 연구에 다양한 사람들을 포함시키는 것이다(예컨대 Epstein, 2007).

또한 오늘날 우리는 (생)의료화의 가치와 적합성에 대한 커다란 의문에 직면해 있다(예컨대 Lakoff, 2008). 환자/소비자들은 새로운 기술과학적 대안들에 대해 점점 더 양가적 태도를 취하고 있다. 임상 의사들과 기술과학적 개입의 생산자들 자신도 임종 의료(end-of-life care)을 포함해서 새로운 대안에 대한 양가성과 불안을 표현하고 있다.

생의료화란 실제로는 매우 역사적이고 국지적이라는 것을 기억하는 것이 결국 중요하다. 생의료화의 구체적 모습은 장소와 시간에 따라 다양하여 경험적으로 탐구할 것이 많이 남아 있다. 생의료화가 언제, 어떻게 나타나느냐 하는 것은 의학과 의료화의 제도적 발전의 역사적 관계에 달려 있는데, 이는 너무나 다양하게 나타나기 때문이다(Clarke, 2010). 생의료화의 초국적 발전 가운데 하나 언급할 만한 것으로는 의료관광이 있다. 이는 첨단 생의학을 찾아서 그것이 아직 활용되지 않는 곳이나 서구보다 상당히 싼 가격에 제공되는 곳을 찾아가는 것을 말한다(예컨대 Turner, 2007). 초국적 발전의 다른 사례로는 제약과 진단 기술을, 특히 과거엔 의료의 대상이 아니던 분야에서 점점 더 많이 사용함으로써 공중보건을 생의료화하는(생명자본의 또 다른 창출 양식으로서) 사례가 있다(Lakoff, 2008; Clarke, 2010; McGoey, Reiss, and Wahlberg, 2011). 재생산 기술은 인간과 동물원에 있는 멸종위기 종의 재생산을 점점 더 생의료화하고 있다(Friese, 2013).

생의료화는 투기자본에 초점을 두는 그 생명경제/생명정치와 병행하는 사회문화적 미래를 강하게 지향하는 특징이 있다. 생의료화 이론은 예측적이어서 새로 부상하는 것, 곧 나타날 것, 금세 사라질 것을 분석하기 위한 개념적 틀을 제공해 준다. 한마디로 생의료화가 논하는 것은 "대중의 심화된 과학화인데, 이러한 논의는 인간의 통제를 벗어난 생물학에 대한 두려움이 종종 추동한다. 이런 면에서 생의료화 이론은 의료화의 개념을 동시에 전용, 확장, 변형하려는 시도라고 할 수 있다"(Cooter, 2011: 451쪽).

† 이 글은 생명정치 연구에서 선구적으로 기여를 한 푸코의 이론과 이를 수정하여 거대 담론으로 발전시킨 조르조 아감벤의 '호모 사케르' 이론, 네그리 및 하트의 '제국'과 '다중' 이론을 비판적으로 검토한다. 또 이런 거대 담론과는 달리 생명정치에 대한 경험적 연구를 추구해 온 폴 래비노우의 '생명사회성' 이론, 로즈의 '생명 자체의 정치' 이론, 순데르 라잔의 '생명자본' 이론 그리고 클라크의 '생의료화' 이론을 살펴본다. 결론적으로, 이 글은 생명정치를 생태정치나 기술정치 등과 함께 비인간 사물의 역할을 중요시하는 '사회물질적인 것의 정치'의 일부로 간주할 것을 제안하며, 한국 등 비서구의 생명정치에 대한 경험적 연구를 촉구한다.
이 글은 《경제와 사회》 통권 제97호(비판사회학회, 2013)에 실린 것을 재수록하였다.

제3장 생명정치의 사회과학, 어떻게 할 것인가

김환석

1 들어가며

21세기에 접어들면서 서구에서는 인간 게놈 프로젝트와 뇌 과학 연구가 대표하듯이 인간의 몸과 생명에 대한 기술과학적 개입이 점점 더 커져가고 있으며, 이와 동시에 인간의 건강과 생명 자체가 가장 중요한 정치적 쟁점과 관심사로 부상하고 있다(Rose, 2001&2007). 우리나라에서도 2000년대에 접어들면서 질병과 건강을 둘러싼 쟁점이 종종 중대한 정치적 사안으로 주목을 받아 왔다. 예를 들어 백혈병 치료제인 글리벡을 둘러싼 환자들의 투쟁, 미국산 쇠고기 수입에 반대하며 전개된 광우병 촛불 집회, 삼성전자 반도체 노동자의 백혈병 사망이 촉발한 사회운동 등이 그 대표적 사례들이다. 얼핏 서로 관계가 없어 보이는 이런 사례들의 공통점은 이들이 인간의 생명과 관련된 사안들이며 정부에 문제 해결을 요구하는 전통적 의미의 '정치적' 사건이라는 피상적인 특징들이 아니다.

보다 중요한 특징은 인간의 건강과 생명에 대해 과거에는 의료(및 과학) 분야의 전문가들만이 지식을 독점하고 이에 기초하여 국가의 정책이 결정 및 부과되는 일방적인 지식-권력의 구조가 당연한 것으로 받아들여졌지만, 21세기에 들어와서 이러한 일방적 구조에 밑으로부터 중대한 도전이 제기되었다는 점이다. 즉, 자신의 건강과 생명의 권리를 적극적으로 인식하고 확보하고자 투쟁하는 환자 단체와 일반 시민들이 대거 등장하면서 더 이상 기존의 지식-권력 구조는 지탱하기가 힘들어졌고, 건강과 생명의 영역은 다양한 행위자들이 참여하는 정치적 각축장으로 변모했다.

과거에 지배적 역할을 맡았던 의료 전문가나 국가도 이제는 여러 행위자 중 하나가 될 뿐이다. 이 다양한 행위자들은 문제가 되는 사안에 공통된 지식을 지니고 있는 것이 아니라 서로 다른 진리 주장과 이해관계를 가지고 들어와서 논쟁을 벌이는 '전문성의 정치' 양상을 보여주고 있다(이영희, 2012). 21세기에는 서구와 마찬가지로 우리나라에서도 건강과 생명이 사람들의 주된 관심사가 될 것이 거의 확실하다면, 환자와 일반 시민이 이렇게 행위의 주체들로 등장하고 서로 다른 지식 또는 전문성이 경합하는 것은 일시적 현상이 아니라 21세기의 정치와 민주주의에서 중요한 특징의 하나가 되리라고 전망할 수 있을 것이다.

이러한 새로운 현상을 사회과학적으로 어떻게 이해할 것인가? 인간의 생명에 대한 기술과학적 개입이 커갈수록 다양한 행위자들이 지식-권력의 장에서 각축을 벌이고 과거에는 객체에 불과했던 환자와 일반 시민이 점점 지식-권력의 주체로 부상하는 현상을 파악할 수 있게 하는 사회과학적 관점이나 이론이 있을까? 프랑스의 철학자이자 역사가인 미셸 푸코가 1970년대 후반에 처음 제시한 '생명권력(biopower)', '생명 정치(biopolitics)' 그리고 '통치성(governmentality)'의 개념은 애초 18세 기 이후 서구의 권력과 정치의 변화를 포착하고자 고안해 낸 것이었 지만, 최근 서구의 사회과학자들은 푸코의 이 개념들을 활용하여 생명 에 관한 21세기의 정치를 분석하려는 시도를 활발히 전개해 왔다(예컨 대 Rose, 2007; Nadesan, 2008; Lemke, 2011 등). 이들은 특히 인간 게놈 프로 젝트로 대표되는 생명공학의 성장이 '생명'의 정의와 '인간'의 정체성 을 분자 수준으로 바꾸어 놓으면서, 인간의 질병과 건강에 대한 새로운 지식-권력이 형성되고 있다는 사실에 초점을 맞추어 이 새로운 현상을 사회과학적으로 분석하는 데 주력하고 있다. 이 글에서는 푸코의 관점 을 계승(및 수정)하여 21세기의 생명정치에 대한 분석으로 발전시키려 는 이러한 시도들을 통칭하여 "생명정치의 사회과학"이라 이름붙이고 푸코 이래 그것이 어떻게 전개되어 왔는가를 살펴보고자 한다.

그런데 여기서 우리가 주목해야 할 것은 '생명정치' 개념이 기존의 사회과학적 전통에 대한 도전을 그 안에 함축하고 있다는 사실이다. 생 명정치를 분석하는 것은 결국 인간의 생명과 정치——즉 '생물학적인 것(the biological)'과 '사회적인 것(the social)'——가 결합체를 이루는 현 상을 분석한다는 것을 말한다. 이때 우리가 흔히 저지르는 잘못은 정치 를 '생물학적인 것'으로 환원시켜 설명하려고 하거나(예컨대 사회생물 학처럼), 그 반대로 생명을 '사회적인 것'으로 환원시켜 설명하려고 하 는 양 극단의 접근들이다.

기존의 사회과학적 전통에서는 모든 현상을 사회적 요인에 의거하 여 분석하고 설명하려는 경향이 있기 때문에, 이 둘 중 후자의 함정에 빠지기가 쉽다고 필자는 본다. 따라서 생명정치를 올바로 분석하려면 단지 '생명'이라는 새로운 영역에 기존의 사회과학적 설명 방식을 확장하려고 시도해서는 안 될 것이다. 생명정치에 대한 올바른 분석은 '생물학적인 것' 또는 '사회적인 것' 그 어느 쪽으로의 환원론도 모두 피하고, 양자의 이질적 결합을 비환원론적으로 설명할 수 있는 새로운 사회과학적 접근이 요구된다(김환석, 2011).

그러므로 이 글에서는 단지 생명정치의 사회과학이 어떻게 전개되어 왔는가를 소개하는 데 그치는 것이 아니라, 그 내용이 이러한 비환원론적 접근에 얼마나 부합하는가를 기준으로 삼아 평가해 보고자 한다. 그리고 생명정치의 사회과학을 보다 잘 발전시킬 수 있는 필자 나름의 대안을 간략히 제시하면서 이 글을 맺을 것이다.

2 선구적 기여: 미셸 푸코

1 '생명권력'과 '생명정치'

푸코가 '생명정치'의 개념을 언급한 것은 1974년에 행했던 한 강의에서 처음 등장하지만, 그것을 체계적으로 소개한 것은 1976년에 그가 콜레주 드 프랑스에서 했던 강의(푸코, 1998)와 그 해에 발간된 저서『성의 역사 I: 앎의 의지』(푸코, 2004)에서였다. 이들 연구에서 푸코는 권력의 다양한 메커니즘에 대한 분석적·역사적 구분을 시도하면서 '주권권력(sovereign power)'과 '생명권력'을 대비시키고 있다. 그에 의하면, 주권권력은 재화와 서비스의 박탈이란 형태로 작동하는 권력 관계가 그 특징이다. 이 권력 기술의 특유한 성격은 극단적인 경우 주권자(군주)가 주체(신민)의 생명을 박탈할 수도 있다는 사실에 있다. 군주에 의한 생사여탈권이라는 이 고대로부터의 권력은 17세기부터 심대한 변화를 겪게 되었다. 점점 더 그것은 생명을 관리하고, 안전하게 하며, 발전시키고, 육성하는 걸 추구하는 새로운 형태의 권력에 의해 복속 및 통합되었기 때문이다. 이러한 변화는 결코 정치에서만 나타난 것이 아니었다. 오히려 그러한 변화 자체가 몇 가지 중요한 역사적 변화들로 인한 결과였는데, 결정적인 것은 18세기에 나타난 산업·농업 생산의 증대와 인간 몸에 대한 의학·과학 지식의 성장이었다. 전염병, 질병, 기근의 형태를 띤 생물학적인 요인이 정치에 행사하는 압력은 당시 엄청나게 컸는데, 이제 기술적·과학적·사회적·의료적 혁신들이 생명에 대한 정치적인 통제를 어느 정도 가능하게 만들어주었던 것이다(푸코, 2004: 158~159쪽).

푸코는 주권권력의 특징이 "죽게 만들거나 살게 내버려두는" 권력이라는 데 있었던 반면에, 생명권력의 특징은 "살게 만들거나 죽게 내버려두는" 권력이라는 데 있다고 지적한다(푸코, 1998: 278~279쪽). 아울러 그는 생명권력이 두 가지의 기본적 형태를 띤다고 구분하는데, 그것은 개인의 몸에 대한 규율과 인구의 조절적 통제이다(푸코, 2004: 155쪽). 개인의 몸을 감시하고 통제하는 규율적 기술은 이미 17세기에 출현하였다. 인간의 몸을 하나의 복잡한 기계라고 보는 이 권력 기술을 푸코는 "인간 몸의 해부정치(anatomo-politics)"라고 이름 붙였다(같은 글). 노예제나 농노제와 같은 보다 전통적인 형태의 지배와는 대조적으로, 규율은 몸의 경제적 생산성을 증대시키는 동시에 정치적 복종의 확보를 위해 그 힘을 약화시키는 걸 가능하게 만든다. 또 한편, 18세기 후반에는 다른 권력 기술이 출현하였는데, 이것은 개인의 몸이 아니라 인구라는 집합적 몸을 향한 것이었다. 이때 푸코가 '인구'라고 부른 것은 법적 또는 정치적 실체(예컨대 개인들의 총체)를 가리킨 것이 아니라, 독립적인 생물학적 신체로서 그 자체의 과정과 현상(출생률과 사망률, 건강 상태, 수명, 부의 생산과 유통 등)을 지니는 일종의 '사회적 몸'을 상정한 것이었다. 인구가 하나의 생물학적 실체로서 존재하는 것에서 초래되는 위해와 위험을 예방 또는 보상하기 위한 안전(security)의 기술이며, 여기서 적용되는 수단은 규율과 감시가 아니라 조절과 통제이다. 바로 이 권력 기술을 푸코는 '생명정치'라고 불렀던 것이다.

규율 기술(=해부정치)과 안전 기술(=생명정치)은 그 목표와 수단에서뿐 아니라 제도적 위치가 서로 달랐다. 규율은 제도(군대, 감옥, 학교, 병원 등)의 내부에서 발전해 온 반면에, 인구의 조절은 18세기 이래 국가가 조직화하고 집중화하였던 것이다. 그러나 이 두 가지 권력 기술은 서로 독립적인 것이 아니라 생명에 대한 정치적 통제를 강화시키는 효과를 지닌다는 면에서 상호보완적 관계로 보는 것이 옳다고 푸코는 지적한다(푸코, 1998: 280~281쪽). 전자는 개인의 몸 수준에서 후자는 인구 전체의 수준에서 통제를 강화하는 것이기 때문에 두 가지는 결국 하나의 거시적인 권력 기술의 양 측면이라고 보는 것이 더 적절하다는 것이다. 더구나 이 두 가지 사이의 구별은 역사적 이유 때문에 실제로 유지될 수 없었다. 예를 들면, 18세기에 경찰은 규율적 기구인 동시에 국가 기구로서 작동하였다. 19세기에 국가에 의한 인구 조절은 시민사회의 많은 제도들(보험, 의료-위생 기관, 상조단체, 자선기관 등등)에 의존함으로써만 가능하였다. 따라서 19세기를 거치면서 두 가지 권력 기술 사이의 다양한 동맹들이 출현하는 걸 관찰할 수 있는데, 푸코는 이들을 '장치(dispositifs)'라고 불렀다.

2 '통치성'

푸코는 콜레주 드 프랑스에서 행한 1978년과 1979년의 강의에서 생명정치라는 주제를 보다 넓은 이론적 틀 안에 위치시키고자 시도하였다(푸코, 2011&2012). 이 강의들에서 그는 고대로부터 근대의 자유주의와 오늘날의 신자유주의에까지 인간존재를 인도하는 정치적 지식의 계보학을 검토하고 있다. 여기서 핵심적인 개념은 '통치(government)'인데, 이 단어는 오늘날 순전히 정치적인 의미로 쓰이고 있지만 18세기까지도 통치란 훨씬 더 넓고 다양한 의미를 담고 있었다고 푸코는 지적한다. 통치는 단지 정치적 문헌뿐 아니라 철학적·종교적·의료적·교육적 문헌에서도 논의되는 용어였기 때문이다. 국가에 의한 관리만이 아니라 개인의 자기통치, 가족과 아동을 위한 인도, 가계의 관리, 영혼의 지도 등에까지 통치라는 용어가 쓰였던 것이다. 이러한 보다 넓은 의미를 지니는 통치의 맥락에서 푸코는 "생명정치의 탄생"을 이해할 수 있다고 본다. 그는 생명정치가 자유주의적 형태의 통치와 밀접히 연계되어 있다고 보며, 이때 자유주의는 경제 이론이나 정치 이데올로기로서가 아니라 인간존재를 통치하는 특수한 기예로서 간주된다. 자유주의는 중세의 지배 개념이나 초기 근대의 국가이성과는 다른 통치의 합리성을 도입하는데, 푸코는 이를 '통치성'이라고 부른다.

저는 '통치성'이라는 용어를 세 가지 의미로 사용합니다. 첫째, 인구를 주요 목표로 설정하고, 정치경제학을 주된 지식의 형태로 삼으며, 안전장치를 주된 기술적 도구로 이용하는 지극히 복잡하지만 아주 특수한 형태의 권력을 행사케 해주는 제도 · 절차 · 분석 · 고찰 · 계측 · 전술의 총체를 저는 '통치성'으로 이해합니다. 둘째, '통치'라고 부를 수 있는 권력 유형, 한편으로 통치에 특유한 일련의 장치를 발전시키고 [다른 한편으로] 일련의 지식을 발전시킨 이 권력 유형을 서구 전역에서 꽤 오랫동안 주권이나 규율 같은 다른 권력 유형보다 우위로 유도해 간 경향, 힘의 선을 저는 '통치성'으로 이해합니다. 마지막으로 저는 중세의 사법국가가 15~16세기에 행정국가로 변하고 차츰차츰 '통치화'되는 절차, 혹은 그 절차의 결과를 '통치성'이라는 말을 통해 이해할 필요가 있다고 생각합니다.(푸코, 2011 : 162~163쪽)

푸코의 통치성 분석은 어떻게 인구의 건강과 국가의 경제적 · 정치적 안전 사이의 연계가 자유주의적 통치성 전체(고전적 자유주의, 복지 자유주의, 신자유주의)에 걸쳐 인구를 재현하고 관리하는 독특한 생명 정치 전략을 낳았는가를 검토하고 있다(푸코, 2012). 그는 이러한 생명 정치 전략이란 단순히 위로부터 강제로 부과되는 것이 아니라, 일상의 관행과 규율 속에서 자기통치의 실천으로서 채택되는 것이라고 지적한다. 주지하다시피 이러한 푸코의 통치성 분석은 1990년대 이후 특히 영미권에서 '통치성 학파'라 불리는 새로운 학문적 접근을 탄생시켰다 (Burchell, Gordon & Miller, 1991; Rose, O'Malley & Valverde, 2006). 푸코에게 영감을 받은 이러한 접근은 국가의 권한을 넘어선 전사회적 관리와 제도적 · 개인적 품행의 체제 변화를 분석하는 이른바 '협치(governance)' 연구의 일종이라고 볼 수도 있지만, 통치성 접근과 다른 협치 연구의 접근들 사이에는 중요한 차이점이 있음을 우리는 간과하면 안 된다(Nadesan, 2008: 6쪽). 첫째, 통치성 접근은 협치의 문제해결 틀을 자신의 분석 대상으로 삼는다는 점이다. 즉 통치성은 어떻게 협치의 문제와 기술이 만들어지고 다루어지는가 자체를 역사적으로 분석하는 것이다. 둘째, 통치성 접근은 수많은 협치 문헌이 전제로 삼는 국가/사회의 이분법을 부정하며, 국가와 사회가 미리 존재하는 존재론적 실체들이 아니라는 점을 해체해서 보여준다. 더 나아가서, 통치성 접근은 총체화된 협치 체제에 의해서가 아니라 유동적이고 탈중심화된 권력 기술에 의해서 어떻게 사회적 존재들이 통치의 대상으로서 역사적으로 구성되는가를 탐구하는 것이다.

3 거대 담론의 대두

푸코의 사후에 그의 다른 연구들은 큰 각광을 받았으나, 생명권력과 생명정치라는 주제는 학계에서 거의 관심을 받지 못하고 그대로 잊히는 듯했다. 그런데 십여 년 후 생명권력과 생명정치를 다시 뜨거운 관심과 논쟁의 주제로 끌어올린 학자들이 있었으니, 첫째는 이탈리아의 철학자 조르조 아감벤이고 둘째는 미국의 문학자 마이클 하트와 이탈리아 출신(프랑스 망명)의 정치철학자 안토니오 네그리이다. 서로 다른 철학적 기반 위에 서 있지만, 이들은 현대 세계의 핵심을 이해할 수 있는 열쇠를 생명권력과 생명정치라는 단어에서 찾고 있다는 데에 공통점이 있다. 세계적으로 베스트셀러가 된 그들의 저작들을 통해 생명권력과 생명정치는 일반 대중에게도 주목을 받고 학계의 관심사로 다시 떠오르게 되었다.

1 조르조 아감벤: '호모 사케르' 이론

아감벤은 1995년에 처음 나온 『호모 사케르』 연작을 통해, 생명권력을 고대 그리스부터 현대까지 존재한 모든 형태의 권력에 숨겨진 의미라고 보고 홀로코스트를 생명권력의 궁극적 범례로서 간주하는 과감한 주장을 펼쳐 왔다(아감벤, 2008). 그는 단지 푸코의 저작만이 아니라 칼 슈미트, 발터 벤야민, 한나 아렌트, 마르틴 하이데거, 조르주 바타이유의 저작들에서 영감을 얻어 자신의 관점을 정립하였다. 그에 의하면 고대 그리스 이래로 서구의 정치적 전통을 결정한 것은 적/친구의 이분법이 아니라 벌거벗은 생명('조에')과 정치적 존재('비오스')의 분리라는 것이다. 법의 보호가 박탈되어 벌거벗은 생명만을 지닌 인간들이 사실은 주권의 숨겨진 토대라 보고, 이들을 아감벤은 고대 로마법의 용어를 빌려 '호모 사케르'라고 불렀다. 어떤 사람이 이들을 죽여도 형벌을 받지 않는데, 왜냐하면 이들은 정치적-법적 공동체로부터 배제되어 단지 물리적 존재의 지위로 축소되었기 때문이다.

'호모 사케르'의 궤적은 로마의 추방자로부터 중세의 사형수를 거쳐 나치 수용소의 죄수 등에까지 이어진다. 오늘날에는 보호시설 수용자, 망명자, 뇌사자 등이 이에 해당한다고 볼 수 있다. 외견상 서로 무관해 보이는 이 사례들은 한 가지 공통점을 지니고 있는데, 그것은 이들 모두가 인간 생명을 지니고 있지만 법의 보호로부터 배제되어 있다는 사실이다. 따라서 17~18세기 생명권력으로의 변화는 푸코에게는 역사적 전환에 해당하는 것이었지만, 아감벤은 주권권력과 생명정치 사이에는 논리적 연결이 있다고 주장한다. 왜냐하면 주권권력의 형성은 생명정치적 신체의 창조를 전제로 하기 때문이라는 것이다. 이 면에서 의

회민주주의와 전체주의적 독재, 자유민주국가와 권위주의 체제 사이에는 아무런 분명한 구분이 없다고 그는 본다. 오히려 오늘날에는 모든 시민이 어떤 의미에서는 '호모 사케르'라고 볼 수 있는데, 과거에는 개인 간 또는 집단 간에 설정되었던 조에/비오스의 경계가 이제는 개인적 신체들에 어느 정도 내면화되었기 때문이다. 즉 벌거벗은 생명은 더 이상 특정한 장소나 범주가 아니라 모는 인간의 생물학적 신체 속에 존재한다는 것이다.

그러나 아감벤의 이론은 푸코가 비판하고 극복하고자 했던 권력의 사법적 모델로 회귀하는 것이라는 비판을 받고 있다(Lemke, 2011: 59~60쪽). 푸코는 주권권력이 결코 독립적이 아니며 그 정당성과 효율성을 '권력의 미시 물리학'에 의존한다는 사실을 보여주었던 반면에, 아감벤은 주권권력이 벌거벗은 생명을 생산하며 지배한다고 주장하기 때문이다. 아울러 아감벤의 분석은 지나치게 국가 중심적 모델이라는 점 또한 비판을 받고 있다(같은 글: 61~62쪽). 오늘날 주된 위험은 생명이 국가의 통제에 복속되는 것이 아니라, 오히려 국가가 '탈규제화'란 이름으로 사회로부터 후퇴하여 생명의 가치에 대한 결정을 과학과 상업적 이해관계의 영역에 맡기는 데 있기 때문이다. 더 나아가서, 아감벤이 고대와 현재의 생명정치가 연속성을 갖는다고 주장하는 것은 비역사적인 존재론의 함정에 빠질 우려가 있다(같은 글: 62~63쪽). 이는 생명정치란 근대국가의 발전, 인간과학의 출현, 자본주의 생산관계의 형성과 분리될 수 없는 역사적 현상이라고 본 푸코의 핵심적인 통찰을 포기하는 것이다.

2 마이클 하트와 안토니오 네그리: '제국'과 '다중'의 이론

하트와 네그리는 그들이 함께 쓴 2000년의 저서 『제국』과 2004년의 저서 『다중』을 통하여 생명정치를 이탈리아의 자율주의 운동, 들뢰즈의 이론, 마르크스주의 전통 등과 연결시키려고 시도하였다(하트·네그리, 2001&2008). 그들은 푸코의 생명정치 개념을 끌어다 썼지만 그것이 구조주의적 인식론에 빠져 정태적이라고 비판하면서 주된 수정을 가하였다. 그들에 의하면 1970년대 이후 생산양식의 결정적 변화가 일어나 산업자본주의는 점차 '인지자본주의(cognitive capitalism)'로 대체되었는데, 그 특징은 정보화되고 자동화되며 네트워크화되고 지구화된 생산과정이라고 한다. 생산과정의 변화는 그들이 '비물질 노동'(세 가지 주요 형태는 산업생산의 정보통신화, 분석적·상징적 노동, 신체의 접촉을 수반하는 감정노동)이라고 부르는 새로운 형태의 사회화된 노동의 지배를 가져왔고, 이는 착취구조의 변화를 초래하였다고 본다. 이제 자본주의 착취는 주로 감정적·지적 능력의 흡수를 통해 작동하기 때문에 이것과 육체 노동력을 포함한 '생명'의 모든 에너지와 영역이 자본 축적의 법칙에 복속되었다는 것이다. 이러한 총체적인 생명권력의 개념을 그들은 들뢰즈의 '통제사회' 개념과 연계시키면서, 오늘날의 생명정치는 인구의 의식과 신체 그리고 모든 사회관계에 걸쳐 확장되는 통제의 형태라고 주장한다.

더 나아가서 2004년의 저서 『다중』에서는 '생명권력'과 '생명정치'의 구분을 그들이 강조한다. 생명권력은 사회 위에, 사회를 초월하여 존재하는 주권권력으로서 질서를 부과하는 반면에, 생명정치적 생산은 사회에 내재하며 협동적 노동을 통해 사회관계를 창출한다는 것이다.

여기서 그들이 '생명정치적 생산'이라고 부른 것은 한편으로는 경제/정치의 구분 해소, 다른 한편으로는 자연/문화의 새로운 관계를 나타낸다. 즉 '생명'은 더 이상 재생산의 영역에 국한되는 어떤 것이 아니라 인지자본주의에서는 생산 자체를 결정하고, 또 생명 자체가 기술적 개입의 대상이 됨으로써 자연(=생명)은 자본(=문화)이 된다는 것이다. 이러한 두 가지 경계 구분의 농시 소멸이 근대로부터 탈근대로의 이행이라고 하트와 네그리는 간주한다. 더 나아가서 전 지구에 걸쳐 생명정치적 생산을 담당하는 이질적이고 창조적인 행위자들을 그들은 '다중'이라고 부르는데, 이들은 지구적 생명권력의 체제인 '제국'에 대항할 혁명적 잠재력을 지닌 주체로서 상정된다. 탈근대적 생명정치의 내부에서 성장하는 다중 세력이 자신을 지배하고 착취하는 제국을 결국 전복시키리라는 전망을 하는 것이다.

그러나 하트와 네그리의 이론 역시 몇 가지 문제점을 지니고 있다(이하 Lemke, 2011: 74~76쪽을 참고). 우선 그들의 '생명' 개념은 푸코에게서처럼 사회적 구성물이거나 역사적 지식으로 그려지는 것이 아니라 그자체가 독자적이고 초역사적인 실체인 것처럼 상정된다는 점이다. 둘째, 다중은 생산적·긍정적이고 제국은 규제적·부정적인 것으로 대비되는데 이렇게 선명히 분리될 수 있느냐는 것이다. 사실상 모든 생산은 일종의 규제된 생산이므로 양자는 분리된 것이 아니라 동일한 생명정치적 생산의 양극으로 분석하는 것이 더 적절할 것이다. 셋째, 제국과 다중의 대비 그리고 위로부터의 기생적·흡혈적 생명정치와 아래로부터의 생산적·창조적 생명정치의 적대관계는 복잡한 현실을 올바로 포착 못하는 이론적 가상물일 뿐이다. 중요한 것은 보다 자율적이고 평등한 대안적 삶의 형식으로서의 생명정치를 모색하는 일일 것이다.

4 경험적 이론의 전개

푸코의 생명정치 분석을 다분히 철학적인 거대 담론으로 변용하여 전개시킨 위의 접근들은 나름대로 오늘날의 세계에 대한 심오한 통찰을 제공하고는 있지만, 앞서 지적한 문제점들과 더불어 우리가 일상적으로 경험하는 구체적인 현실을 경험적으로 분석하는 데 있어서 지나치게 거대하고 추상적이라는 한계를 지닌다. 그런데 푸코가 말한 '생명정치'는 이렇게 추상적이고 일반적인 수준의 거대 담론을 지향한 것이 아니라, 우리가 역사 속에서 그리고 현재의 삶 속에서 목도하고 경험하는 생명정치의 현실에 대한 구체적 분석을 추구했던 것으로 보인다 (Rabinow & Rose, 2006). 실제로 1990년대 후반 이후 최근까지 서구의 사회과학계에서는 생명정치에 대한 경험적 분석에 기초할 뿐 아니라 그러한 경험적 분석을 더욱 촉진하고 인도할 수 있는 사회과학적 개념과 이론을 정립하려는 시도들이 전개되어 왔다. 이러한 이론들은 푸코의 분석에서 많은 영감과 영향을 받기는 하였으나, 그것에 머물지 않고 생명정치의 현실을 분석하는 데 도움이 되는 다른 이론적 원천들도 적극적으로 끌어들여 자신들의 독창적 접근을 정립하고자 노력하고 있다. 아래에서는 이러한 경험적 이론들 중에서 주목을 받고 있는 대표적인 몇 가지를 검토하고자 한다.

1 폴 래비노우: '생명사회성' 이론

미국의 인류학자인 래비노우는 인간 게놈 프로젝트의 초기인 1992년에 발표한 논문에서 푸코의 생명정치적 문제의식을 확장한 '생명사회성(biosociality)' 개념을 제시하여 큰 주목을 받았다(Rabinow, 1992). 그는 인간 게놈 프로젝트와 이에 파생될 생명공학 혁신들로부터 푸코가 주목한 양극(=몸과 인구)의 새로운 접합이 출현할 것이라고 전망했다. 또한 그는 이런 기술과학의 발전으로 인해 자연과 문화의 엄격한 이분법이 극복되고 '생물학적인 것'과 '사회적인 것'의 관계가 일방적이 아닌 쌍방적인 성격의 것이 되리라고 보았다. 더 이상 사회생물학이나 사회다윈주의에서와 같이 사회적인 것의 생물학화가 아니라, 새로운 사회적 정체성과 실천이 사람들의 유전적 특성을 중심으로 나타날 것이기 때문이다. "사회생물학이 자연의 은유를 기초로 하여 구성된 문화라면, 생명사회성에서는 자연이 실천으로서의 문화를 모델로 하게 될 것"(같은 글: 241쪽)이라고 래비노우는 말한다. 특히 그는 어떻게 유전적 질병과 유전적 위험에 대한 지식 증대로 인해 새로운 개인적·집단적 정체성들이 출현할 것인지에 관심을 가졌다.

더 나아가서 그는 기술혁신과 과학적 분류 체계가 새로운 형태의 사회화, 재현 모델, 정체성 정치를 위한 물질적 조건을 창출해 줄 것이라고 가정하는데, 왜냐하면 특수한 신체적 속성과 유전적 특성에 대한 지식이 개인으로 하여금 자신과의 관계 그리고 타인과 맺는 관계를 결정할 것이기 때문이다. 그에 따르면 자조 집단과 환자 조직은 단지 의료 서비스의 수동적 수혜자거나 과학 연구의 관심 대상이 아니다. 그 반대로 질병의 경험은 다양한 사회적 활동의 장에 기초가 된다. 예컨대 어떤 질병을 지닌 사람들의 집단과 그들의 가족은 의료 전문가와 더불어 활동을 할 수 있다. 그들은 자신의 질병을 표적으로 한 연구의 지원을 위해 기부금을 모을 수 있고, 정기적인 집단 회합에서부터 자신의 질병 경험 이야기를 나누는 모임까지 조직할 수 있으며, 자신의 질병에 관한 지

식을 홍보할 자체의 출판사를 운영하거나 인터넷에 정보를 올리는 등
등 커뮤니케이션 네트워크를 구축할 수도 있다(Rabinow, 1999).

이와 같은 래비노우의 '생명사회성' 개념은 푸코의 생명정치론을 인
간 게놈 프로젝트 시대로 확장하여 적용했을 때 얻은 새로운 통찰을 정
리한 최초의 사회과학적 성과를 대표한다. 이 개념은 새로운 유전학 지
식이 초래한 지식과 정체성의 변혁을 그려내고 탐구하는 데 큰 유용성
을 나타냈다. 실제로 '생명사회성' 개념은 이후 많은 경험적 연구를 자
극하고 풍성한 학문적 성과를 낳았다고 평가받고 있다(Gibbon & Novas,
2008). 그러나 2000년대 초 인간 게놈의 초안이 완성되고 이른바 '포스
트게놈' 시대로 접어들자 이 개념의 일부 한계도 분명히 드러나기 시작
했다. 유전자의 수가 원래 예상했던 것의 1/4밖에 안 된다는 사실이 밝
혀져, 유전자 결정론이 쇠퇴하고 유전자와 유전자 그리고 유전자와 환
경 사이의 상호작용이 중요한 것으로 드러나면서 '유전자' 개념이 변경
될 필요가 생겨났다. 아울러 '생명사회성'이라고 할 만한 현상이 어떤
영역(또는 국가)에서는 나타났지만 다른 영역(또는 국가)에서는 전혀 안
나타나, 그것을 새로운 유전학 시대의 보편적 추세라고 보기는 어렵고
현실은 보다 복잡하다는 것이 분명해졌다. 다만 이것은 '생명사회성'
개념의 무용성을 드러낸다기보다는 보다 많은 사례에 대한 경험적 연
구의 필요성을 나타내는 것으로 봐야 할 것이다.

2 니콜라스 로즈: '생명 자체의 정치' 이론과 '생물학적 시민권' 개념

영국의 사회학자인 로즈는 1980년대부터 푸코의 철학을 영국에 소
개하고 1990년대에는 이른바 '통치성 학파'를 주도한 것으로 유명하

다.[1] 로즈는 2000년대에 들어와 연구주제를 의료로 설정하는데, 그것은 오늘날 인간의 생명 자체가 정치의 주된 주제가 되었다고 그가 보기 때문이다(Rose, 2007&2012). 그동안 생명정치에 주목했던 대부분의 학자들(예: 아감벤)은 19세기에서 20세기에 이르는 시기에 존재했던 '죽음의 정치(thanatopolitics)'——추방, 절멸, 배제, 강제, 우생학, 수용소 등을 특징으로 하는——에 주로 관심을 기울였는데, 오늘날의 생명정치는 그런 것이 아니라고 로즈는 주장한다. 21세기에 우리가 마주하는 생명정치에서 중요한 문제는 생명의 제조, 생명의 형성, 생명의 최적화와 같이 생명과학이 중요한 역할을 하는 '생명의 정치(politics of life)'이기 때문이다. 따라서 그는 의료를 통해 21세기의 생명정치를 접근하는데, 오늘날 의료의 영역은 질병 치료에서 건강관리로 확장되었다는 사실에 주목한다. 이러한 변화에 대해 사회학자들은 '의료화(medicalization)'라는 자신의 오래되고 친숙한 개념으로 여전히 다루려고 하지만, 이는 오늘날 의료의 근본적 변화를 놓치고 있는 접근이라고 비판하면서 다음의 다섯 가지를 이러한 변화로 제시한다.

분자화(molecularization): 생명과 몸이 무엇이냐에 대한 의료의 관점이 18~19세기에는 맨눈으로 볼 수 있는 가시적 수준이었으나 현재는 DNA와 같은 분자적 수준으로 바뀌었다. 이는 분자생물학과 인간 게놈 프로젝트 같은 새로운 과학 지식과 그 사유방식이 의료에 영향을 주었기 때문이라고 볼 수 있다.

최적화(optimization): 의료 실천의 목적이 질병을 치료하는 것으로부

---

1) 이에 대한 간략한 소개는 앞의 글, 필자와 로즈와의 인터뷰를 참고할 것.

터 생명 과정에 대한 통제를 통해 생명 과정을 최적화하고 관리하는 것으로 바뀌었다. 우리 모두는 서로 다른 질병에 서로 다른 정도로 감수성을 갖고 있다는 것이 게놈학에 의해 밝혀졌기 때문에, 이러한 위험 예측을 통해 건강관리를 미리 해주는 것이 오늘날의 의료이다.

주체화(subjectification): 오늘날 우리는 몸 자체가 자신의 주체성을 조직화하는 특징이 되었다고 할 수 있다. 몸의 성질과 구조에 바탕하여 우리는 스스로를 판단하고, 스스로를 향해 행동하며, 스스로와 관련해 국가에 어떤 요구를 하는 시민적 주체가 되기도 한다.

전문성(expertise): 우리의 몸이 우리의 주체화 형태에 결정적으로 중요해지면서, 생의료 전문가들이 우리에게 자신을 알 수 있는 언어와 지식 그리고 자신을 판단할 수 있는 규범과 자신에게 개입할 수 있는 기법을 제공하게 된다. 그러나 과거에는 의사가 의료에 대한 모든 지식과 윤리를 스스로 체현하고 있었지만, 지금은 의사 외의 다양한 전문가들로 의료 지식이 파편화되고 의료 윤리는 수많은 규제 기구들이 담당하게 되었다.

생명경제(bioeconomy): 생명 자체로부터, 치료법 자체로부터, 그리고 생명 과정에 대한 관리로부터 추출할 수 있는 가치에 대한 기대가 팽배하며, 이러한 기대는 오늘날 생명과학이 어떤 방식으로 발전할 것인가에 매우 중요하다. 따라서 우리가 어떤 진리(지식)를 갖게 되고 우리를 향해(그리고 우리를 위해) 무엇을 할 수 있는가는 이러한 기대의 경제에 의해 형성되는데, 이것이 바로 오늘날의 생명경제이다.

이 중에서 로즈는 특히 '주체화'와 관련하여 '생물학적 시민권(biological citizenship)'이 오늘날 매우 중요해졌다고 강조한다(Rose &

Novas, 2005). 그리고 생물학적 시민권의 형태는 그가 이미 이전의 연구에서 강조하였던 통치성의 시기 구분[2]인 자유주의 통치성, 복지주의(또는 사회적 국가) 통치성, 그리고 선진자유주의 통치성에 따라 달라져 왔다는 점을 지적하고 있다. 로즈에 의하면 시민권에 대한 생물학적 관념은 유럽의 경우 자유주의 통치성이 이미 확립된 18세기부터 존재해 왔다. 어떤 국가의 시민이 된다는 것은 특정한 부류의 체격, 체질, 성격을 갖는 것으로 생각되었고 이는 종종 인종이라는 측면에서 논의되었다. 이에 따라 사람들을 생물학적 특성에 따라 실제의 시민, 잠재적 시민, 시민 불가능자 등으로 분류하여 차별적 취급을 하였던 것이다. 20세기 복지주의 통치성하에서의 생물학적 시민권은 시민들이 생물학적으로 피해를 입었을 경우(예: 핵발전소 사고 등) 국가로부터 특정한 보상을 요구하는 것으로 나타났다. 하지만 선진자유주의 통치성이 지배하는 오늘날에는 이런 수동적 형태의 생물학적 시민권이 보다 능동적인 형태의 생물학적 시민권에 의해 전복되었다. 후자는 개인들이 자신의 생물학적, 생의료적 권리를 중심으로 조직하고, 결집하며, 운동을 펼치는 것을 말한다. 그들은 자신이 걸린 특정한 질환에 대한 투자, 자원, 연구, 치료법을 요구하는 운동과 아울러 자신들의 권리 실현을 위한 법 제정도 추구한다.[3]

로즈의 이론은 푸코의 생명정치와 통치성 연구에 대한 철저한 이해를 바탕으로 포스트게놈 시대의 생명정치에 대한 사회과학적 분석을

---

2) 로즈 및 그가 주도한 영국 '통치성 학파'의 통치성 개념과 그 시기 구분에 대해서는 Rose, O'Malley & Valverde(2006)를 참고할 것.

3) 이 면에서 능동적 생물학적 시민권은 래비노우가 말한 '생명사회성'과 비슷하다고 간주할 수 있다.

본격적으로 시도했다는 데 큰 의미를 부여할 수 있다. 하지만 20세기 전반에 나치 독일이 추구했던 우생학의 목표와 오늘날의 생명과학이 추구하는 목표는 다르다고 강조하는 그의 주장은 그 타당성을 따져봐야 한다는 비판이 제기되고 있다(Lemke, 2011: 103쪽). 양자가 그 개입의 형태와 정당화의 양식은 다르지만 근본적인 목표와 효과에 있어서 과연 다른 것인지는 보다 면밀한 검토와 성찰이 필요하기 때문이다. 또한 로즈의 이론은 선진자유주의 통치성을 배경으로 한 개인 중심의 생명정치를 지나치게 강조하고 있어 국가의 역할을 무시하고 있는 것이 아닌가 하는 의문을 제기할 수 있다. 이는 특히 생명과학과 의료에서 여전히 국가의 역할이 지배적이고 중요한 한국과 제3세계의 맥락에서 로즈의 이론은 적실성이 없으며 결국 서구 중심적 이론이 아닌가 하는 비판이 쏟아질 우려가 있는 것이다. 따라서 로즈의 이론을 보편적 모델로 간주하기보다는 선진자유주의의 맥락적 성격을 반영하는 것으로 보고, 이와 다른 통치성의 맥락에서는 어떤 차이점들이 나타나는지 보다 많은 경험적 연구를 요청하는 것으로 보아야 할 것이다.

3 카우시크 순데르 라잔: '생명자본' 이론

순데르 라잔은 인도 출신의 미국 인류학자이자 과학기술학(STS) 연구자로서, 2006년 『생명자본: 게놈 이후 생명의 구성』이란 저서를 통해 생명정치와 생명경제의 결합을 본격적으로 조명함으로써 일약 학계의 스타로 떠오른 학자이다(순데르 라잔, 2012). 그는 '과학'과 '사회'가 두 개의 분리된 영역이 아니라 서로를 구성하는 관계라는 STS의 통찰을 받아들여, 생명과학 지식과 자본주의 체제 사이의 공동생산을 탐구하였다. 그가 경험 연구를 통해 증명하고자 한 명제는 생명과학의 출현이 자본주의의 새로운 형태와 국면을 나타낸다는 것이다. 이른바 '생명공학' 기술과 생의료는 자본주의 경제의 지구적인 생산 및 소비의 네트워크에 의해서만 파악할 수 있다는 것이다. 이를 분석할 수 있는 이론적인 틀을 정립하기 위해 그는 푸코의 생명정치 개념과 마르크스의 정치경제(학) 비판을 연결하는 과감한 시도를 하였고, 이 양자를 그의 인류학적 분석 안에 위치시키려고 노력하였다.

순데르 라잔의 책은 미국과 인도에서의 다양한 현장 연구와 관찰, 그리고 과학자, 의사, 기업가, 정부 관료와의 인터뷰에 바탕을 두고 있다. 그 책은 세밀한 민족지 연구와 포괄적인 이론적 성찰을 결합시키고 있다. 책의 주제는 광범위하지만, 분석의 경험적 초점은 게놈 연구가 어떻게 약품의 생산을 변혁시키고 있는가를 중심으로 한다. 오늘날 제약 연구의 중요한 특징 중 하나는 "맞춤의학(personalized medicine)"을 창출하는 데 목표를 둔다는 점인데, 이것은 각 환자의 유전적 특성에 기초하여 약을 개발하고 처방하는 것을 말하며 이를 가리켜 약리유전체학(pharmacogenomics)이라고 부른다. 순데르 라잔은 어떻게 지식의 과학적 생산이 더 이상 가치의 자본주의적 생산과 분리될 수 없는지를 보여주려고 한다. 이러한 새로운 제약 연구의 영역에서는 두 가지의 위험 담론이 상호침투하는데, 그것은 환자가 큰 질병에 걸릴지도 모를 의료적 위험과 제약회사가 연구개발에 대한 큰 투자로 갖는 금융적 위험이다. 순데르 라잔은 이 분야의 산업을 '투기자본주의'라고 묘사하는데, 왜냐면 그것이 구체적 생산품의 제조보다는 오히려 희망과 기대를 기초로 하기 때문이다. 그것은 새로운 의학적 치료법이 개발되리라는 환자의 희망을 미래 이윤에 대한 위험자본주의의 열정과 하나의 "유기적" 합성물로 만드는 것이다.

이 새로운 "생명자본주의"가 어떻게 전통적인 착취와 불평등을 재생산하는지를 순데르 라잔은 인도 뭄바이에 있는 한 연구 병원의 사례를 통해 보여준다. 이 병원에서는 한 민간 기업이 서구의 제약회사를 위해 약리유전체학 연구를 수행하고 있다. 인도의 저임 노동력과 유전적 다양성 때문에 그곳은 그러한 연구에 특별히 매력적인 장소였다. 연구가 수행된 뭄바이의 지역은 섬유산업의 몰락으로 인해 대부분의 사람들이 가난하거나 실업자였다. 따라서 이들은 임상연구에 매우 적은 보수를 받고도 "그들 자신의 자유의지로" 임상 연구에 참여하여 그들의 몸을 생의료 연구를 위한 실험 현장으로 제공하는 것 외에 다른 선택을 할 여지가 없었다. 그럼에도 불구하고, 이들은 그러한 연구로 나타날 새로운 치료법의 혜택을 누릴 수 있는 처지가 아닌 것이다(순데르 라잔, 2012: 149~155쪽).

순데르 라잔은 어떻게 지구적 차원의 임상 연구가 국지적 조건에 의존하고, 어떻게 "생명자본주의"에서 한 사람(제1세계)의 생명의 향상 또는 연장이 다른 사람(제3세계)의 건강 악화와 체계적인 신체 착취로 종종 연결되는가를 설득력 있게 보여주었다. 한마디로 그는 21세기 생명정치경제의 지구적 차원──특히 그 착취구조──을 조명하는 데 큰 기여를 한 것이다. 그러나 그의 생명자본 이론은 푸코와 마르크스의 이론을 지나치게 인위적으로 조합한 것이 아닌가 하는 인상을 주는 게 사실이다. 푸코와 마르크스의 이론은 서로 연결될 수 있는 부분도 있겠지만, 그 인식론과 존재론이 상이하기 때문에 서로 충돌하며 쉽게 조화될 수 없는 부분이 더 많다고 판단되는데 이 점에 대한 충분한 고려를 순데르 라잔이 한 것인지 의심스럽다. 또한 지구적 생명정치경제에서 제1세계와 제3세계의 관계를 종속 이론(또는 세계체제론)과 비슷한 모델로 그리고 있는 것은, 종속 이론이 지녔던 한계나 빠졌던 함정을 다시 되풀이할 가능성이 있음을 경계해야 할 것이다.

4 아델 클라크: '생의료화' 이론

미국의 사회학자이자 STS 연구자인 클라크는 원래 상징적 상호작용론에 뿌리를 둔 사회세계 접근(social world approach)을 개발하여 의료 분야의 과학기술을 연구하는 데 큰 기여를 하였다. 그런데 그녀는 2000년대 초반부터 그녀의 제자들과 더불어 주로 미국의 의료 변화에 대한 야심차고 방대한 연구를 기반으로 '생의료화(biomedicalization)' 이론을 정립하여 제시하였다(Clarke et al., 2003&2010). 이 이론의 특징은 한마디로 종합적인 성격에 있는데, 그것은 클라크 그룹이 푸코의 생명권력과 생명정치, 로즈로 대표되는 생명 자체의 이론, 순데르 라잔으로 대표되는 생명자본 이론 등이 보여준 통찰을 모두 흡수하고 여기에 미국의 의료 변화에 대한 자신들의 연구 성과를 결합시켜 독특한 이론적 · 분석적 틀로 개발해 냈기 때문이다. 아울러 이 이론은 의료사회학 분야에서 지금까지 지배적 패러다임 역할을 했던 '의료화' 이론을 대체하려는 야심찬 의도를 지니고 있는 것으로 보인다.

생의료화 이론에서는 미국 의료의 역사적 변화를 세 단계로 구분하고 있다. 첫째, '의료의 대두' 시기로서 대체로 1890~1945년에 해당하는데, 서구의 과학적 의료가 들어와 미국 정치경제의 의료 부문을 뚜렷이 확립한 시기이다. 둘째, '의료화' 시기로서 대략 1940~1990년에 해당하는데, 의료의 관할권이 팽창하여 과거엔 도덕적 · 사회적 · 법적 문제들(예컨대 알코올 중독, 마약 중독, 비만 등)로 간주되던 영역들이 의료 문제들로 재정의된 시기이다. 셋째, '생의료화' 시기로서 1985년경부터 현재까지에 해당하는데, 현대 의료의 구성, 조직, 실천에 극적인(특히 기술과학적인) 변화가 나타난 시기이다. 생의료화는 지금도 계속 진행되고 있으며 다음의 다섯 가지 핵심적인 과정들이 상호작용하면서 이러한 변화를 주도하고 있다고 이 이론에서는 설명한다.

- 생명경제의 출현: 생의료의 지식, 기술, 서비스, 자본이 그 안에서 점점 더 밀집된 상호작용을 하면서 형성하는 새로운 생명정치경제가 출현한다.

- 건강, 위험, 감시의 강화: 건강(질병과 상해만이 아니라)과 더불어 개인 · 집단 · 인구 수준의 위험과 감시에 대한 새로운 강조가 점점 강화된다.

- 생의료의 기술과학화: 생의료에서 치료와 향상을 위한 개입이 점점 더 과학기술에 의존하게 되고, 과학기술적 용어로 구상되며, 점점 더 신속히 적용된다.

- 지식의 생산 · 유통의 변혁: 생의료의 지식과 정보가 생산 · 유통 · 소비되는 방식에서 미디어의 역할이 점점 커지는 등 큰 변화가 일어난다.

- 몸과 정체성의 변혁: 개인 욕망에 따른 맞춤형 몸으로의 변형과 더불어, 유전적 지식에 기반한 새로운 기술과학적 정체성들이 개인 · 집단 · 인구 수준에서 만들어진다.

생의료화 이론의 가장 큰 기여는 이제까지 전개된 거의 모든 생명정치의 이론적 접근들을 망라하여 하나의 종합적 이론 모델을 만들었다는 데 있다. 그러나 이러한 장점은 다른 측면에서 보면 곧 단점이 될 수도 있다. 모델이 너무 방대할 뿐만 아니라 복잡한 요소들을 하나로 묶으려 했기 때문에, 지나치게 절충적 성격을 띠지 않느냐 또는 모든 변화들을 생의료화로 무리하게 간주하는 것이 아니냐 하는 의구심이 들 수 있다. 또한 '의료화'와 '생의료화' 사이에 서로 단계를 나눌 만큼 뚜렷하고 근본적인 차이가 있느냐 하는 점이 여전히 혼란스러울 여지가 있다. 클라크 그룹이 '생의료화'로 부르는 현상들은 단지 '의료화'의 새로운 국면이 아니냐는 의문이 제기될 수 있기 때문이다. 그리고 생의료화 이론의 경험적 배경이 미국이기 때문에 다른 나라에서도 이 모델이 적실성을 가지느냐에 대해 보다 많은 경험적 연구를 통한 비판적 검토가 필요하다.[4] 특히 의료의 역사가 짧고 국가의 개입이 큰 제3세계의 경우에는 이 모델이 잘 적용되지 않거나 적어도 크게 수정되어야 할 필요성이 드러날 수 있다고 판단된다.

5 평가와 대안

생명정치는 사회과학자에게 친숙한 주제가 아니다. 인간의 생물학적 측면이 정치의 대상이 된다는 것 자체가 기존의 사회과학자에게는

---

4) 생의료화 이론을 적용하여 한국의 비만 치료법에 대해 최근 연구한 한광희 (2012)가 이에 좋은 참고가 될 수 있을 것이다.

낯선 세계인 '생물학적인 것'의 관찰과 분석을 불가피하게 요구하기 때문이다. 특히 인간 게놈 프로젝트와 같은 생명과학이 어떤 정치적 성격과 효과를 갖는지를 보려면 '생물학적인 것'을 사회과학자가 들여다보고 이해하려 노력해야만 한다. 이 면에서 "하나의 사회적 사실은 다른 사회적 사실에 의해서만 설명되어야 한다"면서 '사회적인 것'이 아닌 모든 사실들을 사회과학에서 배제하려 했던 뒤르켐의 방법론은 생명정치를 다루는 데 무용지물이다(김환석, 2012). 따라서 생명정치를 연구하기 위해서는 전통적 사회과학의 방법론과는 달리 '생물학적인 것'과 '사회적인 것'을 가리지 않고 넘나들면서 복합적으로 분석할 수 있는 새로운 관점과 방법론이 요청된다. 푸코가 '계보학'이라고 이름붙인 독특한 역사적 방법론이 그중의 하나였다.[5] 그런데 앞에서 살펴본 바와 같이, 다행히도 최근 여러 사회과학자들이 생명정치에 대한 경험적 연구를 수행할 수 있는 다양한 이론과 방법론을 개발하여 제시해 주고 있다. 이제 생명정치에 대한 본격적인 사회과학적 연구를 할 수 있는 충분한 기초가 마련된 것으로 보인다.

그러면 앞 절에서 소개한 네 가지의 경험적 이론들이 과연 이 글의 서두에서 제기한 질문들에 얼마나 만족스러운 대답을 하고 있는가를 여기서 간략히 평가해 보기로 하겠다. 21세기의 생명정치를 얼마나 제대로 분석할 수 있는 이론인가의 측면에서 세 가지 기준에 입각하여 각 이론을 평가해 보고자 한다. 첫째, 오늘날 생명에 대한 기술과학

---

5) 하지만 푸코는 생명정치(생명권력)의 계보학적 연구를 시작을 했을 뿐 미완의 과제로 남긴 채 죽고 말았다. 그가 죽기 전에 남긴 인터뷰 내용에는 당시 그가 시간이 없어 그러한 저술을 못하지만 반드시 하고 싶다는 의사를 표시한 것으로 나타난다(Rabinow & Rose, 2006: 196쪽)

적 개입이 커지고 그럴수록 지식-권력의 구조가 각축장화하는 동시에 환자와 일반 시민이 주체로 등장하는 현상에 대하여 얼마나 잘 설명할 수 있는가? 둘째, '생물학적인 것'과 '사회적인 것'의 이질적 결합을 비환원론적으로 설명할 수 있는 접근인가 아닌가? 셋째, 서구와 차이점이 많은 21세기 한국의 생명정치에 얼마나 적실성이 있는 이론인가?

첫째의 기준에서 볼 때 네 가지 이론들은 모두 생명에 대한 기술과학적 개입이 오늘날의 생명정치에서 핵심적인 중요성을 지닌다는 점을 잘 인식하고 그것을 사회과학적으로 포착할 수 있는 개념이나 모델을 제시하려는 모색이 돋보인다고 판단된다. 아울러 그러한 기술과학을 둘러싸고 점점 더 많은 다양한 이해관계의 행위자들이 등장하여 지식-권력의 면에서 각축을 벌이며 그것이 그런 기술과학과 생명정치의 미래를 형성한다는 점도 잘 보여주려고 하는 것 같다. 이 면에서는 과학과 기술의 사회적 구성을 강조하는 STS의 영향을 상대적으로 더 많이 받은 순데르 라잔과 클라크의 이론이 특히 돋보인다고 여겨진다. 반면에 환자와 일반 시민이 생명정치의 주체로 등장하는 새로운 현상에 대해서는 래비노우의 '생명사회성' 개념과 로즈의 '생물학적 시민권' 개념이 더 분명하게 포착을 해주는 것 같다.

둘째의 기준인 비환원론적 모델 여부에 대해서는, 네 가지 이론이 모두 생명정치를 '생물학적인 것'이나 '사회적인 것' 중 어느 한쪽 유형의 요인으로 환원시켜 설명하려고 시도하기보다는 두 유형의 요인들이 복잡하게 상호작용하면서 생명정치의 지형과 경로를 형성한다고 보는 비환원론에 가깝다고 판단된다. 다만 모델 자체가 아니라 실제 분석에 있어서는 래비노우와 로즈가 인간의 유전적 특성(및 그에 관한 지식)과 같은 생물학적 요인이 생명정치의 구체적 형성에 중요하다는 점을 강조하는 반면에, 순데르 라잔은 자본주의 체제와 같은 사회적 요인이 생명정치에 미치는 영향을 훨씬 더 강조하는 것 같다. 클라크의 '생의료화' 이론은 그야말로 종합적 이론으로서 이러한 요인들이 모두 함께 작용하는 생명정치의 복합적 역동성을 강조하기 때문에, 가장 비환원론 모델에 가까운 성격을 지닌다고 판단된다. 그러나 어쨌든 각 이론에서 '생물학적인 것'과 '사회적인 것'이 구체적으로 어떤 관계를 맺는 것으로 상정되고 있는지에 대해서는 앞으로 보다 명확해질 필요가 있다고 보인다.

셋째 기준인 한국에의 적실성 여부는 아직 모든 이론이 미지수라고 할 수밖에 없을 것 같다. 네 이론은 모두(인도를 다룬 순데르 라잔의 경우만 약간의 예외로 하고선) 주로 미국과 유럽의 경험을 배경으로 한 생명정치의 접근들이라는 데서 공통된다. 이 나라들은 모두 생명정치와 자유주의 통치성의 역사가 상당히 긴 반면에, 한국과 기타 제3세계 나라들은 생명정치의 역사가 상대적으로 짧고 서구와 다른 통치성(국가의 역할이 매우 큰)을 지녀온 경향이 있다. 따라서 네 이론이 한국을 포함한 비서구의 나라들에는 적실성이 없다고까지 단언할 수는 없겠지만, 이론적 모델에 상당한 수정이 필요하지 않을까 예상은 할 수 있다. 문제는 한국을 비롯하여 비서구 나라들의 사례에 대한 경험적 연구가 아직 거의 없다는 사실이다. 로즈의 주장대로 21세기에 가장 중요한 정치적 주제가 생명정치라는 것이 맞다면, 한국과 기타 비서구 나라들의 생명정치에 대한 경험적 연구가 시급하다.

마지막으로 생명정치의 사회과학을 보다 잘 발전시킬 수 있는 필자 나름의 대안을 간략히 제시하면서 이 글을 마치도록 하겠다. 인간 게놈 프로젝트로 대표되는 생명과학이 '인간'의 정체성을 분자 수준으로 바꾸어 놓은 1990년대 이후, 기존 사회과학의 토대인 '사회적인 것'에만 집착해서는 더 이상 사회와 정치를 제대로 이해하고 분석할 수 없다는 각성이 점점 대두하게 되었다. 이러한 각성이 푸코가 이미 1970년대 후반에 그 기초를 놓았던 '생명정치'에 대한 관심의 부활로 이어졌고, 이를 21세기의 현실에 맞게 재구성하려는 시도들이 크게 증가하였던 것이다.

그런데 필자가 보기에 문제는 이와 비슷한 시기에 비단 생명정치 외에도 기존의 사회과학 전통과 '사회적인 것'에 국한된 정치로는 적절히 다루어질 수 없는 새로운 이질적 성격의 정치와 시민권의 요구가 증가해 왔다는 사실이다. 예컨대 환경 문제의 정치적 중요성을 인식한 사람들은 '생태정치'와 '생태학적 시민권'(Steward, 1991)을 주장하고, 기술과학의 정치적 중요성을 인식한 사람들은 '기술정치'와 '기술적 시민권'(Frankenfeld, 1992)을 요구하며, 몸과 건강의 정치적 중요성을 인식한 사람들은 '생명정치'와 '유전적 시민권'(Heath, Rapp & Taussig, 2004) 또는 '생물학적 시민권'을 강조해 왔던 것이다. 왜 과거와는 다른 이런 색다른(괴상한?) 정치와 시민권의 요구가 쏟아지고 있을까? 또 이 중에서 어떤 것이 더 중요할까? 과연 우리는 이 중에서 더 중요한 것을 선택하여 추구해야 할까? 이런 의문들이 연이어 떠오를 정도로 지금은 다소 혼란스러운 상황이라 하지 않을 수 없다.

우선 필자는 오늘날 이렇게 기존의 정치와 시민권의 영역에서 이탈된 색다른 정치와 시민권의 개념과 요구가 빗발치고 있는 것은, 한마디로 기존의 정치와 시민권이 '사회적인 것'의 영역에 갇혀 있었기 때문이라고 진단한다. 인간들의 관계만으로 이루어진 사회적 세계로는 담아낼 수 없는, 즉 비인간 사물과 자연이 인간과 관계를 맺어 이루어지는 '사회물질적(socio-material)' 세계에 관한 정치와 시민권이 매우 중요하다는 통찰이 새로이 부상하였기 때문이다. '행위자-연결망 이론(Actor-Network Theory)'에서는 비인간과 인간, 자연과 사회, 과학과 정치, 생물학적인 것과 사회적인 것은 근대주의하에서 엄격히 이분법적으로 나누어져 있지만, 실제로는 번역의 연쇄를 통해 하나의 이질적 연결망(= '하이브리드')을 구성한다고 주장하고 있다(라투르, 2009).

따라서 필자는 새로이 나타난 이런 다양한 정치와 시민권의 유형들을 각각 독자적으로 규정하고 요구하기보다는, 기존의 이분법에 기반한 근대주의 정치의 비적실성을 넘어서는 '비근대주의(nonmodernism)'의 새로운 정치를 구성하는 부분들로서 파악하고 위치시키는 것이 적절하다고 판단한다.[6] 이 글에서 다룬 생명정치(및 통치성) 역시 사물과 인간의 이질적 연결망으로 재해석하고 경험적 연구를 하는 것이,[7] 근대주의 학문들에서 흔히 그러듯이 '생물학적인 것' 또는 '사회적인 것'으로 환원시켜 설명하는 오류를 범하지 않을 수 있는 유력한 대안이 아닐까 생각한다. 한마디로 이는 곧 생명정치는 더 이상 근대주의 정치 즉 '사회적인 것의 정치'의 연장이 아니라 비근대주의 정치 즉

---

6) '비근대주의'의 정의와 '근대주의'와의 비교에 대해서는 라투르(2009)를 참고할 것.

7) 흥미로운 사실은 푸코 역시 통치성에 대해서 이와 비슷한 생각을 가지고 있던 것으로 보인다는 점이다. 즉 그의 저서 『안전, 영토, 인구』를 보면, 통치란 사물과 인간으로 구성된 복합체와 관계를 맺는 것이라고 라 페리에르의 말을 빌려 주장하고 있다(푸코, 2011: 147쪽).

'사회물질적인 것의 정치'를 구성하는 다양한 부분들의 하나로서 자신의 위치와 성격을 규정하는 것이 바람직하다고 필자가 제안하는 것이다.

† 최근 자연과학과 인문·사회과학을 꿰뚫는 열쇳말은 '생명'이다. 일찌감치 21세기를 '생명과학의 시대'로 명명하고 인간 유전체(게놈) 프로젝트 등을 통해서 '생명의 비밀'을 파헤치려는 야심을 숨기지 않는 자연과학이 생명을 되뇌는 것은 어찌 보면 당연해 보인다. 하지만 그동안 과학기술의 변화에도 꿈쩍 않던 인문·사회과학이 생명에 주목하는 일은 어떻게 봐야 할까?

제1장에서 확인했듯이 이런 변화의 맨 앞에 서 있는 지식인이 바로 영국의 사회학자 니콜라스 로즈다. 로즈는 2000년대부터 새로운 생명과학과 그 결과로 나타난 의료의 변화가 우리의 삶을 어떻게 바꿀지를 고민해 왔다. 그는 이런 지적 실험의 중간 성과를 2006년 『생명 자체의 정치』로 펴내고, 분과 학문을 넘나드는 학제 간 연구를 진행 중이다.

로즈는 푸코 철학에 대한 영어권의 대표적인 해석자로 꼽힐 뿐만 아니라, 최근 국내 인문·사회과학계에서도 주목을 받는 이른바 '통치성(Governmentality)' 연구의 권위자다. 로즈는 이 인터뷰에서 루이 알튀세르를 좇았던 마르크스주의자가 푸코를 거쳐서 어떻게 생명과학과 사회의 상호 작용에 관심을 가지게 되었는지를 설명한다. 이 과정에서 우리는 21세기 사회과학의 모습이 어떻게 되어야 하는지에 대한 그의 비전도 엿볼 수 있다.

이 인터뷰는 니콜라스 로즈가 2012년 8월 국민대학교에서 개최된 국제 워크숍('21세기 생명정치와 생명 윤리') 참석차 한국을 방문했을 때 진행되었다. 진행은 김환석, 정리는 강양구가 맡았다.

인터뷰 니콜라스 로즈와의 만남

니콜라스 로즈 · 김환석

생물학에서 심리학으로

김환석 한국에서 선생님은 프랑스의 철학자 미셸 푸코가 1970년대 후반에 고안한 통치성 개념을 적극적으로 수용해 발전시킨 영국 통치성 학파의 좌장으로 알려져 있습니다. 하지만 선생님의 명성에 비해서 정작 구체적인 연구 성과는 제한적으로만 소개가 되어 있는 것 같아요. 선생님 개인사는 전혀 알려져 있지 않고요. (웃음)

더구나 선생님은 2000년대 들어서는 현대 생명과학과 의료를 둘러싼 여러 가지 문제에 관심을 집중하고 있습니다. 2006년에는 이 새로운 지적 실험의 성과를 정리해 『생명 자체의 정치(*The Politics of Life Itself*)』를 펴내기도 했습니다. 마침 이 책은 국내에서도 조만간 번역, 출간될 예정입니다.

1980년대부터 유럽, 미국에 득세한 신자유주의를 연구하던 미셸 푸코의 계승자가 생명과학에 관심을 가지게 된 계기를 설명하려면, 아무래도 선생님의 지적 배경을 소개하는 게 순서일 듯합니다. 먼저 가족 관계부터 살펴볼까요? (웃음) 형이 저명한 과학자죠? 생물학자이자 뇌 과학자로 유명한 스티븐 로즈 영국 개방 대학 교수 말입니다.

로즈 맞습니다. 형이 한국에서도 유명한가요? (웃음)

김환석 한국에서도 1980년대부터 국가나 자본이 주도하는 현대 과학기술을 비판적으로 보려는 사회 운동이 있었습니다. 그런 사회 운동에 참여해온 이들이 참고했던 사례 중 하나가 바로 스티븐 로즈 교수가 주도한 '급진 과학 운동'이었습니다. 이들의 지향은 잡지《Science for the People(민중을 위한 과학)》의 제호에 잘 드러나 있지요.

아, 일반 대중에게 스티븐 로즈 교수는 『우리 유전자 안에 없다』(한울)의 저자로도 유명합니다. 이 책은 세계적인 베스트셀러 『이기적 유전자』의 리처드 도킨스와 『통섭』, 『사회생물학』의 에드워드 윌슨 등을 강하게 비판한 책으로 유명하지요. 스티븐 로즈 교수는 최근에는 뇌 과학의 최전선에서 뇌 과학의 오용을 비판하는 작업도 수행하고 있더군요.

로즈 형(1938년생)은 저(1947년생)보다 아홉 살 많아요. 케임브리지 대학에서 공부했고 아주 젊은 나이에 영국 개방 대학의 첫 번째 생물학 교수가 되었습니다. 그리고 방금 지적했듯이 사회운동가 정체성이 아주 강했지요. 앞으로 또 얘기할 기회가 있겠지만, 저는 형과 비교하면

사회 운동에 훨씬 소극적이었습니다.

김환석 선생님이 대학 학부에서 생물학을 공부한 것도 형의 영향을 받았습니까?

로즈 아주 없지는 않았을 거예요. 어렸을 때, 형의 실험실에서 실험을 돕기도 했으니까요. 아무튼 형을 따라서 1965년에 서섹스 대학교의 생물학과를 진학했습니다. 당시 그 대학에서는 세계적으로 유명한 생물학자 존 메이너드 스미스가 가르쳤어요. 초파리의 유전학에 대한 많은 연구가 진행 중이었습니다.

서섹스 대학교는 새롭게 설립된 대학으로서 1960년대 후반 유럽의 급진적인 분위기가 감싸던 곳이었어요. '초파리 연구가 세상을 돌아가는 것을 이해하는 데 무슨 도움이 되지' 이런 회의가 들더군요. 이후에 동물행동학으로 관심을 옮겼지만 잘하지 못했어요. 그래서 관심을 바꿔서 생물학과 심리학을 복수 전공하다, 아예 심리학으로 관심을 옮겼습니다.

김환석 학생 운동에도 적극적으로 참여했습니까?

로즈 베트남 전쟁, 남아프리카공화국의 아파르트헤이트(인종 차별 정책) 반대 운동에 참여했어요. 하지만 형과 비교할 수 없습니다. (웃음)

마르크스에서 푸코로

김환석 1970년 런던 대학교(Institute of Education)에서 심리학으로 석사 학위를 받았습니다.

로즈 어린이를 가르치고 싶어서 교사로 훈련을 받았어요. 어린이 교육을 바꾸는 일이 사회를 바꾸는 길의 하나로 생각했지요. 1년간 환경 부적응 아동을 위한 학교에서 일하기도 했습니다. 그런 관심 속에서 어떻게 어린이에게 '비정상 아동', '부적응 아동' 딱지를 붙이는지를 놓고 연구를 진행했고, 그 주제로 심리학 석사 학위를 받았습니다.

그러고 나서 그런 관심의 연장선상에서 아동 학대 예방 단체에서 3년간 일했지요. 그러다 런던 대학교(Institute of Education) 사회학과 박사 과정에 진학했습니다. 당시 저는 프랑스의 철학자 루이 알튀세르를 따르는 마르크스주의자였어요. 그래서 이데올로기와 또 그것을 극복하는 문화 투쟁에 관심이 많았고, 대학에서도 그 주제로 연구를 시작했습니다.

김환석 그 즈음에《Ideology & Consciousness》를 창간했지요?

로즈 네, 작은 학술 잡지였어요. 알튀세르의 철학으로부터 영향을 받은 잡지였습니다. 그런데 이 잡지 동인들이 이런저런 이유로 알튀세르와 같은 접근에 환멸을 느끼게 되었습니다. 그때부터 푸코의 글을 번역해서 읽기 시작했어요. '통치성'에 대한 푸코 에세이의 첫 영어 번역이 실린 것도 이 학술지입니다.

김환석 어떤 이유로 알튀세르와 같은 접근에 거리를 두게 된 건가요?

로즈 박사 학위를 시작할 때만 하더라도 관심은 알튀세르처럼 이데올로기 비판에 있었어요. 그런데 안토니오 그람시에서 알튀세르에 이르는 이데올로기 개념으로는 구체적인 상황에 대한 분석을 할 수 없었어요. 예를 들어, 학교가 어떻게 작동하는가, 심리학이 어떻게 작동하는가, 감옥이 어떻게 작동하는가, 이런 질문에 이데올로기는 답을 주지 못했습니다.

왜냐고요? 이데올로기는 항상 진실(truth)에 대비되는 거짓(false) 혹은 오류(error)에 집중합니다. 그러니까 사람들이 어떻게 진실 대신 거짓을 믿는가? 그런 오류에 기반을 둔 그런 허위의식이 어떻게 확산되는가? 환영 밑의 진실을 어떻게 이해할 것인가? 이런 질문을 끊임없이 던집니다.

하지만 푸코를 읽으면서 이런 진실/거짓의 구분이 과연 타당한지 의문을 품게 되었습니다. 사실 진짜 중요한 질문은 이런 것이었습니다. 왜 이것을 진실이라고 믿게 되었나? 무엇이 이것을 진실로 만들었나? 이것을 진실이라고 말하는 권력은 무엇인가? 이것을 진실이라고 말했을 때 그 효과는 무엇인가?

'오류의 문제'에서 '진실의 문제'로 관심이 바뀐 거예요. 그리고 이런 관심의 이동은 1984년 박사 학위 논문으로 결실을 맺게 됩니다. 이 논문은 영국에서 심리학이 어떻게 탄생했는지 추적한 것입니다. 이듬해에 『The Psychological Complex』(1985)로 출간됩니다. 이 책에 관심을 보인 이들은 거의 없었지만요. (웃음)

당시만 하더라도 푸코의 이론이나 방법을 이론적으로 검토하거나 철학적으로 논의하는 연구는 있었지만, 그것을 실제로 활용한 연구는 영어권에서는 전무했어요. 이 책은 그것을 시도한 영국 최초의 연구라고 할 수 있어요. 이 책을 시작으로 푸코의 이론과 방법을 적용한 여러 경험 연구를 본격적으로 진행합니다.

김환석 박사 학위 논문의 내용을 좀 더 소개하면요?

로즈 방금 '진실의 문제'가 중요하다고 얘기했잖아요? 영국과 같은 자유주의 사회에서 권위(authority)의 획득은 국가에 의해서 주어지지 않아요. 사람들이 진실이라고 믿는 것을 얘기할 때 권위를 획득할 수 있습니다. 제가 보기에는 심리학이 그 하나의 예였어요. 심리학자는 인간에 대한 진실을 얘기한다고 믿어짐으로써 막강한 권위를 지니게 됩니다.

(알튀세르의 이데올로기 비판이 그렇듯이) 이들에게 '권력의 하수인'이나 혹은 '자본의 하수인'이라는 딱지를 붙이고, 이들이 권력이나 자본의 이해관계를 위해서 거짓 주장을 꾸며내고 있다는 식으로 비판하는 접근은 한계가 있어요. 왜냐하면, 이들은 바보도 아니고 꾸미지도 않아요. 이들은 자신이 하는 일이 진실이며 고결하고 과학이라고 진심으로 믿습니다.

그렇다면, 이렇게 심리학자들이 자신이 하는 일을 진실이라고 믿게끔 하는 전제가 무엇인지 따져 묻는 게 필요합니다. 박사 학위 논문이 영국 심리학의 탄생에 관심을 가지게 된 것도 바로 이런 문제의식 때문이었습니다. 1980년대는 계속해서 심리학에 대한 연구에 집중했고

『Inventing Ourselves』,『Governing the Soul』 등의 책들을 냈어요.

김환석 그러니까 1970년대 후반에 마르크스에서 푸코로 문제의식이 바뀌고 나서 계속 그걸 심화해 온 셈이군요.

로즈 맞아요. 마르크스에서 푸코로의 관심 변화가 현실에의 개입 의지가 약해졌다는 식으로 해석해서는 곤란합니다. 1970년대나 1980년대나 저와 같은 문제의식을 가진 동료들은 여전히 기존 사회 권력을 비판하고 더 나은 사회를 만드는 데 아주 강한 관심을 가지고 있었습니다. 다만 비판의 도구로서 마르크스나 알튀세르가 더 이상 유효하지 않다고 판단했을 뿐이에요.

이 점을 강조하고 싶군요. 지금도 가르치는 학생들에게 마르크스나 엥겔스의 글을 읽어볼 것을 권합니다. 하지만 그들의 글은 지금과는 전혀 다른 시대(19세기)를 염두에 둔 것이라는 걸 꼭 기억해야 합니다. 그들은 '진실의 저장고'가 아니에요. 그들이 자신의 시대를 제대로 이해하려고 얼마나 고군분투했는지 확인하고, 우리의 시대를 새로운 방식으로 이해하려고 노력해야지요.

푸코 역시 마찬가지입니다. 개인적으로는 푸코의 이론이나 방법이 당대의 자유주의 사회를 이해하는 데 도움이 되리라고 생각해 적극적으로 수용했습니다. 하지만 푸코를 그대로 되뇌는 게 아니라 그것을 얼마나 창조적으로 활용할지가 중요합니다. 물론 당분간 사람들은 저를 '푸코디언(Foucauldian)'이라고 부를 테지만요. (웃음)

김환석 마르크스에서 푸코로의 이동은 '거대 이론'에 대한 회의 탓도 있지 않나요?

로즈 맞아요. 거대 이론은 세상을 이해하는 데 도움이 되지 않아요. 거대 이론은 종종 어떤 일이 일어나고 있는가를 자신의 틀에 맞춰서 설명하고 심지어 예측까지 합니다. 그런데 도대체 그런 설명과 예측에서 우리가 무슨 통찰을 얻을 수 있을지 의문이에요. 예를 들어, 지구화를 둘러싼 거대 이론이 유행한 적이 있습니다.

그런데 이들에게 이렇게 물어봅시다. "도대체 지금 무슨 일이 일어나고 있나요?" "지구화요!" "그럼, 이런 일들이 왜 일어났나요?" "지구화요!" 다른 경우도 마찬가지입니다. "도대체 지금 무슨 일이 일어나고 있나요?" "신자유주의요!" "그럼, 이런 일들이 왜 일어났나요?" "당연히 신자유주의 때문이지요!" 이런 동어반복이 도대체 세상을 이해하는 데 어떤 유의미한 통찰을 줄지 저는 의문이에요.

이제 어떤 사건이 '왜' 일어났는지가 아니라 '어떻게' 일어났는지에 더 초점을 맞춰야 한다고 생각합니다. 이렇게 어떤 사건이 '어떻게' 일어났는지를 따져 묻다 보면 작은 사건들이 다른 사건과 어떻게 연결되고 결합되며, 그 연결과 결합이 더 큰 규모의 변동을 어떻게 가능하게 했는지 살펴볼 수 있습니다.

앤서니 기든스, 울리히 벡과 같은 동료의 연구가 흥미롭다는 걸 부정하지는 않아요. 하지만 그들의 작업이 과연 세상을 이해하는 적절한 설명을 제공할지에 대해서는 회의적입니다. 예를 들어, 1980년대 미국과 영국의 신자유주의적 통치가 유럽을 넘어서 어떻게 그렇게 빨리 전 세계 곳곳으로 확산될 수 있었을까요? "지구화!" 이렇게 답하고 나면 더 이상 할 얘기가 없습니다.

하지만 신자유주의적 통치가 어떤 특징을 가지고 있는지, 그 구성 요소를 살피면 이 질문에 훨씬 더 설득력 있는 대답을 내놓을 수 있습니다. 더구나 이 구성 요소는 훨씬 더 구체적으로 삶과 밀착된 것이기 때문에 현실 개입의 가능성도 커집니다. 마르크스주의와 같은 거대 이론의 설명 방식보다 푸코에 주목하게 된 것은 바로 이런 사정과도 무관하지 않아요.

김환석 마르크스주의와 같은 거대 이론을 여전히 따르는 입장에서 보면, 선생님의 입장은 피상적이라는 비판을 면키 어려워 보입니다. (웃음)

로즈 맞아요. 저는 피상적인 사상가입니다. (웃음) 이것은 앞에서 이데올로기 비판을 회의하게 된 것과도 맞닿아 있지요. 마르크스주의는 표면에서 일어나는 일들을 이해하려면 그 심층에 존재하는 근원적인 원인을 찾아야 한다고 주장합니다. '숨겨진' 법칙이 표면의 사건을 가능하게 한다는 발상이지요.

반면에 푸코는 표면에서 일어나는 일들 자체에 주목하자고 강조합니다. 심층에 근원적인 원인이 있다고 가정하지 말고, 표면에서 일어나는 일들이 어떻게 연결되어서 새로운 변화를 야기하는지를 보는 게 세상을 이해하는 좀 더 나은 방법이라는 생각이었죠. 저 역시 그런 푸코의 입장에 전적으로 동의합니다.

통치성에서 생명과학으로

김환석 푸코를 수용해서 기존의 사회과학을 혁신하려는 시도가 바로 통치성 연구입니다. 선생님은 1989년에 'History of the Present(현재의 역사)'라는 공부 모임을 만들었습니다.

로즈 당시 저와 동료를 사로잡고 있었던 문제는 당시 영국과 같은 자본주의 복지 국가에서 정치권력이 어떻게 자기를 정당화하면서 스스로를 유지하는지 보여주는 일이었습니다. 특히 당시는 전통적인 복지 국가와는 또 다른 새로운 형태의 정치권력(신자유주의)이 등장하고 있었기 때문에 이 과제는 시급한 일이었어요.

'현재의 역사'는 바로 이런 질문에 답해 보려는 연구자들의 공부 모임이었습니다. 푸코의 이론이나 철학에 대한 논평이 아니라 (푸코의 접근을 취해서) 구체적인 경험 연구를 진행하던 영국 곳곳의 연구자들이 한 달에 한 번씩 런던에 모였습니다. 나중에는 외국 연구자도 참여해서 모임이 좀 더 국제적이 되었어요. 그때부터 'History of the Present network'라고 불렀지요.

'현재의 역사'는 푸코가 『감시와 처벌』에서 사용한 표현입니다. 푸코는 역사에 관심을 갖는 이유가 과거에 대한 관심 때문이 아니라 바로 '현재'와 이를 가능하게 하는 조건에 대한 관심 때문이라면서 이 표현을 사용했지요. 우리도 똑같은 문제의식에서 이 표현을 사용한 것입니다.

김환석 통치성 연구를 통해서 선생님이 강조하고 싶었던 건 무엇이었습니까?

로즈 한 사회의 권력관계가 유지되는 방식이 바로 푸코가 얘기한 통치성입니다. 저는 1980년대 이후에 나타난 새로운 정치권력의 통치성에 '자유'가 핵심적인 요소임을 포착했습니다. 흔히 자유는 자동적으로 '해방'과 연결됩니다. 특히 1980년대 후반부터 1990년대 초반까지는 동구권 사회주의가 몰락하면서 모두 자유에 열광하던 시절이었어요.

하지만 영국과 같은 자유주의 복지 사회에서 자유는 정치권력이 통치를 유지하는 가장 효과적인 수단입니다. 그 사회 구성원이 자유의 이름으로 관리되고 지배받고 있으니까요. 여기서 저는 푸코가 던졌던 방식과 비슷한 질문을 자유를 상대로 던져야 한다고 주장했어요. 예를 들자면 이런 질문들입니다.

우리는 무엇을 자유라고 부르는가? 그런 자유는 어떻게 만들어졌는가? 사람들은 자신을 어떻게 자유롭다고 여기고 살아가는가? 우리가 자유롭기 위해서 치러야 할 대가는 없는가? 그렇게 사람들이 자신을 자유롭다고 믿게끔 하는 근거는 무엇인가? 그렇게 사람들이 자신을 자유롭다고 믿게끔 하는 과정에서 지식 특히 전문가의 역할은 무엇인가? 등.

마치 앞에서 '거짓의 문제'나 '오류의 문제'가 아니라 '진실의 문제'로 관심을 전환했던 것처럼, 이제는 '지배의 문제'나 '통제의 문제'가 아니라 '자유의 문제'로 관심을 전환할 필요가 있었고, 그것을 해명하는 과정에서 통치성 개념을 활용했습니다. 그런데 이런 문제의식에 당시만 하더라도 반감을 가진 이들이 많았어요. (웃음)

즉각 이런 반문이 따랐죠. "그럼 너는 영국에 사는 우리가 충분히 자유롭지 못하다는 말이냐?" 이런 반응은 제 문제의식을 제대로 이해하지 못한 반응이었습니다. 오히려 제가 던지고 싶은 질문은 "그런 당신은 왜 그렇게 자유에 집착하는가?" 혹은 "당신이 그렇게 충분히 자유롭다고 믿는 근거는 무엇인가?" 이런 것이었지요.

로즈는 1980년대 이후 영국의 대처 정부와 같은 정치권력이 득세한 시대를 흔히 통용되는 '신자유주의' 대신 '선진 자유주의(advanced liberal)'라고 부른다. 이런 선진 자유주의, 즉 신자유주의 통치성의 중요한 특징은 바로 스스로의 삶을 관리하는 '자유로운 개인'의 등장이다. 1997년 외환위기 이후 한국의 상황을 염두에 두고 로즈의 문제의식을 적용해 보자.

한국 사회에서 개인은 자신의 '몸값'을 높이기 위해서 끊임없이 자신을 관리한다. 자기 계발에 나서고, 경쟁에서 뒤처지면 자신이 몸값을 높이지 못하거나 '혁신'에 성공하지 못한 탓이라며 스스로를 탓한다. 이 과정에서 정부나 기업(자본)은 강제하지 않는다. 왜냐하면, 자유가 역설적으로 가장 효과적인 통치 수단이기 때문이다. 이런 로즈의 문제의식과 공명하는 책으로는 서동진의 『자유의 의지 자기 계발의 의지』(돌베개), 한병철의 『피로 사회』(김태환 옮김, 문학과지성사)가 있다. 〈편집자〉

김환석 '현재의 역사' 네트워크는 여전합니까?

로즈 통치성 연구의 역사를 간략히 언급할 필요가 있겠군요. 1980년대 후반부터 1990년대 후반까지 10여 년간 통치성 연구에 몰두했습니다. 특히 런던정경대학(LSE) 교수 피터 밀러와 공동 작업을 진행했어요. 푸코의 통치성 개념을 활용해 정치권력 일반에 대해서 분석을 시도한 논문(「Political Power beyond the State」)은 널리 알려졌어요.

통치성 개념은 구체적 상황을 분석할 수 있는 강력하고 유용한 개념임에는 틀림없습니다. 특히 이제 막 연구를 시작한 젊은 연구자에게는 더욱더 그렇지요. 이런 이유 때문인지, '현재의 역사'의 멤버 혹은 다른 연구자에 의해서 통치성에 대한 수많은 논문이 생산되었고 그것이 제가 편집장으로 있었던《경제와 사회(Economy and Society)》에 발표되었어요.

하지만 1990년대 후반에 이르면 저나 밀러 모두 통치성 연구에 상당히 지치게 됩니다. 우리가 보기에 통치성 연구가 점차 반복적이고 창의성을 잃어가기 시작했어요. 통치성 개념은 이것에 대한 통치, 저것에 대한 통치 이런 식으로 무엇이든 유사하게 분석하는 도구가 되어 버렸습니다.

결국 1990년대 후반에는 통치성에 대해서 새로운 얘기를 할 수 있는 것이 없다는 판단이 들었습니다. 그래서 저는 『Powers of Freedom』(1999)을 출간한 이후에는 더 이상 통치성 연구를 진행하기 않기로 결심했어요. 그리고 '현재의 역사' 네트워크에서도 더 이상 역할을 하지 않고 있고요. 현재로서는 '현재의 역사' 네트워크는 해체된 것이나 다름이 없습니다.

'죽음의 생명정치'에서 '삶의 생명정치'로

김환석　선생님께서 새롭게 선택한 분야가 바로 생명과학과 그것에 기반을 둔 생의료(biomedicine)입니다. 2006년에는 『생명 자체의 정치(The Politics of Life Itself)』를 펴냈고요. 이번에 한국을 방문한 것도 국민대학교 '생명공학의 새로운 정치와 윤리' 연구팀에서 주최한 워크숍 때문이고요.

로즈　화제를 바꾸기 전에 통치성 연구를 놓고서 한 가지만 덧붙일 게요. 저는 많은 학자들이 한 사회의 정체를 파악하는 과정에서 '국가'에만 치중하는 게 불만이었습니다. 국가는 정치권력의 유일한 장소가 아니에요. 오히려 국가는 한 사회를 구성하는 여러 가지 권력의 효과로서 파악해야 합니다.

즉 국가를 제대로 이해하기 위해서라도 사회 곳곳에 존재하는 여러 권력의 양상에 주목해야 합니다. 제가 인간에 대한 진실을 말한다고 여겨져 온 심리학에 대한 연구에서부터 시작해 정치권력의 성격을 해명하는 데까지 이르게 된 것은 한 가지 예입니다. 그런데 여전히 국가를 정치권력의 유일한 혹은 최종적인 장소라고 보는 견해가 대세입니다.

아무튼 이런 불만 속에서 저는 새로운 연구 영역을 개척했습니다. 이런 관심의 변화는 극적으로 보이지만, 사실 저로서는 자연스러운 관심 변화입니다. 통치성 연구에 지칠 무렵, 다시 아주 구체적인 경험 연구로 돌아가고 싶었습니다. 다시 사회 곳곳에 구체적으로 존재하는 권력에 관심을 가지고 싶었던 거지요.

그런데 저는 석사 학위 논문을 준비하면서부터 계속해서 정신의학 분야에 관심을 가지고 있었어요. 대학에서 심리학을 전공하던 당시에는 정신병원(타비스톡 연구소)에서 일을 하기도 했었고, 친구 중에 심각한 정신 질환을 앓는 친구도 있었습니다. 푸코를 접할 무렵 읽은 논문 「광기와 문명」도 인상적이었고요.

그런 관심의 연장선상에서 정신의학을 들여다보기 시작했어요. 그런데 20세기 후반부터 정신의학에 큰 변화가 일어나고 있더군요. 생물학적 정신의학, 유전학적 정신의학, 뇌 과학 등이 전면에 등장하게 된 것입니다. 이런 생물학적 사유 방식의 대두는 정신의학뿐만 아니라 심리학, 범죄학 등에도 영향을 주고 있었어요. '야, 이것이야말로 새로운 주제구나'하는 생각이 들었습니다.

이런 새로운 생물학적 사유 방식을 이해하려면 생명과학 분야에서 무슨 일이 진행 중인지 살펴볼 필요가 있다는 생각이 들었어요. 당시 저는 런던대학교 골드스미스 칼리지에 재직 중이었는데, '현재의 역사'와 비슷한 연구자 네트워크인 BIOS(The Study of Bioscience, Biomedicine, Biotechnology and Society)를 만들었어요.

김환석 이 새로운 연구에서 중요한 개념이 바로 '생명정치(biopolitics)'입니다. 이 개념 역시 푸코가 1970년대 후반에 고안했습니다. 사실 이 푸코의 생명정치는 조르조 아감벤 등과 같은 이탈리아 철학자들이 거의 비슷한 시기에 주목했지요. 아감벤의 『호모 사케르』같은 책은 한국에서도 유명합니다.

로즈 현대 생명과학과 의료에 관심을 가지게 되면서 자연스럽게 푸코의 생명정치 개념에 주목하게 되었어요. 그런데 (아감벤을 비롯해서) 이 개념에 주목한 이들은 19세기에서 20세기에 이르는 시기에 존재했던 생명정치에만 관심을 기울였어요. "추방" "절멸" "배제" "강제" "우생학" "수용소" 같은 단어들을 특징으로 하는 '죽음의 생명정치'라고 할 수 있어요.

하지만 지금 21세기를 살아가는 우리가 마주치는 생명정치는 그런 것이 아닙니다. 오히려 '삶의 생명정치'입니다. 가장 큰 변화는 내가 "모든 사람을 위한 건강"이라고 부르는 것이죠. 의학이 담당하는 영역은 이제 질병 치료에서 건강관리로 바뀌었어요. 개인들은 건강을 관리하고, 생명을 연장하려고 합니다. 이런 욕망은 새로운 생명과학, 의료 기술 그리고 경제 활동을 자극하고 있지요.

이뿐만이 아닙니다. 이런 욕망은 새로운 주체화의 과정을 의미하기도 합니다. 예를 들어서, 우리는 여러 질환의 환자들이 결집해 정부, 기업, 과학자 공동체, 사회를 향해서 자신의 목소리를 높이는 일을 경험합니다. 이들은 자신의 질환에 대한 투자, 자원, 연구, 치료법을 요구하지요. 저는 이런 새로운 주체화 과정을 (능동적인) '생물학적 시민권'이라고 부릅니다.

앞으로 이런 생명/삶을 둘러싼 여러 관계가 비약적인 변화를 겪을 가능성이 큽니다. 그리고 그런 생명/삶을 둘러싼 권력관계의 효과야말로 21세기를 살아가는 우리의 삶에 큰 영향을 줄 거예요. 그런 점에서 더 많은 이들이 이런 삶의 생명정치에 관심을 기울여야 합니다. 푸코가 말했듯이, 이제는 생명 그 자체가 정치의 주제가 될 테니까요.

김환석　그런 문제의식에는 적극적으로 공감을 합니다. 하지만 선생님과 같은 입장은 자칫하면 현대 생명과학과 의료의 변화를 은연중에 긍정하는 효과를 낳을 수도 있지 않을까요?

로즈　기존의 인문·사회과학은 생명과학과 사회를 연결하려는 방식에 대단히 비판적이었습니다. 방금 지적한 대로 생명과학과 의료의 변화를 '비판적으로' 보지 않으면 그것을 '무비판적으로' 인정하는 것은 아닌가, 이런 생각이었죠. 그래서인지 많은 인문·사회과학자는 생명과학과 의료의 변화를 놓고서 습관적으로 부정적인 면을 부각하곤 했습니다.

눈부신 속도로 발전하는 생명과학과 그것의 결과로 나타난 의료의 변화에 인문 · 사회과학자들이 우려를 표하는 것은 당연합니다. 하지만 저는 그런 우려가 과연 현실의 구체적인 내용에 기반을 두고 있는지에 대해서는 굉장히 회의적이에요. 혹시 20세기 초반 나치 독일이 우생학을 내세우면서 벌어졌던 참극의 기억을 현대 생명과학에 그대로 덧씌우고 있는 건 아닌가, 이런 의심을 하는 겁니다.

저는 이런 식의 대응이야말로 지금 진행 중인 변화를 그냥 방치하는 태도라고 생각합니다. 생명과학과 그것을 이용한 의료 기술에 긍정적이든 부정적이든, 그것이 우리의 삶을 어떻게 변화시키는지 또 그런 변화가 어떤 의미가 있는지를 진지하게 숙고하는 것이 선행되어야 하지 않을까요? 그 후에야 비로소 그것의 의미를 놓고서 진지하고 생산적인 토론이 가능할 겁니다.

김환석 마지막 질문입니다. 아까 잠깐 능동적인 생물학적 시민권을 언급했습니다. 혹시 선생님은 21세기를 살아가는 시민들의 이상적인 모습을 바로 그런 부분에서 포착한 건가요?

로즈 사실 자신의 건강 상태 하나하나에 전전긍긍하면서 전문가의 처분에 모든 것을 맡기는 그런 개인만 모여 사는 미래는 얼마나 불행합니까? 그런데 자칫하면 그런 미래가 도래할지도 모릅니다. 그런 점에서 개인들이 연대해서 공통의 목소리를 내고 더 나아가 자신의 삶을 둘러싼 권력관계를 바꾸는 일이야말로 멋진 일 아닐까요? 이것이야말로 제가 지향하는 새로운 삶의 생명정치입니다.

(정리: 강양구)

제2부

생명정치의 행위자-연결망

† 이 글은 1980년대에 프랑스의 미셸 칼롱과 브뤼노 라투르 그리고 영국의 존 로가 함께 개발한 행위자-연결망 이론(ANT)의 핵심을 살펴본다. 이 이론은 원래 과학과 기술을 사회학적으로 이해하기 위한 시도로서 출발했지만, 1990년 대부터는 폭넓고 다양한 현상을 설명하는 일반적 사회 이론으로 확정되어 여러 학문 분야에 걸쳐서 큰 영향을 미쳤다. 우리는 이런 ANT의 통찰이 '생물학적인 것'과 '사회적인 것'의 이분법을 극복하는 새로운 생명정치의 사회과학을 정초 해 나가는 데 큰 자극이 되리라고 확신한다.

이 글은 《동향과전망》 통권 제83호(한국사회과학연구소, 2011)에 실린 것을 재수록한 것이다.

제1장 행위자-연결망 이론에서 보는 과학기술과 민주주의

김환석

1 머리말

행위자-연결망 이론(Actor-Network Theory: 약칭 ANT)은 1980년대에 프랑스의 미셸 칼롱과 브뤼노 라투르 그리고 영국의 존 로가 함께 개발한 이론이다.[1]

이 이론은 원래 과학과 기술을 사회학적으로 이해하기 위한 시도로서 출발했지만, 1990년대에는 단지 거기에 머물지 않고 보다 폭넓고 다양한 현상을 설명하는 일반적 사회 이론으로 확장되어 여러 학문 분야에 걸쳐 큰 영향을 미쳤다. 오늘날 그것은 사회학은 물론이고, 인류학과

---

1) 이들의 초기 대표 저작으로서는 Callon(1986), Latour(1987), Law(1987) 등을 보라.

문화 연구, 지리학, 환경학, 정치철학, 경제학, 경영학, 정보학 등에까지 그 적용 범위를 넓히면서 매우 유력한 사회 이론으로 부상하고 있다.

이 이론은 과학과 기술을 보다 크고 강한 연결망 구축의 산물로 본다. 이는 마치 권력 형성에 대한 정치적 분석과 비슷한 성격을 띤다. 즉 정치가가 권력을 얻고 유지하기 위해서는 동맹자들을 하나로 결집시키려 노력해야 하듯이, 과학자와 엔지니어도 이와 동일한 노력을 한다는 것이다. 다만 ANT의 행위자들은 단지 인간들만이 아니라 다양한 비인간들(예: 생물, 기계, 텍스트, 돈, 건물 등)을 포함한다는 점에서 '이질적' 행위자들이며 인간과 비인간의 행위성(agency) 사이에 근본적 구분은 없다고 본다. 모든 행위자들은 연결망 구축자가 충족시키고 관리해야 할 '이해관계'를 지니고 있으며 쉽게 순종하기보다는 까다롭게 저항한다. 이 면에서 예컨대 유전자의 발견이나 선거에서의 승리나 연결망의 성공적 구축, 즉 이질적 행위자들의 해당 연결망 가입을 통해서 이루어진다는 점은 공통적이다. 이때 연결망 구축자는 가입된 모든 행위자들을 대표하고 동원할 수 있는 대변자가 되며, 그럼으로써 미시적 행위자에서 거시적 행위자로 부상하게 된다는 것이 ANT의 시각이다.

과학과 기술은 연결망에 가입된 인간과 비인간의 특정한 결합이 낳은 산물이기 때문에 단순히 자연(또는 그 반대로 사회)의 순수한 반영이 아닌 '하이브리드'라고 ANT는 간주하며, 그런 면에서 과학과 기술은 서로 뚜렷하게 구분하는 것이 어렵고 불필요하므로 종종 양자를 합쳐 기술과학(technoscience)이라고 부르곤 한다. 따라서 그동안 ANT 분석에서는 주로 기술과학적 하이브리드들이 어떻게 출현하고 성공하여 안정화되는지(또는 실패하여 소멸하는지) 구체적인 사례 연구를 통해 묘사하는 데 집중적 노력을 기울여 왔다고 할 수 있다. 그런데 최근 ANT 학자들은 이러한 묘사적 분석에서 한걸음 더 나아가 자신이 지향하는 새로운 정치의 형태를 제시하려는 적극적 시도를 보여주어 주목을 받고 있다(Latour, 2004; Callon et al., 2009). 여기서 그들은 기후변화, 원자력, 광우병, 유전자조작식품, 배아줄기세포 등 기술과학의 발전에 수반된 위험과 이에 대한 대중적 논쟁들이 민주주의의 갱신 또는 재활성화를 위한 중요한 계기가 될 수 있다고 주장한다.

ANT 학자들이 제시하는 새로운 정치의 방향은 아직 통일되어 있는 것은 아니다. 하지만 그들이 공통적으로 강조하는 점은 기술과학과 사회가 별개가 아니라 함께 이질적 연결망을 이루기 때문에 기술과학이 민주주의에 대한 성찰에서 핵심적 요소가 되어야 한다는 것이다. 즉 기존의 민주주의가 생태위기의 위험을 초래한 이질적 연결망이었다면, 그러한 위험을 넘어서는 새로운 민주주의는 기술과학을 포함한 기존의 이질적 연결망을 전면적으로 재구성하는 것이 되어야 한다는 것이다. 이러한 관점은 기술과학을 자연의 반영으로 간주하여 정치를 초월한 중립적 지식 또는 도구로 보고자 했던 근대주의 사고를 정면으로 부정하는 것이다. 이 글은 먼저 과학과 기술에 대한 설명에서 ANT가 지니는 특징을 소개하고, 최근 이들이 제시하는 새로운 정치에서 기술과학과 민주주의의 관계는 과연 어떤 것인지 살펴보고자 한다. 그리고 이것이 사회과학에 대하여 갖는 함의에 대하여 논하면서 글을 맺을 것이다.

2 ANT의 개요

ANT는 다양한 지적 전통으로부터 영향을 받았지만, 가장 중요한 두 가지는 첫째로 프랑스의 포스트구조주의 철학(푸코, 들뢰즈, 세르)과 기호학(그레마스)이고 둘째로 토마스 쿤에게서 영감을 받은 영미의 과학기술학(Science & Technology Studies: 약칭 STS)[2]이라고 할 수 있다(Law, 2007). 실증주의적 과학관과 기술결정론으로 대표되던 과학기술의 지배적 관점을 벗어나 과학과 기술의 현실적 모습과 특징을 올바로 파악하기 위해서는 "기성의 과학과 기술(ready-made science and technology)" 이 아니라 "만들어지고 있는 과학과 기술(science and technology in the making)"을 들여다보아야 한다고 ANT는 주장하였다(Latour, 1987). 이것은 과학과 기술을 만들어내기 위해 실험실과 연구기관, 정부 부처, 기업 이사실, 연구비 지원기구 등에서 실제로 어떤 일이 벌어지는가에 대해 일종의 인류학적 민족지 연구가 필요함을 말한다.

이런 연구를 할 때 ANT가 제안하는 가장 중요한 방법론적 원칙은 "행위자들을 추적하라(follow the actors)"는 것이다. 그러나 특정한 연결망에 포함되는 인간과 비인간 행위자들은 수없이 많고, 그중 일부는 해당 연결망이 안정된 형태를 갖추기 전에 출현했다가 사라질 수도 있는데 대체 어떤 행위자들을 추적하라는 말인가? 바로 이런 문제 때문에 ANT 분석이 추적하는 주된 행위자들은 연결망 구축자들이며 그들의 눈을 통해 연결망 구성의 과정을 해석하는 것이 보통이다. 그리고 이 연결망 구축자는 전형적으로 과학자와 엔지니어들로 이루어진다. 이런 관점에 입각하여 ANT는 정부, 기술, 지식, 텍스트, 돈, 그리고 사람들

---

2) 특히 1970년대부터 전개된 영국의 과학지식사회학(Sociology of Scientific Knowledge)과 1980년대 초에 등장한 미국의 기술사학자 토마스 휴즈의 기술 시스템(Technological Systems) 이론이 ANT에 영향을 준 것으로 보인다.

사이에 존재하는 복잡한 관계를 추적함으로써 과학과 기술의 "블랙박스를 열고자" 시도하는 것이다. 과학과 기술이라는 산물을 만들어내는 것은 바로 이러한 관계이고, 따라서 그 관계를 분석함으로써 왜 그리고 어떻게 현재와 같은 과학과 기술을 우리가 갖게 되었는가를 용이하게 묘사할 수 있기 때문이다.

이 질문——왜 그리고 어떻게 현재와 같은 과학과 기술을 우리가 갖게 되었는가——은 수많은 STS 연구들에 영향을 주었고, 따라서 ANT가 많은 기본적 가정을 그들과 공유하고 있다는 점은 놀라운 사실이 아니다. 그러한 연구들은 과학과 기술의 역사적·사회적 맥락과 우연성(contingencies)을 분석하는 데 몰두해 왔다. 이 과정에서 그들은 과학기술적 변화의 선형 모델을 명시적으로 거부했을 뿐만 아니라, 이와 더불어 어떤 종류의 사회적·기술적인 결정론이나 환원주의 또는 자율성도 거부하였던 것이다. 하지만 이러한 인식론적 유사성에도 불구하고 ANT는 자신만의 독특한 성격과 특징을 지니고 있다. 그 첫 번째 특징을 들자면, 형용모순인 듯이 보이는 "행위자-연결망"이라는 용어이다. 어떻게 무엇인가가 행위자이면서 동시에 연결망일 수가 있는가? 이것은 데카르트 이래로 사회사상을 인도해 왔던 행위/구조, 내용/맥락의 전통적 이분법과 모순되는 것 아닌가? 그러나 칼롱에 의하면 모든 것은 행위자이면서 동시에 연결망이라고 간주될 수가 있는데, 그것은 "행위자만으로도 연결망만으로도 환원될 수 없기 때문이다. …… 행위자-연결망이란 그 활동이 이질적 요소들을 연결하는 행위자임과 동시에 자신의 구성요소들을 재규정하고 변형시킬 수 있는 연결망이기도 하다"(Callon, 1987: 93쪽).

또한 ANT는 인간과 비인간 요소들을 한 연결망 내의 행위자들로 동등하게 고려한다는 점에서 다른 STS 접근들과 구별된다. 이를 다른 말로 하자면, 우리가 마주하는 것이 인간이건, 텍스트건, 기계건 동일한 분석적 · 묘사적 틀을 채택해야 한다는 것이다. ANT에서 일반화된 대칭성(generalized symmetry)이라고 부르는 이 원칙은 인간에게만 행위성을 부여하는 것을 당연시했던 근대적 사회과학에 정면으로 도전하는 것이다. "ANT에서 행위자란 기호학적 개념――즉 행위소(actant)――으로서, 스스로 행위를 하거나 타자에 의해 행위성이 부여된 어떤 것이다. ……행위소란 그것이 행위의 출처로 인정되는 한 그야말로 어떤 것도 될 수 있다"(Callon & Latour, 1981: 286쪽). 어떤 기호의 의미는 오직 다른 기호들과의 관계를 통해서만 갖게 되는 기호학에서의 노드가 바로 행위소이다. ANT에서도 인간 및 비인간 행위자의 정체성은 연결망 내에서 다른 행위자들과의 상호작용을 통해서만 규정된다고 본다. 이와 같이 ANT 분석가들은 인간과 비인간 사이의 불필요한 이분법을 극복하기 위하여 "사회기술적 연결망" 또는 "이질적 연결망"이란 용어를 의식적으로 사용한다. 사회적인 것(the social)은 능동적 인간들만으로 구성되어 있지 않고, 기술적인 것(the technical)도 수동적 비인간들만으로 구성되어 있지 않기 때문이다. 이러한 존재론적 평준화는 철학적으로 급진적이지만, 실험실을 비롯한 기술과학의 현장에서 이루어지는 활동들에 대한 경험적 관찰로부터 도출된 결론이다. 이러한 현장에서는 행위자-연결망의 구성에서 텍스트와 기계와 인간 모두가 동등하게 중요한 역할을 하기 때문이다.

"현실에 있어 종종 우리는 비인간 물질들을 괄호쳐 버리면서 그것들은 인간과는 다른 지위를 지닌다고 가정하곤 한다. 그래서 물질들은 자원 또는 제약요인으로만 인식된다. 즉 그것들은 수동적인 성격을 지니며, 오직 인간 행위자들에 의해 동원될 경우에만 능동적이 된다고 말해진다. 그러나 사회적인 것은 물질적으로 이질적이기 때문에 이러한 비대칭성은 그리 잘 작동하지 않는다. 맞다, 대화와 텍스트와 기계와 육체 사이에는 차이점들이 있다. 물론이다. 그러나 왜 우리는 이들 중 일부가 사회적 역동성에서 아무 능동적 역할을 수행하지 못한다고 가정하고서 시작해야 하는가?"(Callon & Law, 1997: 168쪽)

ANT에서의 '연결망' 개념 역시 종래의 사회학적(또는 공학적) 접근에서 취하는 이 개념의 의미와 혼동하지 말아야 한다. "우리는 개인들 사이의 상호작용을 지도로 그려내는 데 관심을 두고 있지 않다. …… 우리가 관심을 두고 있는 것은, 행위자들이 서로의 역할을 규정하고 분배하며 그런 역할들을 수행할 다른 행위자들을 동원하거나 발명하는 방식을 지도로 그려내는 일이다"(Law & Callon, 1988: 285쪽). 이를 위하여 ANT는 이질적 행위자들 사이의 결합(association)들——제안되고 시도된, 그 결과 성공하거나 실패한——을 연구한다. 따라서 ANT에겐 결합들을 제외하곤 그야말로 아무것도 존재하지 않는다. 역으로 이런 결합들은 어떻게 특정한 연결망이 다른 연결망보다 더 크고 강력하게 되는지, 어떻게 특정한 연결망이 사회적 · 물질적 행위자들을 가입시킴으로써 보다 내구적이 되는지, 그리고 어디로부터 권력이 나와서 어떻게 행사되는지를 묘사하는 데 사용될 수 있다. 권력과 연결성은 따라서 상호 교직되어 있으며, 이중 하나를 말하는 것은 곧 다른 것을 말하는 것이 된다. 우리는 어떤 연결망이 다른 것보다 더 권력이 있는지 여부를 물어서는 안 된다. 그보다 우리는 어떤 결합이 다른 결합보다 더 강한지 여부를 물어야 한다. 행위자-연결망의 권력은 그것을 구성하는 결합들의 효과(또는 결과)이기 때문이다. "당신이 권력을 단지 '가지고' 있을——즉 잠재태로서——경우에는 아무것도 일어나지 않고 당신은 무력할 것이다. 당신이 권력을 '행사할'——즉 현실태로서——경우에는 당신이 아니라 '타인들'이 그 행위를 수행할 것이다. …… 따라서 권력은 결코 원인이 아니라 효과인 것이다"(Latour, 1986: 265쪽).

이질적(또는 사회기술적) 연결망에 대한 이런 아이디어는 과학뿐 아니라 사실상 모든 것을 묘사하는 데 사용될 수 있다. 따라서 사람, 조직, 기술, 자연, 정치, 사회질서 등 모든 것은 이질적 연결망의 결과 또는 효과라고 보는 것이 ANT의 또 다른 특징이 된다. 이것은 두 가지의 중대한 결과를 수반한다. 첫째, 사회세계는 결코 전적으로 사회적이지도 구조적 본질이 있지도 않다. 사회적 질서화의 모든 종류 또는 형태——그것이 정치건 경제건 교육이건——는 이질적 연결망에 속한 결합들의 효과이다. 심지어 사람들도 이질적 연결망의 효과이다. 따라서 ANT에겐 원인이란 없고 오직 효과만 있을 뿐이다. 본질이란 없고 오직 연결망만 있을 뿐이다. 둘째, 미시적 행위자-연결망과 거시적 행위자-연결망 사이의 구분은 '사전에' 가정되지 말아야 한다. 분명히 양자 사이의 차이는 존재한다. 그러나 ANT는 인간과 비인간, 사회적인 것과 기술적인 것 사이에 분석적 대칭성을 추구했던 것과 마찬가지로, 미시적인 것과 거시적인 것 사이의 이분법도 거부하고자 한다(Callon & Latour, 1981). 일반화된 대칭성의 원칙을 따라서, 우리는 상이한 규모의 행위자-연결망들을 다룰 때에도 분석틀을 바꾸지 말아야 한다는 것이다. 이들을 미시/거시로 구분하는 것은 이론적 · 개념적 이원론을 채택하는 셈이 되는데, 이는 성공하여 규모가 커진 행위자-연결망을 물화하는 효과를 초래함으로써 그러한 대규모가 성취되고 조심스럽게 유지되는 방법들을 모호하게 만든다는 것이다. 권력은 어떤 행위자가 다른 행위자들을 가입시키는 성공적인 전략들의 '효과'이지 결코 그러한 성공의 '원인' 으로 취급해서는 안 된다고 ANT는 본다.

어떤 행위자-연결망(개인, 조직, 기관, 기업, 국가 등)이 다른 행위자-연결망보다 더 크고 강력할 경우, 우리는 그러한 차이를 전제하고 그 위에서 분석을 시작해서는 안 된다. 오히려 설명이 필요한 것은 바로 그러한 차이이기 때문이다. 예를 들어 만일 우리가 조직 X가 강력하고 영향력 있는 행위자라고 말함으로써 분석에 착수한다면, 우리는 그것과 다른 조직 사이의 차이를 부여함으로써 정태적인 어떤 본질적 특징이 조직 X에 있음을 함축하게 된다. 그러나 규모, 권력, 영향력은 결코 영구적인 조건이 아니라 다른 행위자들에 의해 수행되는 효과이다. "권력이란 언제나 사람들이 복종을 경험하면 갖게 되는 환상이다. …… 복종을 경험하는 사람들은 그들이 권력을 잃기 시작할 때 자신의 권력이 진정 무엇으로 이루어졌던가를 발견하게 된다. 그들은 자신의 권력이 다른 모든 타자들의 의지로 '이루어졌음'을 깨닫게 되지만 이미 때는 늦은 것이다"(Latour, 1986: 268쪽). 따라서 어떤 유형의 조직, 사회질서, 기술적 혁신, 과학적 발견을 연구하더라도 ANT에게 그것은 곧 한 연결망 안에 가입된 이질적 행위자들 사이의 결합을 연구하는 것이다. 만일 우리가 어떤 행위자-연결망에 대해 그 규모와 권력이 어떻게 수행되고 내구적이 되었는가를 설명하지 않은 채 그냥 그러한 규모와 권력을 가정할 경우, 그것은 우리가 살고 있는 사회기술적 세계가 어떻게 실제로 수행되어 만들어졌는가에 대한 설명을 빼먹고 마는 셈이 되는 것이다.

3 '번역'과 그 효과

행위자-연결망의 구축을 통해 사회기술적 세계가 어떻게 만들어지는가를 설명하는 데 사용되는 ANT의 핵심 개념이 바로 '번역(translation)'이다.[3] ANT는 초기에 '번역의 사회학'이라는 명칭으로 불리기도 할 만큼, 다양한 인간과 비인간의 결합을 통해 기술과학적 하이브리드들이 출현하고 이들이 세계를 변화시키는 과정을 묘사하는 데 관심을 기울였다(Callon, 1986; Latour, 1987). 최근 칼롱과 그의 동료들은 기술과학과 민주주의에 대한 그들의 저서에서 ANT 초기의 모델을 보다 심화하고 확장한 것으로 보이는 '번역'의 일반적 모델을 제시하여 주목을 받고 있다(Callon et al., 2009: 48~70쪽). 따라서 이 절에서는 기술과학이 오늘날 세계의 형성과 변화를 이해하는 데 있어 왜 중요하다고 ANT가 말하는지 이들의 모델을 통해 구체적으로 살펴보고자 한다.

번역을 통한 행위자-연결망의 형성과 작동은 세 단계를 포함한다(다음 그림을 참조). 첫 번째는 거시세계(the macrocosm)를 실험실의 미시세계(the microcosm)로 축소(또는 환원)시키는 단계이다. 두 번째는 제한적인 연구 집단을 형성하여 이들이 도구와 능력의 강한 집중을 통해 기술과학 지식 또는 기계를 고안하고 탐색하게 만드는 단계이다. 세 번째는 언제나 아주 위험한 거시세계로의 복귀 단계인데, 실험실의 미시세계에서 생산된 지식과 기계가 과연 거시세계에서 생존할 수 있을지는

---

3) ANT에서 '번역'은 언어적 차원의 개념이 아니라 존재론적 차원의 개념이다. 즉 한 존재와 다른 존재 사이에 행위의 위임과 치환이 이루어지는 과정을 말한다. 이 번역의 연쇄를 통하여 다양한 인간과 비인간들 사이에 이질적 연결망이 구축되는 것이다.

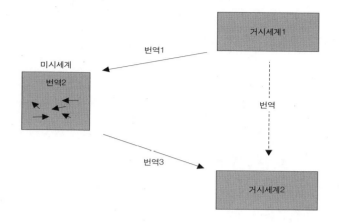

〈그림 1〉 번역의 3단계와 세계의 변화(출처: 칼롱 외, 2009: 69쪽)

불확실성이 매우 크다. 만일 성공적으로 생존한다면 거시세계는 원래의 상태로부터 새로운 상태로 변화할 것이다. 번역의 이 연속적 단계들을 추적함으로써 우리는 기술과학 연구의 강점과 약점을 이해할 수 있다.

1 번역1: 거시세계에서 미시세계로

기술과학 연구를 하기 위해 거시세계로부터 떨어져 나와 고립된 실험실에 자신을 가두는 것만으로는 아무 의미도 없을 것이다. 그것이 의미 있고 나중에 연구 결과가 세계에 어떤 변화를 가져오는 것이 되려면, 이 과정이 운송(transportation)과 변형(transformation)이라는 두 가지의 메커니즘을 결합하는 것이 되어야 한다. 여기서 운송은 바깥 세계의 일부가 실험실로 장소 이동을 한다는 것이고, 변형은 실험실 안에서 무언가 새로운 것이 추가된다는 것을 의미한다. 그리하여 이 첫 단계의 끝에 이르면 바깥의 거시세계가 실험실의 미시세계에 의해 대체되게 된다. 이러한 축소(즉 규모의 변화)가 바로 실험실이 지니는 이상한 힘의 원천이 되는 것이다. 기술과학 연구가 지니는 놀라운 효과성의 원천은 이처럼 거시세계를 장악하고 그것을 실험실에서 아무 방해 없이 조용히 조작할 수 있도록 단순화, 간결화, 재구성하는 데서 나오는 것이다.[4]

바깥 세계를 축소시킨 후 실험실로 운송하여 실험의 테스트를 받게 하는 것은 자연과학과 생명과학에서만이 아니라 사회과학에서도 흔한 일이다. 모든 학문은 자체의 리듬과 역사에 따라서 이 '번역1'의 여러 단계를 거치게 된다. 분야에 따라 세계와 실험실 사이의 거리가 다르고 연구의 고립도 역시 차이가 나겠지만, 모든 경우에 이러한 우회는 존재하며 이를 통해 연구를 위한 일정 정도의 현실주의적 축소가 이루어지는 것이다. 이렇게 되면 연구자들은 점차 자신을 동료와 도구만이 있는 실험실에 파묻을 수 있게 된다. 그들이 연구하고, 묘사하며, 분석하고, 해석하는 것은 정화되고 단순화된 세계이지만, 만일 그들이 일을 잘 수행하였다면 그것은 바깥 세계와 거리가 유지되나 그것과 여전히 연결될 수 있는 세계이다.

이렇게 기술과학 연구의 첫 단계에서 세계는 실험실로 번역되어 관리 가능한 규모로 축소된다. 그러면 힘의 관계가 역전된다.[5] 예컨대 바깥 세계에서 일어나는 회오리바람, 냉온 기류 간의 거센 충돌, 돌변하는

---

4) 이 면에서 '번역1'의 과정에서 수행되는 변형이란 주로 거시세계의 단순화(simplification)와 정화(purification)를 통해 실험실이 연구할 미시세계를 만드는 것이라고 볼 수 있다.

5) 실험실이 힘의 역전을 행하는 전략적 장소가 된다는 점에 대해서는 일찍이 라투르가 그의 논문 "실험실을 달라, 그러면 내가 세계를 들어올리리라"(Latour, 1983)에서 훌륭하게 제시한 바 있다.

해류, 불을 뿜는 화산, 엄청난 지진과 해일 앞에서 우리는 무력하다. 그러나 매분마다 지구 기후의 측정 자료를 보내주는 충실한 센서, 슈퍼컴퓨터에 장착된 자료처리 모델, 수백 개의 변수를 통합해 주는 수학적 시뮬레이션, 그리고 기상 변화를 전쟁터처럼 보여주는 위성사진 덕분에, 우리는 이제 컴퓨터가 대량으로 만들어내는 프린트아웃에 기초하여 지구의 모든 지점을 커버할 수 있는 기상학적 예측을 실험실에 앉아 할 수 있게 되었다. 바깥 세계에 대해 우리가 약자에서 강자로 바뀐 것이다.

2 번역2: 연구 집합체의 작동

실험실을 방문해 본 사람은 누구나 수많은 도구들과 더불어 그들이 생산해 내는 기입들(inscriptions)[6]에 놀라게 된다. 이에는 화면으로 보이는 기입들, 컴퓨터 프린트아웃에 나타난 기입들, 연구자들이 자신의 실험 결과를 매시간 적는 실험실 노트 등 여러 종류가 있다. 이 면에서 실험실은 기입들을 생산해 내고 학계의 논쟁에서 그러한 기입들의 토론, 해석, 동원을 가능하게 만드는 일종의 기계라고 할 수 있다. 이러한 기입들은 결코 그냥 주어지는 것이 아니라, 획득되고 만들어지며 제조되는 것이다. 연구자가 "현실" 세계를 떠나 이러한 기입들에 온 관심을 집중할 것을 선택함으로써 얻는 이득은 과연 무엇일까? 손 안의 새를 위해 숲 속의 새를 포기하는 위험을 감수하는 것 아닐까? 그렇지는 않다. 연구자는 거시세계와 거리를 두고 등을 돌리는 대신에 기입들의 생산과 해석

---

[6] 기술과학의 생산에서 '기입'이 지니는 중요성에 대해서는 Latour & Woolgar(1979) 와 Latour(1987)를 참조할 것.

에 자신의 에너지를 쏟음으로써, 세계에 대한 접근과 동시에 그것의 담론에 대한 접근을 통제할 수 있는 전략적 위치를 차지하게 되는 것이다.

기술과학적 지식의 생산 과정에서 기입이 중요한 역할을 하는 것은 그것이 야누스의 얼굴을 하고 있기 때문이다. 기입은 상반된 방향들을 바라보는 매개자이며 이 때문에 그것은 많은 결실을 맺게 만든다. 한편으로 기입은 어떤 실체의 존재를 나타내는 흔적의 역할을 한다. 도구에 의해 생산되는 기입은 아무런 자의적 기입이 아니다. 연구자는 자신의 실험실에서 실험기구가 마치 자연을 다루고 있는 것처럼 현실적으로 작동하게 만든다. 물론 이것은 인공적 자연이지만, 그 자체의 조직화 규칙을 부과하는 매우 현실적인 자연이다. 실험을 재연하는 것은 해당 실험실을 재연하고 공식화된 프로토콜을 따름으로써 도구들이 생산해 낸 기입들을 안정화시키려 애쓰는 일이다. 이런 결과가 얻어지면 결국 과학적 '사실'이 생산될 것이고, 마치 이는 손 안의 새를 잘 잡고 있는 과학자가 숲 속의 새도 잡는 것과 같다. 다른 한편, 기입은 어떤 실체의 존재를 명시적으로 말하는 것이 아니라 암호화된 메시지의 역할을 할 뿐이다. 세계에 대한 담론은 기입에 의존하는 동시에 기입에 의미를 부여한다. 기입이 어떤 실체와 관련지어짐으로써 그 실체에 이름이 주어지고 정체성이 부여되며 행위 형태가 귀속되도록 하는 것은 담론의 매개를 통해서만 이루어진다. 예컨대 우리는 전자와 그 속성, 유전자와 그 기능, 그리고 노동계급과 그 소외 의식에 대해 말한다. 세계가 말로 바뀌는 것이다. 그러나 만일 우리가 관찰에서 바로 이론적 해석으로 건너뛴다면, 다시 말해 우리가 기입들의 연쇄와 그들의 다중적 조합, 그리고 그것들을 여러 텍스트에서 다룬 일련의 담론을 잊어버린다면, 말은 알아들을 수 없고 설명 불가능한 채 남을 것이다. 따라서 한쪽에 세계가 있고 다른 쪽에 말이 있는 것이 아니다. 세계와 말 사이에는 심연이 아니라 상호 교직된 여러 기입들과 진술들의 연결망이 있기 때문이다.

그러면 이러한 연결망을 만들어내는 번역은 어떻게 이루어지는가? 칼롱은 실험실의 미시세계에서 번역에 참여하는 이질적 행위자들을 '연구 집합체(research collective)'라고 부른다(Callon et al., 2009: 54쪽). 기입들의 생산과 해석에 필요한 일군의 능력을 불러 모으고 조정하는 것은 바로 연구 집합체라는 것이다. 여기에는 인간과 비인간의 두 구성요소가 있는데, 전자는 동료 공동체(연구자, 기술자 등)이고 후자는 분포된 지능[7](도구, 시약 등)이다. 또한 연구 집합체에는 해당 실험을 직접 수행하는 실험실뿐 아니라 연구 결과의 토론에 참여하는 모든 실험실들도 포함된다. 더 나아가서 그것은 실험 도구와 물질의 중개를 통해서 그리고 연구자와 기술자 및 관리자의 매개를 통해서, 연구 활동을 전문으로 하지 않는 다른 많은 집합체들 (도구 제조업체 또는 연구 인력의 산업계 고용주 등)과도 간접적으로 연계되어 있다. 강력하고 잘 통합되어 있으며 좋은 장비를 갖춘 연구 집합체의 형성을 통해 세계는 보다 용이하게 조작 가능해진다. 연구 집합체에 분포된 능력들은 기입을 만들어내고 실체가 말할 수 있도록 기입을 해독하는 일을 한다. 바로 이러한 기입들의 매개와 접합의 과정이 '번역2'인 것이다.

3 번역3: 거시세계로의 복귀

연구 집합체는 실험 작업을 조직하고, 기입들을 만들어내며, 기입을

---

7) 여기서 '분포된 지능'이란 개념은 두뇌의 능력을 의미하는 것이 아니라 다양한 인간 및 비인간 행위자들에게 체화된 숙련의 분포를 가리킨다.

논문에 쓰일 명제로 번역하는 일을 한다. 이러한 작업을 통해 연구 집합체는 이전에는 알려지지 않았던 실체들로 구성되는 새로운 가능성의 세계들을 탐색한다. 시행착오에 의한 이러한 탐색은 불확실성 속에서 전개되는데, 이 불확실성은 실험실에서 생산되고 길들여진 새로운 실체들이 거주하는 새로운 가능성의 세계들이 모습을 드러내면서 점차 사라지게 될 것이다. 문제는 이러한 가능성의 세계들이 과연 어떻게 나타날 수 있으며 우리가 어떻게 그것들을 실험실 밖으로 끄집어 낼 수 있는가이다. '번역2'에서 아무리 실체들의 존재가 현실적이 되었다 해도, 그것은 아직 해당 연구 집합체와 그 관련 실험실들에 국한된 미시세계의 '국지적' 사실일 뿐이다. 미시세계에서 다시 거시세계로 복귀하는 것은 과연 가능한 일일까? 그 과정에서 자칫 새로운 실체들은 산산이 부서지고 실험실에서 얻은 모든 것을 잃게 되지는 않을까?

여기서도 다시 한 번 번역의 개념이 유용하다. 거시세계로의 복귀는 실험실이 자신의 연구 주제로 끌어들인 동맹자들의 자원과 지지를 필요로 한다. 이때 동맹자들은 영향력이나 돈을 가지고 있다면 그들이 누구이건 상관이 없다. 이런 유력한 행위자들의 이해관심을 만들고 충성을 얻어내는 데 의도를 둔 행위들의 집합을 칼롱은 일찍이 가리비 양식 연구에 관한 그의 유명한 논문에서 '엥테레스망(interessement)'[8]이라고 명명한 바 있다(Callon, 1986). 이 엥테레스망의 구체적 양태들은 시대

---

8) '엥테레스망'은 프랑스어로 이익분배제도를 뜻하지만, 칼롱이 '번역' 개념을 설명하면서 이 용어를 원용한 것은 우리말로 "다른 행위자들의 이해관심 끌어들이기" 정도를 의미한다고 볼 수 있다. 동맹을 형성하기 위한 첫 단계에 해당하는 이 과정에 대하여 아직 적당한 우리말 번역어가 없기 때문에 이 글에서는 오해의 가능성을 피하기 위하여 그냥 '엥테레스망'이라고 적는다.

에 따라, 연구 프로젝트에 따라, 심지어 학문 분과에 따라 달라질 수 있다. 그러나 모든 엥테레스망은 하나의 동일한 논리를 따르는데 그것은 군사적 용어로 '필수 통과 지점(obligatory passage point)'의 논리라고 칼롱은 지적하였다. 연구 집합체는 자신이 필요로 하는 동맹 세력을 조직화하기 위하여, 자신이 그들에게 없어서는 안 된다는 점을 다음과 같은 논리로 설득해야만 한다. "당신의 목표를 성취하려면, 당신의 이해관계를 방어하려면, 당신의 정체성을 공고히 하려면, 당신의 크기를 느끼게 하려면, 빨리 우리의 실험실로 와서 우리의 프로젝트에 참여하라!"(Callon et al., 2009: 62쪽). 이러한 설득의 수사는 언제까지나 약속에 의지할 수만은 없고, 조만간 연구 집합체는 자신이 무얼 할 수 있는지 보여주어야만 한다. 이는 실험실에서 연구되는 대상과 동맹자들이 기대하는 바 사이에 관계가 있음을 전제로 한다. 이 둘 사이의 섬세한 조정은 일방적이 아니라 대개 상호 재편성을 포함하는데, 동맹자들의 요구 또는 기대는 종종 연구자 자신에 의해 만들어지고 연구자는 관심을 얻기 위해 자신의 연구전략을 수정하기 때문이다.

성공적인 엥테레스망은 이미 '번역1' 단계에서 결정이 된다. 그러나 이때 형성된 동맹이 구체적으로 드러나고 그 견고함과 생존능력이 테스트되는 것은 거시세계로의 복귀 가능성이 결정되는 '번역3'에 와서이다. 연구자는 번역의 사슬을 유지하고, 연결망에 가입된 행위자들을 함께 단결시키며, 동맹을 부수려는 모든 시도──그것이 비인간들에 기인하는 것이건 인간들에 기인하는 것이건──에 저항해야만 한다. '번역3'은 기술과학적 탐험의 귀환 여행에 해당하는데 이 여행을 위협하는 많은 위험들이 존재하기 때문이다. 연구자는 다시 한 번 규모를 변경하고(이번엔 미시에서 거시로), 자신의 모델을 좀 더 복잡하게 재구성하며, 새로운 변수들을 도입해야 한다. 어떻게 실험실에서 얻은 것을 잃지 않고 '번역3'을 달성할 수 있을까? 칼롱은 그 해답이 '사회의 실험실화(laboratorization of society)'에 있다고 지적한다(Callon et al., 2009: 65~68쪽). 연구 실험실에서처럼 세계가 행동하게 만들기 위해서 우리가 숲(즉 거시세계)을 샅샅이 뒤지고 다닐 필요는 없다. 단지 우리는 실험실——연구 대상인 현상을 우리가 통제할 수 있는 장소인——의 "복제판"이 모든 전략적 지점에 위치하도록 세계를 변형시키기만 하면 되는 것이다.[9] '실험실화'란 표현은 사회를 하나의 거대한 실험실로 축소시키는 것을 의미하는 것이 아니라, 가능한 행위를 실험실에서와 같은 것으로 틀짓거나 미리 형성하기 위하여 실험실을 사회의 여러 장소에 이식하는 것을 말한다. 이 과정은 끝이 없이 지속되는데, 왜냐면 새 실험실들의 설치로 새로운 행위 공간이 열릴 뿐만 아니라, 이미 있던 행위 공간은 이전에 설치된 실험실들을 무용한 것으로 만드는 새 실험실들이 대체하기 때문이다.

실험실의 이러한 지속적 증식——어떤 것은 원래 실험실의 단순한 복사본이지만, 다른 것은 중요한 개량의 결과이기도 한——은 그야말로 괄목할 만하다. 예컨대 자동차는 기업연구소에서 개발된 것과 동일하

9) 그 좋은 사례가 파스퇴르와 그의 계승자 루가 개발한 디프테리아 혈청에 대한 라투르의 연구서이다(Latour, 1988). 의사들은 처음에 파스퇴르가 개발한 디프테리아 백신에 대해서는 자신들의 역할을 위협하여 반대했으나, 이를 루가 발전시킨 혈청에 대해서는 그것이 의사들의 진단과 처방을 필요로 하기 때문에 환영하였다. 따라서 모든 의사들은 자신의 사무실에 실험실을 설치하고 세균학과 현미경 사용법을 익혔다. 이는 마치 의사들의 사무실이 디프테리아 혈청을 개발한 파스퇴르연구소의 전국적 지부가 된 것과 마찬가지였다. 이런 변화는 환자들(병이 낫게 된)과 파스퇴르연구소(의사의 진단을 확인하고 혈청을 판매하게 된)에게도 유익한 것이었다. 강하게 상호의존하는 이해관계의 연결망이 형성된 것이다.

게 바깥 세계에서도 작동하도록 거리에는 도로망과 주유소 및 정비시설들이 설치되었다. 이것은 전기, 전화, 기차, 항공기, 컴퓨터 등의 경우에도 마찬가지였다. 오늘날 컴팩트디스크를 제조하거나, 유전자 치료를 위한 벡터를 준비하거나, 고준위 방사성 폐기물을 재처리하는 첨단 공장들은 그들이 사용하는 지식과 기술을 개발한 실험실들과 거의 구분이 되지 않을 정도이다. 따라서 우리 모두는 사실상 일상 활동 속에서, 앞에서 설명한 '번역1'과 '번역2' 그리고 '번역3'을 모두 정복할 수 있었던 실험실들과 연구 집합체들을 경유하고 있는 셈이다. 기술과학의 힘은 바로 여기에 있다.

위와 같이 번역의 3단계 연쇄와 실험실을 통한 우회는 거시세계의 부분적 재편성을 초래한다. "과학은 다른 수단에 의한 정치"라고 라투르가 주장한 것은 바로 이를 뜻한다. 분명히 이것은 과학이 단지 정치로 환원될 수 있다고 말하는 것은 아니며 라투르도 결코 그렇게 주장하지는 않았다. 기술과학 연구의 결과는 그것이 성공적일 경우 거시세계의 재편성을 가져온다는 주장에 그는 국한하였을 뿐이다. 거시세계1에서 거시세계2로의 이동, 가능성의 세계들에 대한 탐색, 그리고 그러한 세계들 사이의 선택을 우리가 '정치'라는 말 외에 무엇으로 표현할 수 있단 말인가? 여기서 실제로 관건이 되는 사안은 우리가 살고 있는 집합체(즉 공동세계)[10]의 형태와 구성이다. 예컨대 전기자동차, 연료전지, 이것들을 기꺼이 수용하는 운전자들, 그것들을 생산하는 기업들, 환경규제를 부과하는 정부 부처들이 함께 거주하는 집합체를 형성하는 것

---

10) ANT 학자들은 기존의 '사회'라는 용어가 인간들만의 관계를 의미해왔기 때문에, 수많은 인간-비인간 결합들의 합을 가리키는 용어로서 '집합체(collective)'란 새로운 개념을 사용한다. 따라서 '집합체'는 인간들과 비인간들이 함께 구성하며 살아가는 공동생활의 세계 즉 '공동세계(common world)'를 가리킨다고 볼 수 있다.

을 우리는 원하는가 아닌가? 또는 산전 유전자 진단을 행하는 병원과 그런 진단 결과에 따라 임신중절을 결정하는 여성들이 거주하는 집합체를 형성하는 것을 우리는 원하는가 아닌가? 우리가 내리는 선택에 따라 집합체와 공동생활 형태는 달라질 것이다. 그런데 우리는 정작 기술과학과 연관된 이러한 가능성의 세계들 또는 집합체들에 대한 중대한 정치적 선택이 그동안 어떤 진정한 토론이나 협의도 없이, 즉 민주주의의 절차에 따르지 않고, 그냥 행해져 왔다는 사실을 깨달을 수 있다. 바로 여기에 최근 ANT 학자들이 기술과학과 민주주의의 관계에 관심을 갖는 이유가 있는 것이다.

4 기술과학과 민주주의

위에서 살펴보았듯이 번역의 전 과정이 성공적으로 이루어지면 그것은 거시세계의 변화를 가져온다. 기술과학이 근대 이후 오늘날까지 세계에 그렇게 큰 영향을 미쳤던 것은 바로 이 때문이었다. 기술과학에 의해 열리는 가능한 세계들에 대한 선택은 존재론적 차원에서 행해지는 정치라고 볼 수 있지만, 근대 이후 지금까지 그것은 한번도 우리가 말하는 일상적 의미의 '정치'로 간주되거나 불린 적이 없다. 즉 "과학은 다른 수단에 의한 정치"라는 라투르의 말은 매우 옳지만, 실제로 근대의 민주주의 정치에서 기술과학의 내용은 정치적 영역이 되지 않는다고 생각되어 왔다. 과연 왜 그랬을까? 이렇게 중요한 현실 변화의 사안이 왜 정치가 아니며 따라서 민주주의와 무관한 것으로 당연시되어 왔을까? 이 절에서는 라투르의 2004년 저서 『자연의 정치학』과 칼롱 및 그 동료들의 2009년 저서 『불확실한 세계 속에서 행위하기』를 중심으로 ANT 학자들이 기술과학과 정치 그리고 민주주의에 관해 최근 어떤 견해를 제시하고 있는지 살펴보고자 한다.

1 라투르의 '코스모폴리틱스'

라투르는 이미 그의 저서 『우리는 결코 근대인이었던 적이 없다』에서 근대주의 일반이 지닌 존재론의 문제를 제기하고 이것에 기반하고 있는 과학/정치의 분리가 오늘날의 생태위기와 관련이 있음을 지적한 바 있다(Latour, 1993). 그는 17세기 과학혁명 이래 서구인들은 비인간/인간, 자연/사회의 이원적 존재론을 신봉해 왔지만(=이를 '정화 작업'으로 표현), 실제 행동에 있어서는 기술과학을 통해 인간-비인간이 결합된 수많은 하이브리드 또는 이질적 연결망을 아무 성찰이나 규제 없이 양산하는(='번역 작업') 모순을 저질렀으며, 바로 이것이 오늘날 지구적 생태위기의 원인이라고 주장하였다. 라투르의 『자연의 정치학』은 『우리는……』에서 '사물의 의회'라는 이름으로 간략히 제시한, 근대주의의 모순과 한계를 넘는 새로운 정치 모델을 보다 본격적으로 제시한 저서라고 할 수 있다(Latour, 2004).

그가 『우리는……』에서 "근대적 헌법(Modern Constitution)"이라고 불렀던 자연/사회의 이원적 존재론은 왜 정치와 민주주의를 마비시켜 왔고, 생태위기를 해결할 수 있는 새로운 정치와 민주주의는 과연 어떤 것인가? 근대적 헌법은 공공생활을 양원제(bicameralism)——은유적 표현——로 분할하는데 그것은 자의적이고 문제가 많은 일련의 이원론에 기초하고 있다. 그것의 한쪽에는 사회라는 의회가 있는데 그 안에서는 사람들의 문제가 다루어진다. 이것은 이해관계와 권력을 둘러싸고 의견들, 대립적 관점들, 주장과 반론이 이루어지는 의회로서, 한마디로 근대적 의미의 '정치'가 이루어지는 의회이다. 다른 쪽에는 자연의 의회가 있다. 이것은 사실들, 완고한 객체들, 존재의 상태들이 정해지는 의회로서, 한마디로 칸트가 말한 "사물 자체(things-in-themselves)"의 의회이다. 역사적으로 과학은 이 두 의회를 왕래하는 독특한 힘과 특권을 누려 왔다. 과학은 말없는 자연을 대표하여 사회에게 자연의 능력, 가능성, 한계에 대하여 얘기하는 한편, 사회가 자연에 대하여 바라는 것들을 성취 가능한 실재들로 번역하는 실천을 수행해 왔기 때문이다.

이러한 양원제 구조에 대한 라투르의 비판은 그가 '정치생태학'이라고 부른 환경사상 및 환경정치에 대한 그의 문제 제기에서 피력되고 있다. 라투르는 환경운동이 인간세계를 넘어 비인간세계를 대변하려고 시도하는 데 대해서는 분명히 동의하지만, 그것이 스스로의 실천을 이해하는 데 실패했다고 지적한다. 환경운동은 근대적 헌법이 정한 틀과 조건들을 탈피하는 데 무능하다는 점에서 환경운동의 반대자와 세 가지 상호연관된 약점들을 공유하고 있다는 것이다. 첫째, 환경운동은 역설적이지만 자연에 너무 집착한다는 점이다. 자연이란 비인간 사물들을 순수하고 정확하게 묘사하는 개념이 아니라 정치를 마비시키기 위해 고안된 개념이라고 라투르는 본다. 그에 의하면 자연은 환경주의자가 비인간세계에 대한 이론의 여지 없는 '사실'을 지적함으로써 반대자를 침묵시키는 데 사용하는 구실에 불과하다. 둘째, 환경주의에서 과학을 사용하는 방식도 이와 연결이 되어 너무 고루하다. 환경주의자에게 과학은 자연의 대변자로 여겨지는 것이 관행이며, 과학이 지닌 인지적 권위는 의견의 충돌을 조기에 종결지음으로써 정치적 과정의 정당한 절차를 생략 또는 누전(short-circuit)시키는 데 이용되기 때문이다. 셋째, 환경운동은 정치를 구성하는 것이 무엇인가에 대해서도 매우 제한된 이해 안에서 작동해 왔다. 인간들이 기존의 정치에서 고려하지 않았던 자연을 심각하게 고려하도록 만드는 것만을 추구하다 보니까, 환경운동은 사물들을 당연한 '사실물(matter-of-fact)'로만 취급하고 논쟁적 객체 즉 '우려물(matter-of-concern)'로 취급하지 않았다. 이 면에서 환경운동은 외견상 비정치적인 존재들에 정치적 목소리를 부여하는 듯 보였지만 사실은 진정한 정치를 막아 왔다는 것이 라투르의 진단이다.

그러면 근대적 헌법에 기초한 낡은 '정치'를 탈피하여 공공생활을 새롭게 갱신하는 길 즉 새로운 정치와 민주주의의 길은 어디에 있을까? 라투르의 표현을 빌리자면, "어떻게 우리는 정당한 절차를 통해 '공동세계'를 성취할 수 있게 하는 헌법을 작성할 수 있을까?"(Latour, 2004: 54쪽). 비근대주의에 기초한 이 새로운 헌법이 어떤 것인가를 그는 다음과 같이 제시하고 있다. 우선 그것은 근대적 헌법과 마찬가지로 공공생활이 양원제에 의해 통치되는 것으로 본다. 하지만 그것은 기존의 양원제를 수평으로 가로지르는 새로운 권력분립에 기초하고 있는 전혀 새로운 양원제이다(〈그림 2〉 참조). 우선 1차 의회(＝상원)는 다음과 같은 질문을 다룬다. "단일한 공동세계를 정합적으로 만들어내기 위하여 우리는 얼마나 많은 새로운 인간-비인간 결합들을 고려에 넣어야 하는가?"(Latour, 같은 책: 110쪽). 이 질문을 다루는 절차는 먼저 당혹(perplexity)——즉 새로운 결합들의 출현에 기꺼이 놀라는 것——에 열린 자세를 취하고, 문제를 협의(consultation)——즉 모든 관련 결합들을 빠짐없이 소집하여 논의에 포함되도록 함——에 부치는 것이다. 그런 다음에 2차 의회(＝하원)에서는 다음의 질문을 다룬다. "신 결합들과

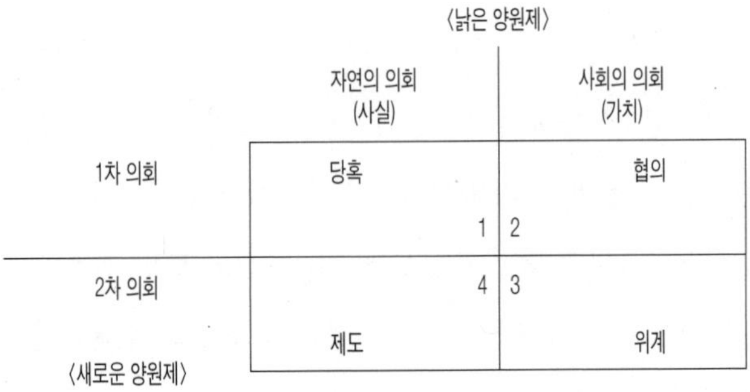

〈낡은 양원제〉

	자연의 의회 (사실)	사회의 의회 (가치)
1차 의회	당혹	협의
	1	2
2차 의회	4	3
	제도	위계

〈새로운 양원제〉

〈그림 2〉 낡은 양원제와 새로운 양원제(출처: 라투르, 2004: 115쪽)

구 결합들의 집합에 의해 형성되는 공동세계를 위하여 어떤 질서가 모색되어야 하는가?"(Latour, 같은 책: 110쪽). 이 질문을 다루는 절차는 먼저 위계(hierarchy)――신·구 결합들의 양립 가능성을 평가하고 상대적 서열을 조정하는 것――를 부여하고, 마지막으로 제도(institution)――논란을 종결하고 해당 시점에서 공동세계의 질서를 정함――를 결정하는 것이다. 라투르가 말하는 정치의 "정당한 절차(due process)"란 당혹⇨협의⇨위계⇨제도의 네 단계를 차례로 거치는 것이다. 그런데 이 중에서 당혹과 제도는 구 양원제에서 자연의 의회(즉 '사실'의 영역)에 속했던 요소들이고, 협의와 위계는 사회의 의회(즉 '가치'의 영역)에 속했던 요소들이다. '자연'이 정치를 마비시키는 개념이라는 라투르의 주장은, 그것이 인간-비인간 결합에 대하여 사실의 측면(당혹+제도)만 다룰 뿐, 가치의 측면(협의+위계)은 배제하기 때문이다.

이렇게 보면 새로운 정치와 민주주의가 좀 정태적으로 보일 수 있지만, 이를 방지하기 위하여 라투르는 새로운 양원제에서 두 의회가 지닌

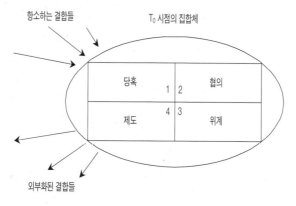

항소하는 결합들

T_0 시점의 집합체

| 당혹 | 1 | 2 | 협의 |
| 제도 | 4 | 3 | 위계 |

외부화된 결합들

〈그림 3〉집합체의 역동적 구성(출처: Latour, 2004: 122쪽)

자기비판적 성격을 주의 깊게 강조한다. 어느 한 시점의 정치적 과정에서 집합체의 구성요소로서 평가를 잘 못 받아 외부로 쫓겨난 결합들은 나중 시점에 다시 항소하여 그 지위가 변화할 수 있는 가능성을 라투르는 열어놓고 있다(위의 〈그림 3〉 참조). 이 모든 정치적 과정에서 과학이 하는 역할도 근대적 헌법하에서와는 크게 달라진다. 자연의 유일한 대변자로서 행동해야 했던 의무에서 벗어나, 과학자들은 이제 자신이 쌓은 전문적 능력에 바탕하여 위의 모든 정치적 과정에 골고루 참여하고 발언할 수 있다.[11] 과학자들은 오직 비인간 세계를 위한 비정치적 대변자라는 기존의 역할을 포기하고, 이제 공동세계를 구성하는 정치의 전과정에 걸쳐 참여하는 중요한 행위자로 재탄생을 하게 되는 것이다. 그러기 위해서는 우선 근대적 헌법하에서 길들여졌던 자연/사회, 과학/

11) 사실 이는 정치가, 경제학자, 도덕가 등도 모두 마찬가지로서 이들 모두는 인간-비인간 결합의 서로 다른 대변자가 될 수 있다.

정치의 이분법에서 벗어나, 자신이 다루거나 만드는 것이 인간-비인간의 결합 즉 '자연-문화들(nature-cultures)'로 불리는 하이브리드임을 인식할 필요가 있다. 집합체가 만들어 가야 할 공동세계의 구성요소가 바로 이러한 하이브리드이기 때문이다. 그리고 그러한 하이브리드는 정치의 정당한 절차를 거쳐야만 집합체의 구성요소가 될 수 있음을 받아들이는 것이 필요하다.

자연은 문화가 나타나기 전부터 존재하는 단일한 실재이고, 자연을 해석하는 인간의 문화만이 다양한 것이라고 보는 근대주의자의 관점을 라투르는 서로 동전의 양면을 이루는 '단자연주의(mononaturalism)'와 '다문화주의(multiculturalsim)'라고 부른다. 이에 반해 세계에는 오직 다양한 자연-문화들이 있을 뿐이라는 점을 강조하기 위해 그는 '다자연주의(multinaturalism)'라는 용어를 사용한다. 그리고 이런 자연-문화들로 이루어지는 집합체에서 좋은 공동세계(즉 '코스모스')를 점진적으로 구성하는 것이 새로운 정치이며, 이를 기존의 근대적 정치와 구분하기 위해 '코스모폴리틱스(cosmopolitics)'라고 부르는 것이다.

2 칼롱의 '대화 민주주의'

칼롱 및 그 동료들이 저술한 『불확실한 세계 속에서 행위하기』는 다분히 추상적이었던 라투르의 『자연의 정치학』보다 훨씬 더 구체적으로 기술과학과 민주주의에 대한 ANT의 논점을 제시하고 있다. 칼롱은 여기서 라투르와 마찬가지로 과학과 정치의 이분법이 잘못되었음을 지적하면서, 가능성의 세계에 대한 지식 탐색은 우리가 살아갈 집합체의 구성과 분리할 수 없는 관계에 있다고 강조한다. 그런데 근대 사회에서는 이 두 가지를 분리하면서 지식의 추구는 과학자라는 대표에게, 집합체의 구성은 정치가라는 대표에게 일반 대중이 각각 위임하는 '위임 민주주의(delegative democracy)'가 지배하여 왔다고 지적한다. 위임 민주주의는 과거처럼 지식과 정체성들이 안정화되어 있을 때는 효과적이었으나, 오늘날처럼 불확실성과 그로 인한 논쟁들이 과학과 정치에 팽배할 때는 그 한계를 드러낼 뿐만 아니라 오히려 새로운 지식과 집합체의 탐색을 방해한다고 칼롱은 진단한다.

새로운 지식과 집합체의 구성을 성공적으로 이룬 대표적인 사례로서 칼롱은 프랑스근질환협회(AFM)라는 환자 단체의 활동을 주목한다. 이 단체는 애초에 병명과 원인도 몰라 그저 기형아로서 가정에서 숨겨진 채 살아가던 환자의 가족들이 나서서 이 질병을 치료하고 장애의 고통을 줄이기 위해 1958년 만들었다. AFM은 1987년 이래 매년 12월 첫 주에 '텔레통(Telethon)'이라는 30시간의 TV 모금쇼와 프랑스 전국에 걸친 수만 건의 지역 행사를 개최하는 등 매우 활발한 환자 단체로 성장하였다. 그동안 AFM은 자신이 참여하고 지원하는 연구를 통해 이 병의 유전적 원인과 치료법을 밝히는 데 큰 성과를 얻었을 뿐 아니라, 2005년에는 기회평등 관련법을 통해 환자들이 완전한 시민권을 보장받을 수 있도록 만들었다. 즉 AFM의 활동은 과학과 정치의 영역 모두에 큰 변화를 가져왔던 것이다(Callon & Rabeharisoa, 2008).

이 사례에서 칼롱은 과학자가 실험실에서 행하는 고립 연구(secluded research)는 자신이 속한 연구 집합체에 갇혀 희귀병 환자 단체와 같이 신생 우려 집단(emergent concerned groups)이 제기하는 문제에 무관심할 수 있다고 지적한다. 그러나 고립 연구는 우려 집단의 문제의식 및 그들이 거시세계에서 축적한 야생의 지식과 잘 연결될 때, 즉 실험실 지식과 야생의 지식이 결합되는 협력 연구(collaborative research)가 이루어질 때, 세계에 대한 새로운 지식과 더불어 새로운 정체성(예: '유전적 원인의 근 질환 환자 집단')도 출현한다고 그는 주장한다. 그리고 정치를 통한 집합체의 구성에 있어서도, 과거에는 고정된 선호와 정체성을 지닌 개인들의 취합(aggregation)이 집합체를 구성하는 당연한 방식이라고 보았지만, AFM 사례에서 볼 수 있듯이 개인의 정체성은 집단에 결속되어 있으며 협상을 통해 변화할 수 있으므로 집합체는 지속적으로 형성(composition)되는 것임을 주장한다. 따라서 세계에 대한 지식과 집합체의 구성이라는 이 두 가지 축에서 위임 민주주의란 고립 연구와 취합 쪽에 가까운 것이고, 그 반대로 협력 연구와 형성 쪽에 가까운 것을 칼롱은 '대화 민주주의(dialogic democracy)'라고 이름 붙였다(다음의 〈그림 4〉 참조).

이렇게 위임 민주주의와 대화 민주주의는 대조를 이루지만, 후자는 전자를 풍부화하는 것이지 결코 대체하는 것은 아니라고 칼롱은 주장한다. 오늘날 위임 민주주의가 한계를 드러내고 대중의 불만이 높아진 것은 더 많은 민주주의(즉 "민주주의의 민주화")를 요구하는 것일 뿐 민주주의 자체에 대한 반대가 아니라고 보기 때문이다. 그러면 대화 민주주의의 어떤 특징이 민주주의의 심화를 가능하게 할 수 있을까? 여기서 민주주의란 과연 무엇인지가 중요한데, 칼롱은 그것이 주로 절차의 문제이며 그 절차는 완성된 것이 아니라 항상 평가 및 수정될 필요가 있다고 본다(Callon et al., 2009: 115~116쪽). 민주주의 절차의 핵심에는 대표(representation)라는 개념이 자리잡고 있고 그 바탕에는 보다 기초적 메커니즘인 협의(consultation)가 존재한다고 그는 본다. 개인들의 선호는 미리 정해진 것이 아니라, 그의 대표를 선택하고 그와 협의하는 과정에서 점차 그의 선호가 무엇인지 배우고 그의 의지를 점차 형성한다는 것

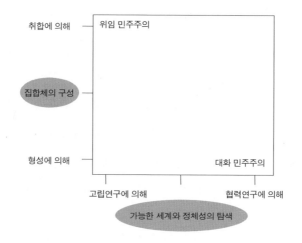

〈그림 4〉 위임 민주주의와 대화 민주주의(출처: 칼롱 외, 2009: 135쪽)

이다. 따라서 대표 선택을 위한 협의의 과정이 대표자와 피대표자를 동시에 구성한다는 것이다.

　과학이든 정치든 협의가 있을 경우에만 대표도 존재한다. 대개 위임 민주주의의 한계는 대표자들(과학자와 정치가)에게 대중이 일단 모든 것을 위임하면 더 이상 협의가 없기 때문에 나타난다. 대화 민주주의란 협의 절차의 재활성화에 초점이 있으며, 따라서 그것은 대표의 종말이 아니라 오히려 그 확대를 의미한다. 예컨대 희귀병 환자 단체와 같은 새로운 우려집단들이 요구한 것도 과학과 정치에서 자신의 대표가 필요없다는 것이 아니라 오히려 협의를 통한 진정한 대표의 절차였던 것이다. 칼롱은 대표자와 피대표자 사이에 함께 협의가 이루어지는 새로운 공적 공간을 '하이브리드 포럼(hybrid forum)'[12]이라고 부르고 이를 대화

---

12) '포럼'이라는 말은 그것이 여러 집단들이 함께 모여 집합체의 미래에 대한 선택

민주주의의 핵심적 통로라고 보았다. 1970년 이후 서구에서는 이에 해당하는 매우 다양한 절차들이 고안되고 실험되어 왔는데, 예를 들면 포커스그룹, 청문회, 합의회의, 시민배심원 등이 그러한 것들이다.[13] 특히 원자력, 기후변화, 광우병, 유전자조작식품, 조류독감, 에이즈, 근위축병, 나노기술 등 기술과학과 관련된 다양한 사회기술적 논쟁들에서 이러한 하이브리드 포럼이 먼저 나타났지만, 이것은 연금, 의료비, 국방, 이주민 정책 등 다른 분야의 다양한 쟁점들에도 적용될 수 있다고 칼롱은 강조한다.

5 평가와 함의

ANT가 제시하는 기술과학과 민주주의에 대한 설명은 어떤 장단점이 있다고 평가할 수 있으며 그것이 사회과학에 주는 함의는 무엇인가? 우선 ANT는 과학과 기술이 인간-비인간의 결합으로 이루어지는 이질적 연결망의 산물이라는 점을 밝혀냄으로써, 기술결정론과 사회적 구성주의의 양대 함정을 벗어날 수 있는 길을 열어주었다는 점을 지적할

지를 논의하는 열린 공간이기 때문이다. '하이브리드'라는 말은 그러한 집단들과 그들을 대표한다고 주장하는 대변자들이 이질적(전문가, 정치가, 기술자, 일반인 등을 포함)이기 때문이다. 또한 '하이브리드'라는 말은 거기서 다루어지는 질문들과 문제들이 다양한 영역들(윤리부터 경제까지, 또는 생리학, 핵물리학, 전자기학 등을 포함)의 상이한 수준들에 속하기 때문이다(Callon et al., 2009: 18쪽)

13) 칼롱이 '하이브리드 포럼'이라고 부른 과학기술의 숙의적 시민참여 제도들에 대하여 보다 자세히 알려면 김환석(2010)을 참고할 것.

수 있다. 또한 '번역' 개념을 통해 과학과 기술은 단지 지식이나 도구가 아니라 실험실 안과 밖에서 이루어지는 실천이라는 점을 깨닫게 함으로써, STS의 관심을 인식론에서 존재론으로 전환시키는 데 큰 기여를 하였다. 더 나아가서 '일반화된 대칭성'의 원칙은 인간/비인간, 주체/객체, 사회/자연의 이원론을 극복할 수 있는 가능성을 마련하였고,[14] 이런 이원론을 당연한 전제로서 받아들여 온 근대적 사회과학의 인간 중심주의로부터 벗어나 사물의 중요성을 재발견하려는 노력을 자극하였다. 또한 '행위자-연결망'과 '블랙박스' 등의 개념은 미시/거시 또는 행위/구조의 이분법으로부터 탈피할 수 있는 실마리를 제공하였다. 이러한 논의에 기반하여 ANT가 정치생태학이나 민주주의에 갖는 함의를 적극적으로 제시한 최근의 시도들은, 과학과 정치가 결코 분리된 영역이 아니며 사회기술적 논쟁들이 보다 확대되고 심화된 민주주의를 탐색하는 데 기여할 수 있다는 점을 보여주었다.

그러나 ANT는 민주주의에 대한 개념화에 있어 위에서 라투르와 칼롱의 논지에서 보듯이 아직 절차적 모델에 머물고 있어 약점을 지니고 있다. ANT의 특징과 장점은 모든 행위소들이 이질적 연결망의 구축 과정에서 정체성이 고정되어 있는 것이 아니라 변화한다는 사실을 잘 포착해 준다는 점인데, 이는 기술과학을 설명할 때 '방법'이 아니라 '실천'에 초점을 둠으로써 가능하였다. 그러나 민주주의를 설명할 때 ANT가 지금처럼 절차에 초점을 두는 것은 '만들어지고 있는 정치(politics-in-the-making)'가 아니라 '기성의 정치(ready-made politics)' 모델에 의존할 위

---

14) 이원론의 극복은 기존의 자연과학과 사회과학을 각각 함정에 빠뜨렸던 자연 환원주의 또는 사회 환원주의로부터의 탈피도 가능하게 만든다.

험을 내포하고 있다. 따라서 ANT는 기술과학의 설명에서와 마찬가지로 민주주의의 설명에서도 시민참여의 '방법'이 아니라 구체적 '실천'들에 초점을 두어야 한다고 생각된다. 그럴 경우 라투르와 칼롱의 모델처럼 하나의 이상적인 집합체(=좋은 공동세계 즉 '코스모스')가 있다거나 그것을 이루기 위한 보편적인 '정당한 절차'가 있는 것처럼 가정하는 것은 의문이 든다. 후기 비트겐슈타인 철학이 제공한 중요한 통찰처럼, 절차와 방법을 포함한 모든 '규칙(rules)'은 결코 그 적용을 결정하지 않는다. 따라서 아무리 동일한 절차를 따르더라도 각 실천의 효과와 수행성은 다르게 나타날 것이다. 세계는 다중적, 이질적, 우연적이고 민주주의 역시 그러할 것임을 우리는 받아들여야 하지 않을까?

오늘날 ANT가 유력한 사회 이론으로 부상하고 있음은 기존의 사회과학에 중요한 함의를 갖는다고 생각된다. 근대적 지식과 학문에서는 인간/비인간, 사회/자연의 이원적 존재론을 전제하였기 때문에 사회과학과 자연과학의 분리도 당연한 것으로 받아들였다. 그 결과 비인간과 자연은 자연과학(및 공학)의 독점적 대상으로 간주되었고, 사회과학은 오직 인간들 간의 관계로 이루어지는 '사회'가 자신의 연구 대상이라고 생각하였다. 비인간과 자연은 사회에 대하여 외재적인 요인이기 때문에, 설사 사회과학에 등장한다 해도 인간관계의 물질적 배경이나 자원 또는 제약 조건으로 다루어지는 게 고작이었다. 따라서 사회과학에서는 오랫동안 과학과 기술도 자신의 연구 대상은 아닌 것으로 간주했고, 사회와는 별개의 중립적 지식 또는 도구로만 취급했던 것이다. 그러나 ANT에서 강조하듯이 순수하게 인간들만으로 이루어진 관계란 없으며 비인간을 매개로 하지 않고 인간 사회는 단 한 순간도 존재할 수 없다. 세계를 구성하는 모든 것들은 인간-비인간의 결합이며 이때 인간이 비인간을 변화시키는 것처럼 비인간도 인간을 변화시킨다. 즉 인간의 행위성 못지않게 비인간도 행위성을 갖는다. 사회과학은 이제 ANT의 이러한 통찰을 받아들이고, 자신이 연구해야 할 것은 '사회'가 아니라 이질적 연결망들임을 받아들여야 한다. 우선 그것은 모든 사회 현상에서 기술과학(또는 사물)이 어떤 구성요소이며 어떤 매개 역할을 하는지 주목하는 것에서 시작해야 할 것이다. 그럴 경우 사회과학의 실천적 목표인 민주적 변혁도 현재의 이질적 연결망들을 어떻게 재구성할 것인가를 중심으로 구체적 모색을 할 수 있게 될 것이다.

끝으로 이 글의 목적은 최근 중요한 사회 이론으로 부상하고 있는 ANT가 과학기술과 민주주의의 문제를 바라보는 관점을 국내 학계에 소개하는 데 국한하였다는 점을 다시 한번 밝히고자 한다. 이런 ANT의 관점이 실제로 얼마나 유용하고 이론적 및 실천적인 기여를 할 수 있는지 평가를 하려면, 이런 관점을 적용한 구체적 사례 분석(특히 국내의 사례)과 더불어 과학기술과 민주주의에 관한 기존의 다른 많은 이론들[15]과의 비교분석이 마땅히 필요할 것이다. 그러나 지면의 한계상 이러한 작업들은 필자를 포함한 국내 연구자들의 향후의 과제로 남기고 앞으로 ANT에 대한 활발한 논의가 국내 사회과학계에서 이루어지기를 기대하면서 이 글을 맺고자 한다.

---

15) 이에 관한 가장 최근의 국내 저작으로는 이영희(2011)를 참고할 것.

✝ 이 글은 이 책에서 관심을 가지는 '사회적인 것'과 '과학기술적인 것' 또는 '자연적인 것'의 이분법을 ANT를 비롯한 과학기술학이 어떻게 극복해 왔는지를 개괄한다. 특히 '사회적인 것'을 확장하여 그곳에 '과학기술적인 것'까지 포함시키려 했던 과학지식사회학의 시도 역시 '사회적인 것'과 '자연적인 것'(또는 '인간'과 '비인간')을 구분하는 이원론에 기반을 두고 있음을 지적하면서, ANT의 통찰이 주는 의미를 다시 한 번 강조한다. 이런 과학기술학의 도전이 사회학을 포함한 사회과학의 혁신에 대하여 갖는 함의를 강조하는 결론은 이 책의 다른 글과 공명한다.

이 글은《사회와 이론》20권(한국이론사회학회, 2012)에 실렸다.

제2장 '사회적인 것'에 대한 과학기술학의 도전
——비인간 행위성의 문제를 중심으로

김환석

1 왜 과학기술학은 '사회적인 것'을 문제 삼게 되었나?

'사회적인 것(the social)'이란 인간들 사이의 상호작용과 관계 그리고 이로부터 형성되는 사회적 제도와 구조를 폭넓게 가리키는 말이다. '사회적인 것'은 사회학의 출발점부터 사회학의 고유한 연구 대상인 동시에 사회학적 분석에서 인과적 설명의 전형적 요인으로 간주되어 왔다. '사회적인 것'이 이렇게 사회학에서 중심적 역할을 해왔던 것은 아마 누구보다도 사회학의 대표적 선구자인 에밀 뒤르켐에게서 그 이유를 찾아볼 수 있을 것이다. 사회학이 아직 독자적 과학 분야로서 정립되거나 인정받지 못했던 19세기 말에 뒤르켐은 사회학의 고유한 연구 영역을 확보하기 위하여 자연과학의 대상인 '자연적인 것(the natural)'——인간의 생물학적 측면을 포함한——이나 심리학의 대상이라고 보았던

'개인적인 것(the individual)'과 구별되는 '사회적인 것'의 영역이 따로 있다고 주장하였다. 그리고 이 영역에 대한 과학적 분석의 방법론적 원칙으로서 "사회적 사실을 사물(thing)과 같은 것으로 간주"하고 "하나의 사회적 사실은 다른 사회적 사실에 의해서만 설명되어야 한다"는 명제를 제시하였다(뒤르켐, 1895/1964). 서로 질적 차원이 다른 요인들을 설명에 섞는 것은 과학적 분석에서 중대한 오류라고 간주하였기 때문이다.

뒤르켐과 다른 선구자들의 공헌에 힘입어 사회학은 20세기에 들어 독자적 학문으로서 인정을 받고 정치와 경제 그리고 문화에 걸친 다양한 사회 현상들을 설명하는 유력한 사회과학 분야로서 성장할 수 있었다. 그러나 이렇게 사회의 여러 분야를 연구했던 사회학이 특이하게도 20세기 중반까지 과학과 기술에 대해서는 큰 관심을 기울이거나 자신의 연구 대상으로 삼지 않았다. 물론 사회학자들은 과학과 기술이 근대 사회의 성립과 이후의 발전에서 지대한 역할을 하였다는 점을 모르지는 않았다. 하지만 '이성'의 화신으로서의 과학과 기술이라는 18세기 계몽주의에서 형성된 지배적 관점을 따랐던 사회학의 선구자들은 과학과 기술을 합리적이고 가치중립적인 지식과 도구로만 간주하였다. 즉 과학은 자연의 법칙을 거울처럼 반영한 합리적 지식이고 기술은 이러한 과학을 응용하여 만들어져서 인간의 실제 생활을 돕는 데 이용되는 도구일 뿐이라고 믿었던 것이다. 1920~1930년대에 지식사회학과 기술사회학이라고 부를 수 있는 연구들이 유럽과 미국에서 등장한 것은 사실이지만, 지식사회학의 연구 대상은 종교와 이데올로기 등 비과학 지식에 국한되었고 기술사회학은 기술의 형성 과정이 아니라 사회적 영향(social impacts)만을 분석하는 기술결정론적 접근에 머물렀다. 그나마 이러한 연구들은 2차 세계대전을 전후하여 학문적 명맥이 거의 단절되었다.

이와 같은 이유로 인해 과학과 기술의 형성 과정에 대한 본격적인 연구는 사회학이 아니라 1970년대에 등장한 과학기술학(Science & Technology Studies: 약칭 STS)이라는 새로운 분야에 의해 다루어졌다. 과학, 기술과 사회의 관계에 대한 다양한 인문학적 · 사회과학적 분석 접근들로 구성되는 학제적 분야인 STS는 계몽주의의 과학기술관과는 달리 과학과 기술을 단지 자연법칙의 반영이라거나 가치중립적인 지식과 도구로 보지 않는다. 과학과 기술을 그것이 만들어지고 사용되는 현실적 맥락과 상관없이 규범적으로 파악하는 것이 아니라, 실제로 작용한 맥락적 요인들을 경험적으로 분석하는 접근을 취한다. 그런데 STS 분야의 전개 과정을 살펴보면 그 주된 접근은 과학지식사회학의 사회적 구성주의로부터 시작하여 행위자-연결망 이론의 이질적 구성주의(또는 '공동구성주의')로 이행하여 왔다고 볼 수 있는데, 이 접근들은 '사회적인 것'이라는 기존의 사회학 범주에 대한 도전의 연쇄로 간주할 수 있다는 것이 이 글의 입장이다. '사회적인 것'의 기존 범주가 사회학으로 하여금 과학과 기술에 관심을 갖거나 올바로 분석하는 것을 막는 역할을 해왔기 때문이다. 과학지식사회학과 행위자-연결망 이론은 '사회적인 것'을 확장하거나 완전히 변혁하려는 시도들을 통하여 각각 다른 방식으로 기존의 사회학이 지닌 한계를 극복하려 해왔다고 필자는 생각한다.

이 글은 왜 STS를 '사회적인 것'에 대한 도전의 연쇄로 볼 수 있는지 과학지식사회학과 행위자-연결망 이론을 중심으로 살펴보고자 한다. 그리고 STS를 대표하는 이 두 접근 사이에 '사회적인 것'과 관련하여 1990년대에 벌어진 치열한 논쟁에서 비인간의 행위성이 왜 초점이 되었는지 검토하려고 한다. 더 나아가서 비인간 행위성을 진지하게 고려하는 것은 단지 STS의 발전에 중요할 뿐 아니라, 근대주의의 결함을 넘어서는 정치의 생태화에 중대한 기여를 할 수 있다는 점을 한국의 4대강 사업을 둘러싼 논쟁을 사례로 하여 설명할 것이다. 마지막으로 '사회적인 것'에 대한 STS의 도전이 사회학의 혁신에 대하여 갖는 함의에 대하여 성찰하면서 이 글을 맺고자 한다.

2 '사회적인 것'에 대한 첫 번째 도전: 과학지식사회학

과학을 자신의 연구 대상에서 제외하였던 지식사회학과는 달리, 기능주의 사회학자인 머턴은 과학이 현대 사회에서 매우 중요한 기능을 수행하는 하위체계라고 판단하여 사회학적 분석에 끌어들였다. 다만 그 역시 사회학적 분석의 대상이 된다고 생각한 것은 과학 지식의 내용(사실, 이론, 방법, 모델 등)은 아니었고 그런 지식을 만들어내는 사회 집단인 '과학 공동체(scientific community)'의 제도적 특성이었다. 1950년대~1970년대에 걸쳐 머턴과 그의 제자들은 과학 공동체의 특수한 규범, 보상체계, 계층화 등에 대하여 이론적 및 경험적인 연구를 수행하여 과학사회학 분야의 개척자가 되었다. 따라서 머턴의 과학사회학은 과학을 '사회적인 것'의 범주에 포함을 시켰다는 점에서 과거의 사회학에서 큰 진전을 이룬 것이기는 하였지만, 그 범주에 포함된 것은 과학자들의 사회적 성격에 국한되었을 뿐 과학 지식의 내용은 여전히 제외되었다는 점에서 반쪽짜리에 불과했다고 말할 수 있다. 머턴이 과학 공동체의 규범으로서 강조한 '탈이해관계'나 '조직화된 회의주의' 등을 보면,

그는 오히려 이해관계나 권위와 같은 '사회적인 것'들이 과학 지식의 내용에 영향을 미치는 것을 대단히 우려했다는 것을 알 수 있다.

머턴의 과학사회학이 이런 특성을 지니게 된 것은 그가 나치와 스탈린의 전체주의하에서 과학이 왜곡되는 것을 비판적으로 보았던 개인적 경험이 바탕을 이루었다고 볼 수도 있다. 그렇지만 그 뿌리에 있는 보다 중요한 요인은 과학 지식을 자연법칙의 순수한 반영으로 보는 계몽주의적 과학관과, 이에 영향을 받아 '자연적인 것'과 '사회적인 것'을 이분법적으로 보았던 뒤르켐의 사회학 모델이었을 것이라고 판단된다. 즉 '과학적인 것'은 '자연적인 것'의 반영이자 파생물이므로 '사회적인 것'이 그 내용에 영향을 미칠 수도 없고 미쳐서도 안 된다고 생각한 것이다. 왜냐하면 '사회적인 것'이 오염을 시키는 순간 '과학적인 것'은 왜곡되어서 곧바로 참이 아닌 지식 즉 비과학적 지식으로 전락하고 말 것이기 때문이다. 따라서 머턴의 과학사회학은 과학 지식을 자신의 분석 대상에서 제외하였던 지식사회학보다 결코 멀리 나아간 것이 아니었으며 거의 동일한 한계를 안고 있는 것이었다고 말할 수 있다. 한마디로 '과학적인 것'과 '사회적인 것'을 엄격히 구분하는 이분법을 고수하였던 것이다.

1970년대 중반에 영국의 젊은 과학사회학자들이 기존의 지식사회학뿐 아니라 머턴의 과학사회학에 반기를 들고 이를 대체하는 새로운 접근으로서 '과학지식사회학(Sociology of Scientific Knowledge: 약칭 SSK)'을 제창하였다. '과학지식사회학'이란 그 이름대로 과학 지식을 사회학적으로 분석하려는 시도이다. 그러나 기존의 지식사회학과 과학사회학은 과학 지식의 내용에 대한 사회학적 분석을 막는 역할을 하였기 때문에 과학지식사회학자들은 다른 학문 분야에서 그 영감을 얻었다. 과학사·과학철학 분야에서 탈실증주의적 접근을 주도했던 쿤의 패러다임 이론은 특히 그들에게 깊은 영향을 주었다. 쿤은 자연에 대한 관찰이 과학 이론을 결정하는 독립적 심판자가 아니라, 오히려 모든 관찰은 특정한 이론적 패러다임 안에서 이루어진다고 하는 '관찰의 이론-의존성' 명제를 주장하였다. 그런데 패러다임은 어떤 시대의 과학자들이 자신이 속한 과학 공동체의 사회화 과정을 통해 공유하게 된 일종의 신념이므로, 과학지식사회학자들은 쿤의 이론이 과학 지식의 '사회적 구성(social construction)'을 지지하는 근거를 제시하였다고 판단했다. 따라서 그들은 쿤의 이론을 급진적으로 해석하여 과학 지식에 대한 사회학적 분석으로 발전시켰던 것이다.

SSK에서는 과학이든 비과학이든 모든 지식의 내용을 결정하는 원인을 인과성(causality), 공평성(impartiality), 대칭성(symmetry), 성찰성(reflexivity)의 네 가지 방법론적 원칙에 따라 분석해야 한다고 주장한다(Bloor, 1976). 영국의 에딘버러대학과 바스대학에 있던 과학지식사회학자들은 이러한 원칙에 따라 수많은 경험적 사례들에서 과학 지식이 결정되는 사회적 과정을 분석하고 이 과정에서 이해관계와 권위 등 과학 공동체 내·외의 다양한 사회적 요인들이 어떻게 작용했는지를 보여주고자 하였다. 이른바 '해석적 유연성(interpretative flexibility)' 개념이 가리키듯이 자연에 대한 관찰 증거는 복수의 이론적 해석 가능성에 열려 있기 때문에(Collins, 1985), 과학 논쟁의 종결은 관찰 증거 자체가 아니라 과학 공동체의 사회적 협상에 달려 있다는 것이 그들의 주된 논지라고 할 수 있다. 이 사회적 협상 과정을 분석해 보면 과학 지식의 참/거짓, 합리성/비합리성을 판단하는 기준 자체가 외부에 따로 존재하는 것이 아니라, 과학 공동체 내부의 사회적 과정을 통해 만들어지고 적용되는 구성물이라는 것을 알 수 있다고 그들은 주장한다. 그럴 경우 '과학적인 것'은 합리적인 것이고 '사회적인 것'은 비합리적인 것이라는 전통적인 이분법은 성립하지 않게 된다. 따라서 SSK는 기존의 지식사회학과 과학사회학과는 달리 '과학적인 것'을 사회 현상의 외부에 있는 것으로 간주하지 않고 '사회적인 것'의 일부로서 그것을 포함시켰다고 할 수 있다.

'사회적인 것'의 확장이라 할 SSK의 이러한 시도는 전통적 이분법을 고수하였던 학자들의 거센 반발을 낳았지만,[1] 수많은 사례들에 대한 경험적 분석을 축적함으로써 자신의 학문적 입지를 점차 공고히 다져 왔다. 더 나아가서 SSK의 사회적 구성주의 접근은 1980년대 중반에는 기술의 분석에까지 확대되어 새로운 기술사회학을 형성하는 계기를 마련하였다(Bijker, Hughes & Pinch, 1987). 과학 지식의 경우와 비슷하게 사회학적 분석에서 제외되어 왔던 '기술적인 것(the technical)' 역시 사회적으로 구성된다는 점을 많은 사례 연구를 통하여 보여주고자 하였다. 즉 '기술적인 것'은 '사회적인 것' 외부에 존재하는 별도의 영역이 아니라는 것이다. SSK의 사회적 구성주의는 과학에 이어 이렇게 기술에 대한 새로운 접근과 수많은 후속 연구를 산출하고 파생시킴——과학기술사회학뿐만 아니라 과학기술사, 과학기술철학과 과학기술인류학에서——으로써 신생 학문으로서의 STS 분야를 사실상 주도하는 접근으로 떠올랐다고 해도 과언이 아니다. 그 특징은 기존 사회학의 협소한 '사회적인 것' 범주에 대한 도전으로서, 그 범주에서 배제되었던 '과학적인 것'과 '기술적인 것'까지 포함하도록 '사회적인 것'을 과감히 확장

---

1) 1990년대 중반에 일어났던 소위 '과학전쟁(Science War)'은 이러한 두 입장의 대립이 절정에 이른 사건이었다고 할 수 있다.

하려는 시도였다고 말할 수 있겠다.

3 '사회적인 것'에 대한 두 번째 도전: 행위자-연결망 이론

SSK의 통찰이 영감을 준 새로운 STS의 접근으로서 1980년대 초에 프랑스에서 미셸 칼롱과 브뤼노 라투르의 조우와 공동 작업에 의해 처음 등장한 것이 '행위자-연결망 이론(Actor-Network Theory: 약칭 ANT)'이었다. 그리고 원래 영국에서 SSK 연구를 했던 존 로가 조금 후에 여기에 가담하여 이 세 사람이 함께 ANT 접근을 만들어낸 선구자가 되었다. ANT는 이들이 영국의 SSK와 프랑스의 포스트구조주의(푸코, 들뢰즈, 세르 등) 및 기호학(그레마스)에서 큰 영향을 받아 과학과 기술에 대한 독특한 시각과 경험적 분석의 방법으로 발전시킨 것이다. 그러나 앞으로 설명하겠지만 ANT가 '사회적인 것'을 바라보는 입장은 SSK와 상당히 달랐고, 결국 그 차이는 둘 사이의 큰 논쟁을 거쳐 STS 분야에서 서로 대조적인 접근들로 갈라지게 되었다.

ANT의 핵심적 논지는 SSK에서 주장하였던 '대칭성'의 방법론을 단지 참과 거짓의 지식들에만 적용하는 것이 아니라, 과학과 기술을 제대로 이해하기 위해서는 인간과 비인간 요소들에게도 함께 적용하는 것으로 확장되어야 한다는 것이다. ANT에서 이른바 '일반화된 대칭성(generalized symmetry)'이라고 부르는 이 원칙은, 과학과 기술을 만들어내는 실험실 안과 밖의 현장에서 이루어지는 활동들에 대한 세밀한 경험적 관찰로부터 도출된 결론이다. 즉 과학과 기술이 성공적으로 탄생하려면 이러한 현장에서 인간들(과학자, 동료들, 후원자 등)과 비인간들(실험 대상, 실험 기구, 텍스트 등) 사이에 탄탄한 연결망이 맺어지고 유지되어야 한다는 것이다. 그리고 이러한 '이질적 연결망(heterogeneous network)'에서는 인간들 못지않게 비인간들도 어떤 작용에 대해 어떤 반응을 보일지 미리 그 결과를 알 수 없는 복잡한 존재이며, 이들 중 어느 한 요소의 협조를 얻는 데 실패할 경우 전체의 연결망도 무너지고 말 수 있는 능동적 행위자로 보아야 한다는 것이다. 따라서 우리가 마주하는 것이 인간이건, 세균이건, 텍스트건, 기계건 동일한 분석적·묘사적 틀을 채택해야 한다는 것이 바로 '일반화된 대칭성'의 원칙이다.

이 '일반화된 대칭성'의 원칙은 과학과 기술의 현장에 대한 관찰로부터 비롯된 단순한 방법론적 요청 같지만, 그 안에는 기존의 사회학적 전통이 당연한 가정으로서 전제하던 '행위성(agency)'에 대한 관념을 송두리째 뒤집어엎는 의미를 품고 있는 것이었다. 왜냐하면 기존의 사회학에서 행위성이란 자신의 의도에 따라 어떤 선택을 할 수 있고 그 선택을 세계에 부과할 수 있는 능력으로서, 이런 능력은 자유의지와 이성적 사고 그리고 언어적 능력이 있는 능동적 주체인 인간만이 소유한 것이라고 생각되어 왔기 때문이다. 즉 자연물이나 기계와 같은 비인간은 결정론적 인과관계의 법칙에 따라 움직이는 수동적 객체이기 때문에 행위성이 없는 존재로 간주되어 왔던 것이다. 그러나 ANT 학자들은 이러한 전제야말로 사회학이 그 기초를 '자연적인 것'과 '사회적인 것'의 이분법에 두었던 잘못된 가정이었다고 지적한다. 행위성을 오직 이성과 자유의지, 의도와 언어 능력 등에서 비롯된다고 보는 것이야말로 근대적인 인간중심주의에서 나온 관념이기 때문이다. 비인간도 결정론적 인과관계에 따라서만 움직이는 존재는 아니며 인간을 묘사하는 특징으로 행위성을 규정하는 것은 억지라는 것이다. 과학적 실천에 대한 그들의 관찰에 근거할 때, 세계에 차이와 변화를 가져올 수 있는 능력은 모두 행위성으로 보는 것이 옳다고 ANT 학자들은 본다.

"현실에 있어 종종 우리는 비인간 물질들을 괄호쳐 버리면서 그것들은 인간과는 다른 지위를 지닌다고 가정하곤 한다. 그래서 물질들은 자원 또는 제약요인으로만 인식된다. 즉 그것들은 수동적인 성격을 지니며, 오직 인간 행위자들에 의해 동원될 경우에만 능동적이 된다고 말해진다. 그러나 사회적인 것은 물질적으로 이질적이기 때문에 이러한 비대칭성은 그리 잘 작동하지 않는다. 맞다, 대화와 텍스트와 기계와 육체 사이에는 차이점들이 있다. 물론이다. 그러나 왜 우리는 이들 중 일부가 사회적 역동성에서 아무 능동적 역할을 수행하지 못한다고 가정하고서 시작해야 하는가?"(Callon & Law, 1997: 168쪽)

인간과 비인간의 행위를 대칭적으로 묘사 및 분석하자는 주장은 인간과 비인간의 행위성이 동일하다는 의미가 결코 아니다. 인간과 비인간 사이에는(더 나아가서 인간들 사이와 비인간들 사이에도) 차이점이 있지만, 그들은 과학과 기술이 만들어지는 연결망에 동등하게 참여하는 능동적 존재로서 보는 것이 옳다는 말이다. 인간과 비인간이 결합 (association)되지 않고는 과학과 기술이 만들어지지 않으며, 이렇게 서로 결합되는 과정에서 인간과 비인간은 서로 속성을 교환하고 정체성이 변화된다. 그렇게 되면 결국 행위성은 연결망을 구성하는 인간과 비인간에게 따로 따로 있는 것이 아니라, 인간-비인간의 결합으로 이루어지는 이질적 연결망에 고루 분포되어 그 연결망이 마치 하나처럼 움직이는 '하이브리드 행위자'로서 등장하게 되는 것이다. 이 과정을 가리켜 ANT 학자들은 '블랙박스화(black-boxing)'라고 부른다. 따라서 이질적 연결망은 곧 행위자이기도 하기 때문에 '행위자-연결망'이라는, 얼핏 보면 형용모순인 듯한 용어를 그들이 사용하는 것이다. 따라서 ANT에서는 행위자와 구조, 내용과 맥락 사이의 구분이 따로 있지 않다. 더 나아가서 미시와 거시의 구분도 없는데, 왜냐면 거시적 행위자-연결망은 미시적 행위자-연결망이 성공하여 그 규모가 커진 것이라고 보기 때문이다(Callon & Latour, 1981).

그런데 가만히 생각해 보면 과학과 기술만 인간-비인간 결합에 의해 만들어지는 것이 아니라, 오늘날 우리가 먹고 입고 자고 일하고 공부하고 놀거나 싸우는 모든 활동들이 사실상 인간-비인간 결합에 의해 이루어진다는 것을 알 수 있다. 따라서 ANT에서는 세계가 모두 이질적 연결망들로 이루어져 있다고 생각하는데, 이런 생각은 '사회적인 것'에 대하여 SSK와는 전혀 다른 관점을 드러낸 것이라 할 수 있다. ANT에 의하면 순수하게 인간들 사이의 관계와 제도로만 이루어진 '사회적인 것'이란 사회학자들이 상상해 낸 것일 뿐 아예 현실 세계에는 존재하지 않는다. 따라서 그것을 연구 대상으로 삼는다든지 또는 그것을 인과적 설명의 요인으로 간주하는 것은 모두 문제가 있다. 인간이 행위를 하려면(간단한 행위부터 복잡한 행위까지 모두) 언제나 비인간과 결합하지 않을 수 없고, 비인간을 매개로 하지 않고서는 인간 사회는 단 한 순간도 존재할 수 없다. 그러므로 사회학이 해야 할 것은 '사회적인 것'이 아니라 이질적 연결망에 대한 연구이며 어떻게 인간-비인간 결합에 의해 그러한 연결망이 만들어지며 변화하는지를 충실히 묘사하는 것이다. 이 면에서 새로운 사회학은 더 이상 '사회적인 것의 사회학'이 아니라 '결합들의 사회학'이 되어야 한다고 라투르는 주장하고 있다(Latour, 2005).

4 비인간 행위성에 대한 논쟁: SSK 대 ANT

과학과 기술을 연구하는 데 있어서 SSK가 제시한 접근은 '사회적인 것'의 확장을 통한 STS 분석이었던 반면에, ANT가 제시한 접근은 '사회적인 것'의 폐기 내지 변혁을 통한 STS 분석이었다고 요약할 수 있다. 이들은 과학과 기술이 어떻게 만들어지는가를 설명하기 위해 기존 사회학의 협소한 '사회적인 것' 범주에 도전하고 새로운 대안을 제시하였으나, 그 방향은 서로 전혀 달랐다고 할 수 있다. SSK는 '사회적인 것'을 확대하여 과학과 기술의 구성 과정을 설명하고자 하는 사회적 구성주의의 관점을 주장하였던 반면에, ANT는 과학과 기술의 구성을 설명하려는 그들의 노력 속에서 '사회적인 것'이라는 기존 범주의 허구성을 발견하고 인간과 비인간 모두에 행위성을 부여하는 일반화된 대칭성의 관점을 주장하였기 때문이다.[2] 1990년대가 되자 이 둘 사이의 차이는 더 이상 숨길 수 없는 것이 되었고, 어떤 접근이 STS의 올바른 방향이냐를 둘러싸고 마침내 치열한 논쟁이 벌어지게 되었다.[3] 포문은 SSK 쪽

---

2) 그러나 SSK와 ANT는 행위자가 과학과 기술을 능동적으로 구성(construction)한다고 보는 점에서 구성주의의 서로 다른 갈래라고 할 수 있다. 다만 SSK는 인간만을 행위자로 본다는 점에서 '사회적 구성주의'인 반면에, ANT는 인간과 비인간을 모두 동등한 행위자로 보기 때문에 '이질적 구성주의'라고 필자는 본다.

3) 둘 사이의 논쟁은 두 번에 걸쳐 벌어졌다. 1990년대 초에는 SSK 학자인 콜린스와 이얼리가 ANT 학자인 칼롱과 라투르와 논쟁을 벌였고(Collins & Yearley, 1992; Callon & Latour, 1992), 1990년대 말에는 SSK 학자인 블루어가 ANT 학자인 라투르와 논쟁을 벌였다(Bloor, 1999; Latour, 1999). 이 글에서는 지면의 한계상 앞의 논쟁을 중심으로 다루고자 한다.

에서 먼저 열었는데, 그것은 SSK 학자들이 보기에 ANT는 과거에 과학지식을 자연의 순수한 반영으로 보던 실증주의적 관점에 대항하여 SSK가 성취한 것을 뒤로 후퇴시키려는 위험한 시도로 판단되었기 때문이다.

SSK 진영의 콜린스와 이얼리가 1992년에 발표한 논문의 제목 "인식론적 겁쟁이"를 따라 '겁쟁이 논쟁(Chicken Debate)'이라고 불리게 된 이 논쟁에서, 콜린스와 이얼리는 비인간에게 행위성을 부여하자는 ANT의 주장은 인식론적으로 "반동적"이라고 비판한다. 과학 지식이 자연에 대한 관찰 증거가 아니라 사회(=과학자들의 사회적 협상 또는 그것에 작용하는 사회구조적 힘)에 의해 결정된다는 SSK의 인식론에 반해, ANT는 비인간의 행위에 인간의 행위와 대등한 인과적 힘을 부여함으로써 자연을 다시 원인으로 복귀시키고, 이는 결국 자연에 대한 전문가인 과학자의 인식적 권위에 의존하게 만들기 때문이라는 것이다. 콜린스와 이얼리는 어떻게 사회학자가 과학자에게 의존하지 않고서 비인간 행위에 대한 지식을 얻을 수 있냐고 다음과 같이 지적한다.

"어떻든 가리비(또는 다른 무엇이든)의 공모 행위는, 그것이 이러한 종류의 설명에서 어떤 역할을 하기 위해서는, 적절하게 기록되어야만 한다. 어떻게 가리비의 공모 행위는 측정될 수 있는가? 가리비의 공모 행위를 측정하는 단 하나의 방식을 우리가 아는데 그것은 적합한 과학적 연구에 의해서이다. 만일 우리가 정말로 가리비의 행동을 우리의 설명 방정식에 넣고자 한다면, 칼롱은 그의 과학적 자격을 보여야만 한다. 그가 가리비의 성격에 대해 확고히 파악하고 있음을 그는 보여주어야 한다. 만일 칼롱이 그가 묘사하는 연구자들에 비해 자격을 못 갖춘 가리비 과학자일 경우, 가리비의 성격에 대한 그의 의견을 우리가 받아들일 하등의 이

유도 없다. 만일 그가 해당 주제에 대해 권위 있게 발언하려고 할 경우, 우리 독자는 사실상 그가 다른 과학자들에 비해 '더 나은' 가리비 전문가이기를 바랄 것이다."(Collins & Yearley, 1992: 316쪽)

그러나 ANT 진영의 칼롱과 라투르는 이에 대해 콜린스와 이얼리의 그러한 주장이야말로 자연에 대한 지식을 과학자의 특권으로 그냥 인정하는 "반동적"인 자세라고 반박한다. 사회학자들은 자연에 대한 과학자의 정의에 의문을 제기할 권리가 있으며 그럼으로써 과학자의 인식적 특권을 파괴할 수 있다고 그들은 주장한다. 비인간의 행위는 과학자만 대표할 수 있다는 콜린스와 이얼리의 주장에 대해, 칼롱과 라투르는 (과학 논쟁에서 보듯이) 어떤 비인간의 행위를 대표하는 과학자들은 다양하며 따라서 외부자인 사회학자도 과학의 내용 속을 들여다 볼 수 있다고 주장한다. 아이러니하게도 이것은 콜린스 자신이 '해석적 유연성'이란 개념으로 제시했던 생각 아니냐고 칼롱과 라투르는 꼬집고 있다. 더 나아가서 칼롱과 라투르는 아래의 인용문에서 보듯이, 사회학자가 과학계의 다양한 견해들과 선택지들을 보존하는 것이 과학자들 스스로를 위해서도 좋고 외부 공중을 위해서도 좋다고 주장한다. 이 말은 과학에 대한 사회학적 분석이 지니는 실천적 가치와 관련하여 중요한 의미를 담고 있다. 한마디로 과학의 민주화에 사회학자가 기여할 몫이 있다는 것이기 때문이다.

"우리는 그러한 과학적 자격을 갖고 있지 못하지만, 우리가 할 수 있는 한 가지가 있다. 그것은 과학자들 스스로를 위해 소수자 견해들을 보존하고, 외부 공중을 위하여 과학자들이 만든 선택지들을 보존하는 일이다. 단지 사회적인 설명과 현장

과학자는 단지 과학자일 뿐이라는 오만한 견해 사이에서 오락가락하는 것보다는, 이것이 헤게모니를 반박하는 훨씬 더 효율적인 전략인 것이다. 현장의 과학을 연구하는 것이 좋은 점은, 언제나 충분한 반대 견해가 있어서 외부자들이 들어올 수 있고 아무 과학적 자격도 없는 관찰자들이 과학의 혼돈을 포착할 수 있도록 해준다는 것이다. 매우 이상한 일이지만, 우리는(콜린스와 이얼리의 이번 논문이 나오기 전까지는) 이러한 교훈을 콜린스로부터 배웠다고 생각했다."(Callon & Latour, 1992: 358쪽)

위 논쟁에서 드러나는 것은 ANT의 입장에 대한 SSK의 오해이다. ANT는 과학을 설명할 때 SSK와 달리 자연을 다시 원인으로 복귀시키며 그럼으로써 과학자의 인식적 특권을 다시 인정하려는 것이 아니다. 이미 라투르는 1987년의 저서에서 '자연'과 '사회' 모두는 원인이 아니라 인간과 비인간 행위자들이 결합되어 만들어지는 이질적 연결망의 결과라고 주장한 바 있다(Latour, 1987). 따라서 ANT가 궁극적으로 추구하는 것은 칸트 이래 서구 사상을 지배해 왔던 근대주의적 이분법(주체/객체, 인간/비인간, 사회/자연) 자체를, 그리고 그러한 이분법에 내포된 비대칭성(즉 인간중심주의)을 일반화된 대칭성의 방법을 통하여 극복하려는 것이다. 이 면에서 보자면 콜린스와 이얼리의 SSK는 인간 주체에게만 행위성을 부여하고 비인간 객체에게는 행위성을 부정하는 근대주의적 이분법을 벗어나지 못했다고 말할 수 있다. '자연적인 것'과 '사회적인 것'을 사회학의 선구자들과 마찬가지로 여전히 엄격히 구분하는 것이다. SSK와 ANT 사이의 논쟁의 원인은 결국 여기에 있었던 것이다.

그런데 이렇게 비인간의 행위성을 인정하는 문제는 단지 STS와 같은 학문 영역에만 중요한 것이 아니다. 근대주의하에서 인간 주체들의 이해관계만을 대표하는 것이 당연시되던 '정치'라는 영역에도 중대한 함의를 지니고 있다. 세계를 더 이상 주체와 객체의 관계가 아니라 인간과 비인간의 동등한 결합으로 파악하는 것이 맞다면, 정치 역시도 이제까지와는 전혀 다르게 구상되고 재조직되어야만 하기 때문이다. 즉 정치는 인간과 비인간의 결합들이 오늘날 실제로 어떻게 이루어지고 있는지를 평가하고 그것이 지금보다 더 바람직하게 이루어지는 길을 모색 및 촉진하는 역할을 수행해야 할 것이다. 여기서 핵심이 되는 것은 역시 비인간의 행위성을 명시적으로 인정하고 존중하려는 정치적 실천이다. 비인간의 행위성을 존중한다는 것은 그들이 인간과 더불어 세계를 구성하는 동등한 동반자라는 사실을 인식하고, 그들의 목소리를 귀담아 들으려 애쓴다는 뜻이다. 라투르는 기존의 '근대화(modernization)'와는 대조를 이루는 이러한 새로운 정치의 경로를 가리켜 '생태화(ecologization)'라고 이름을 붙인 바 있다(Latour, 1998). 비인간의 행위성을 존중하는 정치의 생태화가 과연 어떤 모습일까를 필자는 한국의 4대강 사업 논쟁의 일부를 이루는 한 사례를 통하여 아래에서 그려보고자 한다.

5 정치의 생태화: 4대강 사업 논쟁의 한 사례

우선 다음 사진을 눈여겨보기 바란다. 이곳은 한국의 4대강 중 하나인 낙동강의 상류 지천으로서 경상북도 영주군과 예천군에 위치하며 흔히 '모래 강'이라는 별칭으로도 불리는 내성천(Naeseong-Cheon)이다.

굽이치는 내성천. 사진 출처 : 《프레시안》

산골을 돌아가며 낮게 굽이쳐 흐르는 이 아름다운 강에서 사람들이 한가롭게 줄지어 모래밭 위를 맨발로 걷거나 다리를 건너는 모습을 볼 수 있다. 이 사람들은 왜 여기를 왔으며 지금 무엇을 하는 것일까? 가을의 자연을 즐기기 위하여 이곳으로 함께 도시에서 온 관광객들일까? 아니면 얼마 남지 않은 깨끗한 자연의 명소들을 돌아가며 탐방하는 순례자들일까?

이 사진들은 인터넷 신문인 《프레시안》에 10월 2일자 기사의 일부로서 실린 것들이다(신병문, 2011).[4] 이 인터넷 신문이 창간 10주년을 맞아 독자들을 초청하여 내성천을 함께 걸을 수 있는 기회를 마련해 준 것이다. 사진의 대부분을 찍고 기사를 쓴 신병문 씨는 전국을 돌며 한국

---

4) 신병문, 〈모래 한알 한알 소중하던 내성천의 마지막 추억〉, 《프레시안》 2011. 10. 2.

내성천 다리를 건너는 사람들. 사진 출처 :《프레시안》

의 사람과 풍경을 기록하는 전문 사진가로서《프레시안》의 애독자이기
도 하다. 그런데 왜 장소가 내성천이었을까? 이 사진들은 무슨 의미를
담고 있는 것일까? 그리고 이것을 논문에 옮겨다 놓음으로써 나는 무슨
얘기를 하고 싶은 것일까?

내성천은 현재 급격한 환경의 변화로 사라질 위기에 있는, 이른바 '우
려물(matter of concern)'로 라투르가 이름 붙인 비인간 사물의 하나라고
할 수 있다(Latour, 2004). 강물의 유속이 빨라져 아름다운 백사장의 모
래가 이미 수 미터 깎여 나갔고 지금도 계속해서 모래는 사라지고 있다.
빨라진 유속과 모래 유실은 2011년 여름의 유난했던 폭우 때문이었을
까? 내성천에서 오래 살아온 주민들은 그렇게 생각하지 않는다. 삶의
경험에서 우러나온 그들의 관찰에 의하면, 모래가 깎여나간 것은 낙동
강 본류의 준설로 깊어진 강이 지천과의 낙차를 만들어내면서 유속이

내성천에 찾아온 외로운 철새. 사진 출처 :《프레시안》

빨라져서라는 것이다(최형락, 2011).[5] 하지만 내성천을 더 크게 위협하
는 것은 강 허리에 세워지고 있는 거대한 규모의 다목적댐인 영주댐의
건설이다. 높이 55미터, 폭 390미터로 담수 1억 8100만 큐빅미터를 가둘
수 있도록 지어지는 영주댐이 2012년 말 완공이 되면, 내성천의 상류는
물에 잠기고 하류는 모래가 공급되지 않아 고유의 모습과 기능을 영원
히 잃게 될 것이다. 영주댐 건설의 목적은 낙동강 수질 악화를 대비한
물의 확보이다. 낙동강의 보 건설로 물이 고여 수질이 악화되면 상류에

---

5) 최형락, 〈천혜절경 내성천, 4대강 공사 1년만에…〉,《프레시안》2011. 8. 12. 주민들
의 이러한 판단은 STS에서 과학기술에 대한 시민참여의 근거로 중요시하는 일반인
지식(lay knowledge)의 한 예라고 볼 수 있다. 일반인 지식은 일반인의 생활경험에서
축적된 지식인 반면에, 전문가 지식(expert knowledge)은 대개 실험실에서 생산된 과
학 지식으로 이루어진다.

영주댐 건설로 수몰될 위기에 처한 금강마을. 사진 출처 :《프레시안》

서 물을 한꺼번에 내보내 수질을 개선하려는 것이다. 12년 전 송리원댐
으로 추진되다가 거의 폐기되었던 댐 건설 계획이, 이 때문에 2008년 말
4대강 사업(4 Major Rivers Project)의 시작과 함께 그 주력 사업의 하나로
부활하였던 것이다. 영주댐 건설의 여파는 내성천 자체에만 미치는 것
이 아니다. 괴헌고택 등 12곳의 문화재가 수몰되고 400여 년 동안 집성
촌을 이루어 살던 금강마을 등 약 500여 세대의 집들도 물에 잠기게 된
다. 또 댐 하류에 물 공급이 줄어들면 급격한 육지화가 진행되어 생태계
가 급격히 변할 위험도 있다. 따라서 영주댐 건설이 과연 필요한가에 대
해 끊임없이 논란이 제기되고 있는 것이다.

따라서《프레시안》의 초청을 받은 일반 시민들이 내성천에 가서 모
래 위를 걷고 자유롭게 사진을 찍은 것, 그리고 그 사진들과 답사기가
나중에《프레시안》에 실린 것은 바로 이러한 맥락의 의미를 담고 있는

사건이다. 그런데 여기서 내가 주목하고자 하는 것은 위 10월 2일의 사진과 기사에서 그것이 만들어지는 데 참여한 모든 인간들과 비인간 행위자들의 역할이다. 즉 내성천과 참가 시민들, 신병문 씨와 그의 사진기, 그리고 사진들과 그것을 크게 게재한《프레시안》이 각각 어떤 역할을 했는가이다. 첫째, 내성천은 매우 아름다운 모래 강으로서 주위의 생태계를 조성하고 유지하면서 자신의 물길대로 흘러가고자 하지만, 4대강 사업인 낙동강 준설과 영주댐 건설로 인해 그 존재가 위협받고 있는 슬픈 강으로 나타난다. 둘째, 참가 시민들은 내성천의 아름다움을 직접 몸으로 체험하면서 이 모래 강의 슬픈 운명을 접하고 (아마도) 분노할 인간들로서, 10월 2일의 기사를 읽고 공감을 할 다른 많은 독자들의 대표 역할을 하고 있다. 셋째, 신병문 씨와 그의 사진기는, 마치 실험실에서 이루어지는 과학적 실천과 같이(Latour & Woolgar, 1979), 내성천이라는 복잡한 세계의 특정한 측면을 포착하여 사진이라는 '기입(inscriptions)'으로 만들어내는 일종의 과학자와 기입 도구에 비유할 수 있다. 마지막으로,《프레시안》은 이들 모두의 동맹자로서 이들 사이에 결합이 잘 이루어지도록 후원하고 또 인터넷 보도를 통해 일반 독자들에게 널리 알려 시민사회의 여론이 내성천 지키기[6]와 4대강 사업 비판 쪽으로 형성될 수 있도록 돕는 역할을 하고 있다.

---

6) 2011년 7월 한국내셔널트러스트는 내성천을 지키기 위한 시민캠페인으로서 '내성천 땅 한 평 사기' 운동(http://www.ntrust.or.kr/nsc/)을 시작했다. "우리가 강이 되어 주자"는 이름의 이 운동은 시민들의 모금과 기금을 통해 내성천 주변의 사유지를 확보하는 운동이다. 이 운동에는 불교계의 환경운동가로 유명한 지율 스님이 앞장을 서고 있다. 2015년까지 10만 평의 땅을 확보하여 자연습지로 복원하는 것이 그 목표다.

한마디로 말하자면 10월 2일의 기사는 다양한 인간들과 비인간들이 결합되어 만들어진 이질적 연결망이다. 이 연결망은 4대강 사업의 일환으로 영주댐을 건설하는 정부 주도의 이질적 연결망과 대조적이고 서로 대립 관계에 있다. 즉 후자는 철저히 인간 주체와 비인간 객체의 비대칭적 이분법에 기초한 근대주의적 정치의 성격으로서, 내성천은 인간의 목적에 맞게 개조되고 봉사해야 할 '개발의 객체'일 뿐이다. 반면에 전자의 이질적 연결망은 내성천이라는 비인간의 행위성을 인정하고 이것이 존중되어 '모래 강'의 정체성을 지닌 내성천이 계속 존재할 수 있도록 허용하려는 '생태화'의 정치를 지향한다. 따라서 내성천을 찍은 신병문 씨의 사진은 그냥 단순히 자연을 재현한 것이 아니었다. 그 사진은 내성천의 행위성과 이를 존중하는 인간들의 의도를 결합시킨 '기입'이었기 때문이다. 따라서 10월 2일의 기사는 내성천을 파괴하는 것은 나쁜 행위라는 점을 대중에게 깊이 각인시키는 효과를 지녔고, 때문에 그 자체가 인간-비인간의 특정한 결합으로 이루어진 공동의 정치적 행위(joint political action)였다고 보아야 한다. 만일 그 기사를 구성하는 인간과 비인간 요소들 중에 어느 것이라도 그 행위가 서로의 기대와 어긋났다면, 연결망은 취약해지고 전체의 정치적 효과도 달라졌을 것이다.

더 나아가서 10월 2일의 내성천 기사라는 이질적 연결망에서 주목해야 할 것은 누가 내성천의 대변자 역할을 하고 있는가이다. 우리는 근대주의하에서 오랫동안 비인간의 행위는 오직 과학자만이 올바른 대변자가 될 수 있다고 믿어 왔다. 그러나 앞에서 소개한 '겁쟁이 논쟁'에서 칼롱과 라투르가 주장하듯이 어떤 비인간의 행위를 대변하는 과학자들은 다양하다. 따라서 우리는 과학계 자체의 이익을 위하여, 그리고 일반

공중의 이익을 위하여, 이런 다양한 견해들을 보존해야 한다고 그들은 주장하였다.[7] 이것은 과학의 민주화를 통해 정치의 생태화로 갈 수 있는 가능성을 열어주는 중요한 지적이다. 이 말대로 우리는 내성천에 대하여 다양한 과학자들(특히 소수자)의 견해를 듣고 기록할 필요가 있다. 하지만 과학자가 아닌 일반 시민도 내성천의 행위를 대변할 수 있을까? 그렇다. 적어도 10월 2일의 기사에서 내성천의 대변자는 일반 독자의 하나로 초청되어 많은 사진을 찍고 답사기를 쓴 신병문 씨였다. 그는 과학적인 용어로 말하지 않았지만, 그 대신에 사진이라는 '기입'을 생산하여 전혀 다른 방식으로 내성천의 행위(=즉 사물의 목소리)를 드러낼 수 있었다. 그리고 이 기입은 우리에게 직접적으로 공감을 불러일으켜 내성천 지키기라는 '생태화'의 정치에 참여하도록 호소하였다. 이 사례는 '생태화'의 정치에서 중요한 함의를 갖는다. 과학은 사물의 목소리를 대변하는 한 가지 방식일 뿐이고, 다른 방식들로도 충분히 사물의 목소리를 대변하는 게 가능하다는 점이다.[8] 따라서 비인간의 행위성을

---

7) 최근에 라투르는 과학자만이 아니라 다른 분야의 전문가들(정치가, 경제학자, 도덕가 등)도 비근대주의 정치하에서는 인간-비인간 결합들의 대변자가 될 수 있다고 주장하였다(Latour, 2004).

8) 사물의 목소리를 드러내는 방법에 대해서는, 이것에서 이미 오랫동안 탁월한 성취를 보여온 기술과학의 방법에서 배울 점이 많다. 기술과학은 실험 기구를 통해 사물의 행위 흔적을 다양한 '기입'들로 생산하고 조립한다. 이런 기입들이 세계(world)와 말(word)을 이어주는 신뢰할 만한 매개자 역할을 하는 것이다. 물론 기입들 역시 실재의 단순한 재현이 아니라 선택적 구성물이지만, 허구는 결코 아니기 때문에 세계와 이어주는 신뢰할 만한 근거가 되는 것이다. 따라서 예컨대 비과학자도 사물의 대변자로서 신뢰를 얻으려면 이런 기입들(예로서 사진, 영상 등)을 잘 만들어내어 사용하는 것이 필요하다.

존중하는 '생태화'의 정치는 어느 한 전문가가 사물의 목소리를 독점적
으로 대변하는 것은 바람직하지 않고, 과학자와 일반인을 포함한 다양
한 대변자들이 함께 자신의 견해를 나누는 협의(consultation)의 절차가
필요불가결하다고 생각된다.[9]

6 '사회물질적인 것'의 사회학을 향하여

위에서 우리는 왜 STS가 과학과 기술을 제대로 설명하기 위하여 기
존 사회학의 '사회적인 것'이라는 범주에 근본적인 도전을 하지 않을
수 없었던가를 살펴보았다. 그러나 그러한 도전은 SSK와 ANT가 서로
전혀 상반된 방향으로 차례로 제기했고, 왜 이것이 나중에 비인간의 행
위성에 대한 치열한 논쟁으로 발전했는가를 알게 되었다. 더 나아가서
우리는 비인간의 행위성이라는 문제가 학문적으로만이 아니라 오늘날
정치적으로도 매우 중요한 사안임을 한국의 내성천을 둘러싼 정치적
갈등을 사례로 보여주고자 하였다. 이제 결론에서 우리는 이러한 논의
가 오늘날 사회학에 어떤 함의를 던져주는지 성찰하면서 이 글을 맺으
려고 한다.

사회학은 그 초창기부터 지금까지 '사회적인 것'을 '자연적인 것'과
구분하면서 인간들의 행위만을 자신의 영역으로 연구해 왔기 때문에
비인간들의 행위에는 관심이 없었다. 사실상 이러한 태도는 근대 초기

---

9) 새로운 민주주의에서 '협의' 절차가 지닌 중요성에 대해서는 Callon et al.(2009)
를 참고할 것.

의 사상가들(데카르트, 칸트 등)이 창안하였던 정신/물질, 주체/객체, 인간/비인간, 사회/자연이라는 이원적 존재론에 뿌리를 둔 것이었으며, 여기에는 강한 인간중심주의가 내재하고 있다. 비인간들은 그저 수동적인 객체로서 결정론적 인과법칙의 지배를 받는 물질로 간주되었다. 따라서 사회학은 비인간들의 연구를 자연과학과 공학에 맡겨 놓은 채 순수한 인간늘만의 세계인 '사회적인 것'을 상정하고 그 연구에 매달려 왔던 것이다. 과학과 기술이 오랫동안 '사회적인 것'에서 배제되었던 이유도 그것들이 자연법칙을 반영하는 가치중립적 지식이나 도구일 뿐이라고 생각했기 때문이다.

그러나 과학기술에 대한 의존이 점점 심화되고 있는 오늘날 분명해진 것은 인간은 비인간과 결합하지 않고는 한 순간도 살아갈 수가 없다는 사실이다. 세계 속에서 인간의 행위는 스스로의 힘만으로 이루어지는 것이 아니라 수많은 비인간들의 힘을 빌려야 비로소 가능해지는 것이다. 이때 우리가 명심해야 할 것은 비인간은 그냥 수동적 객체가 아니라 인간만큼이나 복잡성을 띠고 다양한 이해관계를 지닌 능동적 행위자들이라는 사실이다. 물론 인간과 결합하면서 비인간의 정체성과 이해관계도 인간과 더불어 변화하지만, 그래도 여전히 비인간의 행위와 이해관계는 인간이 마음대로 조종할 수 없는 예측 불가능성을 띤다. 이면에서 인간과 비인간의 모든 결합은 언제나 잠정적이고 균열이 생길 수 있다.[10] 그런데 비인간의 행위에 대해서 한번도 관심을 가져본 적이 없는 오늘날의 사회학은 인간과 비인간의 결합이 실제 어떻게 이루어

---

10) 예컨대 후쿠시마 원전 사고를 보라. 이 예측 불가능성을 인정하지 않은 원전 건설로 인해 엄청난 피해가 초래되었다.

지고 어떤 문제를 왜 낳고 있는지 제대로 알지를 못한다. 더 심각한 것은 그럼에도 불구하고 아직 대부분의 사회학자들은 이질적 결합들로 구성되는 세계의 현실에 눈을 돌리기보다 '사회적인 것'에만 매달리고 있다는 사실이다.

이제 사회학은 그 초창기에 토대를 이루었던 이원적 존재론과 그것의 결과인 '사회적인 것'에 대한 집착에서 벗어나 인간과 비인간의 이질적 결합들로 눈을 돌려야 한다. 존재하는 결합들을 전면적으로 재검토하고 어떻게 해야 인간과 비인간의 바람직한 공동세계(또는 라투르식 표현으로는 '코스모스')가 이루어질 수 있는지 방향을 제시할 수 있어야 한다. 그래야 사회학이 오늘날 세계의 현실에 대한 적실성을 갖게 되면서 다시 한 번 사람들이 사회학의 주장에 흥미를 느끼고 귀를 기울이게 될 것이다. 이것은 한마디로 인간들의 관계로만 이루어진 '사회적인 것' 대신에 인간과 비인간의 물질적-기호적 관계로 이루어지는 '사회물질적인 것(the socio-material)'이 사회학의 본령이 되어야 한다는 것을 말한다. 그러기 위해서 사회학이 따라야 할 방법론은 ANT가 제창한 일반화된 대칭성일 것이다.[11] 인간과 비인간의 행위를 동일한 언어와 분석틀로 묘사할 수 있어야 한다는 말이다.

그렇지만 비인간의 행위에 대해서 연구해본 적이 없는 사회학이 어떻게 인간과 비인간의 결합에 대해 분석하고 신뢰가 가는 진술을 할 수

---

11) 최근 ANT와 비슷한 관점에서 생기적 유물론(vital materialism)을 주장하고 있는 미국의 정치철학자 제인 베넷은, '전략적 의인화(strategic anthropomorphism)'가 사물에 대한 생태학적 감수성을 키우는 데 일정한 한계 내에서 유용하다고 추천하고 있다(Bennett, 2010).

있을까에 대해 많은 사회학자들은 의문을 품을 것이다. 이에 대해 앞서 칼롱과 라투르가 주장한 바를 다시 상기할 필요가 있다. 사회학자는 스스로 비인간의 행위를 대변하는 전문가가 될 수는 없지만, 비인간의 행위를 대변하는 다양한 견해들(특히 소수자들의 그것)을 드러내고 보존하는 역할을 할 수 있다. 내성천을 둘러싼 정치적 갈등에 대한 나의 묘사가 예시하듯이, 심지어 일반인도 비인간의 행위를 효과적으로 대변할 수 있다는 것을 사회학자는 보여줄 수 있다. 이 면에서 사회학자의 분석이 갖는 정치적 효과에 대해서도 새로운 인식이 필요하다. 사회학자의 글쓰기는 굳이 특정한 편을 들지 않더라도 정치적으로 순결하지 않다. 글쓰기는 단지 실재를 중립적으로 재현하는 것이 아니라 언제나 수행적(performative)이고 따라서 (심지어 의도하지 않았더라도) 특정한 실재를 구성하는 데 기여하는 개입이기 때문이다. 사회학자는 인간과 비인간이 결합하는 다양한 방식들이 있다는 것을 보여줌으로써 지금보다 더 나은 결합 방식에 대한 상상을 촉진하고, 이는 결국 정치의 생태화에도 기여하는 일이 될 것이다.

† 이 글은 ANT의 개발자 중 한 사람인 미셸 칼롱이 이 이론이 생명정치의 사회과학에 어떤 통찰을 줄 수 있는지를 경험 연구를 통해서 직접 보여준 것이다. 이 글은 프랑스의 근이영양증(MD) 환자 단체 프랑스근질환협회(AFM)의 사례를 통해서, 환자들이 특정한 과학기술 연구에 영향을 주면서 자신의 개인적 집단적 정체성을 어떻게 구축할 수 있었는지를 보여준다. 우리는 이 글에서 과학기술과 정치, 경제의 경계가 허물어지며 그것이 새롭게 결합해 사회 변화를 촉발하는 인상적인 사례를 확인할 수 있다.

이 글은 *Science, Technology & Human Values* 33:2(2008)에 수록된 것이다. 저자의 허락을 받아서 이 책에 옮겨 싣는다. 번역은 김명진이 맡았다.

제3장 신생 우려 집단의 정치·경제생활 관여의 증가 —— 프랑스 신경근육계 질환 환자 단체의 교훈

미셸 칼롱 · 볼로로나 라베하리소아

과학 거버넌스의 양식에 대한 현재의 문제제기(적어도 서구 국가들에서)는 종종 정치 시스템에서 과학 시스템으로 권위를 위임하는 것의 한계를 강조한다(Guston, 2000; Callon, Lascoumes and Barthe, 2001; Jasanoff, 2003). 이러한 위임은 연구자들이 대규모 군사 프로그램에 의해 동원되는 것을 막지 못했고, 연구자들이 산업체들의 혁신 활동에 참여하는 것을 배제하지도 못했다(Pestre, 2003). 하지만 그러한 위임은 시민사회를 배제하는 효과를 낳았다. 분석가들은 시민사회가 기술과학의 지향점에 관한 논쟁과 의사결정에 참여하도록 거의 초대받지 못했고, 지식 생산 과정에 대한 참여는 그보다 더 드물었음을 강조해 왔다.

시민사회라는 관념은 지배적인 제도적 질서가 강제하는 한계를 강조할 때는 유용할 수 있다. 그러나 이는 전문가와 일반인, 그리고 일반 시민과 준(準)전문직 정책결정자 사이에 이중의 분할——칼롱 등

(Callon, Lascoumes and Barthe, 2001)은 이를 이중의 위임(double delegation)이라고 불렀다——을 가정한다는 점에서 사람들을 오도할 우려가 있다. 뿐만 아니라 이 개념은 행위자들이 공적 영역과 사적 영역 사이의 구분을 지우려 애쓰는 상황을 분석하고 이해하는 데는 아무런 의미도 없다. 이러한 이분법들의 함정에 빠지는 것을 피하는 방법은 아마도 몇 가지가 있을 것이다. 이 글의 목적은 그러한 가능성 중 하나를 탐색하는 것이다. 우리는 '기술과학의 발전과 그것이 미치는 영향에 관해 우려하는 신생 집단'이라는 관념이 어떻게 과학, 정치, 경제적 시장 사이에 확립된 새로운 유형의 관계를 이해하는 데 도움을 줄 수 있는지 보이고자 한다.

이 글의 전반부에서 우리는 프랑스의 근이영양증(muscular dystrophy, MD) 환자 단체인 프랑스근질환협회(Association française contre les myopathies, AFM)의 역사를 간략하게 살펴볼 것이다. 이 역사는 신생 우려 집단(emergent concerned group)이라는 표현이 무엇을 의미하는지 이해하는 데 도움이 될 것이다. 이는 협회가 과학기술 연구 활동에 열성적으로 관여한 결과 환자들이 어떻게 자신들의 개인적, 집단적 정체성을 구축할 수 있었는지를 보여 준다. 이러한 관여를 통해 그들은 자신들의 존재론적 지위를 변화시킬 수 있었다. 대단히 오랜 기간 동안 자연이 낳은 기형으로 간주되었던 MD 환자들은 이제 온전한 인간이 되었다. 그들이 안고 있는 장애(disability)와 문제들은 이제 연구를 통해 그 특성을 알아낼 수 있는 유전적 결함으로 설명되고 있다. 협회가 치열한 정치적 동원을 통해 공적 영역에서 싸워 온 것은 유전자와 보철 장치를 중심으로 구성된 이러한 새로운 정체성을 인정받기 위해서였다. AFM의 역사는 특정한 조건하에서 신생 우려 집단이 연구 내용과 결과의 문제를 집합체(collective) 속에서 그들의 역할과 직접 연결시킴으로서, 과학 연구와 정치적 논쟁 사이에 새로운 형태의 접합을 강제할 수 있음을 보여 준다.

AFM은 하나의 예외인가? 아니면 좀 더 폭넓은 현상의 일부를 이루는 하나의 극단적인——따라서 놀라운——사례인가? 이러한 일반적 질문에 답하려면, 그와 같은 신생 집단은 어떻게 등장하는가 하고 묻는 데서 시작할 필요가 있다. 논문의 후반부에서는 신생 우려 집단의 확산을, 그것의 등장을 설명하는 메커니즘의 견지에서 생각해 볼 것이다. 우리는 경제적 시장의 진화가 과학기술의 진화와 결합되면서 신생 우려 집단의 증식을 위한 조건이 만들어졌다고 주장한다. 그들은 AFM처럼 자신들의 문제를 사회적 고려의 대상으로 만들기 위해 분투하는 희소 집단일 수도 있고, 예기치 않은 범람(overflowing)에 의해 영향을 받고 그것의 본질과 영향력을 이해하고 싶어하는 집단일 수도 있다. 희소 집단 이건 피영향 집단이건 간에, 이들은 기술과학의 발전과 응용에 관해 우려하고 있다는 사실로 특징지어진다. 그들은 AFM처럼 조사와 연구를 수행하도록 자극을 받을 수도 있다. 자신들이 직면한 문제를 명확하게 하고 가능한 해법을 모색하기 위해서 말이다.

결론에서 우리는 이러한 집단들과 그들이 따르는 경로를 연구하는 것이 어떤 점에서 흥미로운지를 제시할 것이다. 바로 이러한 집단들이 이중의 위임과 경제 활동의 재조직화를 유발하는 경향을 가질 수 있기 때문이다.

1 신생 우려 집단: 프랑스 MD 환자협회의 사례

이 절에서 우리는 프랑스 MD 환자협회의 사례를 써서 신생 우려 집단의 개념을 소개할 것이다. 사회 집단의 형성과 그것의 재생산은 사회학에서 핵심적인 질문을 이루고 있다. 그러나 지금까지 나온 답변들은 여기서 우리가 관심을 가진 사례에는 들어맞지 않는다. 대체로 볼 때 기존의 답변들은 집단의 정체성이 잠재적 구성원들에 의해 공유되는 가치, 계획, 실천, 이해관계, 아비튀스에 기반하고 있다고 가정한다. 이러한 유형의 접근법은 신생 우려 집단에는 적용되지 않는다. 신생 우려 집단의 정체성은 출발점이자 최초의 원인이 아니라 하나의 성취이기 때문이다. 뿐만 아니라 이러한 정체성의 구축은 집단들이 깊숙이 관여한 실제 연구의 결과물이다. 이러한 연구는 그들의 정체성을 형성하는 데 참여하는 존재자들(이 경우에는 유전자와 다양한 사회기술적 보철 장치들)을 생산해 낸다. 여기서 간략하게 개관할 AFM의 역사는 이러한 변화가 어떻게 일어나는지, 또 어떻게 우려 집단이 독창적인 방식으로 과학과 정치를 접합시킬 수 있게 하는지를 보여 준다.

1 (수동적) 배제에서 (능동적) 포함으로

AFM은 프랑스 사회에서 의학과 과학 분야에서뿐 아니라 정치와 경제 영역에서도 독창적이면서 중요한 역할을 하고 있다(Rabeharisoa, 2006). 이 단체는 연례 행사로 열리는 텔레비전 프로그램인 텔레통(Le Téléthon)[1]을 통해 점점 더 많은 액수를 모금하고 있는데, 2004년에는 1억 유로를 모았고, 1987년 행사가 시작된 이후 현재까지 도합 7억 유로를 모금했다.

---

1) 프랑스의 텔레통에 관해서는 Cardon and Heurtin(1999)를 보라.

이렇게 모금한 돈의 상당 부분(대략 70퍼센트)은 생물학과 임상 연구를 후원하는 데 사용된다. 그 결과 AFM은 유전학과 유전체학 연구에서 핵심적인 일부를 이루는 역할을 할 수 있었다(이 단체의 역사를 좀 더 자세하게 분석한 글은 Rabeharisoa and Callon, 1999 참조). AFM이 만들어 재정 지원을 하고 있는 기술 플랫폼인 제네통(Généthon)의 기여는 인간 유전체 서열 해독 프로젝트에서 결정적이었다. 이 단체는 아울러 국제 무대에서 크게 성공을 거둬 온 연구팀들이 생겨나고 발전하는 것을 후원해 왔고, 이는 신경근육계 질환 분야에만 국한되지 않았다. 공공 연구기관들이 새로운 연구 영역에 뛰어들기를 꺼리는 경향을 보이는——적어도 프랑스에서는 그러한데——것과는 반대로, 이 단체는 가령 유전자치료 분야에 뛰어들기로 한 결정에서 볼 수 있듯 대단히 유연한 모습을 보여 왔다(Givernaud and Picard, 2001). 한 연구는 AFM이 프랑스국립과학연구센터(Centre National de la recherche scientifique, CNRS)의 생명과학 연구 방향에 크게 영향을 미쳤음을 보여 주었다(Kahane, 2000). 뿐만 아니라 AFM은 제노폴(Genopole) 설립을 위한 국가적 프로그램을 발족시키기로 한 정부의 결정에 견인차 역할을 함으로써 자신이 지닌 영향력을 입증해 보였고, 최초의 제노폴이 에브히에 설립될 때 제네통을 통해 시설과 장비를 기부하는 방식으로 직접 기여했다(Tambourin, 2005). 과학과 의학 영역에서 이 단체의 개입은 유전학 이외의 분야들에까지 미쳤다. 이 단체는 또한 임상 연구를 후원했고 MD 환자들을 전담하는 전체적인 상담 네트워크를 만들었다. 전문직 종사자와 일반 대중 모두를 대상으로 하는 기술 문헌 발간을 통해, 그리고 텔레통을 통해, 이 단체는 유전학 지식의 확산과 대중화에 기여해 왔다. 이 단체는 창업기업을 지원하고 산업체와 협력관계를 맺음으로써 경제 부문에서도 직접적인 활동을 펼쳐 왔다. 이 단체는 처음부터 준거틀을 국제적으로 맞추었다. 이 단체는 과학적 내지 경제적 협력자를 찾을 수 없을 때면 언제나 외국에서 이를 찾아나섰다. 마지막으로 AFM은 장애 영역에서 눈에는 덜 띄지만 마찬가지로 중요한 역할을 해왔다(Winance, 2001). 예를 들어 이 단체는 장애인들을 위한 새로운 형태의 조력을 구상하고 실행에 옮기는 데 기여했다. 이 단체는 보상권에 대한 정치적 요구에서 줄곧 중심에 있었고 이는 지금도 그러하다(이 모든 주제들에 관해서는 Callon(2006)을 보라).

이러한 과학적·정치적 행동주의는 엄청난 적대감과 숱한 공격을 초래해 왔다. 공공 연구기관들은 AFM의 영향력이 커지는 것을 다소 우려스럽게 바라보았고, 이 단체가 자신들이 지닌 (추가적인) 자금을 이용해 자신들의 이해관계와 우선순위를 납세자들이 낸 돈으로 봉급을 받는 과학자들에게 강제하고 있다고 공격했다. 내각의 몇몇 장관들은 심지어 자신들이 지닌 규제상의 권위를 이 단체에 강제하려는 시도를 하기도 했다. 모금된 돈은 "공공" 자금으로 간주될 수 있으며 따라서 국가가 그것의 사용을 통제해야 한다고 주장하면서 말이다(Barataud, 1992). AFM에 연구 선택지에 관한 자문을 했다가 거부된 적이 있는 과학자들은 이 단체의 선택을 비난하는 언론 캠페인을 벌였다. 1990년대 초에 그들은 제네통의 위험천만한 기술 투자를 비판했고, 나중에는 유전자 치료에 자금을 집중하는 것을 비판했다. 지식인들은 오랫동안 텔레통에서 내보내는 쇼를 보며 분개해 왔고, 이 행사가 고통을 전시하는 것은 오직 "할머니들이 눈물을 흘리면서 돈을 기부하도록" 만들려는 의도를 가졌을 뿐이라고 주장했다. 시간이 지나면서 그들의 비판은 공적 영역에서는 수그러들었지만, 비판자들은 여전히 아주 작은 꼬투리라도 잡을 준비가 돼 있다. AFM은 이러한 비판과 질시에도 굴하지 않았다. 2004년에 이 단체의 카리스마 넘치는 지도자로서 이처럼 특별한 모험에 관여했던 베르나르 바라토는 캘리포니아대학 샌디에이고 캠퍼스(UCSD)와 《네이처 메디신》에서 매년 "인간 질병의 치료법 개발을 위해 분자생물학을 발전시키는 데 두드러지게 기여한 사람 내지 기관"에 수여하는 상을 받았다(November 2007). 같은 해에 그는 에른스트 앤 영(Ernst & Young)과 《엔터프라이즈(*Enterprise*)》지가 각각 시상하는 일-드-프랑스 올해의 기업가상과 국가기업가정신상도 받았다.

과학, 정치, 경제, 언론 영역에서 나타나는 적극적이고 영향력 있는 존재감에 반영돼 있는 AFM의 성공은 이 단체의 소박한 시작에 비추어 보면 더욱 인상적이다(Barral et al., 1991). 이 단체는 1950년대 말에, MD 진단을 받은 아이가 있는 몇몇 가족들에 의해 만들어졌다. 당시에 중증 MD 환자들은 거의 인간으로 간주되지 못했다. 사람들의 증언을 보면 그들이 어떻게 괴물 내지 "자연의 실수"로 그려졌는가 하는 얘기를 쉽게 찾아볼 수 있다(Barataud, 1992; Kepper, 1988). 병에 걸린 개인을 그/녀가 앓고 있는 질병과 분리할 수 있는 사람으로 생각하는 것은 거의 불가능했다. 이 질환을 둘러싸고 형성된 전문직 공동체가 없는 상황에서, MD 환자가 된다는 것은 하나의 상태였고 사회와 문화로부터 배제되는 것을 의미했다(Callon, 2006). 몇 안 되는 전문직 종사자들만이 이 질병에 관심을 가지고 있었다. 치료법도, 관심도, 연구도, 구성된 사실도, 해법을 찾아내기 위해 의지할 수 있는 인과관계도 존재하지 않았고, 오직 우려물(matters of concern)과 질문만이 존재했다. 1958년에 몇몇 부모들이 AFM을 만들면서 결심한 것도 이러한 배제와 무관심에 맞서 싸우겠다는 것이었다.

지난 수십 년간 일어난 변화는 그야말로 놀라웠다. 1950년에 MD 환자들은 보통의 인간에서 배제되었지만, 그로부터 30년이 지난 후에는 온전한 인간으로 간주되었다. 그들은 경계를 가로질러 다시 인간의 영역으로 들어섰고, 단지 몇몇 유전적 특이성에 의해 두드러져 보이는 것에 불과한 존재가 되었다. 1950년대 말에 그들은 서로 구분되지 않는 MD 환자들이었지만, 1980년대 이후에는 대체로 단일 유전자에 결함이 있는 특정한 질병에 걸린 불운한 사람들이 되었다. 이러한 유전자의 결함은 왜 그들의 몸이 그토록 극적으로 불구가 되며 왜 그들이 다른 사람들보다 빨리 사망하는지를 설명해 주었다. 불확실성은 계속해서 남아 있고, 특히 질병을 예방할 가능성이나 빠른 시일 내에 치료법을 찾아낼 가능성은 여전히 불확실하다. 그러나 많은 사실들이 생산되어 환자들의 선택지를 정의하고 전략을 세우는 것이 가능해졌다. 연구자, 의사, 직업적 치료사, 배려 담당관 등을 엮는 전문직 네트워크가 만들어졌고, 환자들은 가족들의 힘을 빌려 함께 작업할 수 있는 그룹을 형성했다. 신경근육계 질환이 마침내 사회보장 제도의 적용을 받는 질병 목록에 올랐다. 이러한 질병으로 고통받는 사람들은 수동적 배제의 상황에서 능동적 포함의 상황으로 넘어갔다.[2]

이 단체의 역사는 우리가 신생 우려 집단이라고 부른 것과 그러한 집단이 따를 가능성이 높은 궤적 중 하나를 분명하게 보여주고 있다. 1950년에 MD 환자 인구는 파편화돼 있었고, 개인들과 그들의 친척들을 그냥 모아 놓은 것 이상으로 보기 어려웠다. 그들의 지위(유사-비인간 존재인

---

2) 이러한 변화는 단체의 명칭 변화에 포착돼 있다. 처음에는 단체의 명칭이 Association française des myopathies(프랑스근질환부모협회)였으나 나중에는 Association française contre les myopathies(프랑스근질환투쟁협회)로 바뀌었다.

데다가 아이들인)는 거의 아무것도 아닌 존재에 가까웠고, 그들은 정체성을 정의할 능력과 자기 자신의 특수한 이해관계를 인식하고 방어할 능력을 결여하고 있었다. 가족들 스스로도 자신이 없었고, 포기(의사들은 아이가 곧 죽을 것이니 아이에게 너무 많은 애착을 갖지 말라고 어머니들에게 말했다), 죄의식("우리는 이러한 잘못에 책임이 있어"), 반항심("아이들을 구하기 위해 우리가 뭔가 해야 해") 사이를 오락가락했다. 이러한 존재들(친척, 부모, 아픈 아이들)이 연합할 수 있게 해준 유일한 것들은 공유된 우려, 걱정, 문제들이었다. 그들은 이를 거의 한 세기 전에 의료 전문직이 제공해 준 병명과 연결시킬 수 있었다. 그러나 이러한 병명은 사형 선고와도 같았고, 해법에 대한 희망이나 무지로부터 벗어날 수 있는 길을 제공해 주는 구성된 지식도, 연구 노력도 존재하지 않았다. 그들을 우려 집단이라고 부르는 것은 존재들이 공유하고 그들 모두에게 공통된 단어들——의미를 갖는 단어들——로 표현하는 우려물에 의해 결속감을 느낀다는 사실을 강조하는 의미를 담고 있다. 이러한 집단들에 '신생'이라는 수식어를 붙이는 것은 안정화된 것은 아무것도 없음을 나타내는 의미로 쓰인다. 정체성에는 문제의 소지가 있고, 이 경우에는 가장 근본적인 문제(그들은 정말 인간인가?)를 안고 있다. 방어해야 하는 이해관계는 불완전하고 변화무쌍하며 무엇보다도 제3자(부모와 친구들)에 의해 정의되어 있다. 정체성과 이해관계는 행위 그 자체의 원인이 아니라 결과물이다(Callon and Law, 1982).

AFM 사례에서 특히 흥미로운 것은, 몇 십 년이 지나자 상황이 훨씬 더 분명해지고 불확실성이 적어도 부분적으로 감소했다는 사실이다. 기대, 이해관계, 계획이 형성되어, 그들이 속해 있으면서 인정을 받고 있는 네트워크와 공동체로 안정화되고, 구성되고, 자리를 잡았다. 걱정은 사라지지 않았다. 이러한 집단들은 여전히 우려를 품고 있지만, 그러는 과정에서 정체성이 형성되고 선언되고 인정되었고, 일종의 승인을 획득했으며, 그들의 상황을 설명하는 인과관계가 입증되어 전략적 행동을 위한 길을 닦았다. 우리가 설명하려는 것이 바로 이러한 극적 변화이다.[3]

이 집단이 어떻게 자기 자신의 정체성을 창출해 내었는지를 이해하려면, 부모와 가족들이 새로운 존재자들——즉, 질병을 일으키는 유전자들——을 양산해 낸 연구 수행에 관여한 것에 분석의 초점을 맞출 필요가 있다. 이러한 유전자들은 특정한 정체성의 구축을 가능케 했고, 환자와 그 가족들이 공공 영역에서 그러한 정체성을 방어하는 데 필요한 자원과 논거를 제공했다. 신생 우려 집단의 동학과 그들이 착수한 행동은 그들의 탐구를 통해 빛을 보게 된 비인간들이 없이는 이해할 수 없다.

2 두 가지 길과 그들 간의 접합

자기 자신이나 자녀들의 죽음과 고통에 대해 우려를 품은 개인들로 구성된 신생 집단이 어떻게 집단적 정체성을 구축해 인정받고 배제의 지위를 포함의 지위로 변화시킬 수 있었을까? 이러한 변화는 "우리 아이들은 과거에 배제되었지만, 지금은 포함돼 있다"는 식의 단순한 이동을 넘어서는 것임이 분명하다. 이를 위해서는 부모들과 그들의 사회적 환경 모두가 변화할 필요가 있었다. 요컨대 우리는 그것이 이중의 운동

---

3) 이러한 변화들 그 자체는 이전의 지위를 선호하는 일부 환자들에 의해 비판받고 거부될 수 있다(Callon and Rabeharisoa, 2004).

내지 이중의 우회로 덕분에 가능했다고 말할 수 있다. 그중 첫 번째는 연구를 통한 것이고, 첫 번째와 긴밀하게 연관돼 있는 두 번째는 정치적 권익 옹호를 통한 것이다.

신생 우려 집단들이 어떻게 때때로 안정된 정체성, 목표, 이해관계 내지 선호를 구축할 수 있는지를 이해하기 위해서는, 이러한 집단들이 당면한 문제들에 대한 해법을 찾기 위해 착수한 모든 조사, 탐구, 연구들을 검토할 필요가 있다. 이러한 관점에서 보면 AFM은 모범적인 사례이다. 이 단체는 아주 초기부터 이러한 용어로 자신들의 전략을 표현했기 때문이다(아마도 우려물이 지닌 근본적 성격 때문일 것이다. 다름아닌 자격을 갖춘 인간이 되는 것 말이다). AFM은 그 역사에서 아주 초기 단계부터 이러한 전략을 설명할 때 탐색해야 할 두 가지 길을 가리켰다. 치료로 가는 길과 시민권으로 가는 길(모두 AFM이 고안한 문구들이다)이 그것이다. 전자는 이 단체가 유전자, 단백질, 줄기세포 등에 초점을 맞추게 했고, 후자는 이 단체가 모든 장애인들의 권리를 인정받기 위해 싸우면서 적절한 보완책으로서 사회기술적 보철 장치를 제안하도록 했다. 이러한 두 가지 길은 계속해서 교차했고, 서로에 대한 각각의 우선순위 문제는 단체 내에서 되풀이해서 논쟁의 대상이 되었다. 이러한 두 가지 길은 유전적 시민권으로 점차 변형된 유전적 정체성을 구축하는 데 도움을 주었다(Heath, Rapp and Tausig, 2004; Rose and Novas, 2005).

이제 우리는 이러한 이중의 탐색에 대해 살펴볼 것이다. 특히 이를 위해 엄청난 투자가 이뤄져야 했다는 점에 초점을 맞출 것인데, 정체성을 안정화하고 그것을 인정받기 위해서는 수많은 행위소(actant)들의 동원이 요구되었기 때문이다.

(1) 치료로 가는 길: 유전적 정체성

AFM의 역사에서 놀라운 점은 생물학과 임상 연구에 대한 관여 양태
의 강도와 다양성에 있다. 기본적으로 이러한 관여는 세 가지 형태를 띠
었는데, 이런 형태들은 항상 이런저런 방식으로 존재했음에도 이들의
상대적 중요성은 시간에 따라 달랐다.

이 단체는 처음부터 문제제기(problematization)의 과정에 관여했다
(Dewey, 1916; Callon, 1980a; Foucault, 1994; Rabinow, 2004; Miller and Rose,
2008). 관련된 가족들에게 있어 목표는 우려물을 명확하게 하고 이를 좀
더 명시적으로 만드는 것——다시 말해 문제를 파악한 후, 이 주제에 관
심을 가질 가능성이 있는 몇 안 되는 전문가들에게 매력적으로 비치도
록 질문을 정식화하는 것——이었다. 문제제기는 1960년대와 1970년대
내내 지속된 지식의 시초 축적을 수반했다. 이 과정에서 질병이 진행되
는 다양한 방식에 관한 정보와 유익한 영향을 미칠 것처럼 보이는 치료
법, 식이요법, 물리치료법, 보철 재료 등에 관한 정보가 수집되었다. 얼
마 안가 AFM은 이런 정보에 힘입어 특히 환자들의 예상 여명이나 질병
의 진행 과정에 관해 전문가들의 특정한 단언이 틀렸음을 입증할 수 있
었다. 당시까지 눈에 보이지 않고 관찰할 수 없는 것으로 여겨졌던 주
체/객체들이 관찰과 과학적 검토의 대상이 되었다. (기입을 만들어내는)
원시 도구(proto-instrument)들이 사용되었다. 가족들이 찍은 필름과 사
진을 보며 토론을 했고, 작업 그룹을 만들었으며, 조사를 시작했고, 백
서의 초안을 잡고 유통시키고 논평을 받고 내용을 수정하는 등의 활동
을 했다. 이 그룹은 정보와 지식의 생산자가 되었다. "야생의 연구자
(researchers in the wild)"라는 용어는 분명 여기에 잘 어울린다. 그들이 의

존할 수 있는 제한된 실험실이 존재하지 않았기 때문이다(Callon, 2003).

단체의 설립 초기에 시작된 이처럼 강도 높은 문제제기 작업은 결코 중단되지 않았다. 질병과 환자들의 생존 조건(특히 그들의 예상 여명의 연장)이 지속적으로 새로운 질문을 제기하고 새로운 문제를 던졌기 때문이다.

일단 연구자, 의사들과 최초의 협력을 시작한 후에도 AFM은 그러한 연구에서 물러나지 않았다. 이 점에서 AFM은 일반인들이 연구자들에게 문제를 알려준 후에 지식 생산은 그들이 독점하도록 내버려두는 표준 모델에서 벗어났다. 그러나 AFM이 전문가들로부터 그들의 역할을 충족시키고 기여를 할 수 있는 권리와 능력을 박탈한 것은 아니었다. 연구와 혁신의 새로운 조직 양식을 그려낼 수 있는 관념이 아직 고안되지 못한 상황에서, AFM은 실용적인 방식으로 지식 공동체——우리는 이를 잡종 연구 집합체(hybrid research collective)라고 부르고자 한다——의 형성에 기여했다. 이러한 집합체는 서로 다른 분야의 연구자, 시술자, 기술자, 의료 전문직 종사자, 부모, 환자들로 구성되었다. 그러나 그것에 대한 묘사는 이러한 목록으로 국한되어서는 안 된다. 이러한 집합체의 기능, 동학, 조율 방식을 이해하려면 그것의 일부를 이루는 모든 물질적 비인간 존재자들의 적극적 역할을 고려에 넣을 필요가 있다(행위자 연결망 이론[ANT], 분포된 행위[distributed action], 인지적 접근을 성공적으로 결합시킨 사례는 Amin and Cohendet[2004]를 보라). AFM의 발전과 함께 재정적 자원이 확대되고 연구 의제가 늘어나고 환자들이 생존하게 되면서, (AFM이 이해집단이라고 부르는) 이러한 집합체는 다양한 형태로 확산되었다. 어떤 것들은 특정한 질병, 가령 듀첸형 근이영양증, 척수근위축, 근무력증 등을 중심으로 구성된 집합체였다. 반면 다른 것들은 심장과 같은 장기를 중심으로 조직되었다(심장은 환자가 더 오래 살 때 영향을 받을 수 있는 특별한 성질을 가진 근육이다). 이는 특히 공동 실무 팀에서 수많은 관찰, 실험, 해석을 발전시키고 평가할 것을 요구했다. 임상 영역에서는 가령 기관절개술이나 관절고정술을 중심으로 하는 그룹들이 만들어졌다. 사회과학도 포함되었다. 전통적으로 환자 단체들에 의해 다뤄졌던 주제들, 가령 임종을 준비하는 것, 생명윤리의 쟁점들, 의료적 수단에 의한 생명의 연장 등에 관해 심리사회학자, 정신과 의사, 환자들을 한데 모은 그룹들이 생겨났다. 이 모든 주제들에서 환자와 그 가족들의 기여는 대단히 혁신적인 것이었다. 예를 들어 환자와 전문가들 사이의 이러한 협력은 유예 기간을 조직하는 것과 같은 "새로운" 쟁점들에 생산적인 것으로 판명되었고, 가족과 환자들이 끊임없이 서로에게 의존하지 않아도 되게 해주었다.

이러한 연구 집합체들의 지속 기간은 다양하다. 여기서 환자들이 수행하는 구체적인 역할은 단순한 보조자에서부터 독립적인 연구자──심지어 학술지에 과학 논문을 투고하기도 하는──까지 폭넓게 걸쳐 있다. 일부 사례들에서 환자들은 이전까지 다른 분야의 연구를 모르고 있던 서로 어긋난 전문 분야들 사이에서 중개자로서 역할을 한다. 그들은 정보를 수집하고, 논문을 번역하고, 최신 지식에 관한 글을 쓴다. 요컨대 그들은 자신이 처한 상황, 질병, 교육 수준에 따라, 실험실의 현장 연구에서부터 정보 확산, 임상 관찰, 혹은 치료법이나 보철 장치의 개조에 이르기까지 연구와 관련된 어떤 직업에도 관여할 수 있다는 것이다. 여기서 중요한 것은 집합체에 대한 그들의 관여이다. 그들의 관여가 없으면 집합체는 동일한 방식으로 기능하지 못하거나 정확하게 동일한 지식을 생산하지 못할 것이다. 다른 방식으로 정식화된 문제들에 초점을 맞출 것이기 때문이다.

AFM은 또한 연구의 지향(orientation of research), 즉 연구와 혁신 정책을 그 용어의 완전한 의미에서 정의하는 데 있어서도 핵심적인 역할을 해왔다. 이는 놀라운 일이다. 왜냐하면 프랑스는 서구 국가들 중에서 위임 모델을 극단까지 몰고 간 나라 중 하나이기 때문이다. AFM은 출범 초기부터 이러한 모델을 거부했다. 전적으로 환자나 그들의 부모들로만 구성돼 있는 관리위원회는 의사결정의 권한을 줄곧 유지했다. 관리위원회는 연구자들에게 필요한 자율성을 부여했고, 그들이 내놓는 제안의 가치를 인정했지만, 이에 대해 엄격한 통제를 가했다. 이러한 전략은 특히 과학자 공동체의 일부가 AFM에 등을 돌리게 만든 극적 결정들에 반영돼 있다. 가령 이 단체가 제네통을 설립하기로 결정한 것이나 좀 더 최근에는 유전자 치료 쪽으로 진출한 것——이에 따라 좀 더 기초적인 연구를 하면서 재정 후원을 받는 데 익숙해진 연구팀들에 대한 지원을 끊은 것——등이 여기 해당한다.

이와 같은 정치적 수완은 과학자 공동체가 기능하는 규칙에 대한 놀랄 만한 이해에 뿌리를 두고 있다(베르나르 바라토는 여러 편의 글을 통해 연구 공동체에 대한, 그중에서도 특히 결과의 재연 메커니즘에 대한 날카로운 분석을 내놓은 바 있다[Barataud, 1992]). 이는 프랑스 정부와 공공 연구기관들에 지독할 정도로 결여돼 있는 재정과 후원의 거버넌스 구조 및 절차를 만들어낸 것에도 표현되고 반영돼 있다. 이러한 수준의 반성과 전략적 지향을 위해서는 특정 환자들이 지식의 암흑상자 속으로 들어갈 능력을 갖추어야 한다. 이 단체가 영향력 있는 과학자들의 자문을 거스르며 연구 시설을 짓기로 결정하고, 그러면서 연구 활동을 추구하고 연구 핵심의 선택을 통제할 수 있게 된 것도 이러한 전략적 유능함 덕분이었다. AFM은 또한 프랑스 과학자 공동체 내에서 자신들의 입장에 관한 원칙을 대단히 명확한 형태로 제시했고, 공공 연구기관이나 기업의 역할과의 관계 속에서 자신의 역할을 정의하고 공공과 민간, 일반 이해관계와 특수 이해관계 사이의 경계에 관한 독창적 아이디어를 제안했다.

이러한 전략적 작업은 기본적으로 대학에서 어떤 구체적인 훈련도 받지 않은 사람들에 의해 수행되었다. 그들은 사회과학이나 전략적 관리의 전문가들에게 자문을 구하지도 않았다. 프랑스 같은 능력 기반 국가에서 이처럼 존중과 그것의 결핍이 뒤섞인 모습은 다분히 예외적인 것일 뿐 아니라 거의 환호를 자아낼 만한 일이다. 이는 과학주의도, 반과학주의도 아니며, 단지 연구에 대한 엄청난 열정, 그리고 선택을 내려야만 하며 그 선택을 과학자들에게만 맡겨둘 수는 없다는 사실에 대한 예리한 자각에 따른 것이다.

AFM은 연구 집합체의 형성을 촉발하고, 그것의 발전에 기여하고, 활동에 참여하고, 우선순위를 매기는 과정을 거치면서 스스로를 과학 내지 기술적 탐구에만 전적으로 한정하지 않았다. 이 단체는 또 다른 모험에 착수했다. 새로운 정체성의 구축과 방어가 그것이었다. 이제 그 점에 대해 간략하게 다루어 보자.

(2) 시민권으로 가는 길

환자들의 정체성이 점진적으로 구축되는 과정은 유전학과 임상 연구에 대한 이 단체의 관여와 직접적으로 연관돼 있다. 이러한 관여 덕분에 환자들은 "사회화"되었고, 과학, 임상, 의학, 사회적 네트워크에서 이해당사자가 되었다. 고전적인 ANT 사례 연구들에서와 마찬가지로, 그들을 배제의 상황에서 포함의 상황으로 이동시킨 이러한 사회화는 주로 비인간들에 의해 영향을 받았다. 비인간들은 이질적 존재자들을 유통시키고 연결시킴으로써 동맹과 연대의 네트워크의 형태를 만들어내고 결정하는 존재이다. 예를 들어 그것의 결손이 척수근위축 질환을 야기하는 유전자는 환자와 그 가족들을 다양한 행위자들과 연결시킨다. 그들의 DNA 샘플을 채취해 이 유전자의 위치를 알아내고 확인하는 데 성공한 네커 병원의 연구자들, 산전검사를 수행한 임상의학자들, 이 유전자가 생산하는 단백질의 활동에 관한 논문을 발표하거나 형질전환 생쥐 모델에 관한 연구를 한 연구자들 등이 여기 포함된다. 저 멀리 북미 대륙까지 가지를 치고 있는 이러한 사회기술적 네트워크는 바로 이 유전자, 즉 세포은행에서 모습을 드러내어 장치들이 만들어낸 기입 속에 표현되고, 산전진단의 결정에 영향을 주고, 연구자들이 발표한 논문에 등장하고, 기관절개술을 수용할 수 있고 참을 만한 것으로 만드는 유전자의 활동이 없었다면 결코 존재할 수 없었을 것이다. 뿐만 아니라 또 하나 중요한 점으로, 만약 환자와 그 가족들이 유전자 사냥에서 연구시설의 설립을 거쳐 지식의 확산에 이르는 연구의 각 단계에 투자를 하지 않았다면, 그러한 네트워크는 동일한 형태를 갖지도 않았을 것이고 동일한 분포(내지 편재성)를 띠지도 않았을 것이다. 이러한 포함의 과정——그 속에서 가장 강력한 작동자(operator) 중 하나는 유전자 그자체이다——을 통해 환자들은 인정받은 행위자로서 존재하게 되고 점차 그들 자신의 진화하는 복수의 정체성들을 형성하게 되었다. 스트래던이 지적한 것처럼(Strathern, 1999), 사회적인 것이 확산되고 인간 개인들이 생산되는 것은 비인간의 매개를 통해서이다. 사냥되고, 검사되고, 길들여진 내지 길들여지는 과정에 있는 유전자는 길고 고도로 분화된 사회기술적 네트워크의 구축에 참여하면서, 괴물을 계속해서 진화하는 관계망 속에 잘 통합된 온전한 인간으로 변화시켰다. 래비노우가 쓴 것처럼, 이처럼 지속적으로 재구성되는 집합체들은 유전자와 단백질을 공유한다고 말할 수 있다. 이러한 집합체들에는 아울러 "의학 전문가, 실험실, 서사, 전통, 그리고 엄청나게 다양한 목자(牧者)들이 있어 그들이 자신의 운명을 경험하고 공유하고 개입하고 이해할 수 있도록 돕는다"(Rabinow, 1996).

어떤 정체성이 인정받기 위해서는——특히 예외적이고 통상의 모델에서 벗어난 정체성인 경우——그런 정체성이 눈에 띄고 목소리가 들리게 되어야 한다. 시민권으로 가는 길, 그리고 그것과 치료로 가는 길의 지속적인 접합이 관여하는 대목이 바로 이 지점이다. 이러한 두 가지 관여(연구와 시민권에 대한)는 서로 밀접하게 연결돼 있다.

자신들의 사회적 존재를 보장받기 위해서는 환자들이 생물학과 임상 연구에서의 적극적 참여자로 간주될 필요가 있었고, 더 나아가 환자들을 일상적으로 보살피고 도와 주는 전문직에 의해 자격을 갖춘 개인으로, 더 나아가 온전한 시민으로 인정받아야 했다. 1989년에 당시 AFM 회장은 치료로 가는 길과 시민권으로 가는 길의 결합을 단체의 정책 강령의 주제로 삼았다. 이러한 정책은 1980년에 세계보건기구(WHO)가 발표한 국제장애분류(International Classification of Impairments, Disabilities and Handicaps)에 근거를 두었다. 이 분류는 의학의 진보 덕분에 급성 질병이 만성 질병으로 변하는 경향을 보이고 있고 이러한 만성 질병들이 환자의 삶과 의학의 역할을 바꿔놓고 있다는 사실에 기초한 것이었다. 이는 20세기 말에 어떤 사람의 건강 상태가 더 이상 질병이 있는지 그렇지 않은지 하는 사실에 의해 전적으로 정의될 수 없음을 인

(1) 병변	→	과학의 영역	치료로 가는 길
(2) 손상	→	의학의 영역	치료로 가는 길
(3) 장애	→	재활의 영역	시민권으로 가는 길
(4) 불리	→	사회적 통합의 영역	시민권으로 가는 길

〈표 1〉두 가지 길과 그들 간의 접합(출전: Association française contre les myopathies scientific committee, April 18, 1989)

정함으로써 국제질병분류(International Classification of Diseases)를 완성했다. 장애와 불리(handicap)의 원천이 될 수 있는 손상(impairment)이 있는지 그렇지 않은지 하는 사실도 그에 못지않게 중요했기 때문이다.

AFM은 그 분류를 받아들였지만, 이를 다소 수정했다. AFM은 원래 손상, 장애, 불리의 3개 범주였던 것에 병변(lesion)이라는 범주를 추가해, 질병의 유기적 원인으로부터 그것이 야기하는 사회적 결과에 이르기까지 모든 측면에서 질병과 맞서 싸우겠다는 의지를 표현했다. AFM이 수정한 분류는 이 단체의 두 가지 목표——단체의 표어인 "원조와 치료"로 요약되는——가 서로 나란히 가야 한다는 것을 분명하게 나타내었다. 결국 이는 AFM이 스스로 정의한 국제장애분류의 네 가지 범주(표 1)에 부합하는 네 개의 행동 영역을 파악할 수 있게 해 주었다.

이러한 계획은 치료로 가는 길과 시민권으로 가는 길을 MD 환자의 지위를 근본적으로 변화시킨다는 공통의 목표하에서 연관지었다. 환자는 죽음이 얼마 남지 않은 괴물에서 질병——궁극적으로 이를 치료할 수 있도록 그 원인과 생리병리학적 메커니즘이 연구되고 있는——을 앓고 있는 인간이 되었고, 자신이 걸린 질병과 별개로 인생의 계획을 가지고 있는 사람이 되었다.

이러한 존재론적 변화를 실천으로 옮기기 위해 AFM은 환자들이 자신의 인생 계획을 정의하고 성취할 수 있도록 일련의 사회기술적 배치들을 고안해 발전시켰다. AFM이 1989년에 설립한 원조와 정보를 위한 지역 서비스인 지역원조정보지원소(Services Régionaux d'Aide et d'Information, SRAI)는 이를 잘 보여주는 사례이다. 이러한 지원소의 임무는 의료사회 네트워크와 환자 가족들——AFM 회원인지 아닌지를 불문하고——사이의 접점으로 작동하는 것이다. 각각의 지원소는 소장의 책임하에 평균 4~5명의 배려 담당관들로 구성돼 있다. 이러한 담당관들은 대체로 준의료인(직업적 치료사, 사회복지사, 물리치료사, 전문 교육자)으로 훈련을 받은 적이 있지만, 그들이 SRAI에서 수행하는 일은 그들의 원래 직업과 상당한 차이를 보인다. 열 곳의 SRAI에서 2년 이상에 걸쳐 진행된 민속지 연구의 결과, 우리는 이 업무의 특징을 이해할 수 있게 되었다(Rabeharisoa and Callon, 2000). SRAI가 하는 일은 서비스를 요청한 가족과 공동으로 주어진 상황을 분석하고, 환자와 그 가족을 위한 인생 계획을 정의하고, 이어 그들이 그 계획을 수행할 수 있도록 돕는 것이다. 설사 기관 행위자들이 그것의 실현 가능성을 낮게 평가하더라도 말이다. 결국 배려 담당관들은 환자와 그 가족의 편에서 행동하며 의료사회 네트워크 내에서 그들의 필요와 요구를 옹호하는 전문직 종사자이다. 그들은 의료사회 공동체에서 분명히 가족들의 대표자이며, 그렇게 인식되고 있고, 자신들이 맡은 일에 전념하고 있다.

이와 병행해서 AFM은 환자와 그 가족들이 필요로 하는 보철 장치를 구입할 수 있도록 돕는——그들이 기관 지원에도 지원했을 경우에 한한다——개별 재정 지원 메커니즘을 만들었다. 뿐만 아니라 이 단체는 가장 장애의 정도가 심한 사람들(척수근위축 질환이 상당히 진전된 사람들)에게 자율적인 개인적 삶을 가능하게 하는 사회적, 기술적 하부구조를 제공하는 집을 설계해 지었다. 마지막으로 AFM은 2005년 2월에 통과된 장애인 관련 법 초안을 작성하는 데 견인차 역할을 했다. 이 법은 장애를 갖고 살아가는 사람들의 권리——보상을 받을 권리를 포함해서——를 보장하는 내용을 담고 있었다.

(3) 유전적 시민과 보철 시민의 접합

AFM은 MD 환자들의 집단적 정체성 구축을 추구하면서 독창적인 궤적을 따랐다. 이 단체는 단순히 개인들을 단합시켜 그들 간의 유사성과 공통의 이해관계를 깨닫게 한 것이 아니었다. 대신 이 단체는 이질적인 요소들을 서로 결합시켜 그들의 정체성을 만들어냈다. 이는 접합의 과정으로 묘사할 수 있다. 이 과정을 통해 공적 영역에서 과학기술 탐구에 의해 형성된 정체성, 즉 유전자, 단백질, 다양한 사회기술적 보철 장치들로 구성된 정체성의 표현과 요구가 가능해졌다. 우리는 이것이 유전적 정체성과 보철 정체성——각각 유전적 시민권과 보철 시민권으로 표현되는——을 접합시키는 문제라고 말할 수 있다(Heath, Rapp and Taussig, 2004). 이 문장은 비록 과정을 명백히 단순화시키긴 했지만, 그럼에도 AFM의 활동에서 정치적 차원과 과학적 차원을 분리시키는 것이 얼마나 불가능한지를 보여 준다. 여기서 우리는 이 단체의 역사를 일반인의 연구 관여로 국한하는 것이 왜 잘못되었는지를 알 수 있다. 환자와 그 가족들로 구성된 이러한 신생 집단들은 인정을 받고자 하는 새로운 (유전적 및 보철) 정체성의 구축을 수반했다. 아울러 이 단체의 역사를 통상적인 사회운동의 역사와 동일한 방식으로 이해하는 것 역시 잘못되었다(Hess, forthcoming). 불확실한 출발점에서 시작해 연구를 통한 우회로를 택하고 유전자를 정체성의 구축에 통합시킨 것은 그러한 정체성을 인정받기 위한 투쟁으로부터 분리할 수 없다.

요컨대 AFM은 우리와 MD 환자들이 사는 집합체를 재구성해 낼 수 있었다. 이는 집합체라기보다는 공동세계(common world)로 지칭하는 것이 좀 더 적절할 것이다. AFM이 얻어낸 결과는 이미 존재하는 사회적 행위자들의 목록을 단순히 확장한 것에 국한되지 않기 때문이다. MD 환자들은 자신들의 유전자 및 보철 장치와 뒤얽힌 채로 집합체에 가입해 새로운 사회기술적 결합체(agencement)을 강제했다(Callon, 2007). 그들의 포함은 집합체의 구성뿐 아니라 사회와 자연 사이의 경계와 관계도 재정의했고, 세계라는 관념은 그러한 이질성을 잘 담고 있다. 이러한 포함은 그들이 이제 산업디자인과 새로운 치료법의 상업화 모두에 영향을 미칠 수 있음을 의미한다.

AFM의 계획(표 1)은 그러한 재구성을 이뤄내기 위해 취해야 하는 길을 정확하게 나타내고 있다. 과학적, 의학적, 사회적 공간들을 구조화하고 접합해, 유전자와 함께 환자에게 힘을 주는 보철 장치들——환자와 다른 이들을 이어 주는 작동자로서——을 담을 수 있게 하는 것이다.

2 경제적 시장, 기술과학, 신생 우려 집단의 생산

우려 집단의 출현을 설명할 수 있는 메커니즘의 문제를 다루기에 앞서, AFM이 제공해 준 사례에 기반해 이 용어의 의미를 명확히 해두면 유용할 것이다. 어떤 집단은 그것의 형성이 구성원들이 공유하는 우려물의 존재에 의해 강하게 조건지어질 때 우려 집단의 자격을 갖게 된다. 처음에는 아직 미성숙한 집단의 구성원들 사이에 어떤 특별한 관계가 존재하지 않는다 해도 그리 이상할 것이 없다. 그러다가 그들 중 몇몇이 활동을 시작해 처음에는 개별적인 것처럼 보이는 어려움들이 널리 알려지게 된다. 이로 인해 그들은 감정을 공유하고 공통의 행동을 발전시키면서 점차 서로에게 더 가까이 이끌린다. 그들이 일단 사람들의 주목을 끌고 명시적인 활동을 벌이게 되면 우려물은 집단의 구성원들을 이어주고 결속시키는 역할을 한다.

우려물에는 수많은 다양한 유형들이 존재한다. 이 논문에서 관심을 갖는 가장 흥미로운 우려물들은 AFM 사례가 분명하게 보여주듯 세 가지 특징을 공유하고 있다.

1. 1960년대 초에 협회를 만든 환자와 그 부모들은 깊은 불확실성에 빠져 있었다. 그들의 질병에 이름이 붙어 있긴 했지만, 질병의 성격, 원인, 가능한 치료법, 앞으로의 탐구 방향 등에 관해 가용한 지식은 극히 적었다.

2. 그러한 어려움과 불확실성에 직면한 그들은 조사와 탐구에 관여하게 되었고, 때때로 이는 전면적인 연구와 혁신에 대한 투자로 이어졌다. 이어 그들은 집단의 구성원들뿐 아니라 온갖 분야에 걸친 전문직

종사자들(연구자와 전문가들을 포함해서)을 동원함으로써 연구 집합체의 구성과 조직에 기여했다. 그들은 연구개발의 방향 설정과 거기서 얻어질 결과의 형성 및 조정에 참여했다.

3. 이러한 조사들은 이내 일련의 문제 내지 쟁점들을 드러내 보였다. 환자의 부모들과 그 동맹 세력은 이러한 문제 내지 쟁점들의 원인을 기술과학과 그것의 발전 내지 조직 양식에서 찾았다. AFM 사례에서 이러한 문제들은 MD에 주어진(좀 더 일반적으로는 장애 보상에 주어진) 연구 및 혁신 투자가 너무 적은 데서 비롯되었다. 그러나 아래에서 볼 수 있듯이 기술과학은 시장과 함께 작용해 다른 유형의 쟁점들을 만들어낼 수 있다.

이어지는 후반부에서는 AFM처럼 기술과학과 관련된 불확실성에 대해 우려를 품고 이러한 불확실성을 완화하기 위해 집단적 조사에 착수하기로 결정한 집단들에 대해서만 다룰 것이다. 그러한 조사의 결과는 발생 초기인 그들의 잡종적 정체성을 구축하는 데 기여할 것이다.

뿐만 아니라 우려 집단은 서로 다른 수많은 진화와 변형을 경험할 수 있다. 우리는 AFM의 역사가 매우 특이한 것이라는 사실을 염두에 두어야 한다. 오랜 기간 동안 협회가 벌인 활동 덕분에 MD 환자들은 세상으로부터 인정받는 집단을 이루게 되었다. 그들이 내건 목표는 정당한 것이 되었고, 자신들의 활동을 뒷받침하기 위해 연구, 산업, 정치권력을 동원할 수 있는 자원과 영향력도 얻게 되었다. 이런 유형의 성공은 매우 드문 일이다. 많은 우려 집단들은 자신들의 존재를 철저하면서도 영구적으로 확립해 내지 못하며, 출현 상태에 머물거나 때로는 소멸해 버린다.

가능한 발전 경로의 이러한 다양성은 두 가지 질문을 제기한다. 하나는 모임의 출현과 관련된 것이며, 다른 하나는 모임의 강화(내지 소멸)와 관련된 것이다. AFM이 개발하고 후원한 과학적, 임상적 조사들이 어떤 실행 가능한 해법도 만들어내지 못했을 가능성도 충분히 있었다. 아니면 장애인들의 목표가 프랑스 사회에서 아무런 반향을 일으키지 못했을 수도 있고, 텔레통이 완전히 실패로 돌아갔을 수도 있으며, 산업계가 희귀 질환에 대해 고려하는 것을 거부했을 수도 있고, AFM이 나중에 입증해 보인 정치적 기술을 터득하지 못했을 수도 있다. 성공과 실패를 가르는 조건들 중 적어도 일부는 모임이 출현하는 조건과 별개이다. 이 논문에서 우리는 출현의 문제에 집중하려 하는데, 여기에는 몇 가지 이유가 있다. 출현이 강화나 소멸보다 시기적으로 앞설 뿐 아니라, (a) 지금까지 거의 주목을 받지 못했던 사회적 동학(기술과학의 발전과 사회적인 것의 확산 사이의 연결)의 원천이며 (b) 과학 및 정치 제도뿐 아니라 경제적 시장의 기능과 관련해 일련의 특정한 질문들을 제기하기 때문이다.

기술과학 발전을 둘러싼 불확실성에 우려를 갖게 된 그러한 집단이 출현하는 원인은 수없이 많다. 이 글의 2부에서 우리는 경제적 시장의 역할에 초점을 맞출 것이다. 경제적 시장은 과학기술의 발전 방향을 설정하고 그것의 응용을 선별하는 데서 중요한 역할을 한다. 먼저 우리는 경제적 시장이 일반적으로 어떻게 우려물의 등장, 그리고 앞서 언급한 세 가지 특징을 가진 신생 우려 집단의 등장에 기여하는지를 보여줄 것이다. 우리는 신생 우려 집단을 희소 집단(orphan group)과 피영향 집단(affected group)이라 이름붙인 두 개의 범주로 구분할 것이다. 이어 우리는 경제적 조정의 양태로서 네트워크가 갖는 중요성의 증가가 과학기

술이 작업하는 대상의 변형과 맞물려 경제적 시장에 의한 신생 우려 집
단의 생산을 가속시키는 경향이 있음을 지적할 것이다.

1 경제적 시장

과학기술학, 그중에서도 특히 ANT 접근법을 경제적 시장의 분석
에 적용함에 따라 그것이 갖는 기술적, 물질적 구성요소들의 중요성이
부각되어 왔다. 이러한 시각에서 보면 시장은 집합적인 사회기술적 배
치로 더 잘 그려낼 수 있다. 이와 같은 배치는 (a) 재화의 설계, 생산, 유
통뿐 아니라 그것에 붙은 재산권의 이전을 조직하며 (b) 이러한 재화의
상업화와 관련해 재화를 평가하고 특히 값을 매기는 것을 가능케 하는
계산 공간을 구축한다(Callon and Muniesa, 2005; Callon and Caliskan, 2007;
MacKenzie, 2006). 경제적 시장을 집합적인 사회기술적 배치로 사고할
경우, 이는 프레이밍(framing)과 범람 사이에 붙들리게 된다. 이러한 두
가지 요구 사이의 끊임없는 긴장은 우려물의 출현, 그리고 특히 그것의
생산에서 기술과학이 하는 역할을 설명해 준다(Callon, 1998).

논의를 단순화하기 위해, 이어지는 글의 뒷부분에서는 모든 우려물
가운데 시장의 프레이밍과 그에 따른 범람에 의해 생산된 것들만 다루
기로 한다. 이는 곧 신생 우려 집단의 두 가지 범주인 희소 집단과 피영
향 집단의 등장을 야기하는 우려물이기도 하다.[4]

---

4) 우려물에 대한 포괄적인 검토가 되려면 프레이밍 활동이 행위 주체, 재화, 그리
고 공급과 수요의 만남과 그것이 유발하는 상이한 유형의 범람을 조직하는 관계 체
계의 범위 설정에 적용될 때 미치는 영향에 대해서도 조사해야 한다.

(1) 프레이밍과 희소 집단

희소 집단의 등장은 사회기술적 고착(lock-in)과 관련돼 있다. 이는 프레이밍이 낳는 가장 두드러진 결과 중 하나로 경제적 시장이 집합적 계산 장치처럼 기능할 수 있게 한다. 사회기술적 고착 현상은 경험적 관점과 이론적 관점 양자 모두에서 연구되어 왔다. 이는 좀 더 일반적인 메커니즘인 경로의존성(path dependency)의 특수한 사례이다(Callon and Cohendet, 1999; Abbot, 2001).

사회기술적 고착은 특정한 기술적·과학적 선택지들에 점점 더 많은 특권이 부여되는 현실을 반영한다. 생산과 채택에서의 수확 체증(increasing returns) 때문에 경제적 행위자들(설계자, 생산자, 분배자, 소비자)은 대안의 탐색을 새로 시작하기보다 기존 기술에 투자하는 것을 선호한다. 이러한 투자들이 이뤄지면서 시장의 프레이밍에 의문을 제기하기는 더 어려워진다. 따라서 사회기술적 고착은 시장에 참여할 수 있는 행위자들과 시장에서 거부된 행위자들 사이에 분할을 만들어내고 비대칭성을 도입하는 경계를 그리는 결과를 낳는다. 후자는 자신이 배제되었다고 느낄 수 있다. 기존의 시장이 자신들의 수요를 충족시키지 못하고 이를 고려에 넣지도 않기 때문이다. 잘 확립된(하지만 항상 예외적이고 잠정적인) 고착이 존재하는 상황에서, 이러한 배제는 특히 두드러지게 힘을 발휘한다. 선별된 기술적 선택지들에 부합하는 공급과 수요만이 표현될 수 있는 것이다. 미국 전기산업의 역사에 대한 그래노베터와 맥과이어의 모범적인 분석(Granovetter and McGuire, 1998)은 주파수와 생산 기술과 관련된 비가역적인 선택을 강조하고 있는데, 그런 점에서 이러한 유형의 발전을 보여주는 완벽한 실례를 제공한다. 또 다른 사례는 프랑스의 민간 핵산업이다. 헥트(Hecht, 1998)가 보여준 것처럼, 1970년경에 소수의 행위자들이 선택한 경수로 기술은 이후 수십 년 동안 프랑스 핵산업의 발전을 틀지었고 다른 가능한 기술적·경제적 선택지들을 배제했다.

소수의 과학적·기술적 선택지들에 부여된 특권 때문에 어떤 수요, 필요 내지 기대는 고려의 대상이 되지 못한다. 그것이 고려의 대상이 되기 위해 필요한 노하우와 지식이 존재하지 않기 때문이다. 이는 새로운 집단이 출현할 수 있는 기반을 제공한다. 이러한 사실에 근거해 그들 스스로 새로운 선택지를 탐색하고, 그들이 직면한 문제들을 좀 더 분명하게 정의하며, 가능한 해법을 모색할 수 있게 해줄 조사에 착수하는 집단 말이다. 특정한 시장의 발전에서 배제되어 대안적 세상을 탐색하는 이러한 집단을 가리키는 표현으로 우리는 데이비드(David, 1986)에게서 "희소(orphan)"라는 단어를 빌려왔다.[5] AFM의 역사는 그러한 상황을 매우 잘 보여준다. 1960년대 초에는 신경근육계 질환에 대한 임상 내지 생물학 연구가 거의 존재하지 않았다. 유전학 붐이 일던 시기에 미국과 유럽에서 환자 단체들——특히 AFM——의 개입이 없었다면, 이러한 질환들은 아마도 중요성이 떨어지는 것으로 간주되었을(혹은 그저 예외적인 것으로 다뤄졌을) 것이다.[6]

---

5) David(1986)은 특정한 표준을 선택했다가 이후 그 표준이 기술적 품질이나 초기의 상대적 비용과는 아무런 상관도 없는 이유로 사라져 버리는 일을 겪은 사람들을 가리켜 성난 희소 집단이라는 표현을 썼다.

6) "희소 집단"이라는 용어는 이 상황에 특히 잘 부합한다. 연구와 시장에 의해 간과된 질환들은 희소 질환(orphan disease)으로 볼 수 있기 때문이다. 미국과 유럽에서 이러한 배제를 바로잡기 위한 법률이 통과된 것은 환자 단체들의 압력이 작용한 결과였다.

희소 집단들이 동원에 나서는 그러한 상황을 보여주는 사례들은 차고 넘친다. 시장의 발전에서 아예 혹은 더 이상 고려의 대상이 되지 못하고 있는 사실이 바로 그들의 우려물이다. 그들은 배제에 맞서 싸움으로써 기술과학에 투입되는 자원을 좀 더 공평하게 만들기 위해 분투하고 있다.[7] 사례 연구들은 희소 집단들이 고착과 그것이 만들어낸 배제 상황에서 탈출하기 위해 취하는 전략과 조직 형태가 매우 다양함을 말해 준다.[8]

리눅스(Linux)의 사례(von Krogh and von Hippel, 2003)는 일반인으로 불리는 사람들의 참여가 수많은 가능성들 중에서 단지 한 가지 경우에 불과함을 보여준다. 마이크로소프트가 사회기술적 고착에 기반한 경제적 독점이라는 형태로 부과한 틀이 이 상황과 밀접하게 관련된 희소 집단이 출현하게 된 발단을 이룬다. 이러한 집단들 대부분은 마이크로소프트의 경제적·기술적 독점에 맞서 싸우기로 결심한 컴퓨터 과학자들로 이뤄져 있었다. 리눅스의 역사는 신생 우려 집단이 반드시 일반인들을 중심으로 형성되는 것은 아님을 말해 준다(이 운동을 시작한 리누스 토발즈는 핀란드의 학생이었다). 그런 경우에도 이내 일반인들을 포괄하게 되는 경우가 많지만 말이다. AFM과 리눅스의 사례에서 우리는 자신들의 요구, 기대, 계획이 고려의 대상이 되지 못하게 막는 현재의 프레이밍에 대해 우려하며 이에 몰두하게 된 희소 집단을 찾아볼 수 있다. 두

---

7) 연구에 투입된 자원 배분에서 형평성의 문제(어떤 연구 지향이 선호되는가 하는 문제)는 거의 연구된 바가 없다. 과학은 모든 사람들에게 선이라는 관념(공공선으로서의 과학)은 이러한 질문을 탈정치화시키는 데 일조했다.

8) 고착에서 탈피하는 상황과 제도적 기업가 정신의 역할에 관해서는 Garud and Karnoe(2003)을 보라.

사례에서 이러한 집단들은 개방적 과학 모델이나 민간 혁신 모델과 차별성을 갖는 독창적인 형태의 연구 및 혁신 조직을 발명했다. 그러나 리눅스 사례에서는 주도권을 갖는 것이 전문직 종사자들인 반면, AFM 사례에서는 일반인들이다. 요약하자면, 희소 집단이 출현하는 방식도 여러 가지이고, 그러한 상태를 벗어나기 위해 취하는 전략적 선택지도 다양하다는 것이다.

고착 탈피 전략들의 공통된 특성 중 하나는 행위자들(이른바 이해당사자들)의 목록을 재정의하는 것이다. 이러한 행위자들은 새로운 경로의 탐색을 조직하고 연구를 재정향하며 (가능하다면) 직면한 문제들에 대한 해법을 찾아내고 최종적으로 배제의 상황을 극복하기 위해 동원하고 조정하는 일을 한다. 새로운 행위자와 쟁점들이 포함될 경우 (반드시 그런 것은 아니지만) 결국에 가서 시장 그 자체를 다시 프레이밍해 새로운 관심사들을 고려의 대상에 넣도록 강한 자극을 줄 수 있으며, 이는 AFM의 사례에서 볼 수 있는 바와 같다. 1960년대 프랑스에서 전기자동차와 관련된 연구 및 혁신을 다룬 칼롱의 연구(Callon, 1980b)나 에이즈와 임상시험을 다룬 스티브 엡스틴의 연구(Epstein, 1995)도 같은 방식으로 다시 서술할 수 있다. 중요한 것은 단지 일반인들이 적극성을 띠었다거나 예기치 않은 전문가들이 해당 분야에 개입하기로 결심했다는 사실만이 아니다. 이러한 희소 집단들이 내세우는 조직과 조정의 형태 역시 중요하다. 개방적인 잡종 집합체, 분산된 행위와 인지, 종종 네트워크의 형태를 띠며 결코 정형화된 집단의 형태를 띠지 않는 유연한 조정, 그리고 일반인들의 가능한 참여 등이 그것이다.

(2) 범람과 피영향 집단

시장이 기능하기 위해 필요로 하는 프레이밍은 결코 모든 것을 포괄할 수 없다. 이러한 불가능성은 경제학자들이 시장 실패라고 부르는 것과 일치하지 않는다. 이는 시장이 기능하기 위해 치르는 대가이며, 시장이 하나의 사회기술적 결합체로서 취하는 형태와는 무관하다. 시장의 프레이밍은 범람의 원인이 된다. 범람을 추적하면 새로운 범람을 촉발하는 새로운 프레이밍이 나오며, 이런 과정이 계속된다.[9] 시장의 범람은 우려 집단의 출현을 낳는 두 번째 원천이다. 경제학자들은 외부 효과(externality)라는 표현을 선호하지만, 다른 지면에서 설명한 이유 때문에 우리는 좀 더 일반적인 범람이라는 개념을 쓰고자 한다.

시장의 기능과 관련된 범람의 체계적 목록을 작성하려면 이를 구성하는 사회기술적 배치에 대한 설명으로 되돌아가야 한다(Callon and Muniesa, 2005). 범람은 상품, 행위 주체, 혹은 행위 주체와 상품 사이에 확립된 관계 체계에——독립적으로 혹은 동시에——영향을 미칠 수 있다. 아래에서는 논의의 단순화를 위해 경험적 · 이론적 관점에서 충분히 연구가 이뤄져 있고 기술과학 쟁점과 밀접하게 연관된 범람의 몇몇 사례들만 다루기로 한다.

그러한 범람의 첫 번째 범주는 상품과 그 유통에 의해 생겨난 것들로 이뤄져 있다. 이는 경제학자들이 설명하는 외부 효과와 대체로 일치한다. 그러한 범람의 사례로는 회사에서 빠져나와 종간 장벽을 뛰어넘

---

9) Callon(1998)에서 보였듯이, 시장을 프레이밍하는 데 필요한 [속박으로부터의] 해방은 필연적으로 새로운 속박의 생산으로 이어진다.

는 눈에 보이지 않는 프리온, 휴대전화 기지국 인근에 거주하는 사람들을 위협하는 전자기장, 독성 폐기물, 온실기체, 석면, 어느 누구도 영원히 가둬 놓을 수 있다고 확신하지 못하는 형질전환 식물 등을 들 수 있다. 이러한 범람은 그것 때문에 고통을 겪는 사람들에게 피해를 입힐 수 있으며, 건강을 위협하고 경관의 아름다움을 망가뜨릴 수 있다. 그러나 이는 "문화" 내지 "지식"이라는 일반적 용어로 포괄할 수 있는 모든 부문들에서 긍정적인 효과를 미치기도 한다. 노하우와 지식을 그 속에 압축하고 있는 상품들은 범람을 통해 제3자가 이용할 수 있는 자원이 될 수 있고, 그들은 이를 활용해 자기 나름의 탐구 방향을 발전시키고 때로 새로운 상품을 만들어낼 수도 있다. 이 집단들을 피해 집단(hurt group)이 아닌 피영향 집단이라고 부르는 것이 더 나은 이유도 여기에 있다(칼롱의 몇몇 예전 저술들[Callon, 2003]에서는 피해 집단이라는 용어를 쓴 바 있다). 범람에 의해 영향을 받는다는 것이 꼭 그로 인한 고통을 수반하는 것은 아니다. 중요한 것은 그러한 영향이 활동, 탐색, 조사를 촉발한다는 사실이며, 그러면서 앞서 언급했던 것과 동일한 잡종화와 분산된 조정이라는 특징을 지닌 집합체가 형성된다. 이를 보여주는 사례들은 대단히 많지만(Brown, 1992; Brown et al., 2006), 여기서는 일본인 동료 한 사람이 연구한 어떤 사례를 지적하고자 한다. 그가 연구한 이타이이타이병은 광산 하류에서 살았던 사람들에게 영향을 준 질병이었다. 이 사례가 흥미로운 이유는 (20년이 넘는 기간에 걸쳐) 하나의 집합체가 만들어지는 과정을 그려내고 있기 때문이다. 이 집합체에는 광산 인근에 거주하는 사람들, 대학의 연구자들과 그들이 사용하는 장비 및 장치들, 법률가들 등이 들어갔고, 이후 점차 광산의 엔지니어와 연구자들, 정치인들, 마지막으로 예기치 않게 유통되어 반발을 가져온 카드뮴 그 자체도 포함되었다. 이러한 집합체는 카드뮴 범람(과 그것의 완화)이라는 문제를 풀어냈을 뿐 아니라 광산을 더 청결하고, 경제적으로 더 효율적이고, 사회적이고 더 책임 있는 곳으로 만들어낸 혁신에도 기여했다(Kaji, 2004).

경제적 행위자들도 범람의 원천이 될 수 있다. 가장 연구가 많이 이뤄진 사례 중 하나는 엔지니어, 연구자, 테크니션들이 원래 속했던 회사나 연구소를 떠나서 자신이 지닌 능력, 노하우, 사회적 네트워크를 새로운 프로젝트에 투입하는 경우이다. 그들은 조직의 프레이밍이 자신들의 주도권을 제약한다고 느꼈기 때문에 자신들의 운을 다른 곳에서 시험하려 하는 것이다. 이 논문에서 발전시킨 관점에서 보면, 이러한 유형의 범람이 특히 생산적인 경우는 이처럼 유동적인 전문직 종사자들이 기존의 신생 희소 집단들과 협력 관계를 형성할 때이다. AFM이 창립 초기에 새로운 연구 경로를 탐색할 수 있었던 것 역시 자신이 속한 기관에서 주변화된 연구자들과의 협력 덕분이었다.

2 신생 우려 집단의 확산

경제적 시장은 사회기술적 배치이며, 그것의 프레이밍과 범람은 기술과학의 발전과 응용에 대해 우려를 품은 (희소 내지 피영향) 집단의 등장을 촉발한다. 그러한 우려 집단들의 생산이 앞으로 심화될 거라거나 가속화될 거라고 믿을 만한 좋은 이유가 존재한다. 이러한 가속화는 시장 조직의 새로운 형태(네트워킹)의 등장과 기술과학 그 자체의 내용의 진화 모두에 의해 설명될 수 있다. 다시 한 번 논의의 단순화를 위해 우리는 이러한 확산의 일부 측면들에 대해서만 언급할 것이다. 우리의 주장을 뒷받침하기 위해 아래에서는 의도적으로 보건 분야에서 사례들을 선별했다.

(1) 범람의 증가

네트워크는 경제적 시장을 조정하고 조직하는 한 형태로서 점차 지배적인 위치로 올라서고 있다(Callon, 1992; Amin and Cohendet, 2004). 이러한 경향이 나타난 이유는 부분적으로 일각에서 새로운 혁신 체제라고 부르는 것의 출현과 관련이 있다(Joly and Hervieu, 2003). 이러한 체제는 종종 서로 다른 지역이나 국가들에 흩어져 있는 복수의 이질적인 행위자들(대학 연구소, 컨설팅 회사, 공공 규제기구, 정부기관, 하청회사, 지역당국, 소비자) 사이에 유연한 조정을 확립하는 것으로 특징지어진다. 따라서 혁신은 점점 그 수가 늘어나고 있는 다양한 행위자들 간의 수없이 많은 상호작용이 빚어낸 결과이다(DeBresson and Amesse, 1991). 기술-경제 네트워크로 조직된 이러한 협력 관계에는 경쟁이 수반된다. 경쟁은 이제 회사들 간에 일어나는 것이 아니라 자신들이 추구하는 혁신을 내세우기 위해 서로 맞서 싸우는 네트워크들 간에 일어난다. 따라서 기술-경제 네트워크는 반응하고 적응하는 자신들의 역량을 입증해 보여야 한다. 그들이 가담한 제휴 관계는 지속적으로 변화하고 진화한다. 이러한 조직 형태——질서의 변화에 따라 점진적으로 일어나는 연결, 흐름, 교환, 유통의 강화 및 지속적 재구성으로 특징지어지는——는 범람이 일어날 수 있는 수많은 기회를 제공한다. 행위자들이 유통되는 모든 존재자들의 모든 움직임을 감시하고 통제하는 것은 대단히 어려워지고 거의 불가능에 가까운 것이 된다. 혁신의 네트워크로 조직된 시장이 새나가는 것을 막는 일은 전통적 시장에서보다 더 어렵고 더 많은 비용이 든다. 항상 파악해 내기 어려운 이러한 범람들은 우려물을 산출하며, 특히 사람의 건강에 미칠 수 있는 영향이라는 측면에서 두드러진다. 많은 위생상의 우려물은 네트워크의 잠재적 범람과 직접 연관돼 있다(가령 유전자변형생물체, 소해면상뇌증, 혈액 오염 등이 그런 예들이다).

기술과학과 그 내용의 진화 역시 이처럼 피할 수 없는 시장의 범람 경향을 증가시킨다. 첫째, 네트워크 기술의 발전은 스스로를 네트워크로 조직하려는 시장의 동향을 증폭시키며 시장의 기능을 프레이밍하는 것의 어려움을 부각시킨다. 둘째, 민간 부문이나 공공 부문의 R&D 연구소들은 우리 사회에 한 자리를 차지해야 하는 새로운 존재 내지 존재자들을 지속적으로 산출해 낸다. R&D 예산의 증가는 연구자들의 생산성 향상과 함께 작용해 이러한 새로운 존재들의 수적 팽창을 자동적으로 양산한다. 간단히 말해 기술혁신에 대한 투자가 증가함에 따라 우리 사회는 비인간 존재들로 점점 더 채워지고 있으며, 그 결과 새로운 제품이나 존재자가 제자리를 찾기란 점점 더 어려워지고 있다는 것이다. 이러한 어려움은 그 어느 때보다도 크다. 왜냐하면 이미 보았듯이 혁신의 가속화는 종종 새로운 선택지를 탐색하기보다는 기존의 궤적을 활용하는 데 혁신 활동을 집중시키는 경향과 나란히 나타나기 때문이다(사회기술적 고착). 이는 종종 새로운 제품이나 서비스에 대한 요구 조건을 완화시키는 유인을 만들어낸다. 새로운 제품의 가능한 범람을 조사하기 위한 연구는 덜 엄밀하게 수행되며, 그 결과 그것이 기존의 제품들을 좀 더 손쉽게 대체할 수 있다. 이러한 흐름을 분명하게 보여주는 사례는 제약산업이다. 제약산업에서 새로운 약물은 대부분 기존 약물에 대한 대체품으로 개발된다. 이와 같은 집중은 대체를 점점 더 어렵게 만든다.

그 결과 제약회사(와 규제기구)들은 범람이 잘 프레이밍되지 못한 제품을 출시하고 승인하려는 강한 유혹을 받게 된다(이 사례에서 제약회사들은 무시된 2차 효과를 만들어낸다: Pignarre, 2003; Abraham and Lewis, 2002). 이러한 부주의는 피영향 집단의 항의를 촉발시킬 수 있다.

셋째, 기술과학은 훨씬 더 참신한 방식으로 범람 생산의 가속화에 기여한다. 이러한 기여를 파악하는 한 가지 방법은 학문 분과 체제 간의 차이와 그 위계에서 나타나는 변화를 강조하는 것이다. 물리과학은 잘 틀이 잡히고 정제된 존재자와 대상들을 형성하는 경향을 갖는다. 요컨대 실험실에서 사회로 이동할 때 그 행동이 거의 변화하지 않는 존재자와 대상들을 다룬다는 것이다. 시디롬 드라이버는 실험실에 있을 때나 가정에 있을 때나 (거의) 동일한 방식으로 작동한다. 반면 화학에서는 사물들이 좀 더 복잡해지기 시작한다. 우리 삶 속에 스며들어 때로 이를 수월하게 만들어 주는 화학물질들은 끊임없이 작용하고, 반응하고, 결합하고, 연쇄반응을 촉발한다(화학의 용어들은 이러한 활동을 잘 보여준다). 요컨대 화학물질들은 덜 예측 가능하고, 틀에 가두기 더 어려우며, 갑작스러운 범람이나 심지어 폭발의 원천이 되기도 한다. 마지막으로 생물학, 생명공학, 특히 유전체학에서는 차이가 더욱 더 커진다. 존재자들은 단순히 반응만 하지 않는다. 그것들은 제 나름의 삶을 살아가고, 이는 심지어 실험실을 떠난 후에도 마찬가지이다. 실험실 내에서 일어나는 일을 보고 그 바깥에서 일어날 가능성이 높은 일을 완벽하게 예측할 수 없다. 생명과학의 대상에서는 존재 그 자체가 곧 범람이다(Bonneuil, Joly, and Marris, 2008). 유전자 이식에 사용되는 벡터는 살아 있으며, 외래 유전자가 도입된 세포는 암세포가 되어 예상하지 못한 방식으로 증식할 수 있다. 쿠피에크와 소니고가 최근 쓴 책(Kupiec and

Sonigo, 2003)은 이러한 증식을 잘 보여주었다. 그들은 최근 유전학이 발전하면서 이전의 모델과 그것이 취했던 환원주의가 중대한 도전에 직면했다고 지적했다(아울러 Keller 1996; Rose and Novas 2005도 보라). 유전자를 프로그램에, 유전자의 작용을 그 프로그램의 목표 달성에 빗대는 것은 수많은 상호작용, 상호의존성, 되먹임, 무작위 사건 등으로 인해 점점 어려워지고 있다. 여기서 다시 한 번, 시험관 내(in vitro) 실험, 살아 있는 모델에 대한 실험, 생체 내(in vivo) 실험을 구분하는 생명과학 분과의 특징이 드러난다. 생명과학 실험실에서 나온 이러한 존재자들은 온전하게 사회적이며, 제 나름의 삶을 살면서 우리와 뒤섞이고, 우리는 이를 고려에 넣어야 한다(Rémondet, 2004). 그들의 존재와 함께 우려물과 그에 따른 신생 집단들은 확산될 것임이 분명하다.

네트워크가 점차 널리 퍼져나가고 이와 맞물려 기술과학이 변화를 겪으면서 범람의 기회는 증가하고, 이는 다시 피영향 집단의 출현으로 이어지는 우려물의 확산에 기여한다.

(2) 프레이밍의 강화

기술-경제 네트워크들 사이의 경쟁은 범람의 기회를 증가시킨다. 그러나 이와 동시에 네트워크 시장은 적어도 세 가지 이유에서 강한 프레이밍을 만들어낸다. 첫째, 네트워크 시장은 생산과 소비 모두에서 수확 체증을 발생시켜 결과적으로 경로를 고착시키는 외부 효과의 형태(네트워크 외부 효과)를 선호한다. 이에 따라 기술-경제 네트워크는 비가역적인 것이 되어 널리 퍼진다(Callon, 1992).

둘째, 좀 더 미묘한 이유로, 기술-경제 네트워크들 사이의 경쟁은 소비자들에게 제공되는 제품들이 점차 특이화(singularization)되는 결과를 낳는다. 이러한 형태의 경제적 경쟁이 증가하면서, 각각의 소비자, 사용자 내지 서비스의 수혜자는 다른 소비자, 사용자, 수혜자들과 차별화된다. 각각의 네트워크는 그것이 적극적으로 소비자 내지 사용자와 공동생산한 특정한 수요를 자기 것으로 만들 수 있도록 (일시적) 독점을 확립하려는 경향을 띤다. 이러한 전략적 질서 속에서 네트워크 조직은 엄청난 자산이 된다. 네트워크 조직은 공급과 수요 사이에 실현 가능한 미세조정을 가능케 하는 능력과 노하우를 한데 모을 수 있게 한다(Callon, 1995). 이러한 흐름은 수많은 시장들에 영향을 미치며, 누네스(Nunes, 2003)가 강조했던 것처럼 특히 보건 분야에서 그것의 영향이 점차 가시적으로 드러나고 있다. 예를 들어 심지어 잘 알려져 있고 널리 확산된 질병인 암의 경우에도 "[암이라는 꼬리표가 붙은] 일단의 질병들은 다인자 동학(polygenic dynamics)의 산물로 정의할 수 있다. 즉, 생물 조직들의 서로 다른 층위나 규모들뿐 아니라 이러한 층위와 규모들이 환경적 과정, 사회 조직, 생활방식과 소비자 관행, 가용한 의료기술과 그에 대한 접근성, 의료 전문직 종사자의 시의적절한 개입, 적절한 환경 및 공중보건 정책의 존재와 효과성 등과 만나는 수많은 교차점에도 작용하는 다양한 요인들의 산물이라는 것이다"(Nunes, 2003).

기술과학은 특이화로 향하는 이러한 점증하는 경향에 기여한다. 이는 유전체학과 단백질체학이 부상하고 있는 보건 부문에서 분명하게 볼 수 있다. 사람 개개인은 적어도 원리상으로는 다른 사람들과 다른 그 나름의 방식으로 병든 존재로 특징지을 수 있다. 따라서 바로 이러한 특이화의 사실 때문에 질병들은 희귀한 것이 될 수밖에 없고, 결국 희소 질환이 되어버릴 위험이 있다.[10] 일반적으로 회사의 입장에서는 고객 프로파일의 끝없는 세분화로 가능해진 서비스의 개별화는 상당한 자산이 된다. 이는 고객들과의 긴밀한 협력을 의미하며 따라서 고객들의 애착과 충성도를 높이기 때문이다(Callon, Méadel and Rabeharisoa, 2002; von Hippel, 2004). 그러나 그에 대한 대가로 회사는 경제적으로 살아남기 위해 생산과 분배에서 일종의 합리화(가령 모듈화를 통해)를 가능케 하는 개인 프로파일군(群)을 만들어내야 한다. 개별화의 결과로 가장 상례에서 벗어나고 규칙에 들어맞지 않는 프로파일들──흔히 볼 수 있는 부류와 관련시킬 수 없는──은 배제될 수 있다. 보건 부문의 사례를 계속 들어 보자면, 요법들은 아마도──여기서부터는 추측이지만──특정한 유전자 프로파일 내지 영역에 집중될 것이다. 다시 말해 가장 자주 나타나고, 가장 유사하며, 가장 돈이 되는 영역에 말이다. 몇몇 경험적 발견들은 이러한 성격의 전략적 진화를 가리키고 있다. 예컨대 AFM은 최근 모델 질환이라는 개념을 도입했다. 희귀 유전병들, 특히 신경근육계 질환들의 끝없는 세분화에 직면하자, AFM은 유사한 요법들로 아마도 치료가 가능할 질병군들을 재구축하려 애쓰고 있다(Callon, 2006). 희소 환자들의 증식을 관리하기 위해 이처럼 프레이밍을 다시 하는 것은 필연적으로 새로운 배제를 낳는다. 모델 질환과 그에 속한 요법들은 특정한 질병들을 배제하게 되기 때문이다.[11]

---

10) Nunes(2003)는 이러한 특이화 과정을 오늘날 유행어가 된 신종 질환(emerging disease)의 관념과 연관시켰다.

11) 새로운 생의학적 개념화는 질병 범주의 재정의로 이어질 수 있으며, 이는 [특정 범주에] 포함되어야 하는 잠재적 희생자들과 그로부터 배제되는 사람들 사이에 경계를 긋는 일을 더욱 불확실하고 논쟁적인 것으로 만든다(Epstsin, 2008).

라코프(Lakoff, 2008)에 따르면, (약리유전체학의 기술 플랫폼을 이용해) 제약회사들에게 특정 환자 하위집단을 대상으로 상품을 내놓을 기회를 주는 의료의 개인 맞춤화는 기술적·상업적 이유 때문에 종종 실현되기 어렵다. 역시 약리유전체학에 기반을 둔 대안적 전략은 이렇다. 약물과 요법들이 잘 정의된 공략 대상을 갖는다고 생각하는 대신, "그러한 약물이나 요법들에 대한 반응 여부에 따라 질병"을 정의해야 한다는 것이다. "성공적인 반응을 보일 경우 그 사람이 어떤 질병으로 고통받고 있는지 알 수 있다. 그러면 해야 할 일은 약물이 확인 가능한 효과를 보이는 올바른 환자를 찾고, 이어 약물에 반응하는 사람들을 가장 핵심적인 인구집단으로 정의하는 것이 된다"(Lakoff, 2008). 이러한 전략은 여전히 포함되는 사람들과 배제되는 사람들 사이의 경계를 그리는 강력한 장치이다. 따라서 의료를 개인 맞춤화하거나 올바른 약물이 듣는 올바른 환자를 찾아내는 방식으로 회사들은 임상시험의 비용 증가라는 문제를 극복하려는 노력을 (다분히 성공적으로) 기울이고 있다. 어쨌든 약리유전체학은 요법상의 혁신을 가져올 수 있었고, 인구집단의 경계를 획정하고 치료가 가능한 환자들의 정체성을 규정하는 약물군을 얻어낼 수 있었다(아울러 Pignarre, 2001도 보라). 라코프가 지적했듯이, "이처럼 새로운 제약 회로는 환자들을 약물 치료에 포함시키면서 동시에 그로부터 배제하는 기능을 한다"(Lakoff, 2008).

이처럼 네트워크로서의 시장과 생명과학이 서로 맞물려 영향을 미침에 따라 우리는 희소 질환의 증가와 그에 따른 희소 환자의 증가를 목격하고 있다. 이러한 환자들은 분노하고 있건 아니건 간에 항의와 동원에 나설 준비가 되어 있을 것이다. 과학과 시장이 함께 작용해 끊임없이 생산되고 확장되는 이러한 희귀성은 중대한 공정성의 문제를 수반한다. 이제 문제는 정체성이 잘 확립된 개인이나 집단들 사이에서 기존의 재화를 공평하게 분배하는 방법을 고안하는 것이 아니다. 문제는 그보다 더 앞선 시기에 위치한다. 아직 존재하지도 않는 재화이자 그 수와 정체성을 정확히 알 수도 없는 집단들을 대상으로 하는 재화(가령 새로운 요법)를 구상하고 생산하는 데 필요한 자원의 분배가 문제인 것이다. 이러한 진화와 그것이 촉발한 동원은 점차 가시적인 것이 되었다. 예를 들어 희귀 질환——이것의 확인과 진단은 부분적으로 유전학의 확산과 관련돼 있다——의 숫자는 급속도로 늘어나고 있으며, 그와 함께 희소 질환의 숫자도 늘고 있다. 질병, 환자, 치료법에 대한 자료수집이 동시에 거침없이 진행되고 있는 듯 보인다. 그 결과 프랑스에서는 (다른 나라들에서와 마찬가지로) 수많은 집단들(그중에는 회원이 고작 10명밖에 안 되는 것도 있다)의 우려물을 종합한 희귀질환연대(Alliance Maladies Rares)가 결성되었다. 그들이 내건 표어는 "질병은 희귀하지만 환자들의 수는 많다"이다(오늘날 프랑스에서 희귀 질환과 관련된 사람들은 400만 명에 달한다고 한다).[12]

네트워크가 프레이밍의 힘과 논란 가능성을 부각시키는 세 번째 이유는 시장에 제약을 부과하는 것에 관한 문제가 끊임없이 제기된다는데 있다. 협력과 연대의 증가는 상품과 서비스를 소비자들에게 전달함

---

12) 흥미로운 것은 최근까지 희귀한 것으로 간주되지 않았던 질병들도 통일성을 잃고 있다는 지적이다. 이는 지식이 진보하면서 질병의 다양성을 드러내고 있기 때문이지만, 아울러 예상 여명을 늘려 주는 치료법들이 매우 다양한 기회 질환들의 출현을 조장하고 있기 때문이기도 하다. 또한 Pignarre(2001)가 정신질환의 사례에서 매우 분명하게 보인 것처럼, 분자와 치료법의 유통이 질병의 다양성을 증가시킨다는 점도 기억하라. 이는 치료받은 개인들이 보이는 반응과 반작용의 다양성에 기인한다.

으로써 발생하는 수익의 전유 및 배분과 양립 가능해야 한다. 네트워크가 더 널리 확산되고 더 복잡해지며 그 수가 늘어날수록 시장 관계의 프레이밍이라는 사안은 더욱 중요해진다. 이는 지적재산권의 정의와 귀속에 관한 치열한 논쟁과 갈등에 일차적으로 반영돼 있다. 그러한 논쟁은 이른바 학문적 과학의 상업화(내지 사유화)의 사례에서 특히 두드러진다(Dasgupta and David, 1994). 자기 자신의 자율성과 의사결정 능력을 유지하려 애쓰는 두 기관들 간의 주도권 다툼(열린 과학이냐 사적 과학이냐)을 논외로 하면, 여기서 작동하는 것은 탐색과 활용 사이, 기존 궤적의 강화와 다양성의 유지 사이의 균형이다(Callon, 1994). 이러한 질문들은 모든 부문들에 적용될 수 있지만, 생물학 분야에서 가장 첨예하다. 생물학에서는 이른바 기초(따라서 열린) 연구와 응용(따라서 사적) 연구 사이에 선을 긋는 것이 점점 어려워지고 있다(Sampat, 2006). 이처럼 재산권에 대해 더 강력하고 더 통제된 프레이밍을 요구하는 목소리는 자신들이 그러한 틀에서 배제되어 왔다고 믿는 집단들에게 우려의 원천이 되고 있다. 그들이 내세우는 주장에는 재산권 배분의 양태에 대한 수정을 요구하는 내용도 있다. 보건 분야에서 환자 단체들은 점점 이러한 문제들을 깨닫고 있다.

요컨대 이 절에 대한 잠정적 결론으로 우리는 단지 이렇게 말해 두고 싶다. 보건 부문의 사례에서 볼 수 있는 것처럼, 기술과학과 경제적 시장이 함께 서로 뒤얽혀 진화하는 현상은 프레이밍과 범람이라는 이중의 과정을 통해 과학기술의 지향 및 응용과 관련된 우려물의 증가로 나타나고 있다고 말이다. 이러한 우려물들은 강한 불확실성으로 특징지어지며, 불확실성의 존재는 우려를 품은 사람들이 문제를 명확하게 하기 위한 집합적 조사를 시작하고, 가능한 해법을 파악하며, 그로부터 얼어진 결과에 크게 의존하는 정체성을 구축하도록 자극한다.

3 결론적 언급

이 글의 첫 번째 목표는 신생 우려 집단이라는 개념을 제시하는 것이었다. 우리는 AFM의 사례를 들어 이러한 집단들의 몇 가지 특징을 부각시켰다. 행위자들은 이러한 집단들의 생성과 이후 궤적을 기술과학의 발전으로 생산되는 우려물의 등장과 연관짓는다. 깊은 불확실성과 무지에 직면한 그들은 조사에 착수하며, 이를 통해 사회기술적 결합체로 설명될 수 있는 정체성을 점진적으로 구축할 수 있게 된다. 이와 동시에 그들은 자신들의 자리를 찾을 수 있는 방식으로 경제적 활동뿐 아니라 집합체를 배치하려 애쓴다.

이어 우리는 이러한 신생 우려 집단들이 늘어날 가능성을 상정했다. 사회기술적 배치로 의도된 경제적 시장은 프레이밍과 범람의 메커니즘과 관련해 우려물들을 생산해 낸다. 기술-경제 네트워크로 묘사되는 시장 조직 형태가 급증해 점차 널리 퍼지면서 이러한 과정의 가속화가 촉발된다. 주된 결과는 특히 보건 분야에서 관찰할 수 있는 피영향 집단과 희소 집단의 증가로 나타난다. 기술과학의 양적, 질적 진화가 이러한 가속화에 기여한다.

AFM의 사례가 분명하게 보여주는 것처럼, 이러한 집단들은 거버넌스 문헌에서 흔히 다뤄지는 통상적인 이해당사자 목록——공공당국, 회사, 대학 연구자, 소비자 등과 같은——을 단순히 연장한 것이 아니다. 그들은 사회적 역할과 그것의 분할에 관한 관습적 정의를 전복시키며, 기존의 경제, 정치, 과학 제도의 한계를 부각시킨다. 첫째, 이제 막 생겨난 이러한 집단들은 끊임없이 진화하는 정체성, 이해관계, 기대, 계획의 불안정성(우려물을 둘러싼 불확실성과 관련된 불안정성)으로 특징지어지며, 이 때문에 기성 시장이 그들의 요구와 필요를 고려에 넣을 수 있을지 여부는 매우 의문스럽다. 예를 들어 MD 환자들은 오랜 기간에 걸쳐 연구에 엄청난 투자를 하고 난 후에야 자신들의 요구를 구체화하고 산업 발전을 프레이밍할 수 있게 되었다. 둘째, 그들의 존재를 정치적으로 고려하는 것은 우리가 이중의 위임——정치적 대표를 준전문직 정치인들에게 위임하고, 연구와 혁신 활동의 정의를 전문직 과학자들에게 위임하는——을 중심으로 조직된 것으로 그려냈던 제도적 장치의 틀 구조에서는 어려운 일이다. 이러한 이중의 위임 탓에 아직 불완전한 정체성 내지 이해관계를 표현하는 능력을 갖춘 정당한 대변인이 존재하기란 실로 어렵다. 신생 우려 집단은, 비록 주변부에서이긴 하지만, 바로 이중의 위임 모델을 문제삼고 있다(Callon, 2003).

이 마지막 지적은 신생 우려 집단이 기술과학, 정치, 시장 사이의 관계를 재구성하는 데 궁극적으로 어떻게 기여할 수 있는지를 더 잘 이해하기 위해 더 많은 이론적, 경험적 연구를 발전시킬 필요가 있음을 말해주고 있다.

먼저 모든 부문들에 적용되는 것으로, 정량적 분석이 선행되어야 한다. 보건 분야에서 우리가 상당한 자료를 축적하기 시작한 프랑스 사례는 신생 우려 집단이 연구 활동뿐 아니라, 그들의 연구 관여 덕분에 구축할 수 있게 된 새로운 정체성을 방어하기 위한 공공영역에서의 활동에서도 점차 중요해지고 있음을 확인시켜 주었다. 첫째, 우리는 환자단체들과 그들의 연구 투자액에 관한 데이터베이스를 편찬하는 작업을 해왔다. 이 데이터베이스는 자료가 수집된 213개 단체 중 118개에 과학위원회가 있으며 84개는 연구 프로젝트를 재정적으로 지원하고 있음을 보여 준다. 둘째, 2000년에 희귀질환연대가 결성된 것은 보건 영역에서, 또 프랑스의 과학 및 정치 무대에서 신생 우려 집단들이 부상하고 있다는 증거이다. 희귀질환연대에 합류한 단체의 수는 3년만에 세 배 이상 늘었고, 현재 속한 단체는 도합 141개에 달한다. 희귀질환연대의 목표 중 하나는 희귀질환에 걸린 사람들의 완전한 시민권 요구와 결부된 연구 정책의 촉진이다. 수행 중인 활동에는 이 영역에서의 연구를 촉진하기 위한 희귀질환 연구소를 설립하고, 희귀질환 및 장애에 관한 국제회의를 조직하는 것도 포함된다. 국제회의는 환자와 그 가족, 의료 전문직 종사자, 연구자, 공공당국과 제약산업 대표 등을 한데 모이는 계기가 될 것이다. 그러한 실태 조사를 다른 나라들로 확장해 보면 흥미로울 것이다.

뿐만 아니라 분석적 관점과 경험적 관점 모두에서, 보건 부문처럼 우려 집단의 출현에 점점 더 많이 기여하고 있는 경제 부문과 기술과학 영역들을 파악해 보면 유용할 것이다. 보건에 적용되는 사항들은 아마도 네트워크 조직이 존재하고 상품의 예측 불가능성 수위가 높으며 R&D가 맹렬하게 진행중인 부문들에도 적용될 것이다(Bonneuil and Thomas, 2004). 이러한 부문들에서는 정량적 연구뿐 아니라 정성적 연구도 아직 체계적인 방식으로 수행된 적이 없다.

셋째, 신생 집단들이 지닌 능력, 즉 자신들의 존재를 공공영역에서 내세우고, 시장을 진정으로 재구성하며, 연구 및 혁신의 지향과 조직에 관해 영향을 미치는 능력에 대해 연구해 볼 필요가 있다. 개별 국가의 제도적 맥락이 미치는 영향은 어떠한지도 질문해 볼 가치가 있다. 비교

연구는 국가적 틀이 어느 정도로 이러한 경향을 증폭하거나 억제하는
지를 알아보는 데 유용할 것이다.

마지막으로, 우려 집단의 역할이 커지고 있음에도 불구하고, 이에
대해 직접 민주주의나 전문가들에 대한 일반인들의 역사적 복수를 들
먹이는 낭만적 견해를 갖는 것은 상황을 크게 잘못 해석한 소치이다. 희
소 집단이건 피영향 집단이건 우려 집단들은 새로운 종류의 연구 집합
체──좀 더 개방적이고, 유연하고, 분산된 집합체──를 구축하는 데
기여하는 행위자들임에 분명하다. 그들이 성공을 거둘 경우 이러한 집
합체들은 연대의 네트워크를 만들어내며, 이는 대체로 시장이나 과학
제도가 기능하는 방식의 (엄청난 변동이 아닌) 재조직화(가령 지적재산 체
제의 수정에 의해)로 귀결된다. 뿐만 아니라 이러한 집합체들은 그것이
갖는 개방성에도 불구하고 새로운 경계를 그려낸다. 일단 개방한 후 다
시 울타리를 치는 것이다. 유전체학 같은 과학기술 영역과 관련을 맺을
때, 그리고 정치적 권익 옹호를 자신들의 연구 활동에 접합시킬 때, 그
들은 집합체와 주체성의 새로운 모델을 내세울 수 있다. 예를 들어 환자
단체들이 유전학 연구에 관여하게 되면서 그들은 일부 관찰자들이 유
전적 주체성(genetic subjectivity)이나 유전적 시민권(genetic citizenship) 같
은 개념들을 써서 묘사하는 집합적 삶과 주체성의 형태를 선호하게 되
었다(Callon and Rabeharisoa, 2004).[13] 여기에 더해 AFM의 사례가 보여주
듯, 그들이 거둔 성공은 그들을 완벽하게 안정화된 이해관계와 견고하
게 확립된 권력을 가진 좀 더 보수적인 우려 집단으로 탈바꿈시킬 수 있
다. 출현이라는 것은 과도기적인 성질인 것이다. 일각에서 주장하듯, 그

---

13) 유전자화(geneticization) 명제에 대한 논의는 Weiner(2006)을 보라.

러한 (신생) 우려 집단들의 경제 및 정치 생활 관여가 새로운 혁신 체제의 등장을 가능하게 만들 것인지 여부를 판단하려면 훨씬 더 많은 연구가 필요할 것이다.[14]

---

14) 전도유망한 접근을 보여 주는 한 사례로 Hess(2005)를 보라.

† 브뤼노 라투르는 사회(철)학자 중에서 가장 주목받는 학자다. 앞에서 살펴봤듯이, 그가 현대 사회와 과학기술의 관계를 설명하고자 고안한 ANT는 지금은 사회학, 인류학, 지리학, 환경학, 경제학, 경영학 등까지 그 적용 범위를 넓히고 있다. 이런 사정을 염두에 두고 이매뉴얼 월러스틴은 『우리가 아는 세계의 종언』(백승욱 옮김, 창비)에서 라투르의 ANT를 기존의 사회과학에 도전하는 여섯 개의 새로운 접근 중 하나로 지목하기도 했었다.

왜 라투르가 주목받는가? 그는 인간(human)에만 초점을 맞춰온 사회과학의 그간의 경향에 반발하며, 현대 사회를 정확히 이해하려면 수많은 비인간(nonhuman)에 주목해야 한다고 강조한다. 그의 ANT가 인간뿐만 아니라 자동차, 세균, 온실 기체 등 인간의 삶을 좌지우지하는 수많은 비인간 행위자(actor)의 역할과 인간과의 상호 작용에 초점을 맞추는 것도 이 때문이다.

라투르는 이런 인간/비인간의 경계를 무너뜨리고, 비인간의 역할을 적극적으로 사고하는 것이야말로 오늘날 우리 앞에 닥친 생태 위기, 경제 위기 등의 전대미문의 불확실한 문제들에 대응하는 새로운 길을 보여주리라고 믿는다.

이 인터뷰는 브뤼노 라투르가 2010년 11월 '백남준 국제예술상' 수상을 위해서 한국을 방문했을 때 진행되었다. 진행은 김환석, 정리는 강양구가 맡았다.

인터뷰 브뤼노 라투르와의 만남

브뤼노 라투르 · 김환석

과학기술 탐구야말로 현대 사회를 이해하는 열쇠

김환석 당신은 과학기술과 사회의 관계를 학제적으로 연구하는 과학기술학(science and technology studies: STS) 분야에서 전 세계적으로 가장 유명한 학자 중 하나로서, 특히 행위자-연결망 이론(actor-network theory: ANT)의 선구자로 알려져 있습니다. 현대 사회와 과학기술의 관계를 이해하는 일이 왜 중요한가요?

라투르 과학기술은 의문의 여지가 없이 현대 사회가 형성되는 데 핵심적인 역할을 했습니다. 그러나 1970년대부터 과학기술학이 현대 사회와 과학기술의 관계를 본격적으로 탐구하기 전에는, 사회과학 안에서 과학기술은 주변에 머물러 있었지요. 종교, 법을 연구하는 것처럼 과학기술을 연구했어야 했는데도 이전에는 그러지 못했습니다.

　나는 과학기술학의 개척자 중의 한 사람이라고 할 수 있는데, 다행히 지난 30년간 과학기술학은 계속해서 성장했습니다. 장담하건대, 앞으로 과학기술학에 대한 관심은 더욱더 커질 것입니다. 현재뿐만 아니라 미래에 더욱더 큰 문제로 다가올 생태 위기의 해법을 찾는 데 있어서 과학기술학이 큰 역할을 할 것이기 때문이지요.

　김환석　현재 서구의 사회과학계는 과학기술학의 아이디어를 적극적으로 수용하고 있는가요?

　라투르　학자의 숫자로 보면 과학기술학은 여전히 주변 학문입니다. 그러나 다양한 학문 배경을 가진 학자들이 현대 사회와 과학기술의 관계를 해명하고자 활발하게 토론을 주고받고 있습니다. 여성학(gender studies), 발전 연구(developmentstudies), 식민지 및 탈식민지 연구(colonial and postcolonial studies) 등의 학제적 연구에서 과학기술은 핵심 주제이지요.

　최근에는 경제가 과학기술학의 새로운 주제로 부상 중입니다. ANT의 문제의식을 염두에 두고 금융 시장의 메커니즘을 해명하려는 학자들, 예를 들자면 프랑스의 미셸 칼롱이나 영국의 도널드 맥켄지가 그렇습니다. 더구나 이런 시도에 자극을 받은 각 학문 분야의 젊은 학자들이 현대 사회와 과학기술의 관계를 탐구하는 데 동참하고 있습니다.

　이런 점을 염두에 두면 과학기술학은 이미 주류입니다. 이렇게 과학기술학이 부상하는 이유는 무엇일까요? 한 번 더 강조하자면, 과학기술학은 오랫동안 사회과학이 외면했던 사물의 물질성(materiality)을 다시 사회과학의 연구 대상으로 끌어왔습니다. 예전에 마르크스주의가

했던——그것은 물질을 지나치게 관념론적으로 파악했지만——역할을 지금 과학기술학이 하고 있는 것입니다.

김환석 현재 한국의 사회과학계의 모습은 30~40년 전의 서양의 그것과 비슷합니다. 어느 나라보다도 과학기술의 영향이 큰 사회지만, 과학기술학은 사회과학의 수변적 위치를 벗어나지 못하고 있습니다. 이런 상황에서 과학기술은 여전히 경제 발전의 도구로만 취급됩니다. 한국의 과학기술학자로서 10~20년 뒤에는 한국에서도 이런 풍토가 바뀌길 바랍니다.

과학과 예술, 서로가 필요하다

김환석 2010년도에 백남준 국제예술상 수상자로 선정되었습니다. 평소 과학과 예술의 관계를 어떻게 생각했나요?

라투르 나는 예술가는 아니지만 그 둘 사이의 관계를 오랫동안 고민해 왔습니다. 예술에서 가장 중요한 화두가 무엇인가요? 바로 '재현(representation)'의 문제입니다. 잘 알다시피, 예술은 언제나 이 재현 과정에서 과학을 필요로 했습니다. 그렇다면, 과학의 사정은 다른가요? 과학도 마찬가지입니다.

재현의 문제는 과학에서도 중요합니다. 과학자가 실험실에서 행한 연구 결과를 논문 등으로 발표하는 과정 역시 예술의 재현과 다르지 않기 때문입니다. 이처럼 예술은 과학을 필요로 하고, 과학은 예술을 필요로 합니다. 이런 사정 때문에 역사적으로 과학과 예술의 교류를 시도했던 흐름이 많았습니다.

20세기 초반 건축과 예술의 조화를 추구하며 전 세계적으로 큰 반향을 불러일으켰던 디자인 학교 바우하우스의 시도도 그런 맥락이었습니다. 나 역시 2002년과 2005년에 독일 칼스루에의 ZKM(Zentrum For Kunst Medientechnologie)에서 두 차례 전시회를 공동 기획했는데 큰 반향을 얻었습니다.

내가 2011년에 '정치 예술(political arts)' 과정을 개설한 것도 이런 사정 때문입니다. 이 과정에서 과학자, 사회과학자, 예술가가 모여서 새로운 정치적 기획을 모색하는 시도를 해보았습니다. 과학과 예술, 정치철학과 예술 등의 공통 접점을 찾아보려는 좋은 시도였고, 새롭고 다양한 정치적 질문이 여러 개 나왔습니다.

김환석 프랑스에서 예술가와 과학자의 지적 교류는 활발한가요?

라투르 그렇지 않습니다. 서로 다른 분야에 대해서 새로운 질문을 던지고, 새로운 주제를 개척하며 교류하는 일은 생각보다 훨씬 더 어려운 일입니다. 그렇지만, 나의 경험을 염두에 두면 생태 위기를 매개로 이런 시도를 한다면, 과학자와 예술가 모두에게 생산적인 경험이 될 것입니다.

나의 이런 생각과 시도는 백남준이 애초에 추구했던 예술과 크게 다르지 않습니다. 쑥스럽지만, 그것이 내가 이번에 상을 탄 이유가 아닐까요?

우리는 '근대'였던 적이 없다

김환석 방금 과학과 예술의 관계에 대한 생각과 실천을 간단히 듣기도 했듯이, 당신은 1990년대부터 관심 분야가 과학기술학에서 좀 더 넓은 영역으로 넓어졌습니다. 특히 『우리는 결코 근대인이었던 적이 없다 (*We Have Never Been Modern*)』(프랑스어: 1991년, 영어: 1993년)에서 근대주의(modernism), 탈근대주의(postmodernism) 논쟁에 비판적으로 개입해서 비근대주의(non-modernism)를 모더니즘의 대안 개념으로 제시했습니다. 비근대주의는 여전히 생소한 개념인데 자세히 설명하자면요?

라투르 과학기술학의 성과가 계속 쌓였지만 대부분의 과학자와 사회과학자는 그것이 말하고자 하는 바를 제대로 이해하지 못했습니다. 어떤 학자들은 나의 연구 성과를 포함한 과학기술학이 과학을 공격한다고, 그러니까 반(反)과학주의라고 오해하기까지 했지요. 이런 반응의 이유는 무엇일까요? '근대(modern)', '근대화(modernization)', '서구화(westernization)' 등처럼 사회과학뿐만 아니라 일상생활에서 널리 통용되는 개념이 바로 현대 사회와 과학기술의 관계에 대한 제대로 된 이해를 가로막고 있지는 않을까요? 이런 깨달음을 정리한 책이 바로 『우리는 결코 근대인이었던 적이 없다』였습니다.

과학기술학이 탐구한 과학기술의 역사를 염두에 두면 정말로 우리는 한 번도 '근대'였던 적이 없습니다. 왜냐하면, 우리는 통상적으로 얘기되는 근대화와는 전혀 다른 경로를 걸어왔기 때문이죠. 많은 사회과학자는 근대화를 자연으로부터 사회의 해방, 그러니까 비인간(자연)과 인간(사회)의 분리로 이해했습니다.

즉, 자연/사회, 비인간/인간을 분리하지 못했던 비합리적인 전근대 인과는 달리 근대인은 자연/사회, 비인간/인간을 분리함으로써 합리성을 획득했다는 것이죠. 그러나 현실은 정반대였습니다. 지난 수백 년간 우리는 주로 과학기술을 통해서 인간과 비인간(사물)을 끊임없이 결합하는 방향으로 역사를 이끌어왔기 때문입니다.

예를 들자면, 오늘날과 같은 산업 문명이 등장하는 데는 석탄, 석유와 같은 비인간(사물)에 대한 의존은 필수 불가결했습니다. 석탄, 석유와 같은 화석연료 없이는 단 한 순간도 문명을 지속할 수 없는 처지면서 무슨 자연으로부터의 해방, 비인간/인간의 분리를 얘기하는가요? 오히려 우리는 지난 수백 년간 비인간-인간의 잡종(하이브리드)을 엄청나게 양산했습니다.

그렇게 해서 나타난 결과가 바로 유례를 찾아볼 수 없는 생태 위기입니다. 이 책을 처음 썼을 때도 이미 심각했던 생태 위기는 최근의 (화석연료의 산물인) 온실 기체가 초래하는 지구 온난화에서 알 수 있듯이 더욱더 심각한 양상으로 나타나고 있습니다. 이런 점을 염두에 두고 근대화, 서구화 같은 개념을 반성적으로 성찰하고자 내세운 용어가 바로 '비근대주의'입니다.

그러나 이 용어 역시('근대주의'에 강하게 결박된 탓에) 앞에서 설명한 문제의식을 제대로 전달하는 데는 미흡했습니다. 최근에 내 입장을 '컴포지셔니즘(compositionism)'이라는 새로운 용어로 표현한 것도 이 때문이죠. 지금 우리는 모더니즘도, 포스트모더니즘도 아닌 무엇인가를 하고 있는데 그것을 뭐라고 이름을 붙여야 할지 여전히 고민 중입니다.

그런 점에서 나는 예술가의 통찰에 기대를 거는 편입니다. 19~20세기 많은 예술가들이 새로운 시대의 징후를 포착하고 그것의 본질을 작품으로 보여줬습니다. 그런 노력이 '근대'라는 개념이 정착되는 데 큰 역할을 했죠. 마찬가지로 현대의 예술가들도 우리가 지금 정확하게 개념화하지 못하는 이 상황을 작품으로 표현할 수 있지 않을까요?

김환석 문제의식을 제대로 담아내지 못하는 용어라고 얘기했지만, 일단은 비근대주의라는 용어를 쓰겠습니다. 탈근대주의와 비근대주의의 차이점은 무엇인가요?

라투르 우리가 한 번도 근대였던 적이 없는데, 근대의 다음을 뜻하는 탈근대 자체를 말하는 것 자체가 어불성설 아닌가요? 한 번 더 강조하자면, 국가/시장, 산업/상업 등 갈수록 세계의 모든 것이 통합되는 추세야말로 지난 수백 년간의 진짜 역사 아닌가요? 그런데 개념으로서의 근대화는 (많은 사회과학자가 믿듯이) 모든 영역의 분화와 분리를 뜻합니다.

이처럼 우리는 지금까지 정반대의 이론과 현실을 가지고 있었습니다. 이런 상황에서 탈근대를 말하는 것은 현실을 제대로 이해하는 일을 더욱더 어렵게 할 뿐, 제대로 된 해결책이 아닙니다. 지금 우리에게 필요한 것은 지금 우리가 어디에 서 있는가, 우리가 하는 일은 무엇인가, 이런 질문에 대해서 답을 찾는 일입니다.

들뢰즈와 푸코, 누구에게 배울 것인가?

김환석 한국에서는 프랑스의 지식인 가운데 특히 푸코, 들뢰즈에 대한 관심이 높습니다. 이들에 대한 견해가 궁금합니다.

라투르 들뢰즈가 현대 사회의 정체를 해명하는 길잡이 역할을 할 아주 중요한 철학자라는 데는 두말할 필요가 없습니다. 들뢰즈는 철학에서 비인간(자연)을 다시 사유할 수 있는 방법을 소개한 아주 훌륭한 철학자입니다. 그의 『철학이란 무엇인가』는 지금 현재 진행 중인 나의 연구에 있어서도 아주 중요하죠. 그와 나는 가브리엘 타르드 그리고 알프레드 화이트헤드의 사상에 공감하고 있다는 점에서 공통점을 갖고 있기도 합니다.

푸코에 대한 평가는 좀 복잡한데요……. 물론 나는 그에게 영향을 많이 받았습니다. 솔직히 말하자면, 프랑스와 외국에서 푸코에 대한 평가가 다릅니다. 프랑스에서 푸코는 (데카르트 이후 프랑스 철학의 특징인) 합리주의의 영향하에 있는 전통적인 인식론자로 평가를 받습니다. 그런 탓인지 인간/비인간을 같이 사고하는 나로서는 푸코의 사유로부터 얻을 게 많지 않습니다.

이런 질문은 아주 당혹스러운데, 사실 푸코, 들뢰즈와 나의 관계를 얘기하는 것은 마치 부모가 자식에게 끼친 영향을 말하는 것과 비슷하기 때문입니다. 나는 분명히 그들의 영향을 받으며 성장했죠. 또 그들의 사상을 바탕에 두고 나만의 새로운 견해를 펼치려고 노력했고. 아마 현대의 프랑스의 지식인이라면 누구나 그럴 것입니다.

왜 '컴포지셔니스트'인가?

김환석 아까 잠시 언급한 최근의 입장을 얘기해 보죠. 2011년에 '컴포지셔니스트 선언'을 전면에 내세운 논문(An Attempt at a "Compositionist

Manifesto")을 발표했습니다. 컴포지셔니즘을 통해서 말하려는 것은 무엇인가요?

라투르 컴포지셔니즘은 '비판(critique)'을 넘어선 '대안(alternative)'에 초점을 맞춥니다. 비판은 '근대'라고 이름 붙여진 시기에 아주 중요한 요소였죠. 비판자는 문제뿐만 아니라 해법도 알 것으로 간주되었고, 바로 그 점 때문에 비판은 힘을 가졌습니다. 그러나 지금 우리가 맞닥뜨린 생태 위기의 상황에서 그런 비판은 더 이상 불가능하며 쓸모가 없습니다. 모든 것이 이미 무너졌기 때문입니다.

새로운 시대에 비판을 대신하는 것이 바로 내가 제시한 컴포지셔니즘입니다. 지금 우리가 직면한 전 지구적 문제는 완전히 새로운 문제입니다. 이런 문제에 대항해서 우리는 지금까지 해왔던 것과는 다른 방식으로 해답을 찾고자 노력해야 합니다. 예를 들자면, 그간 우리 근대인들은 전통, 농촌, 가족 등과 같은 옛 것을 비판하고 그것으로부터 도망가려고 안간힘을 썼습니다. 그러나 그 방향은 과연 맞는가요?

과거로부터 도망가려던 우리 근대인 앞에 전혀 새로운 '가이아(Gaia)' 즉 지구의 문제가 딱하니 나타났기 때문입니다. 우리는 지구 외에는 다른 행성을 가지고 있지 않기 때문에 근대주의는 결코 해법이 될 수 없습니다. 만약 미국인처럼 전 세계인이 소비하고 살려면 다섯 개 이상의 지구가, 프랑스인처럼 살려면 두 개 이상의 지구가 필요합니다. 한국인에게는 몇 개의 지구가 필요할까요?

이런 질문에 대한 답을 찾으려면 근대주의가 추구하던 '비판'과는 다른 방식으로 생각하고 실천하는 게 필요한데, 그것이 바로 컴포지셔니즘입니다.

김환석 2011년에 발표한 글의 '선언'이라는 표현을 보면서, 많은 이들이 마르크스와 엥겔스의 『공산주의자 선언(*Communist Manifesto*)』을 연상했다. 『공산주의자 선언』과 '컴포지셔니스트 선언'의 공통점과 차이점은 무엇인가요?

라투르 둘 사이의 공통점은 바로 '공동인 것(the Common)'을 모색하는 데 있습니다. 이때 '공동인 것'은 주어진 것이 아니라 인류가 만들어가야 하는 것이란 점이 중요합니다. 1940~1950년대에는 근대성의 확장으로 자연 또는 시장에서 쉽게 이것이 주어진다고 생각했지만 이제 그런 환상은 깨졌습니다.

물론 『공산주의자 선언』은 근대주의에 뿌리를 두고 있으며, 따라서 비판과 진보에 대한 절대적 믿음, 사전 예방을 고려 않는 과학기술에 대한 낙관주의, 과거와의 급진적 단절을 의미하는 혁명 추구 등에서 '컴포지셔니스트 선언'과는 큰 차이점이 있습니다. 나는 '공동인 것'은 당연시되어 모두에게 강요될 성질의 것이 아니라, 우리 모두가 함께 이제부터 점진적으로 하나하나 구성(compose)해 나가야 할 것이라 생각합니다.

라투르가 제기한 컴포지셔니즘은 새로운 것이라기보다는 그가 『우리는 결코 근대인이었던 적이 없다』, 『자연의 정치학(*Politics of Nature: How to Bring the Sciences into Democracy*)』(프랑스어: 1999년, 영어: 2004년) 등에서 해왔던 주장을 좀 더 정교하게 다듬은 것이다.

라투르는 그동안 인류의 눈앞에 펼쳐지는 전대미문의 문제들, 즉 지구 온난화, 생명공학의 영향, 인구 증가, 환경오염 등에 관심을 기울일 것을 촉구했다. 이 문제들은 라투르가 앞에서 언급했듯이 우리가 과학기술을 매개로 지난 수백 년간 만들어

낸 수많은 잡종의 부작용으로 나타난 것들이다.

인류와 지구 자체의 생존을 위협하는 이런 문제를 해결하려면 어떤 노력이 필요할까? 라투르는 기존의 좌파, 우파의 접근으로는 이런 문제를 해결할 수 없으며, 전혀 새로운 정치적 기획이 필요함을 역설한다. 왜냐하면, 최근의 문제는 원인부터 해법까지 불확실성은 가득한 반면에, 제대로 된 해법을 제때 찾지 못했을 때의 피해는 심각하기 때문이다.

라투르는 새로운 기획의 한 예로서 '사물의 정치(Politics of Things)'를 제안한다. 우선 그는 그동안 억압돼 왔던 모든 인간/비인간의 목소리가 봇물처럼 터져 나올 수 있도록 해서, 수많은 문제가 수면 위로 부상해 '논란'과 '협의'가 될 수 있도록 하자고 제안한다. 이 과정을 통해서 문제의 우선순위가 결정되고, 거기에 부합하는 제도가 마련될 수 있다는 것이다.

이런 '사물의 정치'를 통해서 지구를 공유하는 인간/비인간은 그동안 잡종의 양산으로 누적된 많은 문제를 공동으로 해결하면서 새로운 균형 상태, 즉 '공동 세계(common world)'를 찾을 수 있다. 새로운 '논쟁'을 만들고, 대안의 '해법'을 찾자는 컴포지셔니즘 역시 이런 기획을 좀 더 정교하게 다듬은 것이다. 〈편집자〉

'사물의 정치'가 필요하다

김환석　과학과 정치의 관계에 대해 묻고 싶습니다. '사물의 정치 (Politics of Things)'와 같은 개념은 여전히 낯섭니다.

라투르　예를 들어서 얘기를 해보죠. 시청에서 하는 중요한 업무는 무엇인가요? 도시의 주택 관리, 교통 관리, 상하수도 관리, 토양 관리

등……. 이처럼 시청에서 하는 업무의 대부분은 사물의 정치입니다. 당연히 그런 업무의 방향을 결정하는 정치 역시 언제나 사물의 정치일 수밖에 없습니다.

더구나 갈수록 그런 사물의 정치가 중요해지고 있습니다. 예를 들자면, 광우병 전파의 위험이 큰 쇠고기 무역을 둘러싼 갈등에서 알 수 있듯이, 쇠고기(사물)는 이제 정치의 가장 핵심적인 행위자로 부상하고 있습니다. 내가 '사물의 정치', '사물의 의회(Parliament of Things)'의 필요성을 강조하는 것도 이 때문입니다.

김환석 그런 얘기를 들으면, 많은 이들이 헷갈릴 것 같습니다. 사물의 정치라는 것이, 실제로 의회에서 사물이 인간처럼 자신의 뜻을 관철한다는 의미는 아니지 않은가요? 쇠고기가 행위자라면, 그것은 자신의 의사를 어떻게 나타냅니까?

라투르 아닙니다. 사물이 인간처럼 자신의 뜻을 관철하는 것, 그것이 바로 사물의 정치입니다. 과학자가 무슨 일을 하는가요? 기후변화협약을 둘러싼 회의에서 과학자는 이산화탄소와 같은 온실 기체를 대변해서, 혹은 온실 기체 탓에 변화하는 기후 때문에 멸종 위기에 처한 생물을 대변해서 발언을 하고 로비를 합니다.

과학자는 자신의 이익을 위해서 로비를 하는 것이 아니라 바로 이산화탄소, 멸종 위기에 처한 생물과 같은 '사물'의 대변인입니다. 인간을 주체(subject)로 비인간(사물)을 대상(object)으로 구별을 하는 인식 속에서는 이런 접근이 낯설어 보이겠지만, 사실 이런 인간/비인간의 구분이야말로 인위적인 것입니다. 남한과 북한 사이의 경계인 휴전선이 인위적인 것처럼요.

김환석 다양한 사물이 자신의 목소리를 과학자를 통해서 낸다는 발상이 선뜻 이해가 되지 않습니다. 과학자들이 과연 그들의 목소리를 잘 대변할까요?

라투르 그 점은 사물과 인간도 똑같습니다. 가난한 사람들이 어떤 정책을 원하는가, 이런 질문을 놓고 정치인도 다양한 의견을 내놓지 않는가요? 사물과 과학자의 관계 역시 마찬가지입니다. 어떤 과학자는 미국산 쇠고기가 위험하다고 하지만, 어떤 과학자는 안전하다고 말할 것입니다. 기후 변화 문제를 보더라도, 온실 기체의 영향을 놓고 과학자마다 의견이 다릅니다.

바로 이렇게 의견이 다르기 때문에 논란이 생기는 것입니다. 이런 논란이 다양한 인간/비인간 사이의 토론을 통해서 협의가 되는 과정, 이런 전 과정이 바로 사물의 정치입니다.

생태 위기, 하나의 만능 처방은 없다

김환석 당신은 이미 20년 전부터 생태 위기를 계속해서 강조했습니다. 앞의 질문과 이어지는 것이지만, 지금의 생태 위기를 해결하려면 어떤 노력이 필요할까요? 이와 관련하여 당신이 주장하는 '다자연주의(multi-naturalism)'에 대해 설명해 주십시오.

라투르 과학기술학이 중요한 이유는 인간이 자연(비인간)과 분리된 것이 아니라 한 번도 분리된 적이 없을 뿐만 아니라, 전체 네트워크 안에서 아주 작은 부분에 불과하다는 사실을 일깨워주기 때문입니다. 이런 통찰을 통해서 사회과학은 생태 위기의 본질을 좀 더 명확하게 인식할 수 있게 되었습니다.

다만 여기서 주의할 점이 있습니다. 흔히 우리는 '문화' 하면 다문화주의로 다양하게 파악하면서 '자연'만은 마치 고정불변의 단일한 실재인 것처럼 취급하는 '단자연주의(mono-naturalism)'에 빠져 있습니다. 이 역시 인간(사회)/비인간(자연)을 이분법적으로 나누고 사회와 분리된 순수한 '자연'을 생각해 온 근대주의의 잘못된 관념에서 비롯된 오류입니다. 오늘날 자연은 이미 사회와 떼려야 뗄 수 없이 연결되어 있으며, 지역·나라마다 전혀 다른 모습을 갖습니다.

생태 위기를 해결하는 단일한 진단, 단일한 해법이 불가능한 이유가 바로 여기에 있습니다. 나는 이런 통찰이야말로 오늘날의 생태 위기를 해결하는 데 있어서 가장 중요한 전제라고 생각합니다. 내가 아까 '공동 세계'를 '구성(composition)'하는 데 있어서 다양한 인간/비인간의 목소리가 표출돼 토론을 하는 과정을 강조한 것도 이 때문입니다.

그러나 과학자 중에서 일부는 이런 견해를 중요시하지 않습니다. 그들 중 일부는 여전히 생태 위기와 같은 문제를 해결하는 데 있어서 단 한 가지 해결책(과학기술)이 가능하리라는 믿음을 갖고 있습니다. 자신이 대변할 수 있는 사물의 목소리가 자연의 극히 일부라는 사실을 망각한 데서 비롯된 오류이죠.

그런 점에서 보면 아시아는 운이 좋습니다. 아시아는 전통적으로 사회/자연의 분리와 같은 개념이 낯설지 않았나요? 이런 잠재력을 염두에 두면 생태 위기와 같은 현재 제기되는 문제에 아시아가 서양과는 다른 접근이 가능하리라고 봅니다. 다만, 최근의 중국, 인도와 같은 나라의 상황을 보면 안타깝습니다.

이들 나라는 아시아에서 수천 년 동안 축적해 온 사회/자연에 대한 자신의 사유를 뒤로 하고 서양 특히 미국의 경제 이론을 흡수하면서 갈수록 제대로 된 상황 인식과 문세 해결에서 멀어지고 있습니다. 이런 점에 대한 자각이 없다면, 아시아는 지적으로는 여전히 식민지 상태에 놓인 것입니다.

세계화에 속지도, 그것을 믿지도 말라!

김환석 생태 위기와 함께 또 생태 위기를 가속화하고 그것의 해결을 어렵게 하는 중요한 문제가 세계화입니다. 자유시장 중심의 세계화에 대해서 어떻게 생각하는가요?

라투르 나는 세계화를 믿지 않습니다. 흔히 세계화라고 부르는 현상은 수많은 지방화가 네트워크를 통해서 확장하는 것일 뿐입니다.

도대체 '글로브(globe)'는 어디에 존재하나요? '글로벌(global)'은 존재하지 않으면서도, 사람을 착각에 빠뜨리는 위험한 개념입니다. 흔히 '전 지구적 관점(global perspective)'을 강조하기도 하는데, 이 역시 거짓말입니다. 사람은 누구나 자신이 살고 있는 지방(provincial)에 갇힌 좁은 시각을 가지고 살아갈 수밖에 없기 때문입니다.

이런 통찰과 관련해, 가장 중요한 학자는 독일의 페터 슬로터다이크입니다. 그는 글로벌이 아닌 지방 차원의 '상호 연결(interconnectedness)'이라는 올바른 개념을 만든 유일한 학자입니다. 그에 따르면, '글로벌' 개념은 마치 물고기(인간)가 헤엄치는 거대한 수족관을 연상하게 합니다. 그러나 사실 인간은 작은 연못에서 헤엄치는 존재이죠. 이들 연못 중 일부는 연결돼 있지만 대개는 그렇지 않습니다.

세계화를 믿지 않는 것은 정치적으로, 또 경험적으로 중요합니다. 세계화, 근대화, 전자 미디어 등에 대한 근거 없는 열광을 막는 일이 중요합니다.

김환석 실제로 2008년 금융 위기를 통해서 신자유주의 세계화는 위기를 맞고 있습니다. 현 상황의 출구가 있다고 생각하는가요?

라투르 그렇습니다. 오히려 좋은 기회입니다. 금융 위기를 계기로 이제 사람들이 그전에는 보지 않았던 시장, 조직들, 기술들, 과학 분야 등 네트워크의 모든 면을 보면서 그것의 문제점에 주목하고 있습니다. 이는 마치 경제가 '과학기술학(STS)화'하는 것이라고도 볼 수 있습니다. 물론 기존의 근대주의적 경제 이론이 여전히 강력하기 때문에, 앞으로도 이런 위기가 계속될 가능성은 있지만 결국 이번 일을 계기로 새로운 가능성이 열릴 것입니다. 앞으로 세계에 정말 많은 변화가 생길 것이라 봅니다.

분단 한국은 사회과학 연구의 보고다

김환석 마지막 질문입니다. 빠르게 발전한 국가이자 마지막 냉전의 대결지로 남아 있는 한국과 같은 나라에서 당신의 이론이 어떤 함의가 있을까요?

라투르 한국 방문이 처음이라서 좀 더 오래 머물러야 알 수 있을 것 같습니다. 그렇지만, 과학기술학자에게 또 사회학자에게 분단 상황이 지속되는 한반도는 아주 많은 연구 주제를 찾을 수 있는 지역이라는 것은 확실합니다. 특히 지난 반세기 동안 남·북한은 전혀 다른 발전의 경험을 겪어 오지 않았나요? 이는 근대성의 서로 다른 경로를 실험한 매우 흥미로운 사례입니다. 나는 이런 한국의 상황을 연구하면서 배울 게 많을 듯합니다.

한 가지 소망이 있다면, 다시 한국을 찾아서 생태적으로 전 지구에서 가장 잘 보존이 됐다고 알려진 비무장지대(DMZ)를 보고 싶습니다.

(정리: 강양구)

제3부

생명정치의 쟁점과 사례

✝ 이 글은 앞에서 생명정치의 사회과학 중 하나로 소개한 폴 래비노우의 '생명사회성' 이론의 유용성을 검토한다. 특히 이 글은 생명사회성 개념에 영감을 받은 서구, 비서구 사회를 가로지르는 다양한 경험 연구들을 토대로 생명공학의 발전에 따라 새로운 사회성이 형성될 수 있지만, 그것이 기존의 다양한 사회성 형성의 원리를 대체하기보다는 상호 작용하는 방식으로 나타나리라고 전망한다

이 글은《사회와이론》통권 제22호(한국이론사회학회, 2013)에 실린 것을 재수록했다.

제1장 생명사회성론의 가능성과 한계

채오병 · 배태섭

1 들어가며

최근 수십 년 동안 진전된 생명공학의 발전은 그것이 불러온 인간의 건강 증진과 수명 연장에 대한 기대라는 전 사회적 관심의 증대와 함께 인문사회학 분야에도 많은 영향을 끼쳤다. 생명공학은 1960년대 후반 이미 제도적으로 설정된 자연과학 내부에서 분자구조의 발견과 함께 태동하였지만(Bud, 1998), 그것이 제공한 인문사회학적 함의는 다양했다. 인간 복제의 문제나 배아세포 및 줄기세포를 이용한 질병 치료의 가능성이 불러올 사회적 논란에서부터(김종영, 2007; Suh, 2009), 분자생물학과 유전학에 기초한 새로운 발견을 통한 치료제의 등장이 가져온 새로운 정체성 및 집단, 시민권의 형성(강양구 · 채오병, 2013; Ong & Chen, 2010; Rose & Novas, 2005; Gibbon & Novas, 2008), 분자적 수준까지 침투한 권력의 분석을 통한, 지금까지 개인과 인구 영역에 제한되어 왔던 푸코적 연구 의제의 확대(Rabinow & Rose, 2006; Rose, 2007), 그리고 더 나아가 생명공학의 발전을 통해 가능해진, 메타 이론적 수준에서의 근대성에 대한 재고(김환석, 2011; Latour, 1993; Lemke, 2011; Rabinow, 1996; Wehling, 2010) 등이 그것이다.

아마 그 다양성을 아우르는 대표적인 접근 중 하나가 생명사회성론일 것이다. 생명사회성 개념은 푸코의 저작을 영미권에 소개해온 인류학자 폴 래비노우에 의해 1992년 처음 제안되었다(Rabinow, 1996).[1] 그것은 전망적 개념이었다. 그의 예견에 따르면, 1990년 개시된 인간 게놈 프로젝트로 대표되는 새로운 유전학의 위력이 이전 물리학 혁명의 그것보다 훨씬 클 것인데, 왜냐하면 그것이 다양한 생명정치적 실천과 담론에 의해 보다 미시적 수준에서 사회 면면에 자리 잡을 것이었기 때문이다(Rabinow, 1996: 186쪽).

우선 새로운 유전학은 과거 우생학 시대에 그러했던 것처럼 생물학적 비유가 사회적 기획이 되는 사회생물학적 사유를 전도시킬 가능성을 부여받는다. 새로운 유전학은 더 이상 근대사회에 대한 생물학적 비유가 되기를 멈출 것이다. 새로운 유전학에 기초해 등장할 생명사회성이 그 역할을 담당한다. 만약 사회생물학이라는 이론, 다시 말해 문화가 자연에 대한 비유에 근거해 구축되었다면, 생명사회성에서는 자연이 실천으로 이해되는 문화에 의존할 것이다. 자연의 영역은 이제 앎의 대

---

1) 이 개념이 제안된 논문은 1992년 《존(Zone)》이라는 학술지 6호에 게재되었으나 현재 가용하지 않다. 대신 이 논문은 1996년 래비노우의 단행본(1996)에 다시 실렸다. 1992년 최초 게재라는 점을 전제하고 이 글은 1996년판을 인용할 것이다.

상이 되며, 인간의 실천적 개입, 즉 문화적 개입에 의해 변형 가능한 영역이 된다. 즉 자연이 인공화(artificial)되는 것이다. 자연의 인공화는 더 많은 것을 함축한다. 이제까지 자연의 영역은 바스카의 용어를 빌리자면(Bhaskar, 1978), 인간이 이해하고 활용할 수는 있어도 그 작동 방식에는 개입할 수 없는 불변(intransitive)의 영역으로 이해되었다. 그러나 이제 새로운 유전학적 기술의 개입에 의해 자연은 가변적인(transitive) 영역이 되었다. 문화가 자연에 의해 영향 받는 정도로, 이제 생명사회성의 등장에 따라 자연이 문화(인간의 실천)에 의해 영향을 받는 시대가 도래한 것이다. 이와 같은 자연의 인공화는 근대성의 근간이 되어왔던 자연(nature)/문화(culture)의 이분법적 사유를 근간에서 흔들 가능성을 부여받는다.

생물학(biology)과 사회성(sociality)의 합성어인 생명사회성은 바로 자연과 문화의 쌍방향적 융합을 시사한다. 그렇다면 이렇게 큰 의의가 부여되는 생명사회성이란 구체적으로 무엇을 의미하는가? 생명사회성은 "위험(risk)" 개념의 등장과 밀접히 관련된다. 자연과 문화, 혹은 자연과 사회의 명백한 구분에 근거하여 후자를 관리하는 역할이 사회과학에 특권화되어 있었다면, 유전학의 발달은 이제 인구 전반에 대한 관리와 개인의 자기 관리의 초점을 위험으로 이동시켰다. 위험은 특정 위난(danger)의 결과가 아닌 불특정 "요인들"의 복합적 결과물이며, 따라서 위험 관리의 방점은 치료(therapeutics)가 아닌 진단(diagnostics)에 두어진다(Rabinow, 1996: 100쪽).[2] 위험 관리를 위해 인구 전체, 가족,

---

2) 래비노우의 위험 개념은 울리히 벡의 그것과 다소 다르다. 벡에게 있어 위험은 근대성의 산물로서 인간의 활동이 만들어낸 부산물이다(벡, 2006: 56쪽). 반면 래비노우에게 있어 위험이란 새로운 유전학적 지식의 발전과 함께 새로이 발견되는 것들이다.

혹은 개인에 대한 전징후적(pre-symptomatic) 유전자 스크리닝이 시도될 것이며, 그에 따라 이들이 가진 유전적 성향이 확인될 것이다. 그 결과 새로운 정체성과 집단 형성이 이루어질 것인데, 이것이 바로 래비노우가 의미하는 생명사회성이다. 점증하는 건강에 대한 관심과 함께 현재 한국인들이 흔히 자신의 상태를 콜레스테롤 수치와 혈압, 그리고 당수치로 묘사하듯, 이제 사람들이 자신의 정체성을 특정 질병을 유도할 법한 유전자를 중심으로 형성할 시대가 도래했다는 것이다. 예컨대 유전학의 성과로 인해 "17번 염색체, 16,256 위치(locus), 654,376 대립형질(allele) 변이를 공유하는 집단이 형성"될 수도 있는 것이다(Rabinow, 1996: 102쪽). 이 집단의 성원들은 자신들의 경험을 공유하고, 자신들이 현재 갖고 있거나 미래에 가질 수 있는 특정 질병의 치료책을 위해 로비할 것이며, 연구 기금을 조성하기도 할 것이다. 요컨대, 래비노우는 유전학의 발전에 따른 다양한 형태의 정체성과 집단 형성, 그리고 이에 기초한 사회운동의 등장을 예견하였다.

인간 게놈 프로젝트에서 영감을 받은 래비노우의 생명사회성에 대한 전망은 과학기술학, 사회학, 인류학 등에서 많은 주목을 받아왔고 이에 영감을 받은 많은 후속적인 경험 연구를 촉발하였다. 이 글의 목적은 래비노우의 전망 이래 주목받아온 생명사회성 개념의 유용성과 한계를 검토하는 것이다. 어느 이론과 개념도 그것이 연원한 본래의 시공간적 맥락에 구속된다. 1992년 생명사회성 개념이 제안된 이래 20여 년이 지난 시점에서 과연 예견된 변화가 일어났는가? 또한 그것은 공간을 초월한 일반화의 가능성을 갖고 있는가?

이 질문들을 염두에 두고 이 글은 우선 생명사회성론의 의의와 성과를 새로운 정체성의 출현, 자연/문화 이분법의 극복, 그리고 푸코적 연구 의제의 확대라는 세 차원에서 정리할 것이다. 다음으로 이 글은 생명사회성 개념이 드러낸 한계를 개념의 외연 문제, 포스트 게놈 복잡성이라는 상황에 따른 생명사회성 형성의 지체, 생명사회성 형성의 복합적 요인 및 서구 중심주의, 그리고 생명사회성의 정치적 함의 문제라는 네 차원에서 논의할 것이다. 결론에서 이 글은 이 개념의 중요한 한계에도 불구하고 그것이 제한되고 소박한 방식으로 사용된다면 여전히 나름의 유용성을 갖게 될 것이라는 결론을 도출할 것이다.

2 생명사회성론의 의의와 성과

지난 20세기 말 인간 게놈 프로젝트로 대표되는 유전학 연구의 혁신은 자연과학계는 물론 인문사회과학계에까지 커다란 영향을 미쳤고, 그로 인해 인문사회과학자들은 유전학의 혁신이 지닌 엄청난 잠재력에 대해 심각하게 고려하지 않을 수 없게 되었다. 래비노우의 생명사회성 개념이 처음 제시된 이래 일군의 학자들이 이 개념을 근거로 다양한 분야에서 경험 연구를 수행하여 왔다. 그 대표적 성과가 바로『생명사회성들, 유전학, 사회과학』(Gobbon & Novas, 2008)이다. 이 책이 던지는 질문은 명쾌하면서도 심오하다. 과연 유전학의 성과로 인해 정체성과 지식에서 어떤 변화가 일어나는가? "17번 염색체 변이를 공유하는 집단"이 생길지도 모른다는 래비노우의 예상을 예견하듯이, 이 책은 질병의 유전자 관련성이 밝혀짐에 따라 환자들이 어떻게 자신의 정체성을 형성하고 다른 환자들과 어떻게 관계를 맺는지 여러 사례를 통해 보여주고 있다. 특히 질병에 기반한 새로운 정체성이 기존의 정체성 범주들,

즉 젠더, 인종, 계급 등과 교차하면서 어떤 결과를 낳는지, 그 과정에서 생의학 지식은 어떻게 만들어지는지에 관해 유용한 통찰을 제공한다.

이 절에서는 『생명사회성들, 유전학, 사회과학』과 다른 몇몇 경험 연구들을 바탕으로 생명사회성 개념이 어떤 의의를 지니며 그 성과는 무엇인지를 새로운 정체성의 실천, 자연/문화 이분법 극복, 푸코의 생명정치 논의의 계승이라는 세 가지 주제로 살펴보기로 한다.

과거에도 특정 질병이나 유전적 동일성에 기반을 둔 환자 집단이 존재했고, 이들은 주로 환자와 가족에 대한 사회 · 경제적 지원, 치료 완화 활동에 중점을 두었다. 그러나 최근에는 유전학의 성과 덕분에 진단과 치료를 위한 과학 연구를 촉진하는 기금 모금 활동에 중점을 두는 새로운 환자 운동이 등장하고 있다. 예컨대 1990년대 중반 유방암 관련 유전자(BRCA 1, 2)가 규명되자 유방암 운동이라는 새로운 생명사회성이 형성되었다. 특히 영국의 유방암 활동가들은 치료법이 개발되리라는 부푼 희망을 안고 활발한 모금 활동을 펼쳐 유방암의 분자 경로를 규명하는 연구를 후원하는 노력을 기울였다(Gibbon, 2008). 또한 미국의 자폐증 부모 단체는 유전학을 적극 활용하였다. 유전학은 자폐증 연구자와 상대할 때 좋은 무기가 되어주었고, 무너진 가족 관계를 회복하는 데 도움이 되기도 하였다. 부모들이 자폐증이 유전적 결함 탓이라는 연구 결과를 반긴 이유 중 하나는 자녀의 자폐증이 부실한 양육 때문에 발생했다는 비난에서 벗어날 수 있게 해주었기 때문이었다. 이들은 유방암 단체처럼 연구 기금을 모으는 데서 그치지 않고, 어떤 연구가 수행되어야 하는지 어느 연구자를 후원해야 하는지 등 의학 연구의 방향을 결정하는 데 영향력을 행사하기도 하였다. 이들은 자폐증에 걸린 자식을 곁에서 보살펴온 부모로서 가진 지식과 자원에 기대어 자신의 생명사회성을 활용하여 그러한 영향력을 행사할 수 있었던 것이다(Silverman, 2008).
더 나아가 희귀 유전자 질환인 폼페병에 걸린 자녀를 둔, 생물학이라고
는 고등학교에서 배운 게 전부였던 부모가 자녀의 병을 고치기 위해 직
접 제약 회사를 차리고 치료제를 개발하여 상업적으로 성공한 사례도
있었다(Novas, 2008). 이처럼 유전학 지식에 기반을 두고 구성된 집단은
새로운 환자 정체성을 형성하려고 노력하는 동시에 환자, 과학자, 기금,
생명공학회사 등과 함께 새로운 형태와 방식으로 활동을 펼치려고 노
력한다.

여기서 한 가지 주목할 점은 환자 집단 혹은 환자의 부모들이 기성
과학 담론 및 권위를 곧이곧대로 수용하는 것이 아니라 때로는 충돌하
고 때로는 협력을 한다는 점이다. 미국의 자폐증 부모 단체는 자폐증에
관한 유전학 연구를 위해 관련 과학자들 간의 협력 연구를 추진하려 했
으나 기성 과학계의 연구 관행(비밀주의, 발견의 우선성 및 명성에 관심)에
부닥치고 말았다. 부모 단체는 이러한 관행을 바꾸고 원하는 방향으로
연구 결과를 내기 위해 대규모 유전자 샘플 은행을 설립하거나, 과학자
들 사이에서 중개자 역할을 맡아 샘플을 공유하게 하는 등 과학자들 간
의 협력을 이끌어냈다(Silverman, 2008: 43~45쪽). 이처럼 환자 집단이 연
구의 방향과 의제를 정하고, 과학자들의 기존 연구 관행을 바꾸고, 더
나아가 직접 연구를 수행하는 사례들을 볼 때, 일반인/전문가라는 고정
된 구분은 더 이상 유지되기 어렵거니와(Brown, 1992; Epstein, 1995) 생명
사회성 개념이 갖는 역동성을 잘 보여준다고 할 수 있다.

물론 특정 질환 혹은 특정 유전자 보인자라는 정체성이 곧바로 생명
사회성으로 발현되는 것은 아니다. 일례로 미국에서는 알츠하이머가
늦은 나이에 발병하고 기억력이 감퇴되기 때문에 환자들이 직접 활동

에 참여하는 것은 불가능하거니와, 환자 가족들도 주위의 시선 때문에 환자 모임 활동에 참여하는 것을 꺼리는 경향이 있었다(Lock, 2008). 또한 에콰도르에서는 체외수정(IVF) 시술을 받는 중산층 여성들이 국가로부터 인정이나 보조를 요구하는 집단적 목소리를 내지 않았다. 왜냐하면 이들은 국가보다는 의사를 더 신뢰하고 의지하기 때문에 굳이 국가를 대상으로 집단적으로 요구를 개진할 필요성을 느끼지 못하는 것이다(Roberts, 2008). 인도에서도 결혼 후 아이가 없는 여성들은 사회적 편견과 낙인 탓에 생명사회성을 형성하는 것이 불가능한 것으로 나타났다(Bharadwaj, 2008). 그런 점에서 볼 때 사회성(sociality)은 항상 이미 존재하는 것은 아니다. 더구나 사회성이 항상 구조적이거나 적대적이라고 가정해서는 안 된다. 역사적으로 특수한 방식으로만 그렇게 드러날 뿐이다. 따라서 중요한 것은 사회성이 어떻게 형성되는지를 역사적으로 살펴보는 일이다(Rajan, 2008: 159쪽).

여기까지만 본다면 생명사회성론은 마치 과학 지식이 개인의 정체성과 사회적 행위를 결정한다는 조악한 기술결정론처럼 보이지만, 현실은 그리 간단치가 않다. 기존의 정체성 범주(젠더, 인종, 계급, 민족 등)가 유방암 유전자 보인자, 자폐증 유전자 보인자 같은 새로운 생물학적 정체성과 서로 긴장하고 협력하면서 오히려 더욱 강화되기도 한다. 예컨대 인도에서는 전통적으로 결혼한 여성은 반드시 아이를 가져야 한다는 압력과 기대가 IVF와 줄기세포 임상 실험 환자들의 생명사회성 형성을 낳기보다는, 오히려 여성은 가정에 헌신해야 한다는 기존의 젠더 관념을 강화시킨다(Bharadwaj, 2008). 인도 뭄바이 노동자들의 경우 그들이 국제 제약 회사의 피험자로서 공유한 경험은 생명사회성의 형성으로 이어지지 않았고 여전히 계급, 지역, 민족주의의 정체성에 머물러 있었다(Rajan, 2008). 생명사회성이 민족주의와 결합하는 경우도 있다. 숭이 연구한 중국의 사례는 인간 게놈 프로젝트가 어떻게 "중국 DNA"의 발견에 대한 전망을 낳고, 이것이 다시 "중화 민족"의 상상으로 이어지는지를 잘 보여준다(Sung, 2010). 특히 이 연구에서 의미 있는 점은 래비노우의 생명사회성 범주를 개인 정체성과 환자 집단에 제한시키지 않고 더 큰 범위, 즉 민족 단위에까지 확장시키고 있는 데 있다. 새로운 유전학적 지식이 새로운 방식으로 베네딕트 앤더슨이 고려하지 못했던 민족의 상상을 가능케 한다. 그러한 점에서 중국 DNA에 기초한 민족의 상상은 보다 큰 범위의 생명사회성이며, 보다 구체적으로 그 것은 "생명 민족(bionation)"으로 명명된다. 이제 56개 민족으로 구성된 중국은 생명 민족의 상상을 통해 하나의 생물학적 공동체로 통합될 정치적 가능성을 부여받는다. 이렇듯 유전학 지식에 따른 새로운 정체성의 형성은 해당 사회에 깊게 뿌리박힌 역사적 관습이나 문화, 그리고 정치적 상황과 관련해서 이해되어야 할 필요가 있다. 그런데 정체성이 귀속되는 것과 개인이 이를 받아들이는 것은 다른 문제다. 개인의 선택에 따라 이를 받아들일 수도, 거부할 수도 있음을 명심할 필요가 있다.

이러한 통찰은 생명사회성 논의의 두 번째 주제인 자연/문화 구분의 재설정과도 관련이 깊다. 이미 밝혔듯이 래비노우가 생명사회성 개념을 제시하게 된 계기가 바로 '인간 게놈 프로젝트'였는데, 래비노우는 인간 게놈 프로젝트에서 그 대상(인간 게놈)이 밝혀지는 방식이 변화하리라고 보았다. 즉 새로운 생명 형태를 밝혀내고 창조할 수 있는 잠재력 덕분에 기존에 자연적인 것(the natural)이라고 알고 있던 것에 중대한 의문이 제기될 것이라고 예견했다. 이제 자연은 자체의 법칙과 리듬에 따르는 대상이나 실체가 아니라 인간이 개입하여 뒷받침하는 장소, 기술적으로 재생산이 보조되고 과학의 실천을 통해 새로운 생명 형태가 만들어지는 장소가 되었다(Gibbon & Novas, 2008: 4쪽).

에콰도르에서 체외수정 시술을 받은 중산층 여성들의 경우 생명사회성이 형성되지 않았는데, 그 이유 가운데 하나는 자연에 대한 인식에 있었다. 북미나 유럽에서는 생물학적인 것은 인간의 노력이나 환경에 의해 변화될 수 없는 결정적인 특성을 갖는 것으로 파악되어 왔으나 최근 유전학 연구의 성과로 인해 생물학적인 것이 변용 가능하다는(malleable) 생각이 확산되고 있다. 그러나 에콰도르에서는 전통적으로 생물학적인 것이란 원래 변용적인 것이라는 생각이 이어져 왔는데 이는 국가 형성과 인종 정치의 역사와 관련이 깊은 것이었다(Roberts, 2008). 이처럼 국지화된 자연/문화의 이해는 체외수정 시술을 이해하고 받아들이는 방식에 깊이 뿌리내리고 있었다. 또한 이스라엘에서는 '더 많은 유대인을 만들기' 위해 유럽계 유대인이 더 많이 아이를 낳도록 장려한다든지, 45~51세 여성에게 난자 기증을 보조해 준다든지, 난자를 기증받아 아이를 낳으면 난자 기증자의 종교와 상관없이 그 아이를 유대인으로 규정하는 등 인종주의적 정책을 장려하고 있다. 이스라엘은 신체, 개인, 민족 국가, 고향, 종교 간의 관계를 '자연화'하려는 전략을 통해 유대 혈통이라는 자연적 범주를 새롭게 정의하고 있었다(Nahman, 2008).

사실 이는 자연과 사회가 모두 문화적 분석의 대상이라는 과학기술학(STS)의 구성주의적 관점에서 보면 그다지 새로운 주장은 아니다. 예컨대 자사노프에 의하면 지식 및 지식의 물적 토대는 사회적 결과물이며 사회적 삶의 형태를 구성한다. 지식이 적절한 사회적 지원이 없으면 존재할 수 없듯이, 사회도 지식이 없으면 기능하지 못한다. 특히 과학

지식은 실재를 있는 그대로 반영하는 것이 아니라 실천, 정체성, 규범, 전통, 담론, 제도 등 사회를 이루는 것들을 품고 있는 동시에 그 속에 배태되어 있다. 하지만 그렇다고 과학이 사회적·정치적 이해관계의 결과물도 아니다. 자연 질서와 사회 질서가 함께 만들어지며, 우리가 자연과 사회를 이해하고 재현하는 방식은 우리가 선택한 삶의 방식과 분리될 수 없다는 것이 바로 공동 생산(co-production) 개념이 딘저주는 함의다(Jasanoff, 2004). 생명사회성 개념은 자연과 문화 간의 경계가 역동적이며 그 경계가 변화하는 여러 방식을 보여주었다는 점에서 구성주의의 관점을 더욱 풍부하게 해주고 있다.

마지막으로 생명사회성 개념은 정치의 중심으로 생명(현상)이 등장하는 과정을 보여주었다는 점에서 푸코의 생명정치(혹은 생명권력) 논의의 연장선상에서 이를 특정한 방향으로 더욱 밀고 나가는 것으로 보인다. 푸코에게 생명정치란 근대 인간·자연과학과 그로부터 나온 규범적 개념들이 정치 행위를 구조화하고 그 목표를 결정하는 공간을 의미한다(Lemke, 2011: 33쪽). 주지하듯 푸코는 생명권력의 두 가지 형태, 즉 신체의 규율과 인구의 조절이 접합되는 지점을 성(性)이라고 보았다. 성은 규범에 따르는 신체의 규율을 의미하는 동시에 인구의 재생산을 위해서 중요한 계기였다(푸코, 1980). 그런데 이제는 새로운 유전학 지식 덕분에 유전자가 그 자리를 대신하여 개인의 신체를 규율하면서 동시에 인구의 재생산을 조절하는 역할을 수행하고 있다. 이는 신체보다 더 미시적인 분자 수준에서 작동하는 권력 효과를 잘 보여준다. 예컨대 특정 질병과 관계된 유전자를 지니고 있다는 이유로 '위험한 상태(genetically at risk)'로 규정되고 이것이 자아에 대한 관념과 개인의 행동을 규율한다. 유전학 지식은 개인의 정체성 실천과 긴밀히 연계되어 정치적·윤리적 장에서 작동한다. 이제 개인들은 그 장 안에서 점차 삶의 기회를 극대화하도록 노력하고, 삶의 질을 높이기 위해 특정 행동을 (삼가)하고 자신과 타인에게 신중하게 행동한다(Novas & Rose, 2000: 487쪽). 대표적으로 이스라엘에서 유대인 인종주의를 확장하기 위해 재생산 보조 기술을 활용하는 사례는 푸코가 언급한 생명권력이 작동하는 방식을 잘 보여준다(Nahman, 2008). 사실 푸코의 "생명권력(biopower)" 개념은 생명공학 시대에 보다 잘 부합하며(Rabinow & Rose, 2006), 최근 비교적 활발히 논의되고 있는 통치성(governmentality) 연구에서 제안된 "자유를 통한 통치"(Rose, O'Malley & Valverde, 2009: 13쪽)는 생명사회성에서 목격되는 주체화 양상을 포착하는 데 유용할 것이다.

또한 푸코적 관점을 기존 "의료화(medicalization)" 관점에 접목시키고 있는 클라크 등은 이처럼 질병 그 자체보다는 건강과 위험, 감시에 초점을 두는 것을 가리켜 "생의료화(biomedicalization)"라 개념화한 바 있는데, 생의료화 현상 가운데 하나는 건강이 개인의 목표이자 사회적 의무가 되며 일상적인 의학적 개입의 대상이 되는 것이다. 질병을 치료하는 것도 중요하지만 건강한 상태를 유지하는 것이 더 중요해지고 이는 개인의 도덕적인 의무로 여겨지게 된다.[3] 이에 따라 건강을 유지하는 새로운 방식으로 위험과 감시가 등장하여 개인의 위험 정도가 얼마나 되는지를 측정하고 일상적으로 관리하는 표준화된 모델이 정교화된

---

3) 기존의 "의료화(medicalization)" 접근이 갖는, 권력을 의료 집단에 제한된 것으로 보는 관점을 넘어서서 생의료화 접근은 보다 푸코적 관점에서 생의학적 지식, 병원, (환자) 집단, 보험회사, 연구소, 국가 등의 복잡한 제도적 총체에 주목한다. 아직 한국에서는 생소한 개념이지만, 생의료화 개념으로 한국의 비만 사례를 경험적으로 연구한 시도로 한광희(2012)가 있다.

다(Clarke et al., 2010).

요컨대 생명사회성 개념의 의의와 성과는 다음과 같이 정리될 수 있을 것이다. 무엇보다 이 개념은 우리의 몸에 관해 새로운 지식이 알려지게 됨에 따라 기존의 이해와 다르게 혹은 기존의 지식에 따라 자기 자신을 어떻게 이해하고 타인과 어떻게 관계를 맺게 되는지를 살펴보는 데 커다란 상섬을 지니고 있다. 유전적 동일성에 기반한 집단을 형성하여 정치적 행위를 하고 과학 지식의 생산에 기여하기도 하며, 한편으론 해당 사회의 맥락에 따라 그러한 집단적 정체성의 형성이 방해받는 경우도 있다. 이처럼 새로운 유전학 지식이 정체성의 형성에 결정적이지는 않으며 기존의 문화적 범주들과 서로 긴장하고 협력하면서 그 결과 새로운 지식(자연)과 정체성(문화)을 낳는다. 이러한 통찰은 자연/문화 구분이란 고정된 것이 아니며 끊임없이 설정/재설정됨을 우리에게 말해준다. 또한 생명사회성 개념은 신체보다 더 미시적인 분자 수준에서 작동하는 권력 효과를 보여준다는 점에서 푸코의 논의를 잘 잇고 있다. 특정 질병과 관계된 유전자를 지니고 있다는 사실로 인해 개인들은 삶의 기회를 극대화하고 삶의 질을 높이기 위해 특정 행동을 (삼가)하고 신중하게 행동하는 것이다.

3 생명사회성론의 한계들

이상 세 주제로 살펴본 생명사회성론의 굵직한 의의와 성과에도 불구하고, 동시에 이 개념은 몇 가지 중요한 한계를 드러내고 있다. 우리는 그 한계를, 생명사회성의 개념적 외연의 문제, 포스트 게놈 시대의

사례	유전자 관련성	정체성 형성	집단 활동	지역
유방암	○	○	연구 기금 모금	영국 · 미국
자폐증	○	○	연구에 영향	미국
알츠하이머	○	×	×	미국
IVF	×	×	×	에콰도르
IVF, 배아줄기세포	×	×	×	인도
IVF	×	×	×	이스라엘
폼페병		○	상업화	미국
임상 실험	×	○	×	인도

〈표 1〉 문제 사례의 네 차원

도래와 그에 따른 생명사회성 형성의 지체, 생명사회성 형성의 복합적 요인 및 그 개념이 내포한 서구 중심주의, 그리고 생명사회성론의 정치적 함의 문제라는 네 가지 주제로 정리하여 간단히 검토할 것이다.

우리는 우선 한국 사례가 제외된 한계를 갖지만, 생명사회성에 대한 최초의 경험적 연구의 축적물이라 여겨질 수 있는 기본과 노바스가 편집한 단행본(2008)으로부터 다음의 〈표 1〉이 제시하는 결과를 확인하고자 한다. 우리는 이 표를 생명사회성론의 네 가지 한계를 논의하는 하나의 지표로 사용할 것이다.

첫째, 래비노우의 생명사회성 개념은 잠재적 파괴력은 상당하였지만, 지나치게 좁게 정의된 문제를 갖고 있다. 1992년에 처음 제안된 래비노우의 생명사회성은 1990년에 개시된 인간 게놈 프로젝트에 의해 강한 영향을 받은 점으로 미루어 알 수 있듯이, "새로운 유전학"과 관련되는 것으로 제한되었다(Rabinow, 1996: 99쪽). 그러한 제한이 있었던 만큼 이 개념은 그 잠재성을 부여받았다. 그 잠재성이란 서구적 근대성의 근간을 뒤흔들, 자연의 인공화를 통한 자연/문화 구분의 붕괴와 새로운 사회성의 출현이었다. 이후 생명사회성 개념에 의해 인도된 많은 경험 연구의 축적이 이루어졌고, 그 결실 중 하나가 기본과 노바스가 편집한 생명사회성에 대한 단행본이었다. 우리는 이 책에서 어떻게 래비노우의 제안이 계승되고 수정되고 있는지 확인해보아야 한다.

기본과 노바스에 따르면, 생명사회성 개념의 독특성은 새로운 지식(유전학, 분자생물학, 게노믹스)과 (산업, 학문, 의료) 권력의 지점을 중심으로 사회성과 정체성이 형성됨을 인지하는 데 있다(Gibbon & Novas, 2008: 3쪽). 새로운 지식의 내용들은 여하튼 유전학을 중심으로 한 분자 수준의 생명 연구와 관련을 맺고 있다는 점에서 이러한 생명사회성에 대한 특징화는 래비노우의 생명사회성 개념을 따르고 있다. 그러나 우리는 이 책의 부제 "정체성 및 생물학의 형성(Making Biologies and Identities)"가 무색하리만큼 그 사례 연구들이 반드시 유전자에 국한되지는 않는다는 점에 주목해야 한다. 〈표 1〉에서 잘 확인되는 것처럼, 모든 사례 중 유전자가 관련된 사례는 50%에 불과하다. 유방암, 자폐증, 알츠하이머, 그리고 폼페병의 경우는 유전자와 긴밀한 관련성을 맺고 있지만, 인공수정과 임상 실험의 사례들은 사실 "새로운 유전학"과 별다른 관련이 없다. 후자는 생명사회성의 외연을 "새로운 유전학"을 너머 최신 생명공학 기술로 확장시킬 때 고려될 수 있는 것들이다.

어떻게 유전자 관련성을 넘어선 사례들이 생명사회성의 범주 속에서 논의될 수 있는 것일까. 이언 해킹은 간편하게 인간은 생물학적 존재이자 사회적 존재라는 점을 상기시키며 생명사회성 개념의 범용 가능성을 시사한다(Hacking, 2006: 81쪽). 그러나 이러한 시각은 일반성을 담지할 수 있지만, 생명사회성이라는 새로운 개념이 갖는 유용성의 증명에 그리 도움이 되지 못한다. 예를 들어 생명공학적 지식에 기초한 집단형성이 이미 잘 알려져 있는 질병이나 신체장애에서 나타나는 생물학적 특성에 기초한 집단 형성과 구분될 때 비로소 생명사회성의 개념적 유용성이 드러날 것이다. 그 유용성이란 자연의 인공으로의 전환과 푸코의 생명권력의 확대 등에서 확인될 수 있을 것이다.

둘째, 래비노우의 예측과 달리 우리가 현 시점에서 발견하는 사실은 우리가 방금 나열한 질병 내지 장애의 리스트 중에서 생명사회성으로 간주될 수 있는 새로운 정체성과 집단 형성이 매우 더디다는 점이다. 이러한 생명사회성 형성의 지체는 인간 게놈 프로젝트와 밀접히 연관되어 있는 것으로 보인다. 인간 게놈 프로젝트는 소위 결정론적 세계관 속에서 수행되었다. 인간 유전자 지도를 해명하고 이를 통해 특정 질병에 대한 "원인 유전자"를 밝힐 수 있을 것으로 기대되었다. 따라서 래비노우의 생명사회성에 대한 제안은 이러한 "자연주의"적 기대 속에서 쓰였다. 주지되다시피 인간 게놈 프로젝트는 1990년대 초반 착수되었고, 래비노우의 생명사회성에 관한 첫 글은 1992년에 쓰였다. 그에게 그 프로젝트를 통해 앞으로 완성될 인간 유전자 지도는 당시 위세를 떨치던 사회생물학에 대한 중요한 반격의 전기를 마련해 줄 것으로 보였다(Rabinow, 1996). 그 전기란 사회적인 것이 자연의 논리로, 즉 생물학적 원리로 설명될 수 있다는 주장을 뒤엎는, 오히려 자연의 영역이 인간의 개입을 통해 인공의 영역으로 전환되는 상황을 의미했다.

그러나 현 시점에서 이러한 결정론적이고 자연주의적인 기대는 심각한 도전을 받고 있다. 20세기 초반 전환기 서구 문명의 몰락과 혼돈이라는 분수령을 묘사한 토마스 만의 『마의 산』을 염두에 두며 래비노우는 그에 비견될, 생명공학의 발전에 의해 마련된 자연-문화의 구분이라는 서구적 근대성을 낡은 것으로 만들어버릴 생명사회성의 등장을 예견하였다(Rabinow, 2008). 그러나 역설적이게도 20세기 초반 아인슈타인의 결정론적 자연관에 도전한 양자론의 불확정성의 원리가 초래한 당혹스러운 상황은 1990년대 결정론적 희망을 제시하던 인간 게놈 프로젝트가 결정론보다는 확률론을 따라야 하는 것으로 동의된 2003년 이후 "포스트-인간 게놈 프로젝트 상황"에 의해 재연되었다. 인간 유전자 지도의 완성 결과, 인간의 유전자 수는 당초 예상했던 10만 개 정도에 훨씬 못 미치는, 초파리 유전자 수의 두 배 정도에 불과한 3~4만 개에 불과한 것으로 보고되었다. 이는 인간에게 새로운 복잡성 시대의 도래를 암시하는 것으로, 하나의 유전자가 하나의 질병과 관련될 것이라는 기존의 가설은 수정될 수밖에 없으며, 더 나아가 특정 질병은 다수 유전자 간 "거미줄과 같은 네트워크" 및 그것과 환경과의 상호작용의 결과라는 결론으로 귀결되었다(Hayden, 2010).

그렇게 본다면, 폼페병 치료제인 미오자임과 백혈병 치료제인 글리벡 개발에서처럼 특정 원인 유전자의 발견과 이를 중심으로 한 집단 형성은 매우 예외적인 사례로 이해되어야 할 것이다.[4] 유방암의 경우, 유방암의 생명사회성이라 이해될 수 있는 집단의 형성은 분명 1990년대

---

4) 폼페병은 전 세계적으로 환자가 3000~5000명밖에 되지 않는 희귀 질병으로, 전적으로 유전 요인에 의해 발병한다. 그러나 표에서 유전자 관련성을 가진 나머지 세 질병(유방암, 자폐증, 알츠하이머)의 경우, 유전자 요인이 발병 전체에서 차지하는 비중은 매우 낮은 것으로 알려져 있다.

BRCA 유전자 발견에 의해 추동되었으나 유전자 변이의 원인은 밝혀지지 않았다. 더욱이 전체 유방암 중 유전적 원인에 의한 발병은 5~10%에 불과하며 이중 70~85%가 BRCA1, BRCA2 유전자의 변이에 의해 발병하는 것으로 알려져 있을 만큼 실제 유전자의 기여도는 낮다. 자폐증(야스퍼거 증후군)의 경우에도 미국에서 환자 부모 단체에 의해 가족 유전자에 대한 조사가 이루어졌지만 치료를 위한 획기적 돌파구가 마련되지 않았다. 부모 단체는 원인 유전자의 규명 대신 자폐증을 유발할 수 있는 민감 유전자(susceptible genes)의 지도 구축에 연구비를 지원하였다(Silverman, 2008). 알츠하이머의 경우에도 1993년 APOE 유전자와의 관련성이 발표되었지만 인과관계는 규명되지 못하였을뿐더러 다른 유전자 및 환경적 요인의 관여도 중요한 것으로 보고되었다. 따라서 포스트게노믹 시대에 대다수의 경우 우리는 원인 유전자가 아닌 모호한 위험(risk)의 존재만을 확인할 수 있게 되었다(Hacking, 2006: 90쪽). 우리는 혹을 떼려다 하나의 혹을 더 갖게 되었다. 해킹은 우리는 이제 질병을 치료할 유전의학 대신 위험 요소(risk factors)를 갖게 되었고, 우리가 예견할 수 있는 것은 "결정론"이 아닌 "위험 요소들", 더 나쁘게는 "다중 요인적 위험(multifactorial risk)"이라고 적고 있다(Hacking, 2006: 91쪽).[5]

---

5) 물론 앞서 언급한 것처럼 "위험" 개념은 래비노우가 이미 사용하였고, 그의 생명사회성 개념과 밀접한 관련을 맺고 있다. 질병 이전에 발견된, 정상인들이 갖고 있을 수 있고 특정 질병을 유도할 수 있는 특정 유전자가 위험으로서, 이를 통해 개인 정체성 및 집단 형성이 가능해지는 것이다. 그러나 래비노우가 사용하는 위험 개념은 해킹의 그것과 차이가 있다. 예를 들어 래비노우에게 위험이 특정 유전자의 특정 질병에 대한 민감성을 의미한다면, 해킹에게 위험은 보다 불확정성을 지칭하는 개념으로 특정 질병에 대한 다양한 유전적 요인과 환경적 요인의 총체를 의미하는 것으로 보인다.

셋째, 래비노우의 전망과 달리 생명사회성의 형성 여부에서 유전자 요인이 중요하게 작용하거나 그렇지 않을 수도 있으며, 그 외 다양한 사회·문화적 요인도 고려되어야 함이 드러나고 있다. 질병 자체가 단일 요인이 아닌 여러 유전적 요인과 환경적 요인의 복합적 작용으로 발생하는 것처럼, 소위 생명사회성이라 불리는 집단 형성도 복합적인 방식으로 이해되어야 할 것이다. 다음과 같은 질문을 던져보자. 왜 어떠한 질병의 경우 생명사회성이 생성되고 지속되며 어떠한 경우 그렇지 않은가? 우리는 이 질문의 타당성을 앞에 제시된 〈표 1〉에서 쉽게 확인할 수 있다. 특정 질병 내지 경험만이 정체성 형성으로 이어지며 또한 그 중 모두가 집단 형성 및 집단 활동으로 이어지는 것도 아니다. 유전자와 관련을 갖는 것으로 여겨지는 유방암과 자폐증(야스퍼거 증후군), 그리고 폼페병의 경우 질병과 특정 유전자와의 관계에 기초한 정체성 및 집단 형성이 나타났지만, 유사한 알츠하이머의 경우에는 정체성의 형성도 집단화도 나타나지 않았다. 〈표 1〉에서는 다루어지지 않는 사례이지만, 유전자 변이가 기여를 하는 것으로 확인된 대장암과 안암, 그리고 난소암의 경우에도 우리는 뚜렷한 생명사회성 등장의 사례를 확인하기 힘들다.

그렇다면 무엇이 이러한 차이를 만들어내는가? 유방암의 경우 기본이 "젠더화된 접합(gendered articulation)"이라고 표현하는 것처럼 (Gibbon, 2008), 생명사회성은 유전의학과 여성의 독특한 경험이라는 페미니즘적 이 결합한 결과일 것이다. 자폐증 집단은 자폐증 자녀를 둔 부모에 의해서 형성된 특징을 가지며, 폼페병과 백혈병의 경우 치료제인 미오자임과 글리벡을 통해 생명사회성이 구성되었다. 반대로, 알츠하이머의 사례에서 알 수 있듯, 유전자 관련성이 있음에도 불구하고 생명사회성 형성이 발견되지 않은 사례의 배경에는 환자 자신들과 환자 가족들의 적극적인 주체화와 참여의 저조가 있었다. 따라서 우리는 생명사회성을 논의할 때 유전자 관련성 외에, 젠더, 연령, 치료법의 존재 여부를 동시에 고려해야 할 것이다.

누락된 또 하나의 변인은 지역이다. 한 가지 〈표 1〉에서 뚜렷이 관찰되는 점은 서구의 생명사회성과 비서구의 비생명사회성이다.[6] 서구에서 발견되는 사회단체의 활동 내용은 연구 기금 확보, 연구에 영향, 그리고 상업화 등인데, 이러한 활동은 기본적으로 최첨단 신약을 개발할 능력이 있는 제약 회사와 경쟁력 있는 대학과 병원, 자발적 결사체가 자유롭게 형성될 수 있는 시민사회, 연구 자금을 동원할 수 있는 경제력, 시민사회의 요구에 반응할 수 있는 자유주의 국가 등의 조건이 갖춰져 있을 때 비로소 가능하다. 이러한 조건들은 니콜라스 로즈의 표현을 빌리자면 소위 "선진 자유주의(advanced liberal)" 사회의 특징으로서 비서구 사회 일반에서는 충분히 갖추어져 있지 않다. 예컨대 에콰도르의 IVF는 시민사회의 부재 속에서 영리 병원을 통한 철저히 개인화된 계급 실천이자 구별짓기로 나타나고, 이스라엘의 IVF는 우생학적 의도가 깔려 있는 민족주의적 국가 기획에 의해 전용되며, 시민사회가 약한 인도의 IVF에서 생명사회성의 출현은 계급 불평등과 전통적 가족제

---

6) 이 구분은 『생명사회성들, 유전학, 사회과학』 편집 과정에서 당면했을 어려움을 짐작게 해준다. 다시 말해 서구 사회에서만 본래 래비노우가 제안했던 생명사회성의 개념에 부합하는 사례 연구가 이루어지며, 비서구 사회에서는 그것과는 약간 거리가 있는 IVF와 피실험자의 사례 연구가 수행된 것이다. 이러한 구분이 만들어진 이유는 비서구 사회에서 본연의 생명사회성 개념을 완전히 충족시키는 사례를 발견하기가 어려웠기 때문이 아니었을까.

도에 의해 좌절된다. 물론 앞 절의 논의에서 우리는 생명사회성의 형성이 사회·문화적이고 역사적인 배경에 따라 다채로울 수 있음을 하나의 성과로서 언급한 바 있다. 그러나 생명사회성이 여러 생물학적이고 사회적인 요인의 복합적 작용에 의해 나타날 수도, 그렇지 않을 수도 있는 매우 불투명한 성격을 가짐을 래비노우는 예견하지 못했다. 또한 생명사회성의 형성에 필요한 조건들이 서구 사회에 주로 갖춰져 있었다는 점에서 이 개념은 서구 중심주의라는 혐의로부터 자유롭지 못할 것이다.[7]

넷째, 마지막으로 지적할 수 있는 생명사회성론의 한계는 그것의 정치적 함의와 관련된 것이다. 로즈와 노바스에 따르면(Rose & Novas, 2005; Rose, 2007: 144쪽), 적극적인 생물학적 시민들(active biological citizen)이 구성하는 것이 바로 생명사회성이다. 로즈와 노바스는 생물학적 시민권 개념의 가교를 통해 생명사회성과 정치를 잇는다. 이들은 생물학적 시민권을 완성된 상태가 아닌 프로젝트로서, 시민들이 자신들의 건강 유지를 위해 개별적 실천을 하거나 집단을 형성하고, 경우에 따라 국가로부터의 인정과 보호를 추구하는 실천으로 이해한다(Rose &

---

7) 물론 비서구 사회에 해당하는 한국에서 백혈병 약제인 글리벡을 중심으로 한 대단히 강력하고 성공적인 환자 집단의 형성 사례와 앞서 언급한 중국의 '생명 민족' 사례를 감안하면(강양구·채오병, 2013; Sung, 2010), 생명사회성이 배타적으로 서구에만 해당하는 개념이라고 단정할 수 없을 것이다. 또한 현재와 같이 글로벌한 환경 속에서 생명사회성이 한 사회의 범위를 넘어 형성될 수 있다. 예를 들어 한국 글리벡의 사례에서 생명사회성은 스위스의 다국적 제약 회사인 노바티스와 한국의 국가, 그리고 한국의 환자 집단의 초국적 관계망 속에서 성장한 것이다. 우리는 이 개념이 여전히 서구 중심적이라는 점을 인지하면서도, 그것이 다양한 변인의 결과라는 점을 염두에 두어야 할 것이다.

Novas, 2005: 441~442쪽).

이미 검토한 것처럼 온전히 생명사회성이라 일컬을 만한 사례들이 많지 않음에도 불구하고, 이처럼 생명사회성은 그 자체로 정치적 계기를 포함하고 있다. 그런데 이 지점에서 우리가 주목해야 할 점은 생명사회성 집단의 성격 변화이다. 영미권의 유방암 단체들의 경우, 소위 '포스트-게놈 복잡성'의 시대에 들어서면서부터 유전자가 집단 활동에서 차지하는 중요성이 현격히 줄어들었다(Gibbon, 2008). 미국 자폐증 집단의 경우, 1990년대의 단체들이 자폐증의 유전학적이고 신경학적 원인을 찾는 데 집중했다면 2000년대의 자조 단체는 유전자 관련성과 거리를 두며 자폐를 "비정상"이 아닌 "다른 특성"으로 볼 것을 주장하는 정체성의 정치와 인정의 정치로 선회하였다(Silverman, 2008). 이러한 성격 변화는 더 이상 생명사회성을 다른 사회성과 구분하기 어렵게 만들어 버린다. 예를 들어 이 집단들과 현재 형성되어 있는 장애우 단체나 동성애 단체를 의미 있게 구분할 수 있는 기준이란 어떤 것인가?

굳이 생물학적 주제에 제한되지 않고 보다 시야를 확대해 보면, 우리는 1990년대 이후 국가로부터의 보호와 지원과 인정을 요구하는 많은 집단의 등장이 있었음을 보게 된다. 그것은 거시적으로 보면 포드주의의 몰락과 유연적 축적이라는 사회경제적 조건과 연동되어 있으며, 보다 친숙한 사회운동의 용어를 사용하자면 구사회운동의 몰락과 신사회운동의 등장, 혹은 해방의 정치의 쇠퇴와 삶의 정치의 등장(Giddens, 1991)과 관련된다. 생명사회성 개념에는 신사회운동과 삶의 정치 등의 개념이 포착할 수 없는 어떠한 독특성이 여전히 남아 있는 것일까?

4 결론

생명사회성론은 대단히 많은 주목을 받아옴과 동시에 그 기대가 컸던 만큼, 그에 못 미치는 성과에서 기인하는 한계 역시 부각되지 않을 수 없다. 우리는 세 가지 성과와 네 가지 한계를 지적하였는데, 그 대차 대조표의 결론은 무엇일까? 다시 말해 생명사회성은 여전히 유효한가, 아니면 폐기되어야 마땅할 개념인가? 이분법의 논리를 반드시 따를 필요는 없다. 결론적으로, 우리는 이어지는 정리를 통해 생명사회성 개념이 여전히 유효성을 갖고 있지만, 그 유효성이 래비노우가 예상했던 결정론적 세계관 속에서가 아닌, 대단히 제한되고 소박한 범위 내에서 유지될 수 있음을 제안하고자 한다.

비록 명시되고 있지 않지만 우리는 로즈의 생명사회성과 생물학적 시민권에 대한 논의에서 그 윤곽을 그리는 단초를 찾을 수 있다. 그의 생명사회성 개념의 전용은 래비노우의 생명사회성보다 덜 야심적이다. 우선 그는 새로운 형태의 시민권이 언제나 유전학에 기초해 있는 것은 아니며, 단일 유전자에 의한 질병(헌팅턴, 탄력섬유가성황색종(PXE), 카나반 병)의 경우 유전학은 분명 조직화의 역할을 담당하지만, 다른 경우 반드시 그렇지 않을 수 있다는 점을 상기시킨다(Rose, 2007: 146쪽). 이 점은 앞서 언급한 생명사회성론의 두 번째 한계와 공명한다. 다시, 로즈의 다음 논의는 앞 절의 세 번째 한계와 관련되지만 그렇다고 하여 생명사회성 개념을 포기하지는 않는다. 즉 선진 자유주의 사회들(예컨대 미국, 유럽, 호주 등)에서 등장하는 생명사회성은 특정 기술적 발전의 결과만으로 이해되어서는 안 되며, 그것은 시민됨(citizenship)과 인간(personhood)에 대한 그 사회의 특정한 관념, 특히 과거의 정치적 액

티비즘의 역사와 다양한 종류의 정체성 정치와 결부되어 있다는 것이다(Rose, 2007: 147). 유전적 요인이 중요할 수 있지만, 그것이 생명사회성 형성의 충분조건은 아니라는 것이다. 마지막으로, 로즈의 다음과 같은 언급은 네 번째 한계와 연관된다. "정체성의 유전학화(geneticization)는 보다 복잡한 정체성 실천의 장 속에 위치 지어져야 한다. 국적, 문화, 섹슈얼리티, 종교, 식습관, 생활 스타일, 취향 등 다층적인 정체화(identification) 실천들과 정체성 요구들이 선진 자유민주주의를 가로지른다. 이중 몇몇 정체성 귀속 혹은 요구만이 생물학적이거나 생의학적이다. ……통제적 실천들이 인간됨에 대한 생물학적 관념을 활용할 때에도 유전적 정체성이 우세한 경우는 드물다. ……생물학적이고 생의학적이며 유전적인 정체성에 대한 관념은 분명 다른 정체성 요구들을 자극하고, 그들과 상호작용하고, 통합하며, 경합한다. 나는 전자가 후자를 대체하리라는 점에 대해서는 회의적이다."(Rose, 2007: 112~113쪽) 유전학의 발전에 따라 새로운 사회성이 형성될 수 있지만 그것이 기존의 사회성 형성의 원리를 대체하는 것은 아니며, 양자는 서로에게 영향을 주는 관계에 놓여 있다는 것이다. 소박한 형태의 생명사회성론인 셈이다.

그 소박함 속에서 생명사회성 개념은 다음과 같은 의의를 갖게 될 것이다. 생명사회성론이 제안된 지 20년이 흘렀지만 우리는 생명사회성의 등장이 근대성에 대한 인식론적 전환을 불러올 것이며 "사회적인 것(the social)"의 조직 방식이 근본적으로 변화할 것이라는 예견에 부합하는 어떠한 증거와 움직임도 현재 발견하기 어렵다. 그것은 무엇보다도 포스트 게놈 복잡성 시대에 특정 유전자에 의해 추동될 만한 집단 형성의 계기가 마련되기 어렵다는 현실 인식에 기인하는 것으로 보인다. 그러나 이러한 생명사회성론의 한계는 동시에 그 개념에 제한적이나마 다른 가능성을 열어주고 있는 것으로 보인다. 우리가 이 글의 첫 단락에서 언급했듯이, 생명사회성 개념은 푸코의 문제의식을 계승하면서 그것을 넘어서는 계기를 마련해 줄 것으로 기대되었다. 그러나 현재까지의 연구들은 생명사회성의 형성 여부에 초점을 둔 나머지, 생명사회성과 생명권력의 관계에 대한 연구를 등한시하였다. 선체로서의 인구도 개별화된 인간의 신체도 아닌, 생명공학적 지식의 생산과 이와 밀접히 연관된 분자 수준에서 작동하는 생명권력에 대한 연구는 주목받지 못했다. 해킹이 언급한 것처럼, 결정론으로부터 확률론으로의 전환, 즉 위험 요인으로의 존재론적이면서도 인식론적인 전환은 생명공학이 우리에게 어떠한 간편한 해결책을 제시해 준 것이 아니라 현 시대를 살아가는 모두에게 과제를 부여한 것이다. 생명공학은 계속 발전할 것이며, 지속적으로 우리의 유전자와 질병 간의 관계에 대해 이야기할 것이다. 그리고 그 지식은 "위험"의 이름으로 지속적으로 사람들의 삶의 방식에 개입하고 그들의 행위를 통제할 것이다. 이를 통해 공통의 위험 요인을 갖는 사람들의 정체성과 집단이 형성될 가능성은 항시화될 것이다. 그러나 이러한 정체성과 집단은 근대성의 근간을 위협하는 수준에서가 아닌, 신사회운동과 같은 정치사회적 조건이 마련해 준 공간에서 그 운신의 폭을 갖게 될 것이다.

† 생명공학이 낳은 새로운 지식과 그 실천이 근대적 시민권의 변화와 어떻게 관계를 맺을 수 있을까? 이 글은 생명공학과 시민권의 상호 작용을 2000년대 초반 한국에서 진행되었던 백혈병 환자의 새로운 주체화 과정을 통해서 고찰한다. 한국이라는 지역적 맥락에서 등장한 이런 백혈병 환자의 사례는 생명공학과 시민권의 상호 작용을 개념화하려는 한 시도인 생물학적 시민권 개념의 유용성과 한계를 짚는 계기를 제공한다. 또 이런 맥락화된 생물학적 시민권에 대한 관심은 생명공학과 사회 변동을 둘러싼 경험 연구의 바람직한 방향도 보여준다.
이 글은《경제와 사회》통권 제97호(비판사회학회, 2013)에 실린 것을 재수록하였다.

제2장 21세기 생명정치와 시민권의 변동 ——글리벡 정체성의 탄생

강양구 · 채오병

1 들어가며

생명공학의 발전이 사회에 어떤 영향을 줄 것인가? 20세기 중반 유전자 조작의 가능성이 제시되고 나서부터 현재까지 이 질문을 놓고서 수많은 대답이 나왔다. 특히 그 영향의 효과를 놓고서는 "새로운 인류의 탄생"(레이 커즈와일)을 점치는 낙관론부터, "인류를 파멸로 이끌 것"(빌 매키벤)이라는 비관론까지 극과 극의 입장이 다양한 형태로 변주되면서 논쟁이 진행 중이다. 또 이런 양극단의 시각은 과학 소설(SF) 혹은 할리우드 영화를 통해서 대중들의 생명공학에 대한 이미지를 형성해 왔다. 하지만 과학기술이 낳을 사회 변동을 둘러싼 이런 첨예한 논쟁에 대한 사회과학의 대답은 제한적이었다. 주로 생명 윤리에 관심이 있는 철학자를 중심으로 생명공학에 대한 비판적인 담론이 상당히 축적되긴 했으나, 사회학은 거의 침묵으로 일관했다. 이런 상황에서 생명공학에 대한 경험 연구도 인류학과 같은 다른 분과 학문에서 파편적으로 진행되고 있는 형편이다.

그나마 1990년대부터 일군의 사회과학자들이 생명공학과 사회의 관계를 놓고서 찬반의 이분법을 넘어서는 새로운 사유를 내놓기 시작했다. 니콜라스 로즈, 폴 래비노우 등은 생명공학이 낳은 지식이 생산되고 소비되는 공간 속에서 이뤄지는 다양한 관계를 살핌으로써 그것이 구체적으로 어떤 효과를 낳는지에 주목한다. 특히 이 과정에서 이들은 생명공학이 낳은 지식이 기존의 계급, 인종, 젠더에서 비롯한 정체성과는 다른 새로운 정체성에 기반을 둔 새로운 주체를 낳고, 이들의 실천이 생명공학과 사회의 관계를 새롭게 틀지을 가능성을 점쳤다. 로즈의 '생물학적 시민권(biological citizenship)', 래비노우의 '생명사회성 (biosociality)' 등의 개념은 이런 고민의 결과물이다(Rose & Novas, 2005: Rabinow, 1996).

한편, 거의 같은 시기(1990~2000년대)에 사회과학계는 낡은 열쇳말에 다시 주목하기 시작했다. 1990년대부터 미국, 유럽의 사회과학계에서는 '시민권(citizenship)'에 대한 연구가 쏟아졌다. 토머스 마셜이 『Class, Citizenship and Social Development』[1]에서 '시민적 권리(civil rights)→정치적 권리(political rights)→사회적 권리(social rights)'로 확장되는 시민

---

1) 마셜이 서유럽의 시민권 발전에 대해 논한 "Citizenship and Social Class"는 1949년 케임브리지 대학의 '앨프레드 마셜 강연'으로 발표됐고, 1963년 『Class, Citizenship and Social Development』의 제4장으로 수록됐다(Marshall, 1963).

권의 발전에 대한 고전적인 주장을 제기하고 나서 거의 30년 만에 시민권 연구가 사회과학계의 오래된 화두로 다시 각광을 받고 있는 것이다.

최현은 이렇게 시민권 연구가 다시 각광을 받게 된 중요한 원인으로 크게 세 가지를 꼽았다(최현, 2003). 우선 ① 동유럽에서 사회주의가 몰락한 이후 보스니아 내전과 같은 종족 분쟁이 일어나는 현실을 목도하면서 그 원인을 찾는 과정에서 "사회적 정체성의 결정자로서의 시민권이 갖는 역할과 한계"에 관한 관심이 나타났다. 또 ② 지구화와 그에 따른 이민의 증대는 국민 국가와 떼려야 뗄 수 없는 관계를 갖는 시민권에 대한 새로운 관심을 불렀다. 마지막으로 ③ 민주주의의 발전 과정에서 다양하게 분출되는 목소리는 자연스럽게 시민권에 대한 새로운 관심으로 이어졌다.

하지만 이렇게 시민권이 새롭게 조명되는 가운데서도, 과학기술 특히 생명공학이 시민권 논의와 어떻게 연결되는지에 대한 고민은 드물었다. 생명공학이 사회와 상호 작용하는 가운데서 나타날 사회 변동이 여러 논쟁을 불러일으키고 있고, 더 나아가 앞서 언급한 로즈, 래비노우 등이 생명공학의 발전으로 나타날 새로운 주체화 과정을 놓고서 '생물학적 시민권' 등의 개념을 제안하는 상황을 염두에 둔다면 거의 비슷한 시기에 사회과학계의 화두로 떠오른 두 가지 열쇳말, 즉 '생명공학'과 '시민권'을 동시에 아우르는 연구는 사회과학의 새로운 과제라고 할 만하다.

이 글에서 우리는 이런 배경을 염두에 두고서 생명공학의 발전으로 나타나는 새로운 주체화 과정이 기존의 시민권을 둘러싼 논의를 어떻게 심화, 확장시키는지를 예시 형태로 보여줄 것이다. 특히 2000년대 초반에 한국에서 진행되었던 백혈병 치료제 글리벡과 그것을 둘러싼 백혈병 환자의 대응을 통해서, 생명공학에 기반을 두고 개발된 치료 방법이 낳은 새로운 정체성이 어떤 점에서 시민권의 구조 변동과 연결될 수 있는지를 살펴본다.

구체적으로 이 글의 논의는 다음의 순서로 진행될 것이다. 우선 이 글은 이론적 배경으로 생명공학과 시민권의 관계를 검토할 것이다. 다음으로 이 글은 한국의 사례로 초점을 옮겨 어떻게 생물학적 시민권 요구의 전초가 되는 백혈병 환자들의 정체성 형성과 주체화가 백혈병 치료제 글리벡을 중심으로 형성되었는지 살필 것이다. 또 글리벡 정체성에 기초한 생물학적 시민권 프로젝트가 결실을 맺는 과정을 분석할 것이다. 마지막으로 이 글은 한국이라는 지역적 맥락과 백혈병이라는 특정 질병 사례를 통해 생물학적 시민권 개념의 유용성과 한계를 짚어볼 것이다.

2 생명공학과 시민권

생명공학과 사회와의 관계를 논의하는 자리에서 왜 흔히 '시민권'으로 번역되는 '시티즌십(citizenship)'에 관심을 둬야 하는가? 로즈에 따르면, 유럽에서 근대적인 형태의 시민권이 확립한 18세기부터 특정 국가는 자신의 시민에게 특정한 형태, 예를 들자면 인종과 같은 생물학적인 자격을 요구했다(Rose, 2007). 이 과정에서 국가는 나치 치하의 독일 정부가 그랬듯이 이런 특정한 생물학적인 자격에 대한 관념을 유포하고, 그런 관념에 불일치되는 이들을 격리하거나 추방하는 것과 같은 극단적인 정책도 서슴지 않았다. 그런 점에서 로즈는 근대적 시민권은 사실상 어느 정도는 "생물학적인 것"이었다고 여긴다.[2] 기존의 시민권을 둘러싼 연구가 충분히 환기하지 못했던 이런 사실을 염두에 둔다면, 생명공학의 발전으로 나타나는 "생물학적인 것"의 변화는 근대적 시민권의 변화를 낳고 역으로 시민권의 변화는 "생물학적인 것"에 대한 사회적 재현 방식을 바꾼다.

실제로 일부 선행 연구는 이런 변화의 조짐을 포착했다. 아드리아나 페트리나는 우크라이나가 민주화된 이후에 체르노빌 인근 지역의 시민들이 1986년 체르노빌 핵발전소 사고로 당한 자신의 피해에 대한 보상을 국가에 요구하기 시작한 것에 주목한다. 페트리나는 이런 우크라이나 시민의 권리 요구를 놓고서 최초로 '생물학적 시민권'이라는 개념을 사용했다(Petryna, 2002). 정치적 기회 구조의 변화가 근대적 시민권의 "생물학적인 것"의 변화로 이어진 것이다. 한편, 로즈와 카를로스 노바스는 생명공학이 낳은 새로운 진단, 치료 기술이 과거와는 질적으로 다른 질환별 환자 운동을 낳을 가능성에 주목한다. 예를 들어 유방암(Gibbon, 2008), 자폐증(Silverman, 2008), 폼페병(Novas, 2008) 환자는 생명공학이 제공한 (혹은 제공할) 새로운 기회를 적극적으로 선취해 자신의 환자로서의 '살 권리'를 적극적으로 주장하는 새로운 사회운동을 전개한다. 로즈와 노바스는 이런 환자 운동을 페트리나의 생물학적 시민권과 구분해 '능동적 생물학적 시민권'이라고 명명했다(Rose & Novas,

---

2) 이런 로즈의 언급을 염두에 두면, 로즈의 '생물학적 시민권'을 생명공학의 발전으로 나타나는 효과로 이해하는 일부 연구는 오해의 소지가 있다. 앞으로 살펴보겠지만 로즈가 래비나우의 '생명사회성'을 염두에 두고 '능동적 생물학적 시민권'이라는 개념을 굳이 만든 것도 이런 과거의 '생물학적 시민권'과의 차이점을 부각하기 위해서이기 때문이다.

2005). 즉 생명공학이 낳은 새로운 지식과 그 실천이 "생물학적인 것"에 대한 사회적 재현 방식에 영향을 주고, 그것이 결국은 근대적 시민권의 변화로 나타난 것이다.

이러한 시민권과 생명공학의 '공동 생산(co-production)'[3]은 사실은 근대적 시민권의 본질과도 맞닿아 있다. 샹탈 무페에 따르면, 근대의 시민권 개념은 "국민 국가와 그 개별 구성원 사이의 관계를 규정하는 권리와 의무의 집합으로서 이해되어야 한다"(무페, 2003: 382쪽). 서로 긴장 관계에 놓일 수밖에 없는 '시민으로서의 권리'와 그런 권리를 누릴 수 있는 시민으로서의 지위를 획득하기 위한 '시민으로서의 의무', 이 두 가지 요소가 근대적 시민권 안에 녹아 있는 것이다. 그리고 이렇게 긴장 관계에 있는 둘 간의 상호 작용의 결과로서 현실에서 '시민권'이라는 제도가 나타난다. 근대적 시민권 하면 곧바로 연상되는 '국적'은 단적인 예이다. 이민을 통해서 특

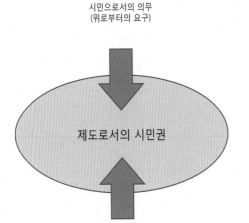

시민으로서의 의무
(위로부터의 요구)

제도로서의 시민권

시민으로서의 권리
(아래로부터의 요구)

---

3) '공동 생산(co-production)'은 자연 질서와 사회 질서가 상호 작용하면서 자연과 사회를 이해하고 재현하는 방식에 동시에 영향을 주는 것을 강조하고자 고안된 개념이다(Jasanoff, 2004).

정 국가의 시민이 되려면 그것을 획득하고자 여러 '의무'를 다해야 하며, 그런 자격을 획득하기 위한 여러 가지 의무를 다했을 때 비로소 그는 해당국의 국적을 획득하고 그에 따른 여러 가지 권리를 요구할 수 있다.

이처럼 시민권에 포함된 두 요소의 긴장 관계를 염두에 두면, 우리는 시민권을 '정태적인 지위'가 아닌 '역동적인 과정'으로 파악할 수 있게 된다(Somers, 1993 참조). 예를 들어, 지금은 많은 국가에서 시민권의 기본 요소 중 하나로 당연시하는, 마셜이 시민권의 두 번째 발전 단계로 언급한 '정치적 권리'의 중요한 구성 요소인 참정권을 살펴보자. 국가로부터 요구 받은 세금, 병역 등과 같은 의무를 수행했음에도 투표와 같은 참정권을 얻지 못했던 영국 노동자의 차티스트 운동의 결과 시민권에는 선거권, 피선거권을 포함하는 참정권이 핵심 요소가 되었다. 이처럼 제도로서의 시민권은 위로부터의 요구와 아래로부터의 요구가 경합하면서 축소 또는 확대되는 역동적인 것이다.[4] 사실상 오늘날 시민권을 둘러싼 다양한 논의는 이 두 가지 긴장 요소 중 어느 쪽을 강조하느냐와 밀접한 관계를 갖고 있으며(Shafir, 1998 참조), 그런 점에서 무페가 날카롭게 파악한 대로 현실에서 다양한 형식으로 나타나는 시민권은 "민주주의에 대한 개념만큼이나 투쟁의 대상이다."

이렇게 시민권을 "투쟁의 대상"으로 파악하는 시각은 생명공학의

---

4) 윌 킴리카와 웨인 노먼은 '시티즌십'에는 "법적 지위로서의 시티즌십(citizenship as legal status)"과 "시민의 활동으로서의 시티즌십(citizenship as desirable activity)"의 두 가지 서로 다른 개념을 내포하고 있다고 주장한다(Kymlicka and Norman, 1995). 하지만 이 글에서는 "법적 지위로서의 시티즌십"은 "시민의 활동으로서의 시티즌십"이 기존의 '시민의 자격'을 얻고자 시민에게 여러 가지 의무를 요구하는 정치권력(국가)과 경합한 결과로서 나타난 것으로 파악한다.

등장으로 나타난 "생물학적인 것"과 시민권의 변화 그리고 그 매개가 되는 새로운 주체화 과정(생물학적 시민권)을 어떻게 이해해야 할지를 놓고도 흥미로운 시각을 제공한다. 시민권과 마찬가지로 생물학적 시민권 자체도 "투쟁의 대상"이기 때문이다. 생명(삶)에 대한 근대적 지식/권력과 그것에 기반을 둔 폭력을 국가가 독점하던 20세기 초까지만 하더라도 생물학적 시민권은 '위로부터의 요구'를 일방적으로 부과하는 형태로만 관철되었다.[5] 하지만 생명에 대한 근대적 지식/권력이 점차 확산되고 정치, 사회, 문화적 변동에 따라서 정치의 기회 구조가 변화하면서 '아래부터의 요구'가 점차 나타나기 시작했고 그것이 페트리나나 로즈가 개념화한 생물학적 시민권의 변화로 귀결된 것이다. 이런 점에서 볼 때, 생명공학과 사회의 상호 작용을 이해하려면 생명공학이 시민권의 두 가지 경합하는 요소(시민으로서의 의무/시민으로서의 권리) 중 어느 쪽에 힘을 실어주고 그 결과 시민권의 구조 변동이 어떤 식으로 나타나는지를 살피는 것이 꼭 필요하다. 2000년대 초반 한국에서 나타난 백혈병 환자의 글리벡 약값 인하 운동은 이상의 이론적 논의를 보여주는 좋은 예이다.

3 '글리벡 정체성'의 탄생

"죽음을 기다리는 사람들." 2000년 이전까지만 하더라도 대표적

---

5) 물론 이 시기에도 암묵적인 아래로부터의 저항이 있었을 것이다. 하지만 이것은 이 연구의 관심범위를 넘어선다.

인 성인 혈액 암의 한 종류인 만성 골수성 백혈병 환자(CML, Chronic Myeloid Leukemia)를 묘사하는 데 이보다 적합한 말은 없었다. 만성 골수성 백혈병 환자는 대개 발병 후 3~4년 이내에 사망했기 때문이다. 유일한 희망은 골수 이식이었다. 그러나 면역 거부 반응이 최소한으로 줄어드는 특정한 유전자(HLA 유전자)가 일치하는 기증자를 찾을 가능성은 희박했다. 설사 기증자를 찾는다 하더라도, 골수 이식을 받은 환자의 절반가량은 면역 거부 반응을 견디지 못하고 사망했다. 즉 만성 골수성 백혈병에 걸리는 것은 사실상 '사형 선고'나 다름이 없었다.

그런데 1999년 스위스 소재 초국적 제약 회사 노바티스(Novartis)가 백혈병 치료제 글리벡(Gleevec)을 상용화하면서 상황은 바뀌었다. 2000년 가을, 외국의 새로운 백혈병 치료법을 꾸준히 살피던 한 백혈병 환자가 글리벡의 우수한 임상 시험 효과를 환자들이 자주 드나드는 인터넷 게시판에 최초로 알렸다.[6] 글리벡을 "기적의 탄환"이라고 부르며 탁월한 치료 효과를 알린 국내외 언론은 만성 골수성 백혈병 환자의 기대를 더욱더 자극했다.

마침내 2001년 5월 10일 미국 식품의약품안전청(FDA)이 글리벡의 시판을 허용했고, 국내의 일부 백혈병 환자는 미국의 친지를 통해서 글리벡을 구매해서 복용했다. 이들을 통해서 글리벡의 치료 효과를 입소문으로 접한 국내의 만성 골수성 백혈병 환자는 환호했다. 더 이상 그들은 "죽음을 기다리는 사람들"이 아니었다. 만성 골수성 백혈병 환자는

---

6) 만성 골수성 백혈병에 걸린 지 2년이 된 이 환자는 글리벡에 대한 기대로 골수 이식을 미루다 결국 이식 수술을 하였다. 그러나 글리벡이 국내에서 출시된 직후인 2001년 8월 골수 이식의 후유증으로 사망했다.

하루 네 알 이상씩 글리벡을 복용하면 5년 이상, 더 운이 좋다면 평생 생명을 유지할 수 있다. 그들에게 글리벡은 "구원"이었다.

이런 흥분 상태에서 만성 골수성 백혈병 환자들은 글리벡의 빠른 출시를 촉구하는 집단행동에 나선다. 2001년 3, 4월 청와대, 보건복지부, 식품의약품안전청(식약청) 등의 홈페이지는 글리벡의 빠른 국내 시판을 촉구하는 백혈병 환자와 가족의 사이버 시위로 몸살을 앓았다. 백혈병 환자들의 집단행동은 2001년 4월 19일 한 환자가 인터넷 게시판에 직접 행동을 제안하면서 더욱더 활기를 띤다. 그는 사이버 시위뿐만 아니라 보건복지부, 식품의약품안전청 등의 앞에서 하는 '1인 시위'와 같은 직접 행동을 제안했다. 이런 제안이 백혈병 환자와 가족의 호응을 얻으면서 온라인과 오프라인을 넘나드는 동시다발적인 집단행동으로 이어졌다.

결국 식약청은 미국 FDA의 승인 한 달 후인 2001년 6월 20일 글리벡의 국내 시판을 허용한다. 이로써 한국은 스위스, 미국에 이어서 세 번째로 글리벡을 구매할 수 있는 나라가 되었다. 이런 식약청의 빠른 결정은 이례적인 것으로 백혈병 환자의 집단행동이 이런 결정에 중요한 영향을 끼쳤음은 부정할 수 없다. 앞에서 언급한 백혈병 환자의 직접 행동을 최초로 제안한 이는 전 한국백혈병환우회 회장(전 건강세상네트워크 공동대표) 강주성이다. 그는 만성 골수성 백혈병을 앓던 환자였으나, 1999년 골수 이식 수술 후 2001년 4월 당시에는 경과를 지켜보는 중이었다. 그는 직접 행동을 제안한 이유를 이렇게 설명한다.

"만성 골수성 백혈병으로 골수 이식 수술에 성공한 저는 (죽음을 기다리는) 다른 환자에게 일종의 부채 의식을 가지고 있었어요. 당시 백혈병 환자에게 글리벡은 가장 급한 문제였습니다. 이런 급한 문제를 해결하려면 (사이버 시위뿐만 아니라) 밖에서 보이는 활동이 필요하리라 생각했어요. 또 직접 행동이 환자들이 더 적극적으로 나설 수 있는 계기가 되리라고 생각했고요."

이런 글리벡 충격이 가지는 의미는 각별하다. 글리벡은 생명공학의 발전이 낳은 전혀 다른 패러다임의 신약이기 때문이다. 글리벡은 (화학요법이나 방사선 치료와는 다르게) 암세포만을 공격하고 정상 세포는 건드리지 않도록 설계된 최초의 표적 치료제다. 생명공학의 발전으로 만성 골수성 백혈병과 같은 암을 유발하는 'DNA→RNA→단백질'로 이어지는 분자 수준의 메커니즘을 부분적으로 확인할 수 있었고, 이 과정에서 인간의 염색체 9번의 BCR 유전자와 염색체 22번의 ABL 유전자의 작용으로 백혈병 암세포를 생성하는 단백질(tyrosine kinase)을 확인했다. 글리벡은 바로 이 암세포를 생성하는 나쁜 단백질의 작용만을 선택적으로 막는 새로운 약인 것이다.

이런 글리벡이 가져온 파장은 다른 예로도 확인할 수 있다. 글리벡은 만성 골수성 백혈병뿐만 아니라 위암의 일종인 또 다른 희귀 난치성 질환인 위장관 기질 종양(GIST, Gastrointestinal Stromal Turmor)에도 치료 효과가 있다는 사실이 확인되었다. 위장관 기질 종양과 관계된 유전자가 글리벡의 타깃과 같은 유형의 단백질을 만들어내면서 의도하지 않았던 결과가 나타난 것이다. 생명공학의 효과로 나타난 분자화(molecularization)[7]의 결과로 애초의 질병 분류 체계에서 혈액 암과 위암

---

7) 로즈는 21세기 생명공학의 효과를 다섯 가지 변화로 요약한다(Rose, 2007). 분자화, 최적화(optimization), 주체화(subjectification), 전문성(expertise), 생명경제

으로 분류되었던 만성 골수성 백혈병과 위장관 기질 종양이 같은 질병 군으로 재분류된 것이다.

글리벡 충격은 '글리벡 정체성'을 가진 새로운 주체의 탄생으로 이어졌다. 글리벡에 열광한 만성 골수성 백혈병 환자는 '희망'이 '현실'로 바뀌는 순간 새로운 생명공학의 호명에 답하며 새로운 주체로 거듭났다. 물론 글리벡 충격 이전에도 만성 골수성 백혈병 환자는 있었다. 하지만 이들에게 다른 만성 골수성 백혈병 환자와의 집단행동이나 혹은 그 전 단계인 공통의 정체성을 기대하는 것은 불가능한 일이었다. 이것은 당시 만성 골수성 백혈병 환자의 소통 공간이었던 인터넷 게시판[8]의 글을 통해서 확인할 수 있다. 글리벡이 등장하기 이전에 이 게시판은 절망적인 분위기가 지배했다. 그들은 할 수 있는 일은 죽음을 기다리는 일뿐이었기 때문이다. 게시판에 글을 올린 아래 두 사람도 결국 생명을 잃었다.

"(만성 골수성 백혈병) 참 무서운 병이에요. 어디 가서 말하고 싶지도 않고요. 슬퍼요. 나만이 겪는 고통인 줄 알았어요. 힘들었어요. 자살을 기도하기도 했어요. 그

(bioeconomics). 애초의 질병 분류 체계에서는 혈액 암과 위암으로 분류되었던 백혈병과 위장관 기질 종양이 분자(mole) 수준에서는 같은 종류의 질병으로 묶일 수 있다는 사실은 이런 분자화의 전형적인 예라고 할 수 있다. 인간 유전체 사업(Human Genom Project)을 이끈 생명과학자 프랜시스 콜린스는 미래의 암의 분류는 "어떤 기관이 암에 걸렸는가, 세포의 모양이 어떤가 혹은 어디로 암이 퍼졌는가"보다는 "무슨 암 유전자가 관련되어 있는가"와 같은 "분자적인 특성 규명에 의존할 것"이라고 전망한다(Collins, 2012)

8) 한국혈액암협회의 전신인 '새빛누리회'의 만성 백혈병 환우 게시판이었다. 강주성이 직접 행동을 제안한 인터넷 게시판도 이곳이다.

러나 아직은 살아 있어요. 이젠 잘 견디고 있어요. 친구들이 생겼어요. 우리 모두 웃어요. 우리는 이길 수 있어요." ('현준 엄마')

"저는 1965년생이니까 36살이고 (⋯) 두 아들의 아버지입니다. 저는 1998년 8월에 발병해서 (⋯) 그럭저럭 2년 반이 흘러갔고, (⋯) 생활이 바쁘니 가장 중요한 환자로서의 지위도 망각합니다. 환자로서 느끼는 답답함, 막막함, 원망스러움, 어려움과 더불어 그래도 가끔 있는 희망들을 이야기할 수 있는 공간이 되었으면 합니다. 자주 인사드리겠습니다." ('문')

이렇게 죽음만을 기다리던 사람들에게 글리벡이 던진 충격은 이런 처지를 겪은 적이 없는 일반인의 상상을 초월한다. 이들은 남은 생애 동안 하루 네 알 이상씩 글리벡을 계속 복용해야만 삶의 가장 기본적인 전제 조건인 생명을 유지할 수 있다. 그런 점에서 이들의 삶에서 가장 중요한 정체성은 다름 아닌 글리벡 정체성이다. 앞에서 인용한 게시판의 글에서 확인할 수 있듯이 한 명, 한 명 개별적으로 고통을 호소하는 것으로 연명해야 했던 만성 골수성 백혈병 환자들이 글리벡 국내 시판을 요구하며 집단행동에 나설 수 있었던 것도 바로 공통의 삶의 조건을 마련해준 글리벡을 매개로 형성된 새로운 정체성 때문이었다. 또 애초 혈액 암과 위암이라는 전혀 다른 질병 분류 체계 속에서 공통의 정체성이 없었던 만성 골수성 백혈병 환자와 위장관 기질 종양 환자가 글리벡 국내 시판을 요구하며 공동의 집단행동에 나설 수 있었던 것도 바로 이 글리벡 정체성 때문이었다. 이들은 글리벡을 통해서 새로운 정체성을 가진 새로운 주체로 거듭난 것이다.

이런 글리벡 정체성의 탄생은 앞에서 살펴본 인터넷 게시판의 변화상을 통해서도 간접적으로 확인할 수 있다. 당시 전국에 800명 정도 생존해 있었던 만성 골수성 백혈병 환자들은 글리벡의 치료 효과가 알려지기 전까지만 하더라도 상호간의 소통에 소극적이었다. 하지만 글리벡이 등장하고 그 치료 효과가 일부 알려지자 대부분의 만성 골수성 백혈병 환자와 그 가족이 이 인터넷 게시판으로 집결하기 시작했다. 예를 들어, 한국의 글리벡 시판 시기를 묻는 환자 송 아무개의 질문에 대한 노바티스의 답변은 2001년 3월 19일 게재되자마자 조회 수가 900건이나 되었다. 글리벡을 통해서 전국의 만성 골수성 백혈병 환자가 순식간에 하나로 묶인 것이다.

로즈는 생명공학으로 얻은 새로운 지식과 그 응용의 결과로 개인들이 자신의 생의학적 권리를 중심으로 "조직하고, 결집하고, 행동하는" 주체가 탄생하리라고 전망했다(Rose, 2007). 그리고 이런 모습을 앞에서 언급한 대로 '능동적 생물학적 시민권'이라고 명명했다(Rose & Novas, 2005; Rose, 2007). 이와 비슷하게 래비노우도 생명공학이 과거와 질적으로 다른 새로운 정체성을 낳으리라 전망하면서 이를 '생명사회성'이라고 명명했다(Rabinow, 1996). 앞에서 살펴본 글리벡 정체성으로 묶인 환자들은 바로 이들이 예고한 생명공학의 발전으로 나타난 전에는 볼 수 없었던 새로운 정체성을 가진 주체라고 볼 수 있다.

4 글리벡 정체성의 강화와 생물학적 시민권의 탄생

앞에서 강조했듯이 "생물학적인 것"의 변화는 근대적 시민권과 상호 작용을 하면서 공동 생산된다. 그리고 이런 공동 생산의 결과는 당연히 그것이 마주치는 구체적인 맥락(국가, 시장, 시민 사회 등)에 의존할 수밖에 없다. 실제로 글리벡의 등장으로 나타난 글리벡 정체성도 한국 사회에서 전혀 예기치 못한 방향으로 전개되었다. 흥미롭게도 그 전개 과정에서 글리벡 정체성은 더욱더 강화되는 결과로 나타났다.

2001년 식약청의 시판 허가가 나자마자, 노바티스는 글리벡 한 정당 2만 5647원으로 국민건강보험공단에 약값을 신청했다. 이 약값대로 결정이 된다면, 하루에 평균 네 정을 복용해야 하는 만성 골수성 백혈병 환자는 한 달에 약 300만 원, 1년에 약 3600만 원의 약값을 부담해야 한다. 더구나 이런 약값의 일부를 정부가 부담할 가능성도 낮았다. 당시 만성 골수성 백혈병과 같은 암 환자에 대한 국민건강보험의 보장성은 70%(환자 본인 부담률 30%) 수준에 불과했기 때문이다. 즉 애초 노바티스가 원하는 대로 약값이 결정된다면 국민건강보험의 적용을 받더라도 연간 약 1080만 원을 부담해야 하는 상황이었다. 더구나 상당수 만성 골수성 백혈병 환자는 국민건강보험을 받을 수 있을지도 미지수였다. 실제로 정부는 나중에(2001년 11월) 만성 골수성 백혈병 환자의 약 70%에 해당하는 초기 환자가 글리벡을 구매할 때 국민건강보험의 적용을 받을 수 없도록 변경했다. 이들은 한 달에 약 300만 원, 1년에 약 3600만 원을 고스란히 부담할 수밖에 없었다. "기적의 탄환"이 순식간에 "절망의 탄환"으로 뒤바뀌는 순간이었다.

이 시점부터 만성 골수성 백혈병 (또 위장관 기질 종양) 환자는 약값 인하를 위해서 뭉쳤고, 결국 2년 6개월 동안의 약값 인하 운동에 나섰다. 이 환자들은 이 과정에서 노바티스, 국민건강보험공단, 보건복지부 앞에서 집회를 일상적으로 진행했을 뿐만 아니라, 2003년 1월 23일부터 2월 10일까지 국가인권위원회를 점거하는 강도 높은 운동을 전개했다.

글리벡 정체성에 기반을 둔 환자들의 집단행동이 이 정체성을 더욱더 강화하는 과정은 2001년 7월 13일 노바티스 앞에서의 집회가 잘 보여준다. 강주성은 당시를 이렇게 회고한다.

"글리벡을 계기로 집단행동에 나서기 전까지 백혈병 환자는 그저 조용히 죽음을 기다릴 뿐이었습니다. 나만이 겪는 고통이라고 생각했고, 심지어 고립감에 자살을 기도하는 이들도 있었어요. 그들은 백혈병 환자라는 자신의 정체성을 부정하면서 살아왔습니다. 하지만 글리벡을 계기로 환자들이 행동에 나서면서 모든 것이 변했습니다. 2011년 7월 13일 오전 10시 30분, 노바티스 앞에서 했던 집회는 그런 점에서 주목할 만한 계기였습니다. 이날 백혈병 환자들이 처음으로 환자복을 입고서 거리로 나섰습니다. 환자의 상징인 환자복을 처음으로 입고 거리 집회에 나선 그날을 아마 앞으로 잊기 쉽지 않을 거예요. 누군가 '환자로서의 정체성을 언제 가졌느냐' 하고 묻는다면 주저하지 않고 이날을 꼽습니다. 병원에서 백혈병 진단을 받을 때 혹은 골수 이식을 받았을 때가 아니고요."

만성 골수성 백혈병 환자의 이 지난한 과정에서 주목할 만한 현상은 글리벡 정체성을 중심으로 한 운동 집단의 형성이다. 2001년 7월 14일 백혈병 환우 모임뿐만 아니라 의사, 약사의 모임인 인도주의실천의사협의회(이하 인의협), 건강 사회를 위한 약사회(이하 건약)가 공동으로 '글리벡 약가 인하와 보험 적용 확대를 위한 환자, 의료인 연대'를 결성하였다. 의료인과 환자의 보기 드문 이런 연대는 일부 의사, 약사의 적극적인 요청으로 이뤄졌다. 그리고 이런 연대는 이후 만성 골수성 백혈병 환자의 운동이 단순한 약값 인하 운동에서 머무는 것이 아니라 국민건강보험 보장성 강화 요구와 같은 보건의료 공공성 강화 운동으로 이어지는 계기가 된다.

　노바티스가 제안한 글리벡 한 정당 약 2만 5000원과 건강보험심사
평가원의 약 1만 8000원이 1년 가까이 팽팽히 맞서는 가운데 2002년
6월 15일에는 만성 골수성 백혈병 환자의 온라인과 오프라인 활동을 아우
르는 '한국 만성 백혈병 환우회'가 창립했다.[9] 이 단체는 한국 최초의
조직화된 환자 단체로 기존 단체들의 주된 활동이었던 약값 인하 운동
에 더해 글리벡 보험 과다 청구에 대한 조직적 대응에 나섰으며 초기 만
성 골수성 백혈병 및 소아 만성 골수성 백혈병 등으로의 보험 적용 확대
를 요구했다. 결국 2년 6개월에 걸친 글리벡 정체성에 기초한 지속적 운
동의 결과 노바티스는 글리벡의 약값을 2만 3045원으로 2000원 인하했
고, 국민건강보험공단은 환자의 본인 부담률을 20%로 낮췄다.[10]

　백혈병 환자의 글리벡 약값 인하 운동의 파장은 여기서 그치지 않았
다. 이 운동은 이후에 다른 질환의 환자들이 초국적기업에 대항해 약값
인하 운동을 펼치는 계기가 되었다. 당장 2004년에 에이즈 환자는 스위
스 소재의 또 다른 제약 회사 로슈가 개발한 치료제 '푸제온'의 비싼 약
값에 이의를 제기하며 약값 인하 운동을 전개했다. 2008년에는 글리벡
에 내성이 생긴 백혈병 환자의 치료에 쓰이는 '스프라이셀'을 판매하는

---

9) '한국 만성 백혈병 환우회'는 2001년 12월 12일 '한국백혈병환우회'로 개칭되었다.

10) 이 중 10%는 노바티스에서 현금 보전을 해줬기 때문에, 실제로 백혈병 환자가
부담하는 금액은 전체 약값의 10%였다. 2년 6개월간의 약값 인하 투쟁 끝에 백혈병
환자는 최고 300만 원에서 27만 원으로 약값 부담이 줄었다. 현재는 암 환자에 대한
국민건강보험의 보장성이 더욱더 강화되면서 환자의 본인 부담률은 5%로 떨어졌다.
이 5%는 노바티스에서 현금 보전을 해주기 때문에 사실상 만성 골수성 백혈병 환자
는 글리벡을 별도의 비용 없이 복용한다.

미국 소재의 제약 회사 BMS(Bristol-Myers Squibb)를 상대로 환자들의 약값 인하 운동이 전개되었다. 또 이런 약값 인하 운동을 계기로 한국백혈병환우회와 같은 환자 단체가 조직되기 시작했고, 2010년 10월 6일 한국환자단체연합회의 출범으로 이어졌다. 한국백혈병환우회의 활동이 모태가 된 시민 단체 건강세상네트워크의 존재도 언급할 가치가 있다. 글리벡 약값 인하 운동이 마무리되는 시점인 2003년 4월 23일 창립한 건강세상네트워크는 지난 10년간 환자 권익 보호 운동과 국민건강보험 보장성 강화 운동의 구심점이었다.

글리벡 약값 인하 운동의 전개 과정에서 백혈병 환자들의 글리벡 정체성 속에 공공성이 강하게 각인된 점도 강조할 만하다. 환자들의 약값 인하 운동으로 글리벡의 한국 시판이 계속 미뤄지자 노바티스는 여러 차례에 걸쳐서 환자들에게 매력적인 '당근'을 제시했다. 즉 노바티스가 애초 한국 정부에 제안한 고가의 글리벡 약값을 환자들이 수용한다면, 환자들이 부담해야 할 본인 부담금을 제약 회사에서 전액 현금으로 보전해 준다는 것이다. 개인적인 생존만을 고려한다면 결론이 어떻게 날지도 모르는 불확실한 집단행동에 목매고 있기보다는 이런 노바티스의 제안을 받아들이는 것이 환자들에게 더 합리적이다. 하지만 환자들은 이런 노바티스의 제안을 거부했다. 만약 이때 환자들이 노바티스의 제안을 받아들였다면, 글리벡 약값 인하 운동이 앞에서 설명한 다양한 형태의 보건의료 공공성 운동으로 확장될 수 없었을 것이다. 당시 환자들이 이런 노바티스의 회유를 거부하도록 설득하는 데 중요한 역할을 했던 강주성은 그 이유를 이렇게 설명한다.

"만약 노바티스의 제안을 받아들였다면, 백혈병 환자는 돈을 한 푼도 안 내고 글리벡을 복용할 수 있었을 거예요. 하지만 노바티스가 그렇게 백혈병 환자에게 지급하는 돈은 어디서 나오나요? 바로 시민의 보험금으로 조성한 국민건강보험 재정에서 나옵니다. 환자의 이익을 위해서 국민건강보험 재정의 악화를 초래하는 것이 정당한가요? 그리고 초국적 제약 회사를 상대로 한 최초의 약값 인하 운동이 이런 식으로 마무리된다면, 한국은 앞으로도 계속 전 세계 제약 회사의 '봉' 노릇을 할 수밖에 없을 거예요. 그리고 결국 그 불행은 백혈병 환자를 포함한 한국 사회 전체가 감당해야 할 것입니다. 놀랍게도 이런 주장에 대다수 백혈병 환자들이 공감을 표시해 주었습니다."

한국은 물론이고 세계에서도 유례를 찾아보기 힘든 이런 백혈병 환자의 글리벡 약값 인하 운동은 생명공학과 사회와의 긴장 관계가 앞으로 어떤 식으로 진행될지 생생히 보여주면서, "생물학적인 것"과 근대적 시민권의 공동 구성이 한국 사회에서 어떻게 나타나는지 따져볼 수 있는 기회를 제공한다.

우선 글리벡이 나타나기 전까지만 하더라도 백혈병 환자는 사실상 시민권을 제대로 행사하지 못했다. 그들은 여전히 시민으로서의 의무는 다하고 있었으나, 그들은 국가에게 시민으로서의 권리를 요구할 존재 조건이 아니었다. 하지만 생명공학의 발전으로 등장한 글리벡은 이런 국가와 백혈병 환자 사이의 관계를 극적으로 변화시켰다. 글리벡의 등장으로 환자들은 삶을 계속 영위할 수 있는 근거가 마련되었고, 그 연장선상에서 정부를 상대로 "국가는 시민의 생명을 책임질 의무가 있다"는 요구를 적극적으로 할 수 있게 되었다. "생물학적인 것"의 변화가 근대적 시민권의 확장에 대한 특정한 주체들 즉 만성 골수성 백혈병 (또 위장관 기질 종양) 환자들의 욕망을 자극한 것이다.

이뿐만이 아니다. 한국이 사실상 무상 의료에 가까운 의료 복지 체계가 마련된 나라였다면 글리벡의 등장이 가져온 효과는 제한적이었을 것이다. 하지만 한국은 지금도 여전히 국민건강보험의 보장성과 같은 공공 의료의 비중이 적을 뿐만 아니라,[11] 앞에서 확인했듯이 글리벡이 한국에 등장했던 2001년에는 암과 같은 중증 질환에 대한 국민건강보험의 보장성 역시 턱없이 낮았다. 이런 상황에서 백혈병 환자는 국가를 상대로 중증 질환에 대한 국민건강보험의 보장성을 강화하고 또 대체로 열세이기 마련인 초국적 기업과의 관계에서 단호히 대응할 것을 촉구했다. 또 한편으로는 이들은 초국적 기업인 노바티스를 상대로 약값 인하를 압박하는 운동에 나섰다. 그리고 이런 운동은 자연스럽게 글리벡 정체성의 강화로 이어졌다.

백혈병 환자의 글리벡 약값 인하 운동의 결과 중 하나로 나타난 중증 질환에 대한 국민건강보험의 보장성 강화와 같은 정부 정책의 변화는 사실상 근대적 시민권의 확대로 해석할 수 있다. 중증 질환에 걸렸더라도 치료약이 있다면 정부가 그것을 제공할 의무가 시민권의 한 내용으로 포함된 것이다. 이것은 마셜 식으로 말하면, '사회적 권리'의 확대이고,[12] 미셸 푸코의 표현을 빌리자면 치료약이 있어도 "죽게 내버려

---

11) 2012년 1월 25일 보건사회연구원이 발표한 보고서 〈2012년 사회 보험의 변화와 전망〉을 보면, 경제협력개발기구(OECD) 27개국 중에서 한국은 전체 의료비에서 공공 의료비가 차지하는 비중이 58.2%로 칠레(47.4%), 미국(47.7%), 멕시코(48.3%) 등에 이어 최하위 수준이다.

12) 그러나 다음 절에서 논의하겠지만, 우리는 이 글의 사례인 만성 골수성 백혈병 환자의 글리벡 약값 인하 운동이 마셜의 '사회적 권리' 개념만으로 이해되기에는 충분하지 않으며, 그러한 이유에서 생물학적 시민권 개념이 필요함을 제안한다.

됐던" 정치권력이 "살게 하는" 정치권력으로 자신을 정당화한 것이다.

이 글리벡 사례를 염두에 두면 로즈가 얘기했듯이 '수동적 생물학적 시민권'과 '능동적 생물학적 시민권'을 구분하는 것이 가능한지 의문이다. 만성 골수성 백혈병 환자의 약값 인하 운동은 핵발전소 사고와 같은 예기치 못한 재난으로 입은 자신의 피해에 대한 보상을 요구하는 수동적인 실천과는 성격이 다르다. 그것은 생명공학의 성과로 새롭게 개발된 즉 '희망'이 '현실'이 된 새로운 신약에 대한 환자의 접근권을 획기적으로 높이려는 능동적인 실천이었다.

그러나 아직 획기적인 치료 방법이 개발되지 않아서 "희망의 정치경제학"(Novas, 2008)[13] 수준에 머물러 있는 유방암, 자폐증, 폼페병 환자의 미래를 예고하는 이런 백혈병 환자의 실천은 미국, 유럽이 아닌 한국의 맥락에서 독특한 방식으로 틀지어졌다.[14] 앞에서 언급한 대로 잔여

---

13) 노바스는 '희망'과 같은 정서적인 자원이 경제적, 정치적 자원으로 어떻게 물질화되는지를 분석하고자 "희망의 정치경제학"이라는 용어를 사용했다. 생명공학과 그것이 가져올 사회 변동에 관심이 있는 많은 연구가 이렇게 '희망'을 열쇳말로 내세우는 이유는, 현재까지 (난치병 치료와 같은) 생명공학의 성과가 가능성만으로 남은 상태에서 사회에 어떤 구체적인 영향을 줄지 미지수이기 때문이다. 이 글은 글리벡처럼 생명공학의 성과가 '희망'이 아니라 '현실'이 되었을 때, 즉 그것이 정서적인 힘이 아니라 불치병 환자에게 새로운 생명을 선사하는 힘으로 작용할 때, 실제로 어떤 상황이 벌어질지에 초점을 맞춘다. 그런 점에서 글리벡과 백혈병 환자의 사례는 '희망'을 열쇳말로 내세운 연구를 비판적으로 검토해볼 수 있는 중요한 계기를 제공한다.

14) 이 대목에서 미국처럼 요스타 에스핑-안데르센이 '자유주의 복지 국가'로 분류했던 나라들에서 국가를 배제한 환자들의 자율적인 자조 운동이 주된 모습을 띠는 이유를 해명할 필요성이 제기된다(에스핑-안데르센, 2006).

적 성격의 복지 국가, 초국적 기업과 국가의 불평등한 역관계 등은 치료약을 구해서 자신의 삶을 관리하겠다는 환자들의 자기 관리에 대한 요구(Rose & Novas, 2005)를 국가에 대한 요구(Petryna, 2002)로 전이시켰다. 아이와 옹이 지적했듯이 개인, 국가 혹은 기업 등 어느 하나로 환원될 수 없는 "다차원(multiple scales)"(Ong, 2010)에서의 실천이 발생한 것이다.

5 맥락화된 생물학적 시민권

지금까지 살펴본 글리벡 정체성과 이에 기초한 생물학적 시민권의 쟁취 과정을 통해서 이 글의 핵심 개념인 생물학적 시민권의 유용성과 한계를 검토할 수 있다. 로즈는 생물학적 시민권은 나라별 맥락의 상이함에 따라 그리고 질병이나 손상 혹은 장애의 상이함에 따라 다른 형태를 띤다고 언급한다(Rose, 2007: 137쪽). 이를 부연하면, 생물학적 시민권은 특정 공간의 맥락에 따라 등장하거나 그렇지 않을 수도 있으며, 등장하더라도 그것은 그 맥락에 종속된 성격을 갖게 된다. 요컨대, 생물학적 시민권은 대단히 상황적(contingent)으로 전개되는 성격을 갖는다. 따라서 그것은 보편사를 전제로 하는 근대주의적인 진화론적 역사관에 맞선다.

그렇다면, 이러한 생물학적 시민권 개념의 '상황성'은 앞서 소개한 마셜의 시민권 개념이 갖는 한계를 드러내기에 충분하다. 앞서 우리는 글리벡 정체성의 형성과 약값 인하 운동의 성과가 마셜의 사회적 권리 개념으로 이해될 수 있음을 언급한 바 있다. 이는 어쩌면 자연스러운 추론으로서, 상대적으로 기본적 시민권에 속하는 시민적 권리와 정치적 권리에 비해 사회적 권리는 삶의 질이라는 넓은 외연을 갖기 때문이다. 그러나 우리는 이 글에서 다루어지고 있는 사례가 사회적 권리의 확대만으로 이해될 수는 없으며 따라서 생물학적 시민권 개념이 필요함을 제안하고자 한다.

마셜의 사회석 권리 개념은 국민 국가를 단위로 하고 계급 정체성에 우선권을 부여한다(어리, 2012: 279쪽). 일국적 범위 내에서 계급 정치를 중심으로 한 점진적 권리의 확대가 사회적 권리인 것이다. 따라서 이 개념은 포스트-내셔널하며 불균등하고 분절적으로 전개되는 시민권의 전개를 담아내기에 한계가 있다. 엄밀히 볼 때 마셜의 논의는 20세기 중반에 등장한 영국의 복지 국가 맥락에 합당하였을 뿐이다. 한편, 생물학적 시민권 개념은 이러한 경향성을 포착하는데 유용하다. 우선 글리벡 정체성의 형성과 이에 기초한 시민권 요구는 애초부터 포스트-내셔널한 수준에서 성립하였다. 스위스 제약 회사 노바티스의 글리벡 시판 소식을 통해 한국에서 환자 모임의 결성과 동원이 급속히 발전하였고, 이후의 약값 인하 운동은 국가와 초국적 기업을 상대로 전개되었다. 또 생명공학과 시민권의 공동 생산은 권리 전반의 점진적 확대가 아닌 불균등하고 분절적인 방식으로 이루어졌다. 그것은 한국에서 예외적인 방식으로, 또한 다른 질병을 제외한 만성 골수성 백혈병 사례에서 등장했던 것이다.

그렇다면, 한국이라는 독특한 지역적 맥락과 만성 골수성 백혈병이라는 특정 질병을 중심으로 등장한 생물학적 시민권은 생물학적 시민권 논의 일반에서 어떠한 위치를 점하는 것일까? 이 질문은 다음과 같은 보다 경험적인 질문으로 번역될 수 있다. 백혈병 환자의 글리벡 정체성을 더욱더 강화하는 이런 약값 인하 운동이 유독 한국에서만 치열하게 진행된 까닭은 무엇일까? 약값이 삶에서 큰 문제가 되지 않는, 근대적 시민권이 기본적인 권리로 보장된 유럽의 보편적 복지 국가에서 글리벡 정체성이 부각되지 않을 수도 있음은 앞에서 살폈다. 그렇다면, 연간 4만 달러 이상의 약값을 환자 또는 생명 보험 회사가 부담해야 하는 미국에서 환자들의 글리벡 약값 인하 운동이 없는 이유는 무엇일까? 더 나아가 한국과 비슷하거나 더 열악한 제3세계에서 글리벡 약값 인하 운동과 같은 인상적인 사례가 드문 것은 어떻게 설명할 것인가?

이 질문들에 대한 답을 하기 위해서는 두 수준에서의 간략한 비교가 필요하다. 하나는 소위 "선진 자유주의" 혹은 "선진 자유민주주의" 사회와의 비교이고 다른 하나는 여타 제3세계 사회와의 비교이다. 우선 첫 번째 비교를 통해 한국에서 발견된 생물학적 시민권의 특징을 준별해 보자. "선진 자유주의" 사례에 초점을 두어 작업을 해온 로즈와 노바스는 생물학적 시민권(프로젝트)의 전개가 두 가지 양상을 띨 수 있다고 언급하는데, 개인화와 집단화라는 상충적 경향이 그것이다(Rose, 2007; Rose & Novas, 2005). 개인화란 개인들이 개별 신체에 대한 지식과 설명, 가치, 판단 등에 의거한 선택과 실천을 통해 자기 스스로를 관리하는 양상을 일컬으며, 집단화란 "생명사회성"으로 대표되듯 공통된 건강과 질병 문제를 중심으로 형성되는 정체성과 집단, 즉 새로운 생명공학적 분류에 따라 등장하는 집합체를 지칭한다. 그런데 로즈가 논의하고 있는 "선진 자유주의" 국가들 내에서의 이러한 개인화와 집단화 양상은 신자유주의적 통치성으로 대표되는 "자아 체제(regime of the self)" 속에서 작동한다는 점에 주목할 필요가 있다(Rose, 2007: 154쪽). 그것이 개인화된 형태를 띠건 아니면 집단화된 형태를 띠건, 선진 자유주의 사회에서의 생물학적 시민(권)은 그 외 지역에서 나타나는 생물학적 시민권의 모습과는 다른 양태를 보인다는 것이다.

"선진 자유주의" 사회에서의 생물학적 시민(권)과 대비되는, 로즈가 제시하는 사례는 앞서 언급한 페트리나의 포스트-체르노빌 생물학적 시민권이다. 후사가 선자와 구분되는 이유는 그것이 오랫동안 존속했던 사회 국가(social state)의 유산을 이어받아 국가에 대한 권리 요구를 주요 내용으로 하고 있기 때문이다. "선진 자유주의" 사회에서의 생물학적 시민(권)이 국가에 대한 권리 요구 대신 신자유주의적 통치성에 상응한 개인 혹은 집단 스스로의 자기 관리를 주요 특징으로 하고 있다면, 사회주의 시대의 강한 국가를 경험한 사회에서 장애와 질병에 대한 권리와 보상의 요구는 강력한 권력을 행사했던 국가를 대상으로 전개된다는 것이다. "선진 자유주의" 사회인 미국의 경우, 다양하게 형성된 생명사회성 단체들이 자조 활동이나 연구를 위한 기금 모금이라는 '자기 관리'의 형태를 띠고 있는 반면, 전체 인구 중 약 16%에 달하는 미국의 무보험자들을 중심으로 한 국가에 대한 글리벡 약값에 대한 권리 요구는 존재하지 않는다.[15] 한편, 한국 사회가 사회주의 체제를 경험하지 않았다는 점에서 우크라이나의 사회 국가 전통과 구별되지만, 발전 국가 체제 하 강력한 권력을 행사했던 국가의 전통이 있고, 그러한 이유로 시민 사회 내 사회 운동의 주요 대상이 국가였다는 점에서, 한국에서 글

---

15) 재미 한인 중 무보험자는 약 50%에 달한다. 김태우의 최근 논문(Kim, Haney, and Hutchinson, 2012)은 이들의 상태를 "박탈된 생물학적 시민권(disenfranchised biological citizenship)"이라고 지칭한다.

리벡을 중심으로 전개된 생물학적 시민권과 페트리나의 사례 사이에는 일정한 유사성이 존재한다. 그러한 점에서 국가에 대해 적극적 권리를 주장한 한국의 생물학적 시민권은 로즈가 관찰하는 "선진 자유주의" 사회의 그것과 차별성을 갖는다고 할 것이다.

두 번째 수준의 비교, 즉 기타 제3세계 사회들과의 비교는 한국의 약값 인하 운동의 예외성에 관한 질문의 답을 제공한다. 생물학적 시민권 프로젝트나 생명사회성의 형성에서 무엇보다 중요한 조건은 해당 사회의 정치 사회적 맥락이다. 이 점과 관련해 비서구 사회의 생명사회성에 대한 연구들(예를 들어, Bharadwaj, 2008; Roberts, 2008)은 그것의 미약함의 원인으로 민주주의의 미정착과 시민 사회의 미성숙을 거론한다. 그렇게 본다면, 1980년대 이래 "강한 국가와 쟁투적 사회"(Koo, 1993)로 특징지어지는 한국에서 예외적으로 등장한 생물학적 시민권 운동은 이와 대비되는 한국 민주화 운동의 경로 의존성을 드러낸다. 즉 과거 민주화 운동을 통해 한국의 시민 사회는 충분히 활성화된 상태였고 이를 통해 글리벡 약값 인하 운동의 동력을 부여받았던 것이다. 그러한 점에서 1980년대 민주화 운동의 전력을 갖고 있는 전 한국백혈병환우회 회장 강주성의 언급, 즉 이 운동의 지속 가능성의 어려움은 그 운동에 참여하고 있던 환우들의 "당사자주의"에 있었으며, 이를 극복하는 데 "당면 이해를 넘어서고자 한 운동의 리더십이 중요하게 작용했다"는 언급은 의미심장하다.

한국 시민 사회의 활성화라는 전반적 조건과 백혈병 사례에서 두드러진 리더십의 존재는 생물학적 시민권의 등장에 대한 기술 결정론적 오독의 우려를 씻게 해준다. 생명공학의 발전이라는 조건과 사회 경제적 조건의 독특한 결합을 통해 특정 정체성에 기초한 생물학적 시민권의 등장이 그 가능성을 부여받는 것이다. 한국에서 관찰되는 생물학적 시민권을 이렇게 비교의 관점에서 바라볼 때,[16] 그것은 해당 사회의 정치 사회적 맥락에 따라 다양하게 전개된다는 로즈의 주장을 다시 확인할 수 있다. 그런데 생명공학의 발전에 따른 집단 정체성과 시민권 요구라는 것이 상황 논리에 따라 분절적이고 불균등하게 등장한다는 점에서 생물학적 시민권 개념은 사회권처럼 시기 구분을 위한 서대 개념으로 이해되어서는 안 될 것이다. 그것은 특정 사례를 연역적으로 포섭(subsumption)하기 위한 분석적 개념이 아니라 발견적(heuristic)이면서도 특정화하는(sensitizing) 개념으로서의 유용성을 갖는다고 할 것이다(Rose, 2011; Wehling, 2010: 240쪽).

6 나가며

할리우드 영화 「가타카」가 묘사한 대로 인간의 모든 것에 대한 유전자 지도가 확인이 되어서 새로운 차별이 가능한 시대가 등장할 가능성

---

16) 이러한 맥락 의존성의 고려는 비단 국가 간 비교에서뿐 아니라, 한국 사회 내 많은 질병 중 왜 백혈병 사례에서 시민권 요구가 두드러졌는가라는 질문의 답을 찾는 데에도 유용할 것이다. 이 글의 초점은 이 질문과 다소 거리가 있지만, 우리는 치료제의 개발이라는 생명공학의 발전과, 환우회 내부에 존재했던 과거 민주화 운동의 경험 및 이에 기반을 둔 강한 리더십의 조합이 다른 질병 사례와 구분되는 독특한 정체성 형성 및 시민권 요구로 이어졌으리라 추정한다. 이 점은 앞에서 글리벡 정체성에 각인된 공공성의 부각을 통해서 일부 보여줬으나, 이 차이에 대한 보다 면밀한 분석은 후속 작업에서 기약하기로 한다.

은 거의 없다. 왜냐하면, 인간의 생명 활동은 유전자와 같은 한 가지 원인으로 환원해서 설명하기에는 너무나 복잡하고 여러 가지 우연적인 요소들의 상호 작용에 의해서 좌우되기 때문이다. 하지만 글리벡의 등장과 그에 대한 백혈병 환자의 예에서 확인할 수 있듯이 생명공학은 신약, 대체 장기, 장애 보조 기구, 노화 방지와 성형을 포함한 미용 시술, 예방 진단 등 다양한 형태로 지금까지 생각하지도 못했던 새로운 의료 기회를 제공할 것이다. 그리고 그중 상당수는 글리벡 이상의 충격을 사회에 줄 것이다.

이런 상황에서 백혈병 환자의 글리벡 약값 인하 운동은 생명공학이 시민권과의 관계에서 어떤 효과를 낳을지에 관한 한 본보기를 제시한다. 생명공학(글리벡)은 특정 시민(백혈병 환자)과 국가 사이에 새로운 연결을 낳는다. 그리고 이런 연결이 놓인 맥락(잔여적 성격의 복지 국가, 초국적 기업과 국가와의 역관계 등)에 따라서, 그것은 전혀 예상치 못한 특정한 정체성에 기반을 둔 행위자의 집합행동을 낳는다(글리벡 약값 인하 운동). 그리고 그 결과 애초 원인이 된 글리벡의 사회적 재현 방식에 근본적인 변화를 줄 뿐만 아니라(구할 수 없는 약에서 일상의 생존 조건), 더 나아가 국가와 시민 사이의 관계에도 영향을 미친다(시민권의 변화).

이렇게 맥락에 따라서 위치지어진(situated) 실천이 어떤 식으로 이뤄지는지를 주목할 때, 21세기 생명공학의 부상과 함께 유럽, 미국, 아시아 등 제1세계에서는 제3세계 곳곳에서 등장하는 새로운 주체의 활동을 제대로 이해할 수 있을 뿐만 아니라, 비관론과 낙관론을 넘어서는 생명공학과 사회의 상호 작용의 결과를 포착할 수 있을 것이다. 그리고 생명공학과 근대적 시민권의 공동 생산의 결과로 나타난 생물학적 시민권은 기존 시민권의 확장 혹은 축소와 같은 전혀 예상치 못했던 충격으로 나타날 것이다.[17] 21세기의 생명 정치의 본질은 바로 이런 과정에 대한 경험적인 연구를 통해서 그 실체를 드러낼 수 있다.

---

17) 글리벡 약값 인하 운동이 별 성과를 거두지 못해서 여전히 만성 골수성 백혈병 환자의 다수가 치료약이 존재함에도 약값 때문에 생명을 유지하지 못하는 상태가 계속된다면, 그것은 그런 상태 자체로 시민권의 축소이자 국가의 정당성에 대한 사회 구성원의 심각한 의문을 불러왔을 것이다. 이것은 생명공학의 성과로 나타난 여러 가지 기회에 대한 접근이 차단된 제3세계에서 만연할 수 있는 상황을 예고한다.

╪ 이 글은 BSE(광우병) 위험의 정의와 평가가 단지 먹을거리 문제가 아니라 초국적 수준에서 정치적 합리성과 권력 장치들이 결합해 나온 결과라는 사실을 보여준다. 특히 이 글은 BSE와 관련한 쇠고기 안전 표준을 제정하는 국제기구 OIE를 구체적으로 분석하면서, 이것이 세계무역기구(WTO)와 연계된 특정한 정치적 합리성 아래에서 구성된 것이라는 점을 강조한다. 이런 결론은 쇠고기 안전과 같은 문제를 생활 정치 이슈로 한정해 볼 것이 아니라 '지구적 생명정치'의 관점으로 접근해야 할 필요성을 제기한다.

이 글은《경제와 사회》통권 제97호(비판사회학회, 2013)에 실린 것을 재수록하였다.

제3장 광우병 위험과 지구적 생명정치

하대청

1 '지구적 생명정치'의 한 풍경

2007년 5월 21일 한국에서 프랑스 파리로 온 원정 투쟁단은 어느 국제기구의 총회가 열리는 회의장 앞에 모였다. 전국 농민회 총연맹 사무총장, 한미 FTA(Free Trade Agreement) 저지 여성대책위원, 한우협회 회장, 국민건강을 위한 수의사연대 대표 등으로 구성된 이들은 쇠고기의 안전과 관련된 국제 표준을 제정하는 OIE라는 이름의 국제기구의 회의장 앞에서 시위를 벌였다. "OIE는 세계 민중의 건강을 무역대상으로 삼지 마라!" "광우병 위험 가득한 미국산 쇠고기 반대한다!" 이렇게 적힌 플래카드와 피켓을 회의장 앞에서 든 이들은 곧이어 한국에서 하던 것처럼 삼보일배 행진을 벌였다. 프랑스노동총동맹(CGT) 등 일부 현지 단체들도 이 원정투쟁단과 합세해 시위에 나서기도 했다.

당시 원정투쟁단의 일원이면서 OIE 총회에 참관인 자격으로 직접 참석했던 민주노동당 강기갑 의원은 미국의 광우병(mad cow disease)[1] 검역 체계의 문제점을 명시한 의견서를 OIE에 전달했다. 그는 OIE 사무총장을 만난 자리에서 광우병 위험이 여전히 존재하는 미국을 이번 총회에서 '위험 통제국(controlled risk status)'으로 지정하는 것은 OIE가 미국의 정치적 압력에 굴복하는 것이라며 항의했다. 국내 언론에서는 OIE 총회에서 미국이 광우병 위험 통제국 지위를 판정받을 예정이고 미국은 이 결정을 근거로 한국에서 쇠고기 수입위생조건 완화 압력에 전면적으로 나설 것이라고 관측했다(≪중앙일보≫, 2007년 2월 13일자; ≪프레시안≫, 2007년 2월 13일자). 당시 쇠고기 검역 문제 때문에 미국과의 FTA 체결 협상에서 난항을 겪던 한국 정부는 미국 쇠고기 수입위생조건 완화를 기정사실화하고 있었다.

　　이 풍경은 오늘날 생명과 정치가 만나는 한 단면을 포착하고 있다. 한국의 다양한 시민단체들이 연대해 동물 질병 위험을 관리하는 국제 표준 제정 기구를 방문 시위한 이 광경은, 질병 위험의 정의(definition) 자체가 격렬한 정치적 대상이라는 점을 확인시켜 준다. 질병이라는 '자연적' 대상을 정의하는 전문적인 실천과 지식이 시민단체와 대중의 저

---

1) 이 질병의 공식 명칭은 소해면상뇌증(Bovine Spongiform Encephalopathy, BSE)이다. 광우병은 영국에서 처음 보고된 1986년 이후 10년이 지난 1996년 인간에게 전염되어 '인간 광우병' 즉, vCJD(variant Creutzfeldt-Jacob disease)가 된다는 것이 공식 인정되었고 이 질병은 인간과 소 모두에게 치명적인 것으로 알려져 있다. 이 질병에 감염된 소에서 나온 특정한 부위를 계속 섭취했을 경우 인간도 감염된다고 알려져 있지만, 이것이 주된 혹은 유일한 감염경로인지 등은 여전히 불확실하다(김기홍, 2009).

항에 맞닥뜨리면서 그것이 인간 생명과 삶에서 갖는 정치적 의미도 부각되었다. 사실, 인구 단위에서 질병을 관리하는 이런 통치 방식은 생명정치(biopolitics)의 전략으론 그리 새로운 것은 아니다. 푸코가 지적했듯이, 인구의 건강을 관리하기 위해 질병을 적절히 통제하는 것은 18세기 서구 근대국가와 여러 사회기관의 생명정치 전략이었기 때문이다(푸코, 1990). 이 글은 우리에게 익숙한 2008년 미국산 쇠고기 반대 촛불 집회의 계기가 되기도 했던 광우병 질병을 사례로 생명정치의 새로운 형태인 '지구적 생명정치'의 작동을 살펴보고자 한다. 특히, OIE로 불리는 초국적 기구의 표준 제정 과정을 추적하면서 현대의 지구적 위험이 질서화하는 방식을 이해하고자 하며 그 정치적 의미를 고찰하고자 한다.

2 생명정치의 개인화와 '지구적' 생명정치

앞에서 '지구적 생명정치'의 풍경을 언급했지만, 생명정치를 처음으로 주창했던 푸코의 이론적 관심은 일국가적인 관점에 머물러 있었다. 그가 생명정치를 고안하고 주창했던 시기가 지금처럼 지구화가 주요한 정치경제적 현실로서 뚜렷하게 부상하던 때가 아니었던 것이 큰 이유였겠지만, 그의 연구 방향이 설정되던 역사적 맥락도 있었다. 생명정치와 그가 후기 연구 주제로 삼은 통치성(governmentality)은 『감시와 처벌』발표 이후 권력의 미시 물리학에 집중한 나머지 국가와 같은 거시권력을 무시했다는 주위의 비판에 대응하는 의미가 있었다(Gordon, 1991). 그래서 통치성은 몸을 향한 미시적인 권력과 국가의 거시권력을 연결하는 이론적 시도였고, 생명정치는 개인적 몸에 대한 규율권력과 사회적 몸인 인구에 대한 조절권력이 상호보완적으로 작동하는 것으로 분석되었다. 물론 푸코에겐 국가란 본질이 없으며 오히려 통치술 변화의 함수일 뿐이었지만, 국민 국가 단위의 조절권력은 그의 생명정치론에서 핵심적인 위치에 있었다.

최근 들어 생명정치를 새롭게 재해석하는 일부 연구자들은 오늘날 인구 수준에서 작동하는 국가의 조절권력은 소멸하고 개인적 수준 혹은 개인들이 연대한 집단적 수준의 생명정치적 실천이 출현하고 있다고 말한다(Rabinow & Rose, 2006 Rose, 2001). 분자생물학, 유전학, '개인 맞춤형(personalized)' 생의학 등이 발전하면서 생물학의 '진리 담론'은 인구 단위가 아니라 개인적이고 분자적 단위에서 점차 정의되고 이에 기초해 개인의 정체성과 권리 주장이 제기되고 있다. 공중보건과 산아제한과 같은 인구 단위의 조절권력은 이제 종말을 고하고 대신 개인으로서의 시민들은 자신의 건강을 최적화하는 책임을 갖고 스스로의 생명과 삶을 관리하기 시작했다는 것이다. 시민들은 조절권력에 수동적이기보다는 자신들의 생물학적 형질을 기초로 특정 질병에 대한 연구투자와 치료를 요구하거나 보상받을 권리를 적극 주장하면서 능동적으로 이에 대응한다(Epstein, 1996; Petryna, 2002).

하지만 오늘날 인구 단위의 '국가적 생명정치(state biopolitics)'가 사라지고 개인적 수준의 생명정치가 출현했다는 이런 주장은, 우리가 경험하는 다양하고 복잡한 현실을 설명하기에 부적합하다고 비판받았다. 서구 국가들과 달리, 중국과 같은 제3세계에서는 국가가 주도하는 인구조절과 같은 생명권력이 지금도 여전히 강력할 뿐만 아니라(Greenhalgh, 2009), 서구 국가들 내에서도 개인적 수준의 '아래로부터의 생명정치'

가 실은 인구 수준의 '위로부터의 생명정치'와 복잡하게 연결되어 있다 (Raman & Tutton, 2010). 인구 수준의 '권위적' 생명정치는 우생학과 같은 직접적인 국가 개입의 형태는 아니지만 전문가의 담론이나 문화적 규범의 형태로 여전히 작동하고 있다. 또한 생명과학의 '분자화'가 로즈가 주장하듯이 반드시 인구에 대비되는 '개인화'를 유도하는 것도 아니다. 오히려 푸코의 생명정치가 주목한 인구적 범주와 사회 통계는 그 필요성이 증대되면서 새로운 분자적 지식과 적절히 결합하고 있다.[2] 따라서 개인이 중심이 되는 새로운 생명정치적 실천은 인구 단위의 생명정치와 단절적이기보다는 오히려 연속적으로 이어져 있는 것이다.

이런 논의들은 그것이 분자적이든 개인적이든 집단적이든 간에 현대의 생명정치는 어느 한 형태로 수렴된다기보다는 분자적 · 개인적 몸, 사회적 몸으로서의 인구 등 여러 수준과 스케일에서 전개되는 지식, 실천, 제도들이 복잡하게 결합된다는 점을 보여준다. 따라서 오늘날 생명정치의 이해에서 중요한 것은 생명권력이 어떤 다양한 형태와 스케일의 실천, 지식/권력, 전략에서 작동하는지, 이들이 어떤 메커니즘과 결합되어 있는지, 그 결과로 어떤 주체성과 권력관계가 새로 형성되는지 질문하는 것이다. 이렇게 생명정치의 다중스케일적(multi-scale) 실천의 중요성을 생각해 볼 때 최근까지 주목받지 못한 것은 지구적 스케일에서 작동하는 생명권력이다.

국민 국가 경계를 넘어선 질병 통제와 공중보건, 인구통제 등을 통치하는 실천은 그 어느 때보다 활발해지고 관련 지식, 전문성, 제도들

---

2) 예를 들어, 바이오뱅크(biobank)는 개인적 · 분자적 지식과 집단적 · 역학적 정보가 결합되는 대표적인 영역이다.

도 증가해 왔지만, '지구적 생명정치'[3]에 대한 관심은 간헐적이거나 최근의 일이다. 지구화가 본격화되기 이전의 인구조절(Chikako, 2004; Barshford, 2006)과 지구화 이후의 공중보건 연구(King, 2002; Stephenson, 2011)가 있어왔고, 최근에는 국제정치와 안보(security)와 관련한 영역이 집중적으로 주목받고 있다(Brown, 2007; Hinchliffe & Bingham, 2008; Lakoff & Collier, 2008). 특히, 미국의 9·11 이후 생물테러, 사스(SARS)와 고병원성 인플루엔자 등 신종 감염병의 출현으로 각 국가의 정부기관들과 WHO 등 국제기구들은 '지구적 생물안보(global biosecurity)'라는 이름으로 다양한 활동을 수행하고 있다.[4] 이 활동들에서 지구적 규모의 감시와 광범위한 정보수집, 안전수칙 제정과 이행 요구, 국가 경계를 넘어선 선제적 예방 조치의 과감한 시행 등 다양한 생명정치적 실천들을 발견할 수 있다. 전체 생명은 계속해서 감시와 계산의 대상이 되며 특정한 전문성 및 제도들은 정치적 개입을 정당화하고 있다. 이런 맥락을 자

---

3) '지구적 생명정치(global biopolitics)'라는 용어는 기존의 여러 연구자들(Barshford, 2006; Ong, 2010; Jaeger, 2010)에 의해 사용된 적이 있다. 푸코의 생명정치를 지구적 차원으로 확장한 것이었는데, 아직 정교한 개념화나 이론화로 이어지지는 않고 있다. 푸코의 통치성 연구를 계승한 연구자들인 퍼거슨(Ferguson)과 굽타(Gupta) 같은 이들은 유사한 개념을 주장한 바 있다. 이들은 기존 통치성 개념이 국가와 시민사회 개념에 갇혀 있다고 비판하며 초국적 행위자를 포함하면서 초국가, 국가, 시민사회의 경계가 계속적으로 재구성되는 '초국적 통치성(transnational governmentality)'과 같은 대안적 개념을 제안했다(Ferguson & Gupta, 2002).

4) 예를 들어, 2007년 WHO는 '공중보건 안보(public health security)'라는 새로운 프레임워크를 제안하기도 했다. WHO는 「더 안전한 미래: 21세기 지구적 공중보건 안보」라는 제목의 연차보고서에서 질병 대발생의 위협이 고조되고 있다며 초국적 협력과 대응을 요청했다(Lakoff & Collier, 2008).

세히 들여다보면, 지구적 생명정치는 국가적 생명정치의 공간적 스케일을 확장하는 의미를 지니는 것과 동시에 국제질서에 대한 대안적 관점을 제공하기도 한다. '생물안보'가 중요한 정치적 현실로 부상하면서, 이제 국제질서는 기존처럼 헤게모니적 · 제도적 · 법적 배치의 관점에서 이해되어야 할 뿐만 아니라 인구를 질서화하고 질병 위험 등을 관리하는 실천적이고 기술적인 형태들에 대한 관심에서 접근되어야 하기 때문이다 (Jaeger, 2010).

이 글은 이런 '지구적 생명정치'의 관점에서 동물 질병 관리 사례를 다루고자 하며 특별히 다음에 주목했다. 지금까지 '지구적인 것(the global)'의 의미를 정의하지 않았지만, 이 글에서는 '지구적인 것'을 국지적이고 지역적인 것을 공간적으로 아우르는(encompassing) 그런 실체 또는 의미로 보지 않았다. 그보다는 지구화를 표준, 물질, 기술 등이 연결되면서 확장되는 불균등한 네트워크로 이해하고자 했다(Latour, 1987; 2005; Ong & Collier, 2005). 다시 말해, '지구화(globalization)'를 탈영토화된 구조나 압도적 힘으로 이해하기보다는 국지적 장소에서 생산된 지식, 법, 규범, 표준, 기술, 물질 등이 다른 국지적 장소로 이동 · 변형되면서 나타나는 결과로 생각하는 것이다. '지구화'나 '지구적인 것'은 국지적이고 개별적인 것을 넘어서는 어떤 보편적인 것으로 표상되기보다는 국지적으로 생산된 지식과 실천이 또 다른 국지에서 유통되면서 발생하는 효과이다. 따라서 '지구적 생명정치'의 작동을 이해하기 위해 우리가 주목해야 하는 것은 이렇게 국가 경계를 넘어 여행하는 지식, 규범, 기술, 표준 등이 어떻게 생산되고 평가되고 결정되는지, 그것이 어떻게 보편적인 것으로 확산되는가 하는 점이다.

이 글은 '지구적 생명정치'를 가능하게 만드는 특정한 규범과 지식이 어떻게 생산되는지 OIE라는 국제기구를 중점적으로 분석했다. 기존 생명정치 연구들은 권력의 작용에서 '진리 담론(truth discourse)'과 전문성이 갖는 역할을 강조해 왔지만, 이런 지식과 전문성이 정치적·사회적으로 구성된다는 점을 충분히 주목하지 않았고 이들이 국지적으로 생산되는 방식을 면밀히 조사하지 않았다. 로즈나 래비노우 등이 생명과학의 분자화에 따른 생명정치의 개인화를 주장했을 때 비판받았던 부분도 생명과학의 '진리 담론'을 구성된 것이 아닌 주어진 것으로 여겼던 점이다(Brown, 2007; Raman & Tutton, 2010). 이 연구는 초국적 기구라는 국지적 현장에서 표준이 어떻게 생산되는지 세밀히 분석하려고 했다. 특히, 불확실한 지구적 위험을 정의하는 과정에서 이런 표준이 어떻게 설정되는지, 그리고 이렇게 설정된 표준이 질병 위험에 잠재적으로 노출되는 국지적 주체들에게 어떤 결과를 가져오는지 살펴보고자 했다.

3 OIE의 위험 평가와 '유연한 정신'

국제수역사무국 혹은 세계동물보건기구로 번역되는 OIE(Office International Des Epizooties, WorldAnimal Health Organization)는 동물 전염병 확산을 통제하기 위해 1924년 프랑스 파리에서 창설된 기구로서 2008년 현재 세계 172개국이 가입해 있다. 주로 동물 질병과 관련된 정보의 수집과 배포, 동물 질병의 예방과 통제를 위한 가이드라인 확립, 과학에 기초한 표준의 개발, 회원국의 질병 위험 지위 결정 등을 담당하고 있다. OIE는 과학 연구 작업을 스스로 수행하지는 않고 기존 연구 결과들을 평가해 필요한 표준과 가이드라인 등을 제정한다. 이 표준들은 매년 부분적으로 수정되고 육상동물보건규약(Terrestrial Animal Health Code), 수상동물보건규약(Aquatic Animal Health Code) 등의 형태로 발간되고 있다.[5]

글머리에서 묘사했던 풍경 속에서 논쟁이 된 것은 국가별 광우병 위험 지위를 결정하는 문제였다. 이 국가별 광우병 위험 지위를 평가하는 것은 OIE가 담당하는 중요한 업무 중 하나이다. 한국의 미국 쇠고기 수입 문제에서처럼 이 지위 평가 결과에 따라 해당 국가가 교역할 수 있는 상품 범위가 달라지기 때문에 구체적인 평가 기준이나 항목은 이해관계가 높은 주요 관심사이다. OIE는 WTO 출범 이후인 1998년 이 위험 지위 평가를 시작했는데, 특히 광우병의 경우 실제 발병률보다는 위험 평가와 예찰(surveillance)[6]과 같은 위험 관리 현황을 더 중시해왔다. 광우병의 경우 잠복기가 긴 데다가 증상이 없는 감염소를 발견해 낼 검사 방법이 없기 때문에 발병률을 위험 평가 기준으로 삼기 어렵다고 보았기 때문이다. 그래서 광우병이 과거에 발생했다 할지라도 위험 평가와 예찰, 사료 조치, 강제 보고 등 위험 관리를 일정 기간 이상 충실히 시행해 왔다면, 쇠고기의 특정 부위를 교역할 수 있는 지위를 받을 수 있었다.

하지만 분명하고 단순한 발병률이 아니라 위험 평가나 예찰과 같은 위험 관리 활동을 기준으로 국가별 위험 지위를 평가하는 것이 쉽

---

5) 쇠고기 안전과 관련된 '국제 표준' 등은 모두 이 육상동물보건규약에 포함되어 있다.

6) 예찰은 위험군 소에 대한 광우병 검사를 시행하는 것을 말한다. 위험군의 종류에 따라 최소 검사 마리수는 정해져 있고, 이것들을 일정 기간 이상 수행하는 것이 권장되고 있다.

지 않았고, 이를 담당하는 주체들의 어려움도 가중되었다. 공식적으로 광우병 위험 지위 평가는 다음의 절차를 따랐다. 질병 위험에 관한 지위를 새롭게 받고자 하는 국가가 정해진 질의서에 대한 답변서와 관련 문서들을 OIE에 제출하면 OIE의 동물질병 과학위원회(Scientific Committee for Animal Diseases)는 관련 전문가들을 중심으로 특별 그룹(ad hoc group)을 구성한다. 이 특별 그룹은 제출된 자료들을 심사한 후 질병위험 지위 권고안을 작성한다. 이 권고안은 다시 과학위원회에서 검토되고, 회원국들의 논평과 토론을 거쳐 마지막으로 총회에서 채택된다. 이렇게 공식적인 절차는 잘 확립되어 있지만, 실제로 국가별 위험 현황을 평가하는 작업은 간단치 않으며 무엇보다 그 기준을 마련하는 것은 쉽지 않았다.

한국의 원정 투쟁단이 방문한 2007년 정기총회에 광우병 위험 지위 평가 권고안을 제공했던 특별 그룹의 활동에서 이런 어려움을 확인할 수 있다. 2006년 12월과 2007년 1월에 회의를 가진 특별 그룹은 위험 지위 재부여를 신청한 미국, 캐나다, 브라질 등 총 12개국을 평가했다. 이 특별 그룹은 권고안에서 평가 결과를 공개하기 전에 먼저 이들이 직면한 상황에 대해 논평했다(OIE, 2007a). 특별 그룹은 여러 국가들이 제출한 서류들을 평가하면서 "여러 도전들(challenges)"을 경험했고 "이와 관련된 기술적 이슈와 우려를 강조할" 필요성을 느꼈다고 밝혔다. 흥미롭게도, 이 기술 논평에서 특별 그룹이 강조한 것은 "유연성의 정신 (spirit of flexibility)"이었다. 특별 그룹은 OIE 규약을 해석하고 제출된 서류들을 평가할 때 과학위원회가 이전에 옹호한 바 있는 "유연성의 정신"을 발휘했던 것이다. 자신들이 맡은 임무가 "체크리스트 표기처럼 기계적인 접근(automatic 'checklist' approach)"과는 맞지 않는 복잡한 것이었기 때문이었다.

구체적으로 특별 그룹은 육상동물보건규약 내의 광우병 장(chapter on BSE), 예찰에 관한 장, 위험 분석에 관한 장, 수의기관 평가에 관한 장들과 OIE 사무총장이 과학위원회에 부여한 가이드라인 등을 기준으로 삼았다. 이런 다양한 기준들과 평가를 위한 질문서가 서로 일치하지 않을 경우, 규약을 우선적 기준으로 삼았고 이것으로도 해결되지 않으면 과학위원회에 조언을 요청하기도 했다. 하지만 이런 정도로는 평가의 어려움을 해결하는 데 충분치 않았다. 과학기술학이 잘 보여주었듯이, 기술개발이나 관리의 맥락에서 표준, 기준, 프로토콜의 결정과 적용은 자명하게 정해지기보다는 사회적 협상과 합의의 대상이 되기 때문이다. 보통 이 과정 속에서 구성원들의 암묵적 지식이나 직업적 경험, 해당 조직의 관행과 문화 등이 중요하게 작용한다(Vaughan, 1996; van Zwanberg & Millestone, 2005; Wynne, 1989). 마찬가지로 광우병 위험 지위 평가를 담당했던 특별 그룹도 평가 과정에서 이들이 가진 '경험, 전문성, 판단력'을 고려했다고 밝히고 있다. 위험 지위 평가는 명시적이고 공식화된 기준을 그대로 적용하는 과정이라기보다는 규약의 적용 및 자료들의 평가에서 '해석적 유연성(interpretative flexibility)'이 존재할 수 없다는 점을 인정한 것이다. 예를 들어, 미국은 고위험 소에 대한 광우병 검사 두수(頭數) 등 예찰 점수에서는 OIE 규약을 충족시켜 안전성을 인정받았지만,[7] 육골분과 SRM[8]을 동물 사료로 사용하는 상황은 위험

---

7) 미국이 충족한 OIE의 예찰 기준은 2005년 개정된 것인데, 이 개정 기준에 대해서 국내의 대항 전문가들은 미국처럼 사육 규모가 큰 국가에 유리하도록 개정되었다고 비판했다. 이 점에 대해서는 박상표(2007)를 참조하라.

8) 육골분 사료(Meat and Bone Meal)는 동물성 농축 사료로서 1990년대 영국의 광

이 순환·증폭될 가능성이 있다는 평가를 받았다. 이렇게 예찰 점수와 위험 평가가 상반된 결과를 보일 때 어떻게 최종 결론을 내릴 것인지에 대해서는 사실 어떤 공식이나 정량적 기준이 마련되기 힘들며, 특별 그룹이 밝힌 대로 '유연한 정신'을 발휘할 수밖에 없었다.

그런데 각 국가가 시행하는 예찰이 얼마나 적절한지 특별 그룹이 평가하는 과정을 자세히 들여다보면 이런 '유연한 정신'이 임의적으로 적용되지 않고 어떤 경향성이나 목적성을 보인다는 것을 알 수 있다. 국가나 국가 내 지역(region)에 부여하는 광우병 위험 지위는 처음 5단계에서 점차로 간소화돼, 2005년부터는 위험의 경중에 따라 '미결정된 위험 지위(undetermined risk status)', '통제된 위험 지위(controlled risk status)', '경미한 위험 지위(negligible risk status)' 등 3단계로 나뉘었다. 만약 위험 수준이 가장 높은 '미결정된 위험 지위'의 국가가 중간 수준인 '통제된 위험 지위'를 획득하려면, 오염된 사료, 생우, 생산물의 유입 및 순환에 관해서 일정 기간 동안 위험 평가를 수행하고 '통제된 위험 지위'에 해당하는 예찰의 목표 점수를 달성해야 한다. 특별 그룹은 이번 심사에서 각 국가들이 각 위험 지위에 맞는 예찰 목표 점수를 달성했는지 평가했는데, 앞서 말한 '유연성의 정신'을 여기에 적용했다. 하지만 이 '유연

우병 확산의 주원인으로 지목되었다. 유럽에서는 이 육골분 사료를 소에게 급여하는 것을 금지했고 나중엔 모든 동물에게 급여하는 것을 금지했다. SRM은 'Specified Risk Material'의 준말로 보통 '특정 위험 물질'이라고 번역한다. 광우병을 유발하는 원인체인 프리온 단백질이 축적된 것으로 알려진 소의 부위로 국가마다 그 범위는 조금씩 다르다. 이 SRM을 도축과 사료 제조 과정에서 제거해 식품 체계 속에 유입되지 않도록 하는 것은 가장 중요한 감시 체계 중 하나이다. 이 SRM은 사실 사회기술적(socio-technological) 구성물인데 이 점에 대해서는 하대청(2011)을 참조하라.

성의 정신'은 특정한 정책 선호로 정향되어 있었다. 예를 들어, 예찰 점수가 '미결정 위험 지위' 기준은 충족시켰지만 '통제된 위험 지위' 기준에는 도달하지 못한 국가는 엄격히 적용하면 '미결정 위험 지위'가 되어야 하지만, '통제된 위험 지위'를 부여받았다. 그 기준에 점차로 근접해가는 '긍정적 경향(positive trend)'을 보인다는 것이 이유였다. 이런 '유연한 해석' 덕분에 광우병 위험 지위 평가를 신청한 대만과 브라질 등은 지정된 예찰 점수 기준을 충족시키지 못했지만 '통제된 위험 지위'를 부여받을 수 있었다.

OIE는 결국 어떤 신청국이 해당 기준을 충족한다면 그것만으로 충분한지 재검증하려 하는 '위험 회피'보다는 기준에 미달하더라도 충족하는 것으로 간주하는 '위험 수용'을 선호했다. 그 결과 위험 지위 평가 심사를 신청한 총 12개국 중에서 모두 11개국이 '통제된 위험 지위'나 '경미한 위험 지위' 등 원했던 위험 지위 상승을 이뤘다. 유일하게 실패한 스웨덴은 심사 과정에서 탈락한 것이 아니라 서류 제공 미비로 제출 서류가 처음부터 반려된 것이었다. 결국, 형식적으로 서류를 구비하고 심사에 지원한 국가는 모두 위험 지위 상승을 통해 교역 품목의 확대를 성취했다.

2007년 한국의 원정투쟁단이 OIE측에 항의했던 미국의 광우병 위험 지위 평가도 바로 이런 '유연한 정신' 아래에서 평가된 것이었다. 미국은 '통제된 위험 지위'에 해당하는 예찰 점수는 충족했지만,[9] 광우병 원인체의 유입 및 순환의 평가에서 위험 가능성을 지적받았다. 특별 그

---

9) 미국이 과연 충분한 수의 소에 대해 광우병 검사를 하고 있는지도 국내에서는 논란이 되었다. 미국 농림부는 전체 사육두수의 0.1%에 해당하는 광우병 검사 비율이 자국의 발병 현황을 고려한 수학적 통계 모델에 근거한 것이라고 정당화했지만 대항 전문가들은 충분하지 않다고 반박했다.

룹은 1997년 이전까지 육골분을 반추동물 사료로 사용했던 점, 1997년 이후 비반추동물 사료로 육골분 사용을 여전히 허용하고 있어 교차오염이 가능한 점,[10] SRM을 동물 사료로 사용하고 있는 점, 렌더링 시설과 사료공장 감독을 시각 검사에만 의존하는 점 등을 문제점으로 지적하면서, 미국에서 광우병 원인체의 순환과 증폭 위험이 있다고 평가했다. 이렇게 예찰 점수와 위험 관리에 대한 평가가 상충하는 결과 속에서 '유연한 정신'이 적용되었고 특별 그룹은 최종적으로 미국이 원하던 '통제된 위험 지위'를 부여할 것을 권고했다. 이런 결정은 사실 미국에게만 '특혜'를 준 것으로 보기는 어려웠는데, 광우병 원인체의 유입, 순환, 증폭 등에서 불안 요소가 있지만 예찰 점수 등을 충족했다면 '통제된 위험 지위'를 부여하는 것은 OIE 특별 그룹의 일관된 입장이었기 때문이다. 이런 입장 덕분에 미국과 거의 유사한 평가를 받았던 캐나다도 같은 지위를 부여받을 수 있었다. 물론 특별 그룹은 미국에 대한 최종 심사 논평에서 앞으로 SRM을 동물 사료에서 배제해 줄 것을 권고했지만, 미국에게 '통제된 위험 지위'를 부여하는 결론은 변함없이 유지되었다. 이후 OIE의 과학위원회는 이 특별 그룹의 권고를 그대로 승인하고 2007년 제75차 정기총회에 채택을 건의했다(OIE, 2007b).

---

10) 교차오염(cross-contamination)은 1980~1990년대 유럽의 '광우병 위기' 과정에서 확인된 현상에 붙여진 개념이다. 당시 영국에서는 광우병 질병에 감염된 소와 같은 반추(되새김)동물에서 유래한 단백질이 돼지와 닭 등 비반추동물의 사료로 사용되었고, 이 비반추동물은 다시 소와 같은 반추동물의 사료로 이용되었다. 이런 관행은 병원성 물질이 종을 넘어 순환하면서 전염 및 증폭되는 결과를 빚었다. 이 때문에 영국 등에서는 모든 농장 동물에게 동물성 단백질을 사료로 사용하는 것을 금지하는 엄격한 사료 금지 조치가 시행되었다.

4 OIE의 '정치적 합리성'

OIE 특별 그룹의 위험 지위 결정은 불확정적인 과학적 결론에서 이렇게 '유연한 정신'이 경향성을 가지고 작동한 결과였지만, 곧 관련 전문가들의 객관적이고 중립적인 평가로 경계 지어졌다. 이들의 결정 속에 배태되어 있는 이런 불확실성과 논쟁 가능성은 모두 '블랙박스(black box)'가 되었고 논쟁 불가능한 결론으로 재현되었다. 하지만 이런 특별 그룹의 '경계짓기(boundary-making)'는 실제 총회의 채택 과정에서는 곧 도전받았다. 특별 그룹의 회의 이후 4개월이 지난 2007년 5월의 제75차 OIE 총회에서 특별 그룹과 과학위원회의 이 권고를 채택할 것인지를 놓고 회원국들 사이에서 다시 논란이 벌어졌던 것이다(OIE, 2007c).

일본 대표는 OIE 권고에 대해 기본적인 지지를 표명하면서도 OIE 결정에 이의를 제기했다. 미국은 동물 사료에서 SRM을 여전히 사용하고 있으며 캐나다는 사료 조치 감독을 위한 샘플링과 검사가 미흡하다는 점을 지적했다. 그는 이런 질병 위험 지위 결정의 근거뿐만 아니라 심사 절차에 대해서도 문제를 제기했다. 회원국들이 의구심을 갖지 않도록 지위 평가를 신청한 국가가 제출한 문서가 인터넷으로 접근 가능해야 하며 과학위원회의 지위 평가 결정의 기준도 좀 더 투명하게 밝혀져야 한다고 주장했다. 한국 대표도 이런 의견에 동조하면서 총회 전에 보낸 한국 측 검토의견서를 소개하면서 과학위원회에 보낸 회원국들의 논평을 OIE가 충분히 검토해 줄 것을 주장했다.

당시 일본 대표는 위험 지위 결정 과정의 문제점을 지적하는 데서 더나아가 OIE의 위험 지위 인정의 책임성과 구속력 등 더 근본적인 문제까지 제기했다. OIE는 위험 지위의 변경을 평가할 때 해당 국가가 제공한 정보에 의존하며 이 정보의 부정확성에 대해서는 책임지지 않았다. 따라서 만약 어떤 쇠고기 수출 국가가 부정확하거나 부정직한 정보를 제공하고 이 국가로부터 쇠고기를 수입하는 국가에서 피해가 발생할 때, 이런 정보에 기초해 위험 지위를 공식적으로 인정했던 OIE는 어떤 책임도 지지 않았다. OIE는 제출된 정보를 확인하기 위해 실제 해당 국가를 방문해 조사할 수도 있다고 규정했지만, 이건 평가 과정에서 의무 사항이 아니었다.[11] 이런 논쟁들이 있었지만 과학위원회의 위험 지위 권고는 총회에서 결국 투표에 부쳐졌고 총회에서의 논란과 달리, 반대 투표 없이 만장일치로 채택이 결정되었다.[12]

위험은 그 자체로 어떤 목표를 위해 특정한 기술을 사용해 실재를 질서화하는 방법이며 개인과 인구의 건강을 관리하는 생명정치에서 주요하게 작동하는 계산적 합리성이다(Ewald, 1991; Dean, 2000). OIE가 국가

---

11) 더 나아가 일본 대표는 OIE 결정의 법적 구속력에 대해서도 의문을 제기했다. OIE의 위험 지위 인정을 모든 국가들이 따라야 할 '국제 기준'으로 볼 것인지에 대해 여전히 모호성이 존재하고 일본 대표가 말한 무책임성 등의 이유 때문에 회원국들은 구속력 있는 국제 기준으로 받아들이려 하지 않는다는 해석이 있다(Gruszczynski, 2010).

12) 총회에서 이런 발언들이 있기 이틀 전, 한국 대표는 일본 대표를 만나 광우병 위험 지위 판정과 관련 과학위원회의 결정에 반대하지는 않기로 양국의 입장을 서로 확인했고 대신 미국과 캐나다의 예찰 및 사료 금지 조치의 문제점을 총회에서 제기하기로만 논의했다(농림부 수의과학검역원, 2007). 따라서 반대 의견 표명은 OIE 결정의 번복이라는 실질적인 목적보다는 이후 협상을 위한 정치적 외교적 전략이었을 가능성이 높다. 당시 한국 정부는 미국과 한미 FTA 협상을 진행 중이었고 쇠고기 문제는 이 협상에서 '딜 브레이크'였기 때문에 정부의 이런 '이중적' 입장은 한미 FTA 협상과의 관련성 속에서 해석될 수 있다.

별로 광우병 위험 지위를 평가하는 것도 동물 질병이 공중보건을 위협하는 상황에서 이 위험을 정의하고 표준화하는 과정이었다. 복잡하고 예측하기 힘든 국가별 위험 상황을 통치 가능한(governable) 것으로 만들기 위해 다양한 지식, 기술, 실천, 제도뿐만 아니라 '정치적 합리성'도 요구되었다. 무엇이 좋은 것인지, 무엇이 올바른 것인지, 무엇이 도덕적인 것인지, 무엇이 자연석인 것인지 판단하는 '합리성'이 전제되지 않고서는 이런 작업을 종결짓기 어려웠다.[13] 이후 내용에서는 위험 지위 평가 과정에 작용하는 '정치적 합리성'을 OIE와 WTO의 역사적 관계를 중심으로 살펴보고자 한다.

앞서 보았듯이, 목표 예찰 점수에 미치지 못한 대만과 브라질에, 그리고 위험 증폭과 순환 가능성이 있다고 평가받은 미국과 캐나다에, 모두 '통제된 위험 지위'를 부여했다는 점에서 이 '유연한 정신'은 특정한 정치적 합리성을 구현했다. 대만과 브라질의 경우 회원국들의 예찰 강화 노력을 독려하기 위해서라고 정당화되었고, 미국과 캐나다의 경우 예찰과 인지 프로그램, 의무 신고 등 위험 관리 조치들을 인정받은 것이었지만, 소비자의 안전이라는 목적으로 정반대의 결정을 내려도 쉽게 논박하기 어려웠다. 결국 OIE 특별 그룹의 해석과 판단은 "불확실하고 불확정적인 동물 질병에 대한 우려가 상품교역의 자유화를 방해해서는 안 된다"는 원칙과 이상에 기초해 있었다. 동물 관련 상품의 교역 범

---

13) 보험으로 들기 어려운 위협들을 보험의 대상으로 삼으면서 논쟁을 불러일으켰던 19세기 사회보험(social insurance)이 계약적 형태의 사회정의라는 정치적 프로그램과 결부된 것과 비슷한 맥락이다(Ewald, 1991). '정치적 합리성'이라는 개념이 정치적 의미 이외에 도덕적·인식적·담론적 성격을 지닌다는 점은 Rose & Miller(1992)를 참조하라.

위를 확대하고 회원국들의 교역을 진작하려는 목적이 현실화되지 않은 위험에 대한 가정이나 예방보다 우선시된 것이다.

OIE 특별 그룹이 보여준 이런 '합리성'은 OIE가 WTO와 맺는 관계에서 짐작해 볼 수 있다. 이 두 기구 사이의 관계를 규정한 결정적인 계기는 1995년 WTO 출범과 함께 효력을 얻게 된 「위생 및 식물위생 조치의 적용에 관한 협정(The Agreement on Sanitary and Phytosanitary Measures, SPS 협정)」이다. 「SPS 협정」으로 잘 알려진 이 협정은 1993년 합의한 우루과이 라운드 때 합의되었다. 당시 어렵게 성취한 농업 부문의 무역자유화가 각국이 보호주의 목적으로 시행하는 위생 검역 조치로 무력화되어서는 안 된다는 생각에서 만들어진 것이었다(Yi, 2004; 이윤정, 2009). 그러나 특정한 위생 검역 조치가 비관세장벽(non-tariff barrier)과 같은 보호주의적 조치인지 아니면 공중보건과 안전을 위한 정당한 권리 행사인지는 쉽게 판단하기 어렵다. 미국과 EC(European Community)가 성장호르몬 쇠고기의 안전성을 놓고 오랫동안 대립해 왔던 무역 분쟁의 역사가 이 점을 잘 보여주고 있었다. 이런 역사적 경험 때문에 SPS 협정을 WTO 무역 규범 속에 포함시키고자 했던 초기 협상가들은 좀 더 확고한 근거를 마련하고자 했다. 그 결과 이전의 GATT(General Agreements on Tariffs and Trade) 체제에서는 볼 수 없었던 '과학적 위험 평가 요구'와 '국제 기준과의 조화(harmonization)' 등이 이 SPS 협정문 속에 명시화되었다. 가장 보편적인 것으로 받아들여지는 과학적 평가에 기초해 국제 기준을 만들고 개별 국가들이 이 기준에 '조화시켜(harmonize)' 자국의 위생 검역 조치를 시행하도록 강제하고자 했던 것이다. OIE가 국제적으로 주목받기 시작한 것은 바로 이 SPS 협정을 통해서였다. SPS 협정 3장 1절은 WTO 회원국들 사이에서 "위생 및 식물

위생 조치를 가능한 한 광범위하게 조화시키기 위해" 특별한 경우가 아니라면, "국제 기준, 지침 또는 권고"에 기초하도록 요구하고 있다. 그리고 이어진 부록에서는 "동물 보건과 인수 공통 전염병의 경우, OIE의 도움으로 개발된 표준, 가이드라인 또는 권고"가 국제 표준 혹은 권고라고 정의하고 있다(WTO, 1994). SPS 협정이 동물 보건과 관련한 위생 검역 조치가 '기초'해야 할 국제 기준은 OIE가 제안하는 것이라고 밝힘으로써 OIE를 일약 '국제적 표준 제정 기구'로 만들었다.

벨기에에서 발생한 우역(rinderpest)을 계기로 1924년 프랑스 파리에서 설립된 OIE는 처음에는 주로 동물 전염병과 관련한 정보를 수집하고 보급했다. UN(United Nations)이 FAO(Food and Agriculture Organization)와 WHO를 창설한 후에는 그 목적이 중복된다며 한때 폐지까지 거론되기도 했다. 하지만 1995년 출범한 WTO가 OIE를 국제 표준 제정 기구로 지정하면서 국제적 권위를 지닌 기구로 크게 부상했다. 당시 OIE와 함께 식품 안전과 관련한 국제 표준 기구로 지정됐던 Codex(Codex Alimentarius)의 경우도 마찬가지였다. 1963년 FAO와 WHO가 공동으로 설립한 Codex는 자발적으로 식품안전 표준을 제공하던 작은 기구에 불과했지만, WTO와 SPS 협정을 통해 국제 표준 제정 기구로 급격히 성장했다(Winickoff & Bushey, 2010). 이런 의미에서 본다면, WTO는 이미 확립되어 있던 전문가 조직의 과학적 권위를 단순히 동원했다기보다는 오히려 과학적 권위를 새롭게 만들어 가는 데 기여했다고 볼 수 있다. 그리고 반대로 이렇게 OIE와 Codex에 과학적 권위를 부여함으로써 WTO와 SPS 협정의 법적 권위는 '과학적 보편성' 위에 기초한다고 주장할 수 있었다. 따라서 OIE와 WTO는 서로의 인식적 그리고 행정적·법률적 권위를 '공동으로 생산해 나간(co-produce)' 관계였다고 말할 수 있다(Jasanoff, 2004). 법률적 · 행정적 권위를 인식적 권위 위에 세우고자 했던 WTO와, WTO의 법률적 권위를 기반으로 인식적 권위를 추구했던 OIE는 이렇게 서로의 권위를 함께 구축해 갔던 관계였다.

이런 배경에서 1998년 OIE는 WTO와 협정문을 체결하고 상호 이해가 걸린 문제, 특히 동물과 동물 유래 생산물의 국제 교역에서 발생하는 위생적 측면에 관해서 서로 협력하기로 약속했다(WTO & OIE, 1998). 이후 두 기구의 구성원들은 상대 기구의 주요 회의에 참석해 관련 문제를 함께 논의했고 정보 공유와 기술 지원도 해오고 있다. 이런 협력은 정기적인 정보 공유뿐만 아니라 '실재를 이해하는 방식', 위험을 정의하고 평가하는 방법 혹은 지적 기술(intellectual technology)의 공유에서도 진행되었다. 1995년 WTO의 SPS 협정에 의해 국제적 표준 제정 기구로 지정되자, OIE는 WTO가 주창한 '과학적 위험 평가'를 실현하는 방법론을 찾았고 그 결과 '위험 분석(risk analysis)'을 표준 개발의 주된 프레임워크로 공식화하기 시작했다. '위험 분석' 프레임워크는 1970년대 후반 이후 미국의 학계와 규제 기관에서 개발되기 시작해 점차 WHO 등 국제기구로 확산되었다. 이 프레임워크는 위험 평가와 위험 관리를 각각 과학적 활동과 정책 활동으로 명확히 구분하고 동물 실험 결과를 인간에게 외삽하기 위한 수학적 모델 등 정량적인 방법을 우선시하는 특성이 있다. 따라서 정량화되기 어려운 요소들, 예를 들면 국지적이고 맥락적인 위험 관리의 현실이나 국가별로 상이한 음식 문화나 위험 인식 등은 배제되는 결과를 낳았다. 결국 OIE는 WTO가 갖고 있는 장벽 없는 자유무역이라는 이상을 '정치적 합리성'으로 공유했던 것이다. 그것은 WTO 출범과 OIE의 국제적 지위 향상과 같은 역사적인 관계에서 형성되었을 뿐만 아니라 정기적인 인적 교류와 위험 분석법과 같은 '진리 담론'의 공유를 통해 계속 유지 · 강화되었다.

5 위험의 개인화와 촛불 집회

2007년 이런 '정치적 합리성'하에서 결정된 광우병 위험 지위 평가 결과는 2008년 4월 촛불 집회를 촉발시킨 쇠고기 수입 위생 조건 협상을 한국 정부가 체결하는 핵심적 근거가 되었다. 시민들은 두 달여 동안 유례 없는 대규모 촛불 집회를 통해 정부가 '검역 주권'을 포기했다며 재협상을 촉구했지만, 정부는 국제 기준을 준수한 결과라며 협상안을 옹호했다. 협상을 맡았던 관료들은 4월 협상안은 국제 기준인 OIE 권고안을 준수했다며 이보다 높은 수준의 위생 검역 관련 보호조치를 취하려면 '과학적 정당성'이 있어야 한다고 연일 항변했다. 그리고 국제적으로 저명한 과학자들이 합의해서 결정하는 OIE 기준을 능가할 그런 정당성이 한국 정부에게는 없다며, 만약 이렇게 정당성 없는 보호조치를 취하면 WTO SPS 협정 위반으로 통상 마찰과 무역 보복 조치에 따른 국민 경제적 피해로 이어진다고 주장했다.[14]

이런 정부의 '협박성 주장'에도 불구하고, 시민들의 격렬한 저항은 계속되었고 결국 정부는 미국과의 추가 협의를 통해 30개월 미만의 쇠고기만 '한시적으로' 수입하기로 하는 등 시민들의 요구를 일부 수용했

---

14) 사실 OIE 기준을 능가할 과학적 정당성이 한국 정부에게 과연 없는 것인지, OIE 기준을 준수하지 않을 경우, 한국 정부는 WTO의 분쟁 해결 기구 심사에서 패소할 것인지, 또한 만약 한국이 패소한다면 막대한 관세 보복을 겪게 될 것인지 등등 하나하나가 논쟁 거리였다.

다. 하지만 이런 성과에도 불구하고, 협상안의 문제로 지적되었던 문제 조항들은 거의 수정되지 않았다. 미국에서 추가적인 광우병이 발생한 다면 국민건강을 우선적으로 보호하는 조치로서 수입 중단 조치를 내릴 수 있어야 한다는 이른바 '검역 주권'의 핵심적 조항은 끝내 받아들여지지 않았다. 국회의 개정 노력이 있었지만, OIE가 미국의 위험 지위를 하향 변경 결정을 내리지 않는 한 한국 정부가 스스로 수입 중단 조치를 취할 수 없도록 한 기존 조항이 그대로 유지되었고 또 다른 핵심 쟁점이었던 SRM 범위도 변경되지 않았다(가축전염병예방법, 2008). '지구적 생명정치'에서 핵심적인 행위자인 국가는 이렇게 국제 표준이 행사하는 '생명권력'에 저항할 의지를 보여주지 않았다. 초국적 기구의 권력이나 이 권력에 기댄 미국의 요구에 저항할 수도 있었지만, 한미 FTA 비준을 앞두고 있던 정부는 그럴 의사도 능력도 보여주지 않았다.

이렇게 2008년 촛불 집회 당시 한국 정부처럼 해당 국가가 적극적으로 초국적 생명권력을 문제화할 의사가 없거나 능력이 부족하다면, 그 정치적 결과는 명확해진다. OIE의 위험 지위 결정 과정에서 살펴본 바와 같이, 미래의 불확실한 위험은 초국적 기구의 책임도, 국가의 책임도 아닌 것이 된다. SRM을 동물 사료로 여전히 사용하고 교차오염이 가능하지만 광우병이 더 이상 발생하지 않는 미국의 상황이나 아직 확인되지 않은 위험 요소들은, 설사 의심의 근거가 있다 할지라도 예방 조치의 대상이 아니었다. 미지의 잠재적 위험은 국가와 초국적 기구의 책임이 아닌 오로지 개인의 선택 문제가 되어 버리는 것이다. 한우와 수입우 사이의 가격 차이 때문에 쇠고기 원산지 표시제가 유명무실하고 한국인의 유전적 감수성이나 식문화의 차이로 새로운 위험 가능성이 있었지만, 이런 국지적 조건의 차이에 따른 잠재적 위험들은 공적 영역의 책임이 아니라 개인적 선택이나 시민사회의 자율적 규제의 문제가 되었다. 아직 발생한 적은 없지만 국지적 조건과 맥락에서 존재할 수도 있는 이런 위험은 국제 표준을 결정하는 초국적 기구와 영토 내 검역 권한을 가진 국가에게 귀속되는 '공적 책임'이 아닌, '사적 선택'의 대상이 된 것이다.

위험이 성지적인 것은 항상 책임의 분배 문제가 뒤따르기 때문이다. 생명정치와 통치성 연구자들은 이런 맥락에서 신자유주의가 진전되면서 점점 위험에 대한 책임이 개인의 것으로 되어간다며, 이를 위험이 점점 개인화되어 가고 있다고 말한 바 있다(Dean, 2000; O'Malley, 1996; Rabinow and Rose, 2006; Rose, 2001). 특히, 서구 산업사회에서 불확실한 치료의 위험, 보험, 치료의 선택, 투자 등에서 개인이 '합리적 계산인'이 되어 위험 여부를 스스로 결정하고 스스로 책임져야 하는 경향이 높아지고 있다는 것이다. 이 연구 또한 불확실한 잠재적 위험을 개인의 책임으로 삼는 '위험의 개인화(individualization of risk)' 현상을 보여준다.

하지만 기존 연구들과 다른 점이 있다. 로즈는 생명과학의 분자적 지식이 개인의 생물학적 형질을 정교하게 구분하는 가운데 개인들이 스스로 판단해 생의학의 기회와 위험을 감수하면서 더 나은 삶을 결정해 나가는 생명정치를 전망했다(Rose, 2001&2007). 유전자 진단과 치료의 선택을 통해 개인들은 위험을 감수하면서 동시에 스스로의 몸과 '생명 그 자체'를 만들어 나간다는 것이다. 그의 이런 묘사는 생명정치에서 개인의 선택과 주체성이 어떤 규율적 권력이나 조절 권력에서 자유로울 수 있는 것처럼 말하지만, 사실 이 연구는 반드시 그렇지 않다는 점을 잘 보여준다. 안전한 쇠고기의 선택은 이미 초국적 기구와 해당 국가가 행사하는 생명권력의 특정한 범위 내에서 이뤄질 수밖에 없기 때문이다. 지구적 · 국가적 생명권력이 인구의 수준에서 불확실하고 잠재적인 위험을 통치 가능하며 안전한 것으로 정의한 다음에야, 개인이 선택에 나서게 된다. 따라서 현대의 생명정치에는 로즈가 상상하는 것처럼 '아래로부터의 생명정치'가 지배하기보다는 '개인의 선택'을 특정한 방식으로 존재하게 하면서 정당화하는 초국적 기구, 국가, 이들에 속한 전문가들의 '위로부터의 생명정치'를 전제하고 있는 것이다.

한편, 일부 통치성 연구자들은 위험의 개인화를 개인의 위험 감수를 가치화하는 정치적 · 문화적 환경의 변화라고 보았는데(Dean, 2000; O'Malley, 1996), 이 연구는 그것이 구체적으로 무엇인지 보여준다. 광우병 위험 관리 사례에서 위험의 개인화란 초국적 수준에서 '자유무역'을 우선시하는 위험 관리에 대한 '정치적 합리성'이 이에 저항할 의지와 능력이 없는 국가라는 국지적 조건에 작용한 결과라는 것이다. 따라서 이런 합리성이 다른 국지적 맥락과 결합하면 위험의 개인화가 아닌 다른 결론에 도달할 수 있다. 예를 들어, GMO(Genetically Modified Organism)는 한국에서 구체적인 피해가 발생한 적이 거의 없는 잠재적인 위협일 뿐이지만, 유럽연합의 국지적인 정치적 · 문화적 조건 속에서는 적극적인 예방 조치의 대상이 되고 있다(Jasanoff, 2005). 따라서 일부 통치성 연구자들처럼 불확실한 위험과 관련해 국가의 축소, 시장의 확대, 위험의 개인화를 일반적이고 편재적인 동시대적 현상으로 보는 것은 타당하지 않다. 또한 이 글이 다룬 사례는 WTO와 같은 강력한 무역 레짐 내에서 작동하고 있기 때문에 모든 질병 사례에 일반화시키는 어려울 것이다. 그러나 이른바 '국제적인 과학 표준 제정 기구'로 불리면서 전문적이고 객관적인 국제 기준을 생산하는 것으로 알려진 초국적 기구들이 어떤 '진리의 정치(politics of truth)'를 수행하고 있는지 보여줄 수 있는 중요한 사례로 볼 수 있다.

마지막으로 이 연구는 기존 촛불 집회 연구들과 관련해 중요한 점을 시사한다. 지금까지 나온 촛불 집회에 관한 많은 연구들은 쇠고기 안전을 일상적 · 생활적인 이슈로 보거나 단지 과학적인 이슈로 한정하면서 정치경제적 질서와 구분하려 했는데, 이것은 적절한 해석이 아니다. 예를 들어 촛불 집회를 제도정치에서 생활정치로의 전환으로 해석하거나 (김호기, 2008), 촛불 집회의 원인을 쇠고기 안전이 아닌 신자유주의 정책 추진과 그 폐해로 보려는 일부 시도들은(강내희, 2008; Lee et al., 2010), 광우병 위험과 제도정치를, 혹은 광우병 위험과 신자유주의를 별개의 범주로 구분하려 한다. 하지만 이 논문이 보여주었듯이, 초국적 수준에서의 위험의 질서화 자체가 이미 특정한 정치적 합리성과 권력 전략들을 배태하고 있다. 맥락적인 위험 관리의 불안한 현실보다는 자유무역의 확대를 더 가치 있는 것으로 여기는 정치적 합리성이 광우병 위험을 특정한 형태로 구성하고 있었다. 위험의 실재적 결정 자체가 이미 신자유주의적 정치 질서와 이를 가능하게 해주는 제도적 실천과 지식 생산을 통해 통치되고 있는 것이다. 이런 의미에서 2008년 촛불 집회가 무엇인가에 대해 묻지 않고 만약 촛불 집회가 무엇에 대항한 것인가라고 묻는다면, 촛불 집회는 결과적으로 '위험의 개인화(individualization of risk)' 경향을 주도하는 지구적 생명권력의 전략에 저항한 것이라고 볼 수 있다. 따라서 촛불 집회에 참석한 시민들이 이를 의식하지 못했다 할지라도, 이들의 행위는 광우병 위험을 지구적 · 국가적으로 규율하고 관리하는 이런 권력의 제도와 전략들이 더 이상 도전받지 않는 권력이 아니라는 점을 여실히 보여준 것이다.

‡ 앞에서 생의료화의 현장을 대상으로 한 다양한 경험 연구의 필요성을 강조했다. 이 글은 최근 들어 치료해야 할 질병으로 인식되고 있는 비만에 대한 새로운 치료 기술인 랩밴드 수술에 초점을 맞춘다. 특히 이 글은 랩밴드 수술이 한국 사회에서 비만 치료의 표준적 방법으로 정착하는 과정을 '의료의 상업화'와 같은 단순한 도식으로 정리할 수 없음을 밝히면서, 의사와 환자 등 다양한 행위자들이 어떻게 새로운 연결망을 구성하면서 상호 작용하는지를 보여준다. 랩밴드를 매개로 한 '생물학적인 것'과 '사회적인 것'의 혼합체가 새롭게 만들어진 것이다.

이 글은 《과학기술학연구》 통권 제26호(한국과학기술학회, 2013)에 실렸다.

제4장

랩밴드 수술의 연결망으로 보는
비만 치료의 표준화 과정

한광희 · 김병수

1 비만은 어떻게 치료되는가?

2004년 세계보건기구(WHO)는 "비만은 인류의 건강을 위협하는 10대 요인 중 하나"[1]로 선정했다. WHO가 비만을 질병으로 규정한 지 8년이나 지났고, 여러 방안을 통해 예방 및 치료에 나서고 있지만 비만 인구는 계속 증가하고 있다. WHO는 2015년이면 전 세계 인구 중 23.4%가 비만(체질량 지수 BMI 30 이상)에 속할 것으로 예측했다. 또한 향후 10년 동안 비만 인구가 지금보다 50% 증가할 것으로 내다봤다(WHO, 2012). 기획재정부는 "비만인은 정상 몸무게인 사람에 비해 의료비가 36% 이

---

1) WHO는 사망 확률이 높은 10대 요인으로 "고혈압, 아동과 임산부의 체중 미달, 불안전한 섹스, 흡연, 알코올, 불결한 식수와 위생, 고(高)콜레스테롤, 고체 연료에 의한 실내 매연, 철분 결핍, 체중 초과 및 비만"을 꼽았다.

상 추가로 지출되며 비만은 국가 재정 부담을 늘리고 생산성을 저하하는 요인"이라고 밝혔다(기획재정부 대외경제총괄과, 2012. 1. 20). 비만은 정치경제적인 문제를 야기할 뿐만 아니라 인구, 개인의 건강을 위협하는 주요한 요인으로 지목되고 있다.

비만을 질병으로 범주화하면서 수많은 사람들이 환자(또는 잠재적인)로 분류됐다. 의사들의 공동체는 비만학(obesity study)이라는 새로운 의학 분과를 형성했으며 이들은 다양한 치료 방법을 고안하고 도입하는 중이다. 그중에서 식습관과 적절한 운동을 강조하는 행동 교정 치료는 의료적 실천이라기보다는 도덕적 실천에 가깝다. 종종 비만치료의 실패는 환자의 마음가짐에서 비롯되는 것으로 여겨진다. 1990년대 중반 이후에는 비만 약물이라는 의료기술과학적 개입이 이뤄지고 있다. 강력한 식욕 억제제가 도입됐고, 그 효과는 엄청났다. 하지만 1990년대 후반 드러난 비만 약물의 부작용 때문에 약물 처방은 유보된 실정이다. 최근에는 외과 시술이 비만치료의 주요한 방법으로 주목받고 있다. 생활습관교정이나 약물 처방을 하던 내과 의사들도 수술을 단계적이며 표준화된 치료 방법으로 인정하고 있다.

이 글은 우리나라에서 진행되고 있는 비만의 질병화와 그에 따른 치료 방법의 도입 과정을 랩밴드 수술이라는 특정 치료 기술을 중심으로 살펴보고자 한다. 우리는 비만을 건강과 연결하면서 자연스럽게 의사들과 관련된다. 이를테면 몇몇 의사들이 질병화된 비만과 관련된 다양한 행위자 집단을 끌어들이고(mobilization), 각자의 이해관계를 대변하여(interessement), 환자와 후원자(정책, 영리 병원 등) 등의 역할을 부여한 뒤(enrollment), 비만의 치료법을 도입하는 것으로 요약될 수 있다 (Callon, 1986). 하지만 현실은 어떠한가? 비만 치료 기술의 개발과 도입

과정에서 '관심 끌기'는 종종 주도적인 행위자가 없이 이뤄지는 것이 비재하다. 특히 환자들은 특히 의사를 통하지 않고 자신의 문제를 해결하기 위해 노력한다. 의사들은 비만 수술이 효과적인 비만의 치료법이라고 생각하지만 다수의 환자들은 비만 수술을 다이어트 비법와 같은 중층적인 욕망을 비만 수술이라는 의료기술에 투여한다.

현대 생의료(biomedicine)는 단순한 의학 분과의 경계를 넘어 분사생물학과 같은 생명공학의 성과와 그것의 효과를 승인하고 활용하는 임상의들 간의 상호작용을 통해 발전한다(Fujimura, 1992). 한국에서 비만치료 방법은 점차 현대 생의료의 특성을 띠고 있다. 의학계는 사회 문제로 확장된 건강의 문제로서 비만을 해결하기 위해 다양한 의료 기술을 도입한다. 하지만 의료 기술은 단지 의사들의 확신과 처방만으로 선택되지 않는다. 의료 기술은 그것이 일반적으로 사용되도록 만드는 관계들의 연결망으로 선택된다. 특정한 치료 기술의 선택과 일반화 과정을 우리는 "표준화"라고 부를 수 있을 것이다.

비만 치료의 표준화 과정을 연결망으로 알아보기에 앞서, 비만 치료에 직접적으로 관련된 이해당사자들을 추상적으로 분류할 필요가 있다. 비만 치료 기술이 표준화되기 전, 이들은 서로 다른 이해관계를 갖고 분리되어 있다. 누군가는 정치경제적 측면에서 새로운 의료 기술을 바라볼 것이고, 누군가는 보건 정책의 측면에서 국민건강의 효율적인 감시와 관리의 수단으로서 의료기술을 바라볼 것이다. 뿐만 아니라 새로이 비만 환자로 지목된 비만인들은 비만 수술을 새로운 체중 감량 수단으로 바라볼 것이다. 다양한 관점 중에서 우선 다양한 비만 치료법들을 고안하고 제시하는 의학계의 관점에서 시작해 보자.

2 의학계가 고려한 비만 치료 기술들

네 가지 주요 행위자 중에서 의학계를 우선 살펴야 하는 이유는 이들이 도입한 비만 치료 기술이 외부의 서로 다른 행위자들에게 해석적 유연성을 제공했기 때문이다. 비만학회가 제시하는 치료법은 크게 세 가지로서, '생활습관 개선', '약물 치료', '수술 치료'이다. 이러한 치료법들은 질병관리 체계와 시장, 환자들 각각의 문제해결 도구로 활용된다. 하지만 의학계 내부에서 비만 치료법은 각 전공마다 달리 제시되었으며 수술 치료(비만 수술)의 도입 이전까지에는 비의학적 치료와 의학적 치료의 경계가 불분명했다. 한국에서 전문적인 비만학의 시작을 알린 대한비만학회지의 창간호에 실린 논문 중에서 비만 치료의 목적은 "체중 감소뿐만 아니라 적절한 식품 섭취 방법과 운동을 습관화시키는 행동 수정을 통해 바람직한 체중을 유지하는 것(이종호, 1992)"이라 밝히고 있다. 한국에서 비만에 대한 의료적인 분석은 불과 20여 년 남짓한 짧은 역사를 갖고 있다. 대한비만학회는 1992년 창립되어 1995년 세계 비만학회에 가입되었다. 한국의 비만학(study of obesity)은 의학계 내부에서 아직 임상 경험이 축적되지 않았을 뿐만 아니라 다양한 견해를 지닌 구성원들이 공존하는 신생 분과라고 할 수 있다. 하지만 구성원의 비율상 내과의들이 다수를 점하고 있다. 창립 초기 학회의 구성원 중 다수는 '내과'와 '가정의학과' 출신[2]이었으며 이들의 접근 방식을 중심으

---

2) 대한비만학회의 임원진은 3명의 회장단과 29명의 임원들로 이뤄진다. 이 중 운동요법위원과 영양요법위원을 제외한 나머지 30명은 의학박사 학위를 소지한 현직 전문의들이다. 30명의 전문의들 중 14명이 내분비내과이며, 12명이 가정의학과이다.

로 비만의 치료 기술이 고안됐다. 1990년대 초반 비만학회는 주로 운동과 영양 조절을 통해 비만이 치료되어야 한다는 소견을 보였다. 당시 가정의학과와 내과가 고려할 수 있는 최신의 치료법은 약물이었다. 하지만 이들의 치료 방법은 표준화되기 힘든 약점을 갖고 있었다.

1 비만 약물의 실패

가정의학과 또는 내과의들이 선택할 수 있는 급진적인 비만 치료 방법은 약물이다. 비만 치료제의 역사는 19세기 말 비만 환자에게 갑상선 추출물을 투여한 것에서 시작된다. 하지만 그 역사에 비해 현재 안정적으로 사용할 수 있는 약물은 올리스타트(orlistat)뿐이다(김경곤, 2011: 410쪽). 비만 치료제는 중추신경계에 작용하여 식욕에 영향을 주는 약제, 중추신경계 혹은 말초에 작용하는 열 생성 촉진제 및 위장관에 작용하여 흡수를 저하시키는 약제로 구분할 수 있다. 비만 치료제의 적용 대상은 식사, 운동, 행동 요법으로 3~6개월간 시도해 보았으나 원래 체중의 10% 이하 또는 1주에 0.5kg의 체중 감량이 없을 경우 고려할 수 있다. 서양인의 경우 BMI 30 이상인 경우, 또는 27 이상이면서 심혈관계 합병증(고혈압, 당뇨병, 이상지질혈증)이나 수면무호흡증이 동반된 경우에 처방되지만, 대한비만학회는 아시아인에게 낮아진 문턱 값을 적용해 BMI 25 이상인 경우, 혹은 23 이상이면서 위와 같은 합병증이 동반된 경우 치료를 고려한다(김경곤, 2011: 410쪽).

행동 교정이 치료 역할을 수행하지 못하면서 간편한 비만 약물로

이 중 2명이 외과이며, 신경정신과와 소아과가 각각 1명이다.

식욕억제제가 각광받기 시작했다. 한국에서 식욕억제제[3]는 향정신성 의약품으로 분류되어 처방받기가 까다로움에도 불구하고, 그 시장이 2003년 200억 원에서 2006년 350억 원 규모로 단기간에 상승했다(유순집, 2008). 2000년대 초반까지만 하더라도 비만 치료제는 의사의 처방으로 시장경제와 공공보건, 비만인들의 문제를 해결할 것처럼 보였다. 비만학계 내부에서도 약물을 행동 교정 치료와 병행하여 처방할 것을 권했다. 단계적인 비만 치료 방법(1단계 행동 교정, 2단계 약물 치료)이 잠정적으로 표준화된 것이다. 이 약제들은 약제들은 주로 노르아드레날린계 치료제였고 불면, 입마름, 변비, 도취감, 빈맥, 고혈압 등의 부작용이 있었다. 주로 정신질환에 사용되는 약제들이었는데 뇌와 신경의 장애를 유발하는 부작용 사례가 계속해서 보고됐다. 이렇다 할 비만 치료제가 등장하지 못한 상황에서 2000년대 이후 새롭게 각광받은 비만 치료제는 시부트라민(Sibutramine) 제제였다. 시부트라민은 1997년 출시 이후 2010년까지 전세계 3,000만 명 이상의 환자에게 처방되었다. 시부트라민은 노르아드레날린계와 세로토닌계의 혼합 약품으로 복용 후 포만감을 느끼게 만든다. 2010년까지 시부트라민은 비만 치료제 가운데 체중 감량 효과가 제일 좋고 장기간 임상 시험에서도 내성이 없는 치료제였다. 국내에서도 한국 애보트의 '리덕틸' 등 36개사 58개 복제 약품이 판매되었다(한국일보, 2010. 4. 10). 하지만 2009년 11월 발표된 스카우트

---

3) 비만 치료제는 3가지 기작으로 구분된다. 이 중에서 식욕 억제제는 주로 중추신경을 자극하여 뇌의 식욕 조절 신경전도물질인 노르에피네프린, 세로토닌, 도파민 등의 효용을 증가시키는 효과가 있다. 노르에피네프린 기작에 작용하는 노르아드레날린계 치료제는 가장 보편적인 비만 치료제인 펜타민(phentermine)과 마진돌(Mazindol)이다.

(SCOUT, Sibutramine Cardiovascular OUTcome Trial) 보고서[4])로 인해 시부트라민도 다른 식욕억제제와 같이 퇴출 경로를 밟는다. 이 보고서로 인해 시부트라민 제제는 2010년에 전 세계에서 판매 중단되었다. 그럼에도 불구하고 약물은 표준화된 비만 치료법에서 퇴출되지 않았다. 펜타민과 같은 오래된 식욕 억제제는 약한 효과에도 불구하고 단기적 복용을 전제로 치방되고 있으며 행동 요법을 보조하는 수준에서 처방되고 있다.

기대를 모았던 비만 치료제들이 퇴출된 뒤, 남은 비만 치료제는 위장 내부 지방 흡수 저하제인 올리스타트(Orlistat)[5])뿐이었다. 하지만 제니칼도 사소한 부작용이 나타났고 지방 섭취량이 적은 한국인의 식단상 큰 폭의 체중 감량은 기대하기 힘들었다.[6]) 올리스타트는 의학계 내부의 관심을 끌지 못했다.

---

4) 스카우트 보고서는 유럽 규제 당국의 요청으로 시부트라민이 심혈관에 미치는 영향을 평가하기 위해 심혈관 질환 병력이 있는 고위험군 환자 약 1만 명을 대상으로 조사한 결과였다. 이 보고서에 따르자면 관상동맥 질환의 과거력을 가진 사람과 제2형 당뇨병 환자를 포함하여 심혈관 질환 위험도가 높은 사람들을 대상으로 시부트라민 10 mg을 투여한 결과, "심혈관 질환 위험도가 높은 사람에서 시부트라민이 위약에 비해 심혈관 질환 발병을 다소 높인다"는 결론을 내렸다(James et al, 2010: 916쪽).

5) 올리스타트는 상품명 제니칼(Xenical®)로 처방되고 있는데 120mg씩 하루 3회 복용할 경우 섭취한 지방의 약 1/3이 대변으로 배설되어 칼로리 및 지방 섭취 감소로 체중 감량효과가 있다(유순집, 2008:225).

6) 특히 제니칼은 체중 감소 효과보다는 체내 LDL-콜레스테롤 저하에 더욱 큰 효과가 있는 것으로 평가(Torgerson et al, 2004)됐다.

2 약물의 대안이었던 비만 수술

비만 치료제가 가시적인 성과를 보여주지 못하자 외과적인 개입이 해결책으로 강구됐다. 그동안 비만 치료에서 외과적 개입이 주된 치료 방법으로 논의되지 않은 이유는 수술의 까다로움과 외과적 개입에 대한 편견 때문이었다. 일반적으로 비만 수술은 지방흡입술로 대표되는 성형 수술과 혼동되는데, 이런 이유에서 대한비만학회는 성형 수술과 같은 미용 목적의 외과 수술과 비만 수술을 구분했다. 대한비만학회의 홍보이사 염근상(의약뉴스, 2012. 4. 23)은 "비만은 미용이 아니라 질환이며, 일반적인 방법만으로 고도비만 환자의 체중을 줄인다는 것은 사실상 불가능하다"고 말하며 성형 수술을 상업화된 의료라고 비판한다. 반면, 대한비만학회는 비만 수술(Bariatric Surgery, 배리아트릭)을 유일한 외과적 개입으로 인정한다.

비만 수술은 1954년대 미국에서 공장회장우회술이 최초로 시행된 후 위소매절제술(sleeve gastrectomy), 루와이위우회술(Roux-en-Y gastric bypass), 축소위우회술(mini-gastric bypass), 수직밴드위성형술(vertical banded gastroplasty), 복강경조절형위밴드수술(laparoscopic adjustable gastric banding) 등의 다양한 수술 기술로 발전됐다. 비만 수술은 마치 비만 약물의 기작과 같이 물리적으로 음식물의 흡입량을 억제(restrictive procedures)하는 방법과 소화기관을 절제하고 이어붙여 장기 내부의 영양분의 흡수를 방해(malabsorptive procedures)하는 방법으로 구분된다. 루와이위우회술은 체중 감소 효과를 높이기 위해서 두 가지 수술법을 모두 적용한 수술법이었다. 이 경우 위, 십이지장, 소장과 같은 소화기관 전체를 다시 구성해야 했고, 절제 부위는 늘어났다. 때문에 의사들은 수술 사고 위험성에 노출됐다. 현재 한국에서 주로 시술되는 수술인 위밴드술과 위소매절제술 등(그림 1을 참고)은 점차 수술의 위험성을 최소화 하는 방향, 즉 절제 부위를 최소화하는 방향으로 이동하면서 개발된 수술법들이다. 1980년대 말에 복강경(Laparoscopic)이 위장외과에 도입되면서 개복 부위는 국소화됐고, 수술 후 2차 감염에 의한 의료 사고의 위험성도 감소하기 시작했다. 이러한 의료 기술의 변화 속에서 비만 수술은 더 이상 까다로운 수술이 아니었다.

한국에 비만 수술이 처음 도입된 해는 2003년이다. 시기적으로 다양한 약물이 실패했으며, 건강 감시가 체계화되던 시점이다. 비만 수술의 도입은 국민건강영양 조사에서 BMI 문턱 값을 낮춘 뒤 이뤄졌다. 이는 점차 상승하는 비만 인구에 대한 질병 관리 체계의 합리적인 대응이었다. 대한비만학회에 가입된 소수의 외과의사들[7]을 중심으로 대한비만대사수술연구회[8]를 통해 비만 수술에 대한 연구가 진행됐다. 비만 외과의사를 대상으로 한 설문 조사(이상권, 2010)에서 수술의 임상적 효과(체중 감량)는 루와이위우회술(68%)이 가장 뛰어난 것으로 조사됐다. 하지만 2009년 기준 한국에서 가장 많이 수술된 수술법은 복강경조절형위밴드수술(LAGB, 랩밴드)이다. 도입 초기 다양한 수술법이 한번에 유입되는 바람에 집도한 의사에 따라 다양한 방식의 수술법이 적용됐음에도 불구하고 한국에서 비만 수술은 여전히 환자와 의사 모두에게

---

7) 주로 영미권에서 연수를 마친 외과의들로 간담췌외과, 위장외과, 대장항문외과 등의 인접 전공에서 소아과와 같은 비인접 전공의들까지 다양했다.

8) 연구회는 2003년 6명의 비만수술외과의(bariatric surgeon)로 시작해 2009년에는 23명으로 증가했다. 비만 수술의 수술 사례 역시 2003년에 125건, 2009년에는 778건으로 6배가량 증가했다.

위험부담이 큰 수술이었다. 때문에 의사들은 다양한 의료 사고를 회피하기 위해 미국과는 다른 방식의 수술법이 일반화되기 시작했다. 비만외과 의사들은 점차 안전한(사망률이 낮은) 수술법이었던 랩밴드 수술을 대표적인 비만 수술로 고려하기 시작한 것이다.

3 랩밴드 수술에 대한 관심

2003년 한국에서 최초로 실시된 비만 수술은 가톨릭대 성모병원 김원우 교수의 수술이었다(한상문·김원우, 2004). 고도비만 수술 대상자는 BMI 40 이상의 고도 비만자 내지, BMI 35 이상의 고도비만자이었으며,[9] 지난 5년 이상 비만이었고 내과 치료에 실패하여 비만으로 인한 합병증(당뇨, 고혈압) 등이 있는 경우에는 비만 수술이 우선적으로 고려됐다. 위소매절제술은 고도비만 환자의 식욕 조절에 효율적이었다. 그 이유는 식욕을 촉진하는 그렐린 호르몬이 위와 십이지장, 대장에서 분비되는데 물리적으로 분비기관을 절제했기 때문에 그렐린 호르몬 분비량이 감소하기 때문이다. 수술 이후 몇 가지 부작용은 대체적으로 절개 부위와 관련된 문제였다.

위소매절제술 이후 시도된 비만 수술법은 '위밴드', 혹은 '랩밴드' 수술이다. 랩밴드 수술은 가톨릭대학교 성모병원 외과 김응국 교수 팀이 2004년 8월 최초로 한국에 도입했다. 당시 환자는 BMI가 41(키 174cm, 몸무게 124kg)이 넘었고 이로 인해 고혈압, 당뇨병, 심한 지방간,

---

9) 대한비만학회는 BMI 35 이상 또는 30 이상이면서 동반질환이 있는 경우를 적응증으로 제안하고 있으나 아직 논의단계에 있다(최윤백·이인섭, 2013: 55쪽).

역류성 식도염 등의 합병증을 앓고 있었다. 수술은 두 시간 남짓 걸렸고 환자는 이틀 만에 퇴원했다(동아일보 2004. 8. 27). 랩밴드 수술은 별도의 절개부위가 없이 위 입구를 실리콘 재질의 밴드로 조여주는 수술이다. 따라서 절개 부위가 적어 일상생활로 복귀가 빠르다는 점이 장점이었다. 랩밴드 수술법을 수련한 의사들은 수술 위험성이 위소매절제술보다 낮다는 점을 들어 자신들의 기술이 더욱 안전하다고 소개했다. 그러나 체중 감량 효과는 위소매절제술이 수술 12개월 후 72.4%였고, 랩밴드 수술이 31.7%였다(허윤석, 2008).

이와 대조적으로 비만 수술이 개발된 미국에서는 루와이우회술이 표준적인 수술법으로 인정되고 있다(NIH Consensus statement development conference,[10] 1991). 그럼에도 불구하고 NIH 합의회의 보고서는 루와이우회술과 관련돼 발생될 수 있는 부작용으로 수술 부위 출혈과 누출을 꼽았다. 위나 소장의 절단면이나 꿰맨 부위에서 장 내용물이 복강 내로 새어나오는 경우가 있었으며, 사망률에 직접적인 상관관계가 있던 문제는 혈전증에 의한 폐전색(Pulmonary Embolism)이었다. 뿐만 아니라 폐렴이나 상처 감염, 장의 막힘도 보고됐다. 또한 루와이우회술과 같은

10) 1970년대 미국에서 의료기술영향평가(medical technology assessment)를 '합의도출회의(consensus development conference)'라는 이름으로 시작했다. 주로 새로운 의료 기술이 가져올 의료적·경제적 영향에 대해 관련 전문가들 사이에서 이루어지던 기술영향평가회의를 의미했다. 미국에서의 합의회의는 국립보건원(National Institute of Health, NIH)의 주최로 1977년 9월에 처음 개최된 이래 현재까지 100회 이상 열렸을 정도로 성공을 거두었다. 그러나 이 합의회의는 일반인들의 방청은 허용하였지만 실제 토론 과정에서는 일반인들의 참여가 배제됐다(Jørgensen, 1995; 김명진·이영희, 2002).

위장관우회술(gastric bypass surgery)에 따른 합병증을 줄이기 위해서는 이 수술에 경험이 많은 의사가 수술을 해야 한다는 연구 결과가 발표됐다(Frank Raczkiewicz & Alan Aldinger, 2003). 이미 수십 년 동안 누적된 임상 경험이 있었던 미국의 비만외과의와 달리 한국의 비만외과 의사들은 더 안전한 수술을 도입하고자 했다.

한국의 비만외과의들이 루와이우회술을 기피했음에도 불구하고 2004년 2월 위소매절제술을 받은 한 여성 환자가 사망하는 사고[11]가 발생한다(한국일보, 2004. 4. 18). 당시 국립과학수사연구소는 부검 소견서에서 "사망 원인은 수술 인접 부위의 복막염과 이에 따른 합병증, 패혈증 및 장기 기능 이상"이라 밝혔다. 하지만 "배리아트릭은 새로운 수술법이기 때문에 그 결과는 전문 의료기관에 맡긴"다고 결론지었다. 수술 사고로 인해 위소매절제술의 윤리적 위상은 추락했다. 의사들도 점차 수술법을 기피했고, 그로 인해 반사적 이득을 본 것은 랩밴드 혹은 위밴드 수술이었다. 2009년 기준으로 가장 빈번하게 시행된 비만 수술은 랩밴드 수술 즉 복강경조절형위밴드수술이 68%였다. 뒤이어 루와이위우회술이 16%, 십이지장공장우회술이 5.5%, 위소매절제술이 5.5%, 축소위우회술이 3% 순이었다(이상권, 2010). 특히 대학병원에서 독립한 개원의들의 경우 랩밴드 수술을 주요 수술법으로 채택했는데, 그 이유는 복강경 투입구를 제외한 별도의 절개 부위가 없어 회복 기간이 빨라 별도의 요양 병동을 설치할 필요가 없었기 때문이다.

---

11) 당시 사고는 같은 해 5월 SBS의 「그것이 알고싶다」(SBS, 2004. 5. 15. 장경수 연출, "지상 최후의 비만 탈출인가? 집중해부, 베리아트릭 위절제 수술")에서 다뤄질 정도로 이슈가 됐다. 해당 프로그램은 한국의 그릇된 미의식과 여성의 다이어트 열망의 결과로 무리한 수술의 적용이 문제라고 지적했다.

짧은 시간이지만 랩밴드 수술의 안전성이 확인되면서 랩밴드로 대표되는 비만 수술을 정점으로 표준화된 비만 치료 방법이 구축되기 시작했다. 비만학계가 도입한 새로운 비만 치료 기술들은 넓은 의미(사회적, 정책적)의 비만 문제를 해결하기 위한 것이 아니었다. 단지 의학계 내부에서 비만학만의 전문성과 치료의 타당성을 획득하는 과정에서 선택된 것이었다. 중요한 것은 랩밴드 수술이 의학계 내부의 문제를 해결하자 인접 행위자 집단들도 해당 기술에 관심을 보이기 시작했다는 것이다. 이들은 각자의 이해관계를 랩밴드 기술을 통해 달성하고자 했다.

3 랩밴드 수술에 관심을 갖는 서로 다른 행위자들

한국에서 비만이 보건 정책의 문제로서 언급되기 시작한 것은 1998년 국민의 정부 집권기이다. 이 시기부터 질병의 감시체제가 체계화되기 시작해 참여정부 이후 현재의 질병 감시체계를 유지하고 있다. 전 인구를 대상으로 한 체계적인 건강조사는 1998년부터 "국민건강영양조사"라는 이름으로 실시됐다. 국민건강영양조사는 "국민건강증진종합계획" 등의 보건 정책 수립 및 평가에 필요한 통계를 생산했다(보건복지부 · 질병관리본부, 2011:i). 흥미로운 것은 당시의 조사 항목이 WHO의 기준 바탕으로 제작된 것이다. 세계보건기구는 흡연, 음주, 신체 활동 부족, 비만 등의 네 가지 항목을 중요한 건강 위험 요인으로 지목했고, 국민건강영양조사는 이 항목을 그대로 적용했다. WHO의 조사 기준을 따르면서 건강 증진 사업은 자연스럽게 외환위기 이후 국가 구조조정의 슬로건 중 하나였던 "글로벌 스탠더드"와 연결됐다. 국내의 건강조사는 WHO와 OECD의 인구 조사 기준에 적합한 통계 자료를 생산하는 데 일조했다. WHO의 기준은 국내에서 비만을 질병으로 분류하는 계기가 됐다. 1998년 국민건강영양조사에서 비만은 고혈압, 당뇨병 등과 함께 만성 질환의 세부 분류로 등장한다. 다양한 비만 측정 방법 중에서 공인된 것은 BMI(체질량 지수, Body Mass Index, 이하 BMI)[12]이다. WHO는 BMI에 따른 비만 기준을 '18.5~24.9'까지를 정상, '25~29.9' 까지를 과체중, '30~34.9'까지를 1단계 비만, '35~39.9'까지를 2단계 비만, '40이상'을 3단계 비만으로 규정했다. 이는 미국과 유럽의 인구 통계를 바탕으로 한 것으로 아시아 지역에 그대로 활용하기에는 오차가 있었다. WHO는 2000년부터 아시아태평양 지역의 인종적 특성을 고려하여 BMI 25 이상을 비만으로 규정했다. 아시아태평양 지역의 사람들에게 더욱 낮아진 비만 문턱 값이 적용된 것이다. 비만이 공공의 문제로 대두되면서 비만 치료 기술에 특별히 관심을 갖는 행위자들이 나타나기 시작했다. 첫 번째로는 인구의 건강과 질병을 관리해야 하는 정부의 관점으로서 질병관리본부의 관점이다. 두 번째로는 비만의 치료를 상업적으로 활용하고자 한 의료시장과 상업화된 병원의 관점이다. 세 번째로는 실제 비만인들인 잠재적인 비만환자들의 관점이다.

---

12) BMI 이전까지 비만을 측정하기 위해 활용된 방법은 표준 체중 계산법이었다. 표준 체중 공식은 (자신의 키(m)-100)*0.9 이다. 이에 따라 표준 체중의 경우 이상 체중의 90-110%, 과체중의 경우 111-119%, 비만의 경우 120% 이상으로 구분된다.

1 질병관리본부

질병관리본부는 국가 전염병의 연구와 관리, 생명과학 연구, 교육 등을 수행하는 보건복지부 소속의 연구기관이다. 질병관리본부의 전신은 국립보건원으로 약품의 안전성을 실험하거나 수질, 생물안전성 등을 검사하는 연구 업무를 맡았었다. 하지만 1999년 감염질환부[13]의 신설과 함께 국립보건원은 전염병에 대한 정보를 수집하고 통계 자료를 통해 사전 예방하는 역할을 맡기 시작한다. 국립보건원은 2001년부터 전염병정보관리과를 신설하고 만성 질환을 감시했다. 만성 질환은 우리나라의 주요 사망 원인으로 의료비 상승, 조기 사망으로 인한 경제력 손실 등으로 사회경제적 질병 부담이 크기 때문에 일종의 전염병과 함께 다뤄진다(질병관리백서, 2004: 56쪽). 한국의 경우엔 인구의 노령화가 뚜렷한 추세이며 만성 질환과 유병 기간이 중복되어 질병 부담이 증가할 가능성이 매우 높다는 것이다. 여러 가지 위험 가능성이 사후 조치에서 사전 예방으로 질병 관리의 패러다임을 바꾸고 있지만, 현재의 질병 관리 체계 속에서 만성 질환은 잠정적으로 치료 불가능한, 항시 관리되어야 할 질병이다. 사전 예방은 단지 통계 자료를 구축하고 표준치에서

---

13) 1999년 김대중 정부가 들어선 이후 대대적인 정부 부처 구조조정이 있었음에도 불구하고 국가 경쟁력과 '삶의 질' 향상을 위해 몇몇 부서의 신설 및 보강이 이뤄졌다. 재정경제부의 경제 정책 조정 기능을 강화하기 위해 정책조정과가 신설됐고 과학기부 산하 과학기술정책국이 '실'로 승격됐다. 그리고 보건복지부 사회복지정책실에 노인보건과를 신설하고 국립보건원에 감염질환부, 감염질환관리과를 각각 신설했다. 이후 감염질환관리과는 전염병관리부로 개편됐고 2004년 '국립보건원'이 '질병관리본부'로 확대 개편되며 주요한 부서로 자리 잡는다.

얼마나 벗어났는지, 얼마나 더 위험에 가까워졌는지를 알려줄 뿐, 문제에 대한 치료 방법을 제시하지 않는다.

비만은 대표적인 만성 질환으로 감시, 관리되어야 할 질병이다. 비만의 감시는 국민건강영양조사를 통해 수집된 통계 자료를 바탕으로 이뤄진다. 질병관리본부는 비만과 같은 만성 질환 감시 체계의 목적을 다음과 같이 설명한다. "국가 만성 질환 감시 체계는 질병 관리 정책의 기획·평가에 필요한 보건 통계 지표와 정보를 지속적, 체계적으로 생산하여 정책의 효과성, 효율성 증대시키며, 국민과 보건 의료인에게 과학적이고 '올바른 정보와 지침'을 제공하고, 만성 질환 '의과학(醫科學) 연구 활성화 토대를 제공'하는 것이 목적"이다(질병관리백서 2004: 56쪽). 따라서 질병관리본부의 목적은 비만의 증감률, 곧 비만의 전염 경로를 추적하고 감시하여 위험성을 고지하는 것이다. 그러나 누구나 동의할 수 있는 확실한 비만 치료법이 없는 상황에서 질병 관리 체계의 강화는 건강 위험에 대한 불안을 증대시킬 뿐이었다. 따라서 질병 관리 체계는 이러한 혼란을 예방하기 위해 합리적인 비만의 치료법이 등장하기를 바랐다.

2 의료 시장과 상업화된 병원

비만이 국가적인 위험으로 다뤄지기 이전부터 비만은 다양한 건강 관리 상품들과 연결되었다. 특히 다이어트 산업으로 불리는 체중 관리 산업은 1990년대 이후 급격하게 시장의 규모를 늘려가고 있다. 일부 보건의학자들의 보고서(정백근 외, 2002)는 1998년 국민건강영양조사 자료를 이용하여 비만으로 인한 사회경제적 비용이 2200~4200억 원에 달할 것이라 추정을 했다. BMI를 기준으로 비만 인구를 계산하고 그들의 의료비 지출을 계산한 결과 1,194억 원이었고 이들의 비급여 본인부담금을 포함하면 의료비 지출은 1,418억 원으로 늘어났다. 1998년 기준, 비만으로 인한 의료비 지출은 총 국민 의료비의 약 0.55%로 추정됐다. 총 의료비에 비하면 비교적 미미한 수치라고 할 수 있지만 '비만 산업'은 적정한 체중 유지를 위해 소모되는 약품, 식품, 세품의 상품 생산에서 운동, 체형관리 같은 유사 의료 서비스 산업을 포함하고 있다. 삼성경제연구소(2012)는 한국의 다이어트 시장 전체 규모가 2001년에 1조 원, 2003년에 2조 원, 2005년에 3조 원을 돌파한 것으로 추정하고 있다. 이에 따라 비만을 예방적으로 관리하는 서비스가 2010년 32%에서 2020년 43%로 증가할 것이라 분석했다. 이 보고서는 1990년대 후반 이후 정착한 사전 예방적 보건 체계, 즉 전 인구의 건강 감시 강화를 언급하며 정부의 보건 정책과 비만 사업이 결합하여 시너지 효과를 낼 것이라 분석했다. 비만은 점차 의료 산업의 블루오션으로 주목받고 있다.

비만의 산업화는 두 가지 차원의 열망 속에서 진행되고 있다. 첫 번째는 질병화된 신체를 치료하고자 하는 욕망이다. 두 번째는 질병을 넘어서 미적 이상향(미용)에 도달하기 위한 열망이다. 두 열망은 의료적 실천을 통해 해소되고 있다. 그리고 그 중심에 영리를 추구하는 상업화된 병원이 있다. 미용을 목적으로 하는 수술은 치료와 미적 욕망의 사이의 경계를 흐리게 만들었다. 치료가 아닌 미용을 위한 비만 상품들은 종종 몰가치적인, 혹은 비도덕적인 수술로 평가되었다. 심지어 비만 상품은 생명의 단축을 담보로 하는 것으로 비추어진다. 현재 비만클리닉에서 별다른 사회적 지탄 없이 강조할 수 있는 치료법이란 운동과 식이요법을 병행하는 행동 교정 치료뿐이다. 이러한 치료는 수술과 달리 의료적 전문성의 영역 밖에서도 충분히 이뤄질 수 있다. 이들 병원에 필요한 것은 도덕적으로 타당하면서도 의료 전문성을 유지할 수 있는 새로운 치료법이었다.

3 (잠재적) 환자들

비만 환자들은 사람들을 잘 웃기고 항상 낙천적으로 보이지만 사실은 그렇지 않다…… 비만 환자의 성격은 참을성이 없고 감정의 기복이 심하다. 미신도 잘 믿는다…… 또한 비만 환자들은 참을성이 부족해 시간이 걸리는 치료를 참지 못한다. 즉시 증상을 없애주는 단기 치료를 원하지 성격 구조와 원인을 밝히는 정신분석을 참지 못한다(이무석 전남대 의대 교수, 국민일보. 1999. 4. 1).

비만은 나태한 생활 습관과 나약한 정신력과 손쉽게 연결된다. 공공 보건 의료의 주요 문제가 된 지 십 년이 넘게 지난 지금도 비만은 생활 습관의 문제라는 인식이 강하다. 사전 예방적 건강 거버넌스에 의해 비만이 질병화된 후에도 합병증으로 인한 건강의 위험보다는 뚱뚱한 몸에 대한 사회적인 차별과 편견이 다이어트에 적극적인 (예비)비만인들을 양산한 것으로 보인다. 비만에 대한 사회적 혐오와 다이어트 열풍은 사회적 몸 담론으로 연결됐고 사회학적 분석 대상이 됐다. 건강 거버넌스가 극대화한 비만의 위험성과 대중매체 속에 팽배해 있던 아름다운 몸에 대한 강박이 결합된 것이다. 이러한 복합적 맥락에서 개인들의 몸을 관리하려는 욕구는 다양한 의료 기술적 실천들과 연결된다.

우리의 사회적 환경이 외모를 중시하고, 획일화된 신체를 요구하고, 못생기고 뚱뚱한 몸에 대한 차별을 일반화시키고 있음은 몸 담론에 대한 다양한 매체 분석을 통해 간접적으로 경험할 수 있다. 2000년대 중반 가열된 '얼짱', '몸짱' 열풍은 물질적(취업, 인사고과, 학업 등), 정신적(자아 존중, 자신감, 자기 통제) 측면에서의 보상 행위라고 볼 수 있다. 한국여성민우회는 '반다이어트 반성형 운동'에 앞서 10대 후반에서 20대 초반의 여성들에게 설문조사를 했는데, 이 결과 여고생의 50.3%, 여대생의 34.2%가 앞으로 성형 수술을 받을 의향이 있다고 응답했다. 그 이유로 자신감 회복을 선택한 여대생은 92.5%, 여고생은 83.1%였다(일다, 2003). 여성(최근에는 남성들을 포함해)들은 사회적 편견에 노출되면서 급진적인 치료법을 실천하고 있다.

건강한 몸에 대한 욕구와 사회적 편견은 건강을 담보로 한 비합리적인 성형 수술(지방흡입술)과 성분이 불분명한 다이어트 보조제들의 소비로 이어져 음성적인 다이어트 시장을 형성하고 있다. 환자들은 비만을 실재하는 삶의 위협——그것이 건강이든, 미적이든——으로 간주하며, 위험을 감수하고서라도 의료 상품들을 소비할 준비가 되어 있다. 이들의 소비 행위는 치료 정보의 검색과 학습으로 확장된다. 환자들은 인터넷을 통해 전문의약품으로 유통되고 있는 비만 치료제 '제니칼'의 성분명을 검색하고, 그것과 동일한 성분의 'AlliTM'라는 약품이 미국에서는 일반의약품이라는 것을 발견하여 해외 구매를 시도한다. 환자들은 의사에게 의지하지 않고 다양한 비만의 치료 방법을 검색하고 학습하며, 현명한 환자-소비자의 입장에서 자가 치료를 하고 있는 것이다. 이들에게 새로이 등장한 해결책으로서 비만 수술은 호기심을 불러일으킬 만한 치료법이었다.

4 랩밴드 수술의 등장과 연결망의 확장

지금까지 나열한 시장 경제, 질병 관리, 비만 환자들은 각자 비만에 대한 관점이 다르지만 저마다의 목적에 따라 비만의 치료법이 등장하길 원했다는 것을 알 수 있다. 서로 다른 관점의 세 행위자들은 각자의 관점에 따라 비만 수술에 관심을 갖고 비만 수술을 긍정적으로 해석하기 시작했다. 각각의 행위자들이 비만학계와 연결되면서 비만 치료법은 이른 시일 내에 선택됐어야 했다.

1 상업화된 병원과 비만학계의 연결과 비만 수술의 상업화

시장경제적 관점에서 비만 수술은 비만 약물의 실패를 극복하고 의료 산업을 활성화하는 데 큰 영향을 주고 있다. 비만 수술 도입 초기 비만을 수술로 치료할 수 있는 병원은 대학병원이었다. 현재 가천의대병원, 분당서울대병원, 중앙대용산병원, 가톨릭대서울성모병원, 차의과대학병원, 이화여대병원, 인하대학교병원, 순천향대학교 병원, 용인세브란스병원, 건양대병원(2011년 개소) 등에서 고도비만 클리닉을 개설하고 비만 수술을 실시하고 있다.[14] 특히 비만 수술 중 루와이 수술과 위절제술이 제2형 당뇨병 치료에 효과적이라는 국내외 연구 결과

---

14) 다수의 대학병원의 고도비만 클리닉은 2007년 이후 개설됐다. 클리닉들은 단순히 수술만 하는 것이 아니라 병원 내의 운동 처방 클리닉, 영양 클리닉, 가정의학 클리닉, 성형 수술 클리닉을 통합하여 수술 후 비만을 총체적으로 관리하는 고도비만 치료 관리 센터를 표방한다.

(Schauer et al, 2003; 허경열 · 김지선, 2011)가 발표되면서 비만 수술은 대중에게 대사 질환도 치료할 수 있는 만능 수술로 비춰지기 시작한다. '고도비만 클리닉'에서 수술적 치료는 내과의사들과 별다른 갈등 없이 공존하고 있다. 비만 수술은 비만 치료의 종료가 아니라 수술 후 관리라는 또 다른 내과의 영역으로 연결된다는 점에서 내과의와 외과의의 영역을 인정하면서도 침범하지 않는 공존을 가능하게 만든 것이다. 병원의 관점에서 이러한 공존은 비만 클리닉의 개설을 통해 다각적이고 단계적인, 그리하여 다양한 의료 서비스 상품을 제공할 수 있는 기회였다.

현재 비만 수술은 대학병원 수준의 클리닉뿐만 아니라 비만 전문 병원을 통해 보급되고 있다. 랩밴드 수술법의 보급으로 비교적 수술과 관리가 용이해졌고 그로 인해 비만 수술 전문 병원이 점차 늘어나고 있다. 이들 역시 대학병원의 고도비만 클리닉과 마찬가지로 성형외과와 다이어트 프로그램을 동시에 제공하는 비만 관리 패키지를 하나의 의료 상품으로 판매하고 있으며 일부 병원은 피부 · 성형 · 미용 등을 관리하는 네트워크 병원으로 성장하고 있는 추세이다. 이러한 비만 수술 클리닉은 내과적인 다이어트 '관리' 클리닉과 지방 흡입과 같은 성형 수술을 기반으로 하는 미용병원 네트워크였으나, 비만 수술 센터가 네트워크에 포함되면서 '치료'를 강조하는 전문 병원의 이미지로 변화하고 있다. 전문 병원들은 더욱 빠르게 영리 기업화되고 있다. 이들은 랩밴드를 공급(전량 수입)하는 다국적 의료 기업과 긴밀한 공생 관계에 있다. 랩밴드 판매량은 곧 담당의사의 수술 경험이며 랩밴드 공급 기업의 마진을 의미한다. 몇몇 랩밴드 회사들은 1000회 이상의 수술 경력——곧 1000개 이상의 랩밴드 판매 실적——을 가진 의사에게 랩밴드 수술 트레이너 인증서를 수여한다.

이해관계적인 연결망의 확장과 함께 제도적인 변화도 일어나고 있다. 의료 기술의 상업성을 공인하는 신의료기술평가제도[15]가 2007년 의료법 54조 개정을 통해 설립되었다. 평가위원 중에는 소비자 대표가 일부 포함되었으나 기술의 안전성을 검토하는 것은 의료 전문가의 몫이었다. 2007년부터 2010년 7월까지 신의료기술평가를 신청한 건수는 총 620건으로 이 중 신의료기술로 인정된 기술이 261건이고 신의료기술로 부적합한 기술이 339건이며, 나머지는 심의 중이다.[16] 랩밴드 수술도 예외는 아니었다. "조절 가능한 위밴드를 이용한 내시경적 비만 치료술(laparoscopic adjustable gastric banding formorbid obesity)"은 2008년 7월 신의료기술평가위원회에 접수됐고, "위밴드술(gastric banding)"이라는 이름으로 2009년 9월 신의료기술로 인증받았다. 비만 수술은 비만학계의 전문성을 강화하고, 병원의 수익을 창출하는 새로운 상품이 되어 연결망의 확장을 촉진시키고 있다. 신의료기술평가제도와 함께 경제적 합리성을 바탕으로 하는 질병 관리 체계의 대표적인 사례이다. 특정한 질병의 치료법에 대한 효용 가치는 근거중심보건의료(Evidence Based Healthcare)를 통해 평가된다. 이러한 평가로 인해 이제까지 비만 치료에서 많은 부분을 차지했던 비합리적인 치료법들(지방흡입수술, 불법약물, 건강식품 등등)을 비만 수술이 대신하기 시작했다. 보건복지부는 2008

---

15) 보건복지부장관은 "신의료기술평가에 관한 사항을 심의하기 위해 보건복지부에 신의료기술평가위원회를 두"며 "의학, 한의학, 치의학 등의 분야에서 전문평가위원을 선발해 심사"를 한다(의료법 제54조).

16) 기술별 신청 현황은 진단 검사 부문이 274건(44.2%)으로 가장 많고 처치 및 시술이 241건(38.9), 유전자 검사가 104건(16.8%)의 순이다. 이 중에서 국내 기술보다 해외 유입 기술이 더욱 많은 것으로 추정된다(엄영진, 2010).

년 12월 '한국보건의료연구원'을 개설해 치료의 과학적 근거와 효용성을 평가하고 있다. 2011년 한국보건의료연구원은 고도 "비만환자를 대상으로 시행되는 비만 수술의 효과 및 경제성 분석(한국보건의료연구원, 2011)"이라는 보고서에서 비만 수술을 비만 가이드라인의 핵심으로 평가했다. 보고서는 "비만 수술은 당뇨·고혈압·고지혈증 등의 동반 질환 개선 정도 및 삶의 질 향상이 비수술 군보다 높다"고 결론을 내렸다.[17]

2 랩밴드 수술을 고려하는 합리적인 소비자로서 환자들

앞서 서술한 것처럼 지난 10년 사이 랩밴드 수술이 보편화되면서 비만 수술은 빠르게 상업화되고 있다. 역설적으로 상업화는 곧 대중화를 의미한다. 매스미디어는 비만 수술을 비만 치료법으로 소개하고 있다. 최근 비만외과 의사들이 공중파의 뉴스 생활 정보와 케이블 방송의 여성 변신 프로젝트에 출연하기 시작했다. "화성인 바이러스(TVN)"와 같은 프로그램에서 비만외과의는 초고도비만자들의 멘토로 출연한다. 2010년 방영된 OBS(경인방송)의 「100kg살공주」는 랩밴드 수술이 소개된 최초의 다이어트 프로그램이다. 이전까지의 다이어트 프로그램이 운동과 식이요법을 통해 체중 감량에 성공하는 주체들을 다뤘다면, 이 프로그램은 랩밴드 수술을 필수 통과 관문으로 소개하고 있다. 고도비

---

17) 비수술 요법과 비교하여 수술 요법에 대한 경제성 분석 결과 비용이 1,521,601원 더 소요되지만 QALY(Quality Adjusted Life Years, 보정된 기대여명)가 0.86 높아 점증적 비용 효과비가 1,770,535원/QALY으로 보고되었다.

만으로 체중 감량을 고려하고 있는 비만 환자들은 인터넷 검색과 인터넷 공간의 자조 공동체(self-help community)[18]를 활용해 더 나은 병원과 의사들을 검색하고 수술에 대한 정보를 공유한다. 가장 오래된 비만 수술 인터넷 커뮤니티는 랩밴드 수술이 한국에 도입된 2004년부터 지금까지 지속되고 있으며, 점차 그 가입자 수가 증가하고 있는 추세이다. 커뮤니티의 회원들은 자발적으로 자신의 수술 전 신체 상태와 수술 후 체중 감량 과정을 공개한다. 수술 경험이 있는 회원들이 멘토의 역할을 자처하고 수술을 고려하고 있는 회원들에게 조언을 하는 것이다. 이 커뮤니티에서 의사는 조언자로 참여한다. 현재 한국의 고도비만 클리닉과 비만 전문 수술 병원은 대형 포털사이트인 다음(Daum.net)과 네이버(Naver.com)에 1개 이상의 비만 수술 카페와 다수의 블로그를 운영하고 있다. 최근에는 트위터와 페이스북 같은 SNS를 활용해 병원의 환자들과 온라인으로 관계를 맺고 있다.

환자와 의사의 유대 관계는 랩밴드의 기술적 특성을 반영한다. 랩밴드는 수술 후 주기적으로 의료적 의사소통이 필요한데 그 이유는 랩밴드에 식염수를 채우거나 비우는 '필링'과 '언필링' 때문이다. 여기서 필링은 위 입구를 조이고 있는 실리콘 재질로 된 튜브에 식염수를 채워 더욱 조이는 것이다. 이로 인해 섭취되는 음식물의 양은 줄어든다. 언필링은 필링과 반대로 복부에 통증이 생기거나 음식물 섭취를 증가시키는

---

18) 이와 같은 인터넷 커뮤니티는 미국의 "ObesityHelp.com"을 벤치마킹한 것이다. ObesityHelp.com은 비만 수술과 관련된 정보——각 수술법의 최신 사례에 대한 의학 저널의 글에서부터 저렴한 수술 가격에 대한 정보까지——의 글와 다양한 커뮤니티 공간은 물론 SNS 형태의 알림판을 웹상에 제공하고 있다. 이 사이트에 가입된 회원은 25만 명 이상이다(Boero, 2010).

경우 튜브 내부의 식염수를 빼내는 것이다.[19] 환자의 상태에 따라 주기적으로 필링과 언필링이 이뤄진다. 때문에 환자와 의사는 수술 이후에도 지속적인 의사소통의 채널을 유지할 필요가 있으며, 인터넷 커뮤니티는 주요한 채널의 역할을 하고 있다. 대개의 랩밴드 수술 후 의사소통 담화는 "몇 cc를 넣어야 될까요?" 같은 필링과 언필링에 관한 질문과 의사의 조언으로 이뤄진다. 환자들은 체중 감량 폭이 적을 경우 "○○cc 더 넣어야겠어요" 등의 요구를 통해 자신들의 의견을 강조한다.[20] 의사는 서비스 공급자로서 고객인 환자들의 의견에 귀를 기울이며, 환자들의 참여를 통해 더 효과적인 수술 후 관리 지침을 완성하고자 한다. 랩밴드를 통해 맺어진 이들의 관계는 전통적인 의료화가 강조하는 억압적이며 통제적인 관계라기보다는 친절한 공급자와 자유로운 소비자 관계에 가깝다. 이러한 의사 환자의 관계는 상업화된 병원과 그곳에 고용된 의사라는 맥락뿐만 아니라 랩밴드라는 기술의 특성으로 인해 변화할 수 있었다. 환자들에게 랩밴드 수술은 큰 위험 부담 없이 체중 감량에 도움을 주는 획기적인 기술로 인식됐으며, 이들의 선택은 의사들의 강요에 의한 것이 아녔다.

---

19) 생리식염수 주입구는 포트라고 부르는 랩밴드의 부속물로 환자의 복부 피하지방, 주로 배꼽 부분에 위치한다.

20) 가장 성공적으로 운영되고 있는 비만 수술 커뮤니티는 Daum에 개설된 것으로 현재 3000명 이상의 회원이 등록되어 있다.

5 포스트모던 의료 현상으로서 비만 수술의 표준화

21세기 들어 특정한 질병의 치료 기술은 의학계 내부 논의의 경계를 벗어나 주변의 행위자들과 연결되어 다시 의학계에 영향을 주는 순환 구조 속에서 선택되는 경우가 대다수이다. 이러한 현대 의료 현상은 의료 지식 권력이 분산되어 누가 중심 행위자인지 모르는 포스트모던한 형태로 나타난다고 할 수 있다(Clarke et al, 2003: 164). 지금까지 살펴본 랩밴드 수술의 사례 역시 포스트모던 의료 현상으로 볼 수 있다. 랩밴드 수술이 선택되는 과정에서 의사들의 전문적인 의사결정 과정은 더 넓은 맥락에 위치하게 된다. 치료 기술의 선택에 있어서 의사들의 고유한 결정권은 랩밴드 수술에 관심을 갖는 행위자들의 연결로 인해 분산되었다. 랩밴드 수술을 선택하고 지지하는 의사들의 행위는 중의적인 성격을 띠며 그에 따라 랩밴드는 다양한 이해관계를 투영한 물질이 된다. 의사들은 비만의학계 내부의 문제를 해결하기 위해, 그리고 의료 상품으로서, 보건 정책의 대안으로서 랩밴드 수술의 가능성을 확인했다. 흔히 우리는 연결망의 확장을 '의료의 상업화'라는 용어로 간단히 설명할 수도 있다. 하지만 연결망의 확장과 유지를 가능하게 만든 동기는 랩밴드 수술이 다양한 관련 행위자의 욕구를 대변했기 때문이라고 말할 수 있다.

비만 수술, 특히 랩밴드 수술과 관계된 의사들은 '비만외과' 의사라는 직함을 달게 됐다. 이들은 비만 수술의 사업성을 평가하면서 동시에 고도비만 환자들과 연결된다. 언제든지 랩밴드 제거 수술을 통해 수술 이전의 몸으로 돌아갈 수 있을 것이라는 기대와 체중 감량 과정에서 자신의 의지에 따라 랩밴드의 조임을 조절할 수 있다는 장점 때문에 비만 환자들은 비싼 수술 비용에도 불구하고 수술을 고려한다. 때문에 의료 서비스 공급자로서 비만외과 의사를 단지 의료 상업화의 영향으로 비판할 수만은 없다. 의사들의 역할 역시 한편으로는 상업화를 지지하면서도, 한편으로 질병으로서의 비만을 치료하는 성실한 의사이기 때문이다. 이러한 맥락에서 의사의 권위는 점차 유순하게 변화하고 있다. 랩밴드 수술의 사례에서 볼 수 있듯이 의사는 환자 커뮤니티에 참여하고 그곳에서 공유된 노하우를 바탕으로 랩밴드 수술과 사후 관리의 안정성을 높인다. 환자와 연결된 의사의 모습은 덜 권위적이고 수평적이었다. 비만의 의료화는 의료적 영역의 비대 혹은 상업화라는 단일한 사회 구조적 원인으로 환원하여 설명할 수 없는 복잡하고 이질적인 성격을 띤다. 때문에 새로운 치료 기술을 중심에 두고 제도적-비제도적 연결망의 확장을 추적하는 작업이 계속되어야 할 것이다.

참고문헌

제1부 2장

Burri, R. Val, and Dumit, Joseph, eds., *Biomedicine As Culture: Instrumental Practices, Technoscientific Knowledge, and New Modes of Life*(New York: Routledge, 2007).

Clarke, Adele E., "Epilogue: Thoughts on Biomedicalization in its Transnational Travels", In *Biomedicalization: Technoscience and Transformations of Health and Illness in the US*(Durham, NC: Duke University Press, 2010), edited by Adele E. Clarke, Jennifer R. Fosket, Laura Mamo, et al., pp. 380–406.

Clarke, Adele E., Mamo, Laura, Fosket, Jennifer R., Fishman, Jennifer R., Shim, Janet K., eds., *Biomedicalization: Technoscience and Transformations of Health and Illness in the US*(Durham, NC: Duke University Press, 2010).

Clarke, Adele E., Shim, Janet K., Mamo, Laura, Fosket, Jennifer R., and Fishman, Jennifer R., "Biomedicalization: Technoscientific Transformations of Health, Illness, and U.S. Biomedicine." *American Sociological Review* 68: pp. 161–194.

2003(Reprinted in Clarke et al., 2010).

Conrad, Peter, *The Medicalization of Society: On the Transformation of Human Conditions Into Treatable Disorders*(Baltimore, MD: Johns Hopkins University Press, 2007).

Cooter, Roger, "Review of Biomedicalization", *Medical History* 55(3): pp. 449–452. 2011.

Epstein, Stephen, *Inclusion: The Politics of Difference in Medical Research*(Chicago, IL: University of Chicago Press, 2007).

Epstein, Stephen, "Patient Groups and Health Movements", In *Handbook of Science and Technology Studies*(Cambridge, MA: MIT Press, 2008), edited by E. J. Hackett, O. Amsterdamska, M. Lynch, and J. Wajcman, pp. 499–540.

Fishman, Jennifer R., "Manufacturing Desire: The Commodification of Female Sexual Dysfunction", *Social Studies of Science* 34(2): pp. 187–218. 2004.

Fosket, Jennifer, "Constructing 'High Risk' Women: The Development and Standardization of a Breast Cancer Risk Assessment Tool", *Science, Technology, and Human Values* 29(3): pp. 291–323. 2004.

Foucault, Michel, *Birth of the Clinic: An Archaeology of Medical Perception*(New York:Vintage Books, 1975).

Friese, Carrie, *Cloning Wild Life: Zoos, Captivity, and the Future of Endangered Animals*(New York: New York University Press, 2013).

Gibbon, Sarah, and Novas, Carlos, eds., *Biosocialities, Genetics and the Social Sciences: Making Biologies and Identities*(London: Routledge, 2008).

Lakoff, Andrew, "The Right Patients for the Drug: Pharmaceutical Circuits and the Codification of Illness." In *Handbook of Science and Technology Studies*(Cambridge, MA: MIT Press, 2008), edited by E. J. Hackett, O. Amsterdamska, M. Lynch, J. Wajcman, pp. 741–760.

Lock, Margaret, "Medicalization and the Naturalization of Social Control", In *Encyclopedia of Medical Anthropology: Health and Illness in the World's Cultures*(New York:

Springer, 2004), edited by C. R. Ember and M. Ember, pp. 116–125.

Mamo, Laura, *Queering Reproduction: Achieving Pregnancy in the Age of Technoscience*(Durham, NC: Duke University Press, 2007).

McGoey, Linsay, Reiss, Jay, and Wahlberg, Ayo, "The Global Health Complex." *BioSocieties* 6(1): pp. 1–9. 2011.

Murray, Stephen. J., and Holmes, Dave, eds., *Critical Interventions in the Ethics of ealthcare: Challenging the Principle of Autonomy in Bioethics*(Aldershot, UK: Ashgate, 2009).

Nye, Robert A., "The Evolution of the Concept of Medicalization in the Late Twentieth Century." *Journal of History of the Behavioral Sciences* 39(2): pp. 115–129. 2003.

Petryna, Adrianna, *Life Exposed: Biological Citizens after Chernobyl*(Princeton, NJ: Princeton University Press, 2002).

Rose, Nikolas, *The Politics of Life Itself: Biomedicine, Power and Subjectivity in the Twenty-First Century*(Princeton, NJ: Princeton University Press, 2007).

Shim, Janet K., *Embodied Inequality: Heart Disease and the Politics of Causation*(New York: New York University Press, 2012).

Sulik, Gail. A., "Managing Biomedical Uncertainty: The Technoscientific Illness Identity", *Sociology of Health and Illness* 31(7): pp. 1059–1076. 2009.

Sunder Rajan, Kaushik, ed., *Lively Capital: Biotechnologies, Ethics, and Governance in Global Markets*(Durham, NC: Duke University Press, 2012).

Turner, Luke, "'First World Health Care at Third World Prices': Globalization, Bioethics and Medical Tourism", *BioSocieties* 2: pp. 303–325. 2007.

Zola, Irving Kenneth, "Medicine as an Institution of Social Control." *Sociological Review* 20: pp. 487–504. 1972.

제1부 3장

김환석, 「생물학적 환원주의와 사회학적 환원주의를 넘어서」, 김동광 외, 『사회생물학 대논쟁』, 이음, 2011.

김환석, 「'사회적인 것'에 대한 과학기술학의 도전: 비인간 행위성의 문제를 중심으로」, 《사회와 이론》 통권 제20집, 2012, 37~66쪽.

라투르, 브뤼노, 『우리는 결코 근대인이었던 적이 없다』, 홍철기 옮김, 갈무리, 2009.

순데르 라잔, 카우시크, 『생명자본: 게놈 이후 생명의 구성』, 안수진 옮김, 그린비, 2012.

아감벤, 조르조, 『호모 사케르: 주권권력과 벌거벗은 생명』, 박진우 옮김, 새물결, 2008.

이영희, 「전문성의 정치와 사회운동」, 《경제와 사회》 통권 제93호, 2012, 13~41쪽.

푸코, 미셸, 『"사회를 보호해야 한다"』, 박정자 옮김, 동문선, 1998.

푸코, 미셸, 『성의 역사 I: 앎의 의지』, 이규현 옮김, 나남출판, 2004.

푸코, 미셸, 『안전, 영토, 인구』, 오르트망 옮김, 난장, 2011.

푸코, 미셸, 『생명관리정치의 탄생』, 오르트망 옮김, 난장, 2012.

하트, 마이클 & 네그리, 안토니오, 『제국』, 윤수종 옮김, 이학사.

하트, 마이클 & 네그리, 안토니오, 『다중』, 조정환·정남현·서창현 옮김, 세종서적.

한광희, 「비만의 생의료화」, 국민대학교 사회학과 석사학위 논문, 2012.

Burchell, G., C. Gordon & P. Miller(eds.), *The Foucault Effect: Studies in Governmentality*(London: Harvester Wheatsheaf, 1991).

Clarke, A. et al., "Biomedicalization: Technoscientific transformations of health, illness, and U.S. biomedicine", *American Sociological Review* 68(2): 161~194. 2003.

Clarke, A. et al.(eds.), *Biomedicalization: Technoscience, Health, and Illness in the U.S.*(Durham & London: Duke University Press, 2010).

Frankenfeld, P., "Technological citizenship: A normative framework for risk studies", *Science, Technology & Human Values* 17(4): 459~484. 1992.

Gibbon, S. & C. Novas(eds.), *Biosocialities, Genetics and the Social Sciences*(London: Routledge, 2008).

Heath, D., R. Rapp & K. Taussig, "Genetic citizenship", in D. Nugent & J. Vincent(eds.), *Companion to the Anthropology of Politics*(Oxford: Blackwell, 2004).

Lemke, T., *Biopolitics: An Advanced Introduction*(N.Y. & London: New York University Press, 2011).

Nadesan, M., *Governmentality, Biopower, and Everyday Life*(N.Y. & London: Routledge, 2008).

Rabinow, P., "Artificiality and enlightenment: From sociobiology to biosociality", in J. Cray & S. Kwinter(eds.), *Incorporations*(N.Y.: Zed Books, 1992).[나중에 P. Rabinow, *Essays on the Anthropology of Reason*(Princeton, NJ: Princeton University Press, 1996)에도 실림].

Rabinow, P., *French DNA: Trouble in Purgatory*(Chicago: University of Chicago Press, 1999).

Rabinow, P. & N. Rose., "Biopower today", *BioSocieties* 1(1): 195~217. 2006.

Rose, N., "The politics of life itself", *Theory, Culture and Society* 18(6): 1~30. 2001.

Rose, N., *The Politics of Life Itself: Biomedicine, Power, and Subjectivity in the Twenty-First Century*(Princeton, NJ: Princeton University Press, 2007).

Rose, N. "The politics of life in the twenty first century", 국민대학교 SSK 연구팀("생명공학의 새로운 정치와 윤리") 주최 국제 워크숍 발표문, 2012년 8월 21일, 국민대학교.

Rose, N. & C. Novas, "Biological citizenship", in A. Ong & S. Collier(eds.), *Global Assemblages: Technology, Politics, and Ethics as Anthropological Problems*(Oxford: Blackwell, 2005).

Rose, N., P. O'Malley & M. Valverde, "Governmentality", *Annual Review of Law and Social Science* 2(1): 83~104. 2006.

Steward, F., "Citizens of the planet Earth", in G. Andrews(ed.), *Citizenship*(London: Lawrence and Wishart, 1991).

제2부 1장

김환석, 「과학기술 민주화의 이론과 실천: 시민참여를 중심으로」, 《경제와 사회》 제

85호, 2010.

이영희, 『과학기술과 민주주의: 시민을 위한, 시민에 의한 과학기술』, 문학과지성사, 2011.

Callon, M., "Some Elements of a Sociology of Translation: Domestication of the Scallops and the Fisherman of St. Brieuc's Bay", J. Law(ed.), *Power, Action and Belief: a New Sociology of Knowledge?. Sociological Review Monograph* 32(London: Routledge, 1986).

Callon, M., "Society in the Making: the Study of Technology as a Tool for Sociological Analysis", W. Bijker, T. Hughes, and T. Pinch(eds.), *The Social Construction of Technological Systems: New Directions in the Sociology and History of Technology*(Cambridge, Mass.: The MIT Press, 1987).

Callon, M. & B. Latour, "Unscrewing the Big Leviathan: How Actors Macro-Structure Reality and How Sociologist Help Them To Do So", K. Knorr-Cetina & A. Cicouvel(eds.), *Advances in Social Theory and Methodology: Towards an Integration of Micro and Macro-Sociology*(Boston, MA; London: Routledge, 1981).

Callon, M. & J. Law, "After the Individual in Society: Lessons on Collectivity from Science, Technology and Society", *Canadian Journal of Sociology* 22:2(1997).

Callon, M. & V. Rabeharisoa, "The Growing Engagement of Emergent Concerned Groups in Political and Economic Life", *Science, Technology, and Human Values 33:2*(2008).

Callon, M., P. Lascoumes & Y. Barthe, *Acting in an Uncertain World: An Essay on Technical Democracy*(Cambridge, Mass: The MIT Press, 2009).

Latour, B., "Give Me a Laboratory and I Will Raise the World", K. Knorr-Cetina & M. Mulkay(eds.), *Science Observed*(London: Sage, 1983).

Latour, B., "The Powers of Association", J. Law(ed.), *Power, Action and Belief: a New Sociology of Knowledge?, Sociological Review Monograph 32*(London: Routledge, 1986).

Latour, B., *Science in Action: How to Follow Scientists and Engineers through Society*(Cambridge, Mass: Harvard University Press, 1987).

Latour, B., *The Pasteurization of France*(Cambridge, Mass: Harvard University Press, 1988).

Latour, B., *We Have Never Been Modern*(Cambridge: Harvard University Press, 1993) ; 홍철기 옮김, 『우리는 결코 근대인이었던 적이 없다』(갈무리, 2009).

Latour, B., *Politics of Nature: How to Bring the Sciences into Democracy*(Cambridge, Mass.: Harvard University Press, 2004).

Latour, B. & S. Woolgar, *Laboratory Life: the Social Construction of Scientific Facts*(Princeton, NJ: Princeton University Press, 1979).

Law, J., "Technology and Heterogeneous Engineering: the Case of Portuguese Expansion", W. Bijker, T. Hughes, and T. Pinch(eds.), *The Social Construction of Technological Systems: New Directions in the Sociology and History of Technology*(Cambridge, Mass.: The MIT Press, 1987).

Law, J., "Actor-Network Theory and Material Semiotics"(2007), Available at: http://heterogeneities.net/publications/Law2007ANTandMaterialSemiotics.pdf

Law, J. & M. Callon, "Engineering and Sociology in a Military Aircraft Project: a Network Analysis of Technological Change", *Social Problems 35:3*(1988).

제2부 2장

신병문, "모래 한 알 한 알 소중하던 내성천의 마지막 추억", 《프레시안》 2011년 10월 2일.

최형락, "천혜절경 내성천, 4대강 공사 1년만에…", 《프레시안》 2011년 8월 12일.

Bennett, J., *Vibrant Matter: A Political Ecology of Things*(Durham, North Carolina: Duke University Press, 2010).

Bijker, W., T. Hughes, & T. Pinch(eds.), *The Social Construction of Technological Systems: New Directions in the Sociology and History of Technology*(Cambridge, Mass.: The MIT Press, 1987).

Bloor, D., *Knowledge and Social Imagery*(Chicago: University of Chicago Press, 1976).

Bloor, D., "Anti-Latour", *Studies in History and Philosophy of Science*, Vol. 30, No. 1, pp. 81-112. 1999.

Callon, M. & B. Latour, "Unscrewing the Big Leviathan: How Actors Macro-Structure

Reality and How Sociologist Help Them To Do So", K. Knorr-Cetina & A. Cicourel(eds.), *Advances in Social Theory and Methodology: Towards an Integration of Micro and Macro-Sociology*(Boston, MA; London: Routledge, 1981).

Callon, M. & B. Latour, "Don't Throw the Baby Out with the Bath School! A Reply to Collins and Yearley", A. Pickering(ed.), *Science as Practice and Culture*(Chicago: University of Chicago Press, 1992).

Callon, M. & J. Law, "After the Individual in Society: Lessons on Collectivity from Science, Technology and Society", *Canadian Journal of Sociology* 22:2. 1997.

Callon, M., P. Lascoumes & Y. Barthe, *Acting in an Uncertain World: An Essay on Technical Democracy*(Cambridge, Mass.: The MIT Press, 2009).

Collins, H., *Changing Order: Replication and Induction in Scientific Practice*(Chicago: University of Chicago Press, 1985).

Collins, H. & S. Yearley, "Epistemological Chicken", A. Pickering(ed.), *Science as Practice and Culture*(Chicago: University of Chicago Press, 1992).

Durkheim, E., *The Rules of Sociological Method*(New York: Free Press, 1895/1964).

Latour, B., *Science in Action: How to Follow Scientists and Engineers through Society*(Cambridge, Mass.: Harvard University Press, 1987).

Latour, B., "To Modernise or to Ecologise? That is the Question", B. Braun and N. Castree(eds.), *Remaking Reality: Nature at the Millenium*(London: Routledge, 1998).

Latour, B., "For David Bloor and Beyond: A Reply to David Bloor's 'Anti-Latour'", *Studies in History and Philosophy of Science*, Vol. 30, No. 1, pp. 113-129. 1999).

Latour, B., *Politics of Nature: How to Bring the Sciences into Democracy*(Cambridge, Mass.: Harvard University Press, 2004).

Latour, B., *Reassembling the Social: An Introduction to Actor-Network-Theory*(Oxford: Oxford University Press, 2005).

Latour, B. & S. Woolgar, *Laboratory Life: the Social Construction of Scientific Facts*(Princeton, NJ: Princeton University Press, 1979).

Law, J., "Actor-Network Theory and Material Semiotics", Available at:
http://heterogeneities.net/publications/Law2007ANTandMaterialSemiotics.pdf

제2부 3장

Abbot, A., *Time matters*(Chicago: Chicago University Press, 2001).

Abraham, J., and G. Lewis, "Citizenship, medical expertise and the capitalist regulatory state in Europe", *Sociology* 36: 67-88, 2002.

Amin, A., and P. Cohendet, *Architectures of knowledge: Firms, capabilities and communities*(Oxford, UK: Oxford University Press, 2004).

Barataud, B., *Au nom de nos enfants*(Paris: J'ai lu, 1992).

Barral, C., I. Gobatto, B. Maffioli, and I. Spaak, Naissance et développement du mouvement de lutte contre les maladies neuro-musculaires en France(1958-1982). Évry, France: AFM(Association Française contre les Myopathies)/CTNERHI (Centre Technique National d'Etudes et de Recherches sur les Handicaps et les Inadaptations). 1991.

Bonneuil, C., and F. Thomas, "Du maïs hybride aux OGM. Un demi-siècle de génétique et d'amélioration des plantes à l'INRA", In *Actes du Colloque. L'amélioration des plantes, continuités et ruptures*, edited by P. Boistard, C. Sabbagh, and I. Savini, 42-53(Paris: INRA, 2004).

Bonneuil, C., P.-B. Joly, and C. Marris, "Disentrenching Experiment: The Construction of GM — Crop Field Trials As a Social Problem", *Science, Technology & Human Values* 33: 201-229. 2008.

Brown, P., "Popular epidemiology and toxic waste contamination: Lay and professional ways of knowing", *Journal of Health and Social Behaviour* 33: 267-81. 1992.

Brown, P., S. McCormick, B. Mayer, S. Zavetovski, R. Morello-Frosch, R. Gasior Altman, and L. Senier, "'A lab of our own': Environmental causation of breast cancer and challenges to the dominant epidemiological paradigm", *Science, Technology, & Human Values* 31: 499-536. 2006.

Callon, M., "Struggles and negotiations to decide what is problematic and what is not: The socio-logics of translation", In *The social process of scientific investigation*, edited by K. Knorr, R. Krohn, and R. Whitley, 197-220(Dordrecht, Netherlands: D. Reidel, 1980).

_____, "The state and technical innovation: A case study of the electrical vehicle in France", *Research Policy* 9: 358-76. 1980.

_____, "The dynamics of techno-economic networks", In *Technological change and company strategies*, edited by R. Coombs, P. Saviotti, and V. Walsh, 72-102(London: Academic Press, 1992).

_____, "Is science a public good?" *Science, Technology, & Human Values* 19: 395-424. 1994.

_____, "Technological conception and adoption network, Lessons for the CTA practitioner", In *Managing technology in society: The approach of constructive technology assessment*, edited by A. Rip, T. J. Misa, and J. Schot, 307-330(London: Pinter, 1995).

_____, ed., *The laws of the markets*(London: Blackwell, 1998).

_____, "The increasing involvement of concerned groups in R&D policies: What lessons for public powers?" In *Science and innovation: Rethinking the rationales for funding and governance*, edited by A. Geuna, A. Salter, and W. E. Steinmueller, 30-68(Cheltenham, UK: Edward Elgar, 2003).

_____, Regards croisés sur l'AFM. http//www.afm20ansdactions.org/ewb_pages/r/regards?synthese.php(accessed November 28, 2007), 2006.

_____, "What does it mean to say that economics is performative?" In *How economists make markets: The performativity of economics*, edited by D. MacKenzie, F. Muniesa, and L. Siu, 311-357(Princeton, NJ: Princeton University Press, 2007).

Callon, M., and K. Caliskan, "New directions in the anthropology of markets", In preparation, Ecole des mines de Paris. 2007.

Callon, M., and P. Cohendet, eds, *Réseau et coordination*(Paris: Economica, 1999).

Callon, M., P. Lascoumes, and Y. Barthe, *Agir dans un monde incertain, Essai sur la démocratie technique*(Paris: Le Seuil, 2001).

Callon, M., and J. Law, "On interests and their transformation: Enrollment and counterenrollment", *Social Studies of Science* 12: 615-25. 1982.

Callon, M., C. Méadel, and V. Rabeharisoa, "The economy of qualities", *Economy and Society* 31(2): 194-217. 2002.

Callon, M., and F. Muniesa, "Economic markets as calculative collective devices", *Organization Studies* 26: 1129-50. 2005.

Callon, M., and V. Rabeharisoa, "Gino's lesson on humanity. Genetics, mutual entanglements and the sociologist's role", *Economy and Society* 33(1): 1-27. 2004.

Cardon, D., and J.-P. Heurtin, "Les formats de la générosité, Trois explorations du Téléthon", *Réseaux* 17(95): 15-105. 1999.

Dasgupta, P., and P. David, "Toward a new economics of science", *Research Policy* 23: 487-521. 1994.

David, P., "Narrow windows, blind giants and angry orphans: The dynamics of systems rivalries and dilemmas of technology policy", Working Paper 10, Technological Innovation Project, 1986.

DeBresson, C., and F. Amesse, "Networks of innovators: A review and an introduction to the issue", *Research Policy* 20: 363-380. 1991.

Dewey, J., *Essays in experimental logic*(New York: Dover, 1916).

Epstein, S., "The construction of lay expertise: AIDS activism and the forging of credibility in the reform of clinical trials", *Science, Technology, & Human Values 20*: 408-437. 1995.

_____, "Patient groups and health movements", In *Handbook of science and technology studies*, 3rd ed., edited by E. J. Hackett, O. Amstermdamska, M. Lynch, and J. Wacjman(Cambridge, MA: MIT Press, 2008).

Foucault, M., *Dits et ecrits: 1954-1988*(Paris: Gallimard, 1994).

Garud, R., and P. Karnoe, Bricolage vs. breakthrough: Distributed and embedded agency in technology entrepreneurship, *Research Policy* 32: 277-300. 2003.

Givernaud, N., and J.-F. Picard, *Histoire de la génomique en France*(Paris: CNRS, 2001). http://picardp1.ivry.cnrs.fr/Histgen.html(accessed November 28, 2007).

Granovetter, M., and P. McGuire, "The making of an industry: Electricity in the United States", In *The laws of the markets*, edited by M. Callon, 147-173(Oxford, UK: Blackwell, 1998).

Guston, D., *Between politics and science: Assuring the integrity and productivity of research*(Cambridge, UK: Cambridge University Press, 2000).

Heath, D., R. Rapp, and K. S. Taussig, "Genetic citizenship", In *Companion to the anthropology of politics*, edited by D. Nugent and J. Vincent, 152-167(London: Basil Blackwell, 2004).

Hecht, G., *The radiance of France: Nuclear power and national identity after World War II*(Cambridge, MA: MIT Press, 1998).

Hess, D., "Technology- and product-oriented movements: Approximating social movement", *Science, Technology, & Human Values* 30: 513-535. 2005.

Hess, D., S. Breyman, N. Campbell, and B. Martin, "Science, technology, and social movements", In *Handbook of science and technology studies*, 3rd ed., edited by E. J. Hackett, O. Amstermdamska, M. Lynch, and J. Wacjman(Cambridge, MA: MIT Press, 2008).

Jasanoff, S., "Technologies of humility: Citizen participation in governing science", *Minerva* 41(3): 223-244. 2003.

Joly, P.-B., and B. Hervieu, "La marchandisation du vivant: Pour une mutualisation des recherches en génomique", *Futuribles* 292: 5-29. 2003.

Kahane, B., "Impact de l'intervention de l'AFM sur la stratégie du département Sciences de la Vie du CNRS", In *Cahier de la Direction de l'Evaluation et des Audits*(CNRS)(Paris: CNRS, 2000).

Kaji, M., "Expert and citizen participation in pollution control: The case of Toyama cadmium poisoning(itai-itai disease) in Japan", Paper presented at the 4S-EASST Conference(Paris, 2004).

Keller, E. F., *Refiguring life: Metaphors of twentieth-century biology*(New York: Columbia University Press, 1996).

Kepper, Y., *Les enfants myopathes*(Paris: Fayard, 1988).

Kupiec, J.-J., and P. Sonigo, *Ni Dieu, ni gène. Pour une autre théorie de la hérédité*(Paris: Le Seuil, 2003).

Lakoff, A., "The right patients for the drug: Pharmaceutical circuits and the codification of illness", In *Handbook of science and technology studies*, 3rd ed., edited by E. J. Hackett, O. Amstermdamska, M. Lynch, and J. Wacjman(Cambridge, MA: MIT Press, 2008).

MacKenzie, D., *An engine, not a camera, How financial models shape markets*(Cambridge, MA: MIT Press, 2006).

Miller, P. and N. Rose, *Governing the present, Administering economic, social and personal life*(Cambridge, UK: Polity Press, 2008).

Nunes, J. A., "The uncertain and the unruly: Complexity and singularity in biomedicine and public health", *Oficina do CES* 184. 2003.

Pestre, D., *Science, argent et politique, Un essai de interprétation*(Paris: INRA Editions, 2003).

Pignarre, P., *Comment la dépression est devenue une épidémie*(Paris: La Découverte, 2001).

_____, *Le grand secret de l'industrie pharmaceutique*(Paris: La Découverte, 2003).

Rabeharisoa, V., "From representation to mediation: The shaping of collective mobilization on muscular distrophy in France", *Social Science & Medicine* 62: 564-576. 2006.

Rabeharisoa, V., and M. Callon, *Le pouvoir des malades: l'Association française contre les myopathies & la recherche*(Paris: Presses de l'Ecole des mines de Paris, 1999).

_____, "De la médiation, ou les enjeux d'un nouveau métier dans le secteur de la prise en charge des personnes handicapées", *Contrastes, Enfance et Handicap* 13: 217-235. 2000.

Rabinow, P., *Essays on the anthropology of reason*(Princeton, NJ: Princeton University Press, 1996).

_____, *Anthropos today: Reflections on modern equipment*(Princeton, NJ: Princeton University Press, 2004).

Rémondet, M., "Le laboratoire de thérapie génique à l'épreuve de la clinique: Sociologie d'une expérimentation médicale", PhD diss., Ecole des mines de Paris, France. 2004.

Rose, N., and C. Novas, "Biological citizenship", In *Global assemblages: Technology, politics, and ethics as anthropological problems*, edited by A. Ong and S. J. Collier, 439-463. Malden, MA: Blackwell. 2005.

Sampat, B. N., "Patenting and US academic research in the 20th century: The world before and after Bayh-Dole", *Research Policy* 35: 772-789. 2006.

Strathern, M., "What is intellectual property after?" In *Actor network theory and after*, edited by J. Law and J. Hassard, 156-180(Oxford, UK: Blackwell, 1999).

Tambourin, P., Les grands instruments de la biologie moléculaire, prémices de la médecine de demain, *La Revue pour l'Histoire du CNRS* 12: 18-29. 2005.

von Hippel, E., *Democratizing innovation*(Cambridge, MA: MIT Press, 2004).

von Krogh, G., and E. von Hippel, "Special issue on open source development", *Research Policy* 32: 1149-1157. 2003.

Weiner, C. M., "Patients and professional constructions of hypercholesterolaemia and heart disease: Testing the limits of the geneticisation thesis", PhD diss., University of Nottingham, UK. 2006.

Winance, M., "Thèse et prothèse, Le processus d'habilitation comme fabrication de la personne", PhD diss., Ecole des mines de Paris, France. 2001.

제3부 1장

강양구 · 채오병, 「21세기 생명정치와 시민권의 변동: 글리벡 정체성의 탄생」, 《경제와 사회》 97: 39-64쪽. 2013.

김종영, 「'황빠' 현상 이해하기: 음모의 문화, 책임전가의 정치」, 《한국사회학》 41(6):

75-111쪽. 2007.

김환석, 「생명윤리의 정치: 미국과 영국의 사례를 중심으로」, 맑스코뮤날레 조직위원 회 엮음, 『현대 자본주의와 생명』, 그린비, 2011.

벡, 울리히, 『위험사회: 새로운 근대(성)을 향하여』, 홍성태 옮김, 새물결, 2006.

한광희, 「비만의 생의료화」, 국민대학교 사회학과 석사학위 논문, 2012.

Bhaskar, Roy, *A Realist Theory of Science*(London: Harvester Wheatsheaf, 1978).

Bharadwaj, Aditya, "Biosociality and Biocrossings: Encounters with Assisted Conception and Embryonic Stem Cells in India", pp. 98-116 in *Biosocialities, Genetics and the Social Sciences: Making Biologies and Identities*, edited by S. Gibbon and C. Novas(London: Routledge, 2008)

Brown, Phil, "Popular Epidemiology and Toxic Waste Contamination: Lay and Professional Ways of Knowing", *Journal of Health and Social Behavior* 33(3): 267-281. 1992.

Bud, Robert, "Molecular Biology and the Long-Term History of Biotechnology", pp. 3-19 in *Private Science: Biotechnology and the Rise of the Molecular Sciences*, edited by Arnold Thackray(University of Pennsylvania Press, 1998).

Clarke, A. E., J. K. Shim, L. Mamo, J. R. Fosket, and J. R. Fishman, "Biomedicalization: Technoscientific Transformations of Health, Illness, and U.S. Biomedicine", pp. 47-87 in *Biomedicalization: Technoscience, Health, and Illness in the U.S.*, edited by A. Clarke, L. Mamo, J. R. Fosket, J. R. Fishman and J. K. Shim(Durham: Duke University Press, 2010).

Epstein, Steven, "The Construction of Lay Expertise: AIDS Activism and the Forging of Credibility in the Reform of Clinical Trials", *Science, Technology & Human Value* 20: 408-437. 1995.

Foucault, Michel, *The History of Sexuality*, Vol. 1: An Introduction(NY: Vintage Books, 1980).

Gibbon, Sarah, "Charity, Breast Cancer Activism and the Iconic Figure of the BRCA Carrier", pp. 19-37 in *Biosocialities, Genetics and the Social Sciences: Making Biologies and Identities*, edited by S. Gibbon and C. Novas(London: Routledge, 2008).

Gibbon, S. and C. Novas, "Introduction: Biosocialities, Genetics and the Social Sciences", pp. 1-18 in *Biosocialities, Genetics and the Social Sciences: Making Biologies and Identities*, edited by S. Gibbon and C. Novas(London: Routledge, 2008).

Giddens, Anthony, *Modernity and Self-Identity*(Stanford: Stanford University Press, 1991).

Hacking, Ian, "Genetics, Biosocial Groups and the Future of Identity", *Daedalus Fall*: 81-95. 2006.

Hayden, Erika Check, "Human Genome at Ten: Life Is Complicated", *Nature* 464: 664-667. 2010.

Jasanoff, S. ed., *States of Knowledge; The Co-Production of Science and the Social Order*(London: Routledge, 2004).

Latour, Bruno, *We Have Never Been Modern*(Cambridge, N. J.: Harvard University Press, 1993).

Lemke, T., *Biopolitics: An Advanced Introduction*(New York: New York University press, 2011).

Lock, M., "Biosociality and Susceptibility Genes: a Cautionary Tale", pp. 56-78 in *Biosocialities, Genetics and the Social Sciences: Making Biologies and Identities*, edited by S. Gibbon and C. Novas(London: Routledge, 2008).

Nahman, M., "Synecdochic Ricochets: Biosocialities in a Jerusalem IVF Clinic", pp. 117-135 in *Biosocialities, Genetics and the Social Sciences: Making Biologies and Identities*, edited by S. Gibbon and C. Novas(London: Routledge, 2008).

Novas, C., "Patients, Profits and Values: Myozyme as an Exemplar of Biosociality", pp. 136-156 in *Biosocialities, Genetics and the Social Sciences: Making Biologies and Identities*, edited by S. Gibbon and C. Novas(London: Routledge, 2008).

Novas, C. and N. Rose, "Genetic Risk and the Birth of the Somatic Individual", *Economy and Society* 29(4): 485-513. 2000.

Ong, Aihwa and Nancy Chen eds., *Asian Biothech: Ethics and Communities of Fate*(Durham: Duke University Press, 2010).

Rabinow, Paul, "Artificiality and Enlightenment: from Sociobiology to Biosociality", *Essays on the Anthropology of Reason*(NJ: Princeton University Press, 1996).

Rabinow, Paul and Nicholas Rose, "Biopower Today", *BioSocieties* 1: 195-217. 2006.

Roberts, E. F. S., "Biology, Sociality and Reproductive Modernity in Ecuadorian In-Vitro Fertilization: the Particulars of Place", pp. 79-97 in *Biosocialities, Genetics and the Social Sciences: Making Biologies and Identities*, edited by S. Gibbon and C. Novas(London: Routledge, 2008).

Rose, Nikolas, *The Politics of Life Itself: Biomedicine, Power, and Subjectivity in the Twenty-First Century*(Princeton: Princeton University Press, 2007).

Rose, Nikolas, and Carlos Novas, "Biological Citizenship", pp. 439-463 in *Global Assemblages*, edited by A. Ong and S. J. Collier(Blackwell. 2005).

Rose, Nikolas, Pat O'Malley, and Mariana Valverde, "Governmentality", *Legal Studies Research Paper* 09/94: 1-32. 2009.

Silverman, C., "Brains, Pedigrees, and Promises: Lessons from the Politics of Autism Genetics", pp. 38-55 in *Biosocialities, Genetics and the Social Sciences: Making Biologies and Identities*, edited by S. Gibbon and C. Novas(London: Routledge, 2008).

Suh, Yi-Jong, "Dr. Hwang Scandal from the Viewpoint of Politics of Science: Characteristics of Dr. Hwang's Politics of Science", *Korean Journal of Sociology* 43(6): 101-123. 2009.

Sunder Rajan, K., "Biocapital as an Emergent Form of Life: Speculations on the Figure of the Experimental Subject", pp. 157-187 in *Biosocialities, Genetics and the Social Sciences: Making Biologies and Identities*, edited by S. Gibbon and C. Novas(London: Routledge, 2008).

Sung, Wen-Ching, "Chinese DNA: Genomics and Bionation", pp. 263-292 in *Asian Biotech: Ethics and Communities of Fate*, edited by Aihwa Ong and Nancy Chen(Durham: Duke University Press, 2010).

Wehling, Peter, "Biology, Citizenship, and the Government of Biomedicine: Exploring the Concept of Biological Citizenship", pp. 225-246 in *Governmentality: Current Issues and Future Challenges*, edited by Ulrich Bröckling, Susanne Krasmann & Thomas

Lemke(New York: Routledge, 2010).

제3부 2장

무페, 샹탈(Chantal Mouffe), 「시티즌십이란 무엇인가」, 《시민과세계》 3호(2003), 379~388쪽.

어리, 존(John Urry), 『사회를 넘어선 사회학: 이동과 하이브리드로 사유하는 열린 사회학』, 윤여일 옮김, 휴머니스트, 2012.

에스핑-안데르센, 요스타(Gosta Esping-Andersen), 『복지 자본주의의 세 가지 세계』, 박형신 옮김, 일신사, 2006.

최현, 「시민권, 민주주의, 국민 국가 그리고 한국 사회」, 《시민과세계》 4호(2003), 347~367쪽.

콜린스, 프랜시스(Francis Collins), 『생명의 언어』, 이정호 옮김, 해나무, 2012.

Bharadwaj, Aditya, "Biosociality and Biocrossings: Encounters with Assisted Conception and Embryonic Stem Cells in India", in S. Gibbon and C. Novas(eds.), *Biosocialities, Genetics and the Social Sciences: Making Biologies and Identities*(London: Routledge, 2008).

Gibbon, Sahra, "Charity, Breast Cancer Activism and the Iconic Figure of the BRCA Carrier", in S. Gibbon and C. Novas(eds.), *Biosocialities, Genetics and the Social Sciences: Making Biologies and Identities*(London: Routledge, 2008).

Kim, Taewoo, C. Haney, and J. Hutchinson, "Exposure and Exclusion: Disenfranchised Biological Citizenship among the First-Generation Korean Americans", *Cult Med Psychiatry* 36: 621-639. 2012.

Koo, Hagen, "Strong State and Contentious Society", pp. 231-250 in Hagen Koo(ed.), *State and Society in Contemporary Korea*(Ithaca: Cornell University Press, 1993).

Jasanoff, Sheila, "The Idiom of Co-production" in S. Jasanoff(ed.), *State of Knowledge: The Co-production of Science and Social Order*(London: Routledge, 2004).

Kymlicka, Will and Wayne Norman, "Return of the Citizen: A Survey of Recent Work on Citizenship Theory", in R. Beiner(ed.), *Theorizing Citizenship*(Albany: State University of New York Press, 1995).

Marshall, Thomas Humphrey, *Class, Citizenship, and Social Development*(New York: Doubleday, 1963).

Novas, Carlos, "Patients, Profits and Values: Myozyme as an Exemplar of Biosociality", in S. Gibbon and C. Novas(eds.), *Biosocialities, Genetics and the Social Sciences: Making biologies and identities*(London: Routledge, 2008).

Ong, Aihwa, "An Analytics of Biotechnology and Ethics at Multiple Scales" in A. Ong and N. Chen(eds.), *Asian Biotech: Ethics and Communities of Fate*(Durham: Duke University Press, 2010).

Petryna, Adriana, *Life Exposed: Biological Citizens after Chernobyl*(Princeton: Princeton University Press, 2002).

Rabinow, Paul, "Artificiality and Enlightenment: from Sociobiology to Biosociality", *Essays on the Anthropology of Reason*(Princeton: Princeton University Press, 1996).

Roberts, Elizabeth F. S., "Biology, Sociality and Reproductive Modernity in Ecuadorian In-vitro Fertilization: the Particulars of Place", in S. Gibbon and C. Novas(eds.), *Biosocialities, Genetics and the Social Sciences: Making biologies and identities*(London: Routledge, 2008).

Rose, Nikolas, *The Politics of Life Itself: Biomedicine, Power, and Subjectivity in the Twenty-First Century*(Princeton: Princeton University Press, 2007).

Rose, Nikolas, "Biological Citizenship and Its Forms", in E. Zhang, A. Kleinman, and T. Weiming(eds.), *Governance of Life in Chinese Moral Experience: The Quest for an Adequate Life*(London: Routledge, 2011).

Rose, Nikolas and Carlos Novas, "Biological Citizenship", in A. Ong and S. J. Collier(eds.), *Global Assemblages*(Oxford: Blackwell Publishing, 2005).

Shafir, Gershon, *The Citizenship Debates*(Minneapolis: University of Minnesota Press, 1998).

Silverman, Chloe, "Brains, Pedigrees, and Promises: Lessons from the Politics of Autism Genetics", in S. Gibbon and C. Novas(eds.), *Biosocialities, Genetics and the Social Sciences: Making biologies and identities*(London: Routledge, 2008).

Somers, Margaret, "Citizenship and the Place of the Public Sphere: Law, Community, and Political Culture in the Transition to Democracy", *American Sociological Review* 58: 587-620. 1993.

Wehling, Peter, "Biology, Citizenship, and the Government of Biomedicine: Exploring the Concept of Biological Citizenship", in U. Bröckling, S. Krasmann and T. Lemke(eds.), *Governmentality: Current Issues and Future Challenges*(London and New York: Routledge, 2010).

제3부 3장

「가축전염병예방법」, 법률 제9130호(2008년 9월 11일 시행), 2008.

강내희, 「촛불정국과 자유주의—한국 좌파의 과제와 선택」, ≪문화/과학≫, 66~89쪽. 2008.

김기흥, 『광우병 논쟁』(해나무, 2009).

김호기, 「촛불 집회, 거리의 정치, 제도의 정치: 서울 광장에서 그람시와 하버마스를 다시 읽는다」, 『촛불 집회와 한국민주주의』, 세교연구소 외 주최 '긴급 시국대회 토론회' 자료집(2008).

농림부 수의과학검역원, 「제75차 국제수역사무국 총회 참석 결과보고」, 2007.

박상표, 「국제수역사무국(OIE)의 '과학적 기준' 대해부」, ≪민중의 소리≫, 2007년 4월 24일.

이윤정, 「WTO SPS 협정과 과학주의: 그 한계와 문제점들」, ≪국제법학회논총≫, 54(3), 273~301쪽. 2009.

중앙일보, 「미국 '광우병 족쇄' 5월 해제 확실시, '뼛조각' 문제 못 삼는다」, 2007년 2월 13일자.

푸코, 미셸, 『성의 역사 I 』, 이규현 옮김(나남, 1990).

_____, 『안전, 영토, 인구』, 오트르망 옮김(난장, 2012).

프레시안, 「5월 이후 미 갈비 · 내장 무차별 수입 가능성 크다」, 2007년 2월 13일자.

하대청, 「광우병 위험의 사회적 구성: 사회기술적 구성물로서의 SRM과 '과학실행스타일' 속 MM형」, ≪환경사회학: Eco≫ 15(2), 225~268쪽. 2011.

_____, 「위험의 지구화, 지구화의 위험」, 서울대학교 박사학위논문, 2012.

Barshford, A., "Global biopolitics and the history of world health", *History of the human science*, 19(1), 67-88. 2006.

Braun, B., "Biopolitics and the moleculrization of life", *Cultural geographies*, 14:1, 6-28. 2007.

Chikako, T., *Negotiating Acceptability of the IUD: Contraceptive technology, Women's Bodies, and Reproductive Politics, Dissertation*(Virginia Polytechnic Institute and State University, 2004).

Dean, M., "Risk, calculable and incalculable", in Deborah Lupton(ed.), *Risk and sociocultural theory*(Cambridge University Press, 2000), pp. 131-159.

Epstein, S., *Impure Science: AIDS, Activism, and the Politics of Knowledge*(Berkeley; Los Angeles; London: University of California Press, 1996).

Ewald, F., "Insurance and risk", in G. Burchell et al.(eds.), *The Foucault Effect: Studies on Governmentality with Two Lecutures by and an Interview with Michel Foucault*(Chicago: University of Chicago Press, 1991), pp. 197-210.

Ferguson, J. and Akhil G., "Spatializing states: toward an ethnography of neoliberal governmentality", *American Ethnologist*, 29(4), 981-1002. 2002.

Gordon, C., "Governmental rationality: an introduction", In *The Foucault Effect: Studies in Governmentality*, Burchell, Graham, Colin Gordon and Peter Miller(eds.)(The University of Chicago Press, 1991), pp. 1-52.

Greenhalgh, S., "The Chinese biopolitical: facing the twenty-first century", *New Genetics and Society*, 28(3), 205-222. 2009.

Gruszczynski, L., *Regulating Health and Environmental Risks under WTO Law: A Critical Analysis of the SPS Agreement*(Oxford; New York: Oxford University Press, 2010).

Hinchliffe, S. & Bingham, N., "Securing Life: the emerging practices of biosecurity",

Environment and Planning A, 40, 1534-1551. 2008.

Jaeger, H., "UN reform, biopolitics, and global governmentality", *International Theory*, 2(1), 50-86. 2010.

Jasanoff, S.(ed.), *States of Knowledge: The co-production of science and social order*(Routledge, 2004).

_____, *Designs on Nature: Science and Democracy in Europe and the United States*(Princeton; London: Princeton University Press, 2005).

King, N.B., "Security, disease, commerce: Ideologies of postcolonial global health", *SSS*, 32(5), 763-789. 2002.

Lakoff, A & Collier, S.(ed.), *Biosecurity Interventions: Global Health and Security in Question*(Columbia University Press, 2008).

Latour, B., *Science in Action: How to Follow Scientists and Engineers through Society*(Cambridge, Mass.: Harvard University Press, 1987).

_____, *Reassembling the Social: An Introduction to Actor-Network-Theory*(Oxford University Press, 2005).

Lee, S., Sook-Jin K. and Joel W., "Mad cow militancy: Neoliberal hegemony and social resistance in South Korea", *Political Geography*, 29, 359-369. 2010.

O'Malley, P., "Risk and responsibility", In *Foucault and Political Reason: Liberalism, non-liberalism and rationalities of government*, Andrew Barry, Thomas Osborne, and Nikolas Rose(eds.)(CL Press, 1996), pp. 189-207.

OIE, 2007a, OIE ad hoc Group for Evaluation of Country Status for Bovine Spongiform Encephalopathy in Accordance with the Terrestrial Animal Health Code(14-16 November 2006 and 9-11 January 2007).

_____, 2007b. Report of the Meeting of the OIE Scientific Commission for Animal Diseases(30 January-2 February 2007).

_____, 2007c. Final Report of 75th General Session(20-25 May 2007).

Ong, A. & Collier, S., *Global Assemblage: Technology, Politics, and Ethics as Anthropological*

Problems(Wiley-Blackwell, 2005).

Ong, A., "Introduction: an analytics of biotechnology and ethics at multiple scales." in Aihwa O. and Nancy N. C.(eds.), *Asian Biotech: Ethics and Community of Fate*(Duke University Press, 2010), pp. 1-54.

Petryna, A., *Life Exposed: Biological Citizenship after Chernobyl*(Princeton and London: Princeton University Press, 2002).

Rabinow, P. and Rose, N., "Biopower today", *BioSocieties: An Interdiciplinary Journal for the Social Study of the Life Sciences*, 1(2), 195-218. 2006.

Raman, S. & Tutton, R., "Life, science and biopower", *STHV*, 35(9), 711-734. 2010.

Rose, N. and Miller, P., "Political power beyond the state-problematics of government", *British Journal of Sociology*, 43(2), 173-205. 1992.

Rose, N., "The Politics of life itself", *Theory, Culture and Society*, 18(6), 1-30. 2001.

_____, "Biological Citizens", *The Politics of Life Itself: Biomedicine, Power, and Subjectivity in the Twenty-First Century*(Princeton and London: Princeton University Press, 2007), pp. 131-154.

Stephenson, N., "Emerging Infectious Disease/Emerging forms of Biological Sovereignty", *STHV*, 36(5), 616-637. 2011.

TAFS, "TAFS Position Paper and Testing of Cattle for BSE-Purpose and Effectiveness", International Forum for Transmissible Animal Disease and Food Safety, Berne, 2009.

van Zwanenberg, P. and Millstone, E., *BSE: Risk, Science, and Governance*(Oxford; New York: Oxford University Press, 2005).

Vaughan, D., *The Challenger Launch Decision: Risky Technologies, Culture, and Deviance at NASA*(Chicago, IL: The University of Chicago Press, 1996).

Winickoff, D. and Bushey, D., "Science and power in global food regulation: The rise of the Codex Alimentarius." *STHV*, 35(3), 356-381. 2010.

WTO and OIE, Agreement between the World Trade Organization and the Office

International des Epizooties, 1998.

WTO, Agreement on the Application of Sanitary and Phytosanitary Measures(SPS agreement), 1994.

Wynne, B., "Frameworks of rationality in risk management: Towards the testing of naive sociology", Jennifer Brown, ed., *Environmental Threats: Perception, Analysis and Management*(London and New York: Belhaven Press, 1989).

Yi, Y.-J., Standards and Science in Trade Regulation in the Global Age: A Critique of the WTO SPS Agreement in relation to Public Health and Safety Concerns, Doctoral Thesis in the School of Law in Lancaster University, 2004.

제3부 4장

김경곤, 「비만의 약물 요법」, 《대한의사협회지》, 제54권 제4호(2011), 409-418쪽.

김명진 · 이영희, 「합의회의」, 참여연대 시민과학센터 엮음, 『과학기술 · 환경 · 시민 참여』, 한울아카데미, 2002.

보건복지부 · 질병관리본부, 『2011 국민건강통계』(2011).

서울아산병원외과학교실, 『서울아산병원외과매뉴얼』, 가본의학, 2009.

엄영진, 「한국 신의료 기술평가의 미래 및 국제 HTA의 현황」, 『대한외과학회 2010년 도 추계 학술대회(3)』(2010), 92-99쪽.

유순집, 「비만의 약물치료」, 《대한내분비학회지》, 제23권 4호(2008), 223-233쪽.

이상권, 「비만치료」, 『대한외과학회 학술대회 초록집』, 2010년도 춘계 학술대회(연 수강좌), 47-52쪽.

이종호, 「비만증의 치료」, 《대한비만학회지》, 제1권 제1호(1992), 21-24쪽.

정백근 · 문옥륜 · 김남순 · 강재헌 · 윤태호 · 이상이 · 이신재, 「한국인 성인 비만의 사회경제적 비용」, 《예방의학회지》 제35권 제1호(2002), 1-12쪽.

질병관리본부, 『질병관리백서 2004』, 질병관리본부, 2004.

최윤백 · 이인섭, 「한국인에서의 바리아트릭수술의 현황」, 《대한당뇨병학회지》, 제14

권 제2호(2013), 55-58쪽.

한상문 · 김원우, 「고도비만환자에서 복강경하 위소매절제술」, 《대한비만학회지》, 제 13권 제4호(2004), 270-281쪽.

허경열 · 김지선, 「제2형 당뇨병의 수술적 치료」, 《대한의사협회지》 제54권 제2호 (2011), 181-186쪽.

허윤석, 「고도비만 환자의 수술적 치료」, 《대한비만학회지》, 제17권 제4호(2008), 141-153쪽.

Boero, N., "Bypassing Blame: Bariatric Surgery and the Case of Biomedical Failure", *Biomedicalization: Technoscience, Health, and Illness in U.S. Biomedicine*(Duke University Press, 2010), pp. 307-330.

Clarke, A., Shim, J., Mamo, L., Fosket, J. & Fishman, J., "Biomedicalization: Technoscientific Transformations of Health, Illness, and U.S. Biomedicine", *American Sociological Review*, Vol. 68, 2003, pp. 161-194.

Callon, M., "Some Elements of a Sociology of Translation: Domestication of the Scallops and the Fishermen of St Brieuc Bay", *Power, Action and Belief: A New Sociology of Knowledge*(Routledge & Kegan Paul, 1986), pp. 196–233.

James, W., Caterson, I., Coutinho, W., Finer, N., Van Gaal, L., Maggioni, A., Torp-Pedersen, C., Sharma, A., Shepherd, G., Rode, R. & Renz, C., "SCOUT Investigators. Effect of sibutramine on cardiovascular outcomes in overweight and obese subjects", *N Engl J Med*, Vol. 363, 2010, pp. 905-917.

Fujimura, J., "Crafting Science: Standardized Packages, Boundary Objects, and Translation", Edt. *Andre Pickering, Science as Practice and Culture*(University of Chicago Press, 1992), pp. 168–211.

Jørgensen, T., "Consensus Conferences in the Health Care Sector", Joss and Durant(eds.), *Public Participation in Science: The Role of Consensus Conferences in Europe*(Science Museum, 1995), pp. 17-29.

NIH, "Gastrointestinal Surgery for Severe Obesity", NIH Consens Statement 1991

Mar 25-27; Vol. 9 No. 1, pp. 1-20.

Schauer, P. et al, "Effect of Laparoscopic Roux-En Y Gastric Bypass on Type 2 Diabetes Mellitus", Ann Surg, Vol. 238, no. 4, 2003, pp. 467–485.

Torgerson, J., Hauptman, J., Boldrin, M. & Sjostrom, L., "Xenical in the prevention of diabetes in obese subjects (XENDOS) study: a randomized study of orlistat as an adjunct to lifestyle changes for the prevention of type 2 diabetes in obese patients", *Diabetes Care*, Vol. 27, 2004, pp. 155-161.

신문 및 웹사이트

국민일보, 「[건강행복] 비만치료의 열쇠」, 1999. 4. 10.

기획재정부 대외경제총괄과, 「비만을 바라보는 세계 경제적 시각」, 2012. 1. 20.

동아일보, 「수술 후 영양부터 체형관리까지…」, 2004. 8. 27.

식품의약안전청 부산지방청 보도자료, 「다이어트 식품에 비만치료제 '시부트라민' 사용제조 판매자 구속」, 2012. 2. 27

신의료기술평가사업본부,

http://neca.re.kr/nHTA/publication/evaluation_view.jsp?t=20130828172335516&boardNo=1&cpage=1&seq=1175

예다인외과, http://blog.naver.com/PostView.nhn?blogId=secretslim&logNo=120192214093

의약뉴스, 「비만은 질병 급여화 절실」, 2012. 4. 23.

일다, 「여고생 50.3% 성형수술 받을 생각있다」, 2003. 5. 7.

질병관리본부, 「질병관리본부 대한의학회와 '의과학적 근거 중심의 만성질환 교육과 홍보자료'공동 개발 추진」, 2013. 2. 4.

http://www.cdc.go.kr/CDC/intro/CdcKrInfo0102.jsp?menuIds=HOME001-MNU0719-MNU0720-MNU0024&cid=20320

한국보건의료연구원, 「고도 비만환자를 대상으로 시행되는 비만 수술의 효과 및 경제성 분석」, 2011.

http://www.neca.re.kr/center/researcher/report_view.jsp?boardNo=GA&seq=20
&q=63706167653d3426626f6172644e6f3d474126736561726368436f6c3d2673656
172636856616c3d267365617263685359656561723d267365617263684559656561723d

한국일보, 「'비만치료' 위절제 수술후 사망」, 2004. 4. 18.

한국일보, 「비만치료제 '리덕틸' 7월께 퇴출여부 결정」, 2010. 4. 10.

Raczkiewicz, F. & Aldinger, A., "Pittsburgh study finds obesity surgery most successful
when done by the most experienced surgeons", University of Pittsburgh Medical
Center, 2003.

http://www.eurekalert.org/pub_releases/2003-03/uopm-psf032003.php

WHO, "Fact Sheet Obesity", 2012.

http://www.wpro.who.int/mediacentre/factsheets/obesity/en/

찾아보기

가

하

필자 소개

- **김환석** 현재 국민대학교 사회학과 교수. 서울에서 태어나 서울대학교 사회학과와 같은 학교 대학원 석사과정을 졸업했고, 영국 런던대학교 임페리얼 칼리지에서 과학기술사회학 박사학위를 받았다. 한국과학기술학회 회장, 대통령 산하 국가생명윤리심의위원회 위원, 유네스코 세계과학기술윤리위원회 위원, 국민대학교 사회과학대 학장, 그리고 과학기술민주화 운동단체인 시민과학센터의 소장을 역임했다. 관심 분야는 과학기술사회학과 현대 사회이론이다. 지은 책으로 『과학사회학의 쟁점들』, 『한국의 과학자사회』(공저), 『사회생물학 대논쟁』(공저), 『시민의 과학』(공저) 등이 있으며, 옮긴 책으로 『과학기술과 사회』, 『토마스 쿤과 과학전쟁』, 『과학학의 이해』 등이 있다.

- **강양구** 생물학을 전공하고 '생명공학의 사회학' 분야로 국민대학교 사회학과에서 박사학위 논문을 준비 중이다. 《프레시안》에서 10년간 과학기술·환경 담당 기자로 일하며 과학기술과 사회를 둘러싼 여러 문제를 기사로 썼다. 저서로는 『아톰의 시대에서 코난의 시대로』, 『세 바퀴로 가는 과학자전거』, 『밥상 혁명』(공저), 『침묵과 열광』(공저), 『정치의 몰락』(공저) 등이 있다.

- **김병수** 대학에서 생명공학과 과학기술학을 공부했으며 참여연대 시민과학센터 간사, 생명공학감시연대 정책위원, 1기 국가생명윤리심의위원회 유전자 전문위원을 역임했다. 현재는 국민대학교 연구교수이면서 시민과학센터 부소장으로 활동하고 있다. 지은 책으로는 『시민의 과학』(공저), 『침묵과 열광』(공저)이 있으며, 옮긴 책으로는 『인체시장』(공역), 『시민과학』(공역) 등이 있다.

- **배태섭** 학부에서 재료공학, 대학원에서 사회학을 전공하였다. 자본주의와 대학 연구의 상업화를 주제로 박사학위 논문을 준비 중이다. 논문으로는 「대학의 특허 출원 증가와 국가의 역할」 등이 있으며, 저서로는 『한국사회 교육신화 비판』(공저), 역서로는 『이데올로기 청부업자들』(공역)이 있다.

- **채오병** 비교역사사회학을 전공하였고 미국 미시간 대학에서 박사학위를 받았다. 연세대와 이화여대에서 강의하였으며, 현재 국민대학교 사회학과에 재직 중이다. 동아시아 근대성에 대한 관심의 일환으로 동아시아의 근대 식민주의와 국가 형성에 대해 연구하였으며, 최근에는 생명공학의 발전에 따른 정체성과 집단 형성 분야로 연구 영역을 확장하였다. 『Sociology and Empire』(Duke University Press, 2013, 공저), 『문화사회학』(살림, 2012, 공저) 등의 저서와 다수의 연구논문이 있다.

- **하대청** 과학기술학을 전공하였고, '위험의 지구화, 지구화의 위험: 한국의 '광우병' 논쟁 연구'라는 논문으로 박사학위를 받았다. 서울대, 한양대 등에서 강의했고 현재는 국가생명윤리정책연구원에서 일하고 있다. 위험의 지구적 정치, 생명윤리, 연구방법론 등에 관해 연구하고 논문을 쓰고 있다.

- **한광희** 과학기술사회학을 전공하였고 '비만의 생의료화'라는 논문으로 석사학위를 받았다. 지난 몇 년간 시민과학센터의 운영위원으로 센터의 간행물인 『시민과학』의 편집을 도왔다. 현재 국민대 대학원 사회학과 박사과정에서 배

우며, 연구하고 있다. 주요 관심사는 몸에 대한 사회문화적 열망과 의료기술적 개입이다. 특히 비만, 다이어트, 건강관리 등의 현상에 주목하고 있다.

- **니콜라스 로즈** 영국의 뛰어난 사회학자이자 사회 이론가로서, 현재 런던대학교 킹스칼리지의 사회과학 · 건강 · 의료학과의 학과장을 맡고 있다. 그 이전에 로즈는 런던정치경제대학(LSE)의 사회학 교수로서 동 대학의 생명과학, 생의학, 생명공학 및 사회 연구센터(BIOS)를 창설하고 소장으로 2002~2011년까지 근무했다. 특히 정신의학의 역사와 사회학 연구에서 많은 업적을 쌓았고, 영미권에서 미셸 푸코의 저작에 대한 독창적 해석을 통해 통치성 학파를 형성하는 데 주도적 역할을 했다. 영국의 대표적 사회과학 저널 중 하나인《경제와 사회》의 편집인 역할을 6년 동안 담당했고, 현재는 생명과학의 사회연구 저널인《생명사회(BioSocieties)》의 공동 편집인을 맡고 있다. 그는 현재 너필드생명윤리재단의 멤버이며, 영국 공학물리과학연구재단에서 대규모로 지원하는 합성생물학혁신센터의 사회적 · 윤리적 · 법적 · 정치적 차원을 연구하는 팀장을 맡고 있다. 그의 저작은 스웨덴, 덴마크, 핀란드, 독일, 이태리, 프랑스, 러시아, 중국, 일본, 루마니아, 포르투갈, 스페인 등에서 번역이 되었다.

- **브뤼노 라투르** 1947년 프랑스에서 태어나 투르 대학에서 철학박사 학위를 받았고, 아프리카에서 현지조사를 경험하며 과학과 기술에 대한 인류학적 연구로 학문적 관심을 넓혔다. 파리 국립광업대학, 런던 정치경제대학, 하버드 대학 교수를 역임했으며, 현재 파리정치대학(시앙스포) 교수로 재직 중이다. 인류 문화에 기여한 예술가, 이론가에게 수여하는 '백남준 국제예술상'을 수상하며 한국을 방문하기도 했다. 현대 과학과 인문학의 프레임을 완전히 뒤엎는 '과학인문학'의 창시자이자 현존하는 가장 영향력 있는 과학기술학자이다. 대표 저서인『우리는 결코 근대인이었던 적이 없다』는 세계 20여 개국에 번역 출간되었고, 자신의 독창적 사상세계를 간략히 소개한『브뤼노 라투르의 과학인문학 편지』도 국내에 번역되었다. 첫 저서인『실험실 생활』에서부터『우리

는 결코 근대인이었던 적이 없다』,『판도라의 희망』,『자연의 정치학』을 거쳐 『사회적인 것의 재조립』에 이르기까지 숱한 문제작을 펴냈다.

• **아델 클라크** 미국 캘리포니아대학교 샌프란시스코 캠퍼스(UCSF)의 사회학 교수이자 보건과학역사 겸임교수이다. 상징적 상호작용론을 발전시킨 미국의 대표적 의료사회학자 안셀름 스트라우스의 제자로서, 그녀는 스승이 개발한 질적 연구 방법인 근거 이론(grounded theory)을 1980년 이후 사용하고 가르쳐 왔다. 클라크의 주된 연구 영역은 생의학과학기술(특히 재생산과학과 피임기술)의 역사적 · 현대적 사회학, 생의료화 이론, 질적 연구 방법론, 페미니스트 여성 보건 · 기술과학 연구 등이다. 그녀는 생명과학의 사회연구 저널인 《생명사회(BioSocieties)》의 공동편집인을 맡고 있으며, 2009년에는 UCSF 간호대학의 우수강의상을 수상했다. 2012년에는 과학기술학 분야의 국제적 학회인 과학사회연구학회(4S)가 수여하는 J. D. Bernal 공로상을 받았다.

• **미셸 칼롱** 파리 국립광업대학교의 사회학 교수로서 1982년부터 1994년까지 동 대학교 혁신사회학센터의 소장을 역임하였다. 과학사회연구학회(4S)의 회장(1998~1999년)을 역임했고, 동료인 브뤼노 라투르 및 존 로와 함께 행위자-연결망 이론(또는 번역의 사회학)의 선구자 역할을 했다. 1990년대 말부터는 행위자-연결망 이론을 경제생활(특히 경제 시장)을 연구하는 데 응용하는 움직임을 주도하여 왔는데, 여기서는 경제와 경제학 사이의 상호관련을 탐구하면서 경제학이 경제를 형성하는 방식을 조명하려 시도하고 있다. 칼롱의 연구 영역은 과학기술의 인류학, 혁신의 사회경제학, 과학기술과 민주주의, 과학통계학과 양적 방법, 시장의 인류학, 의료와 건강의 사회학 등 폭넓은 분야에 걸쳐 있다.

• **볼로로나 라베하리소아** 파리 국립광업대학교 혁신사회학센터의 사회학 교수로서 미셸 칼롱의 가까운 동료이다. 과학기술 연구의 사회적 역할에 관심

을 두고 있는데, 특히 지식과 혁신의 생산 및 보급에서 상이한 행위자들의 개입과 조정의 양식, 과학적 논쟁에서 연구의 잠재적 수혜자들의 관여 증대가 수반하는 결과에 초점을 맞춰 왔다. 이러한 주제를 다양한 부문(에너지, 환경, 농업-식품)에서 탐구하다가, 1990년대 중반 이후부터는 생의학 분야에 대한 심층 연구에 몰두해 왔다. 칼롱과의 협력하에 그녀는 프랑스근질환협회(AFM)에 의한 생물학·임상 연구의 동원의 역사를 연구하였다. 여기서 그녀는 인간 유전학을 둘러싼 새로운 사회성 형태의 출현에 초점을 맞췄다. 현재 그녀는 자폐증을 연구하는 유전학자와 정신의학자에 의한 일련의 실험적 협상의 확립을 연구하고 있다. 그 목적은 이 두 분야 지식 사이의 하이브리드화와 이것이 질병의 정의, 의료의 조직화, 해당 청소년과 가족의 생애 궤적 변화에 미치는 결과를 조사하는 것이다. .

생명정치의 사회과학

1판 1쇄 발행 2014년 5월 10일

편저 | 김환석
펴낸이 | 조영남
펴낸곳 | 알렙

출판등록 | 2009년 11월 19일 제313-2010-132호
주소 | 서울시 마포구 합정동 373-4 성지빌딩 615호
전자우편 | alephbook@naver.com
전화 | 02-325-2015
팩스 | 02-325-2016

ISBN 978-89-97779-38-3 93330

이 책은 2011년도 정부재원(교육과학기술부 사회과학연구지원사업비)으로 한국연구재단의 지원
을 받아 연구한 결과임(NRF-2011-330-B00129).